警察刑法

경찰형법

문희태 · 김동련

POLICE CRIMINAL
LAW

박영사

머 리 말

　해방 이후 오늘날에 이르기까지 우리의 형법 교과서는 독일의 이론과 우리나라 자체의 학문적 성과를 접합하여 만든 이론서적 성격을 가지고 있었고, 이에 더하여 과거에서 현재에 이르는 많은 대법원 판례를 접목시킴으로써 대학의 교재로서는 방대하고 난해한 면이 있었다. 이러한 현상으로 인하여 교과서의 중요성을 기피하고 단순히 수험서의 시험출제 부분에만 매몰하는 사상누각의 상황이 반복되어 왔다. 이에 대학교재로서 우리 실정에 맞는 새로운 형법서를 출간하여 기본적인 개념정의와 필수내용의 학습 및 이해는 물론 기본적인 형법의 체계를 잡는 데 일조하고 나아가 목표로 하는 경찰 등 시험을 대비하는 데 있어서도 토대를 마련하고자 본서를 출간하게 되었다.

　본서는 우선 형법총론과 형법각론을 통합하고 불필요한 판례인용과 학설 등 이론을 과감히 삭제하여 교재의 분량을 줄임으로써 학습자의 학습부담을 줄이고, 대신하여 기본적인 형법체계의 뼈대 및 주요개념을 빠르게 이해시킴으로써 향후 학습자 스스로 살을 붙이는 주도적 학습을 가능하게 하였다. 또한 가능하면 학습자가 독학으로도 형법에 접근할 수 있도록 쉽고 가볍게 서술하는 것을 원칙으로 최신 판례는 물론 최신 형법개정부분을 반영하였다. 이상과 같은 배려에도 불구하고 본서에는 미흡한 부분이 적지 않을 것으로 사료되나 부족한 부분은 향후 계속하여 시정·보완하고자 한다. 본서를 기본서로 학습해 주시는 독자 여러분께 우선 지면으로 감사의 말씀을 올리며 독자 여러분의 무궁한 발전을 기원한다.

　끝으로 본서는 이미 간행된 바 있는 '경찰형사법(상) – 형법'을 기초로 하여 집필되었다. 부족함에도 불구하고 기꺼이 집필을 허락하여 주신 중원대학교 경찰행정학과 박현준 교수님께 깊은 감사의 마음을 드리고 싶다. 아울러 졸저의 출판을 허락하여 주신 박영사의 안종만 회장님 이하 직원분들은 물론, 특히 기획, 원고교정 등을 책임지고 해주신 이승현 차장님, 김한유 과장님께 감사의 마음을 전한다.

2024년 2월

문희태·김동련

차 례

제1편 형법총론

제1장 서 론

제1절 형법의 기초   3

제 2 장 범 죄 론

제 1 절 서   론   24

제 2 절 구성요건론   31

제 2 편 형법각론

제 1 장 서 론

제 3 장   사회적 법익에 대한 죄

제 1 절 공공의 안전과 평온에 관한 죄   192

제 2 절 자유에 관한 죄 262

제 4 절 사생활의 평온에 관한 죄   288

제 5 장   개인적 법익(재산)에 대한 죄

제 1 절   재산죄의 기초개념   293

참고문헌

김일수/서보학, 형법총론(제11판), 박영사, 2006 ·························· (김일수/서보학)

김일수/서보학, 형법각론(제8판), 박영사, 2015 ··························· (김일수/서보학)

박상기, 형법총론(제7판), 박영사, 2007 ···································· (박상기)

박상기, 형법각론(제7판), 박영사, 2008 ···································· (박상기)

박현준, 경찰입문형법, 한국학술정보, 2013 ································· (박현준)

배종대, 형법총론(제9개정판), 홍문사, 2008 ································ (배종대)

배종대, 형법각론(제7전정판), 홍문사, 2010 ································ (배종대)

신동운, 형법총론(제3판), 법문사, 2008 ···································· (신동운)

신호진, 신형법요론(총·각론), 문형사, 2011 ······························ (신호진)

오영근, 신형법입문, 박영사, 2013 ··· (오영근)

이영란, 형법학(각론강의), 형설출판사, 2014 ······························ (이영란)

이재상/장영민/강동범, 형법총론(제9판), 박영사, 2017 ········· (이재상/장영민/강동범)

이재상/장영민/강동범, 형법각론(제10판 보정판), 박영사, 2017 ············
··· (이재상/장영민/강동범)

임 웅, 형법총론(개정판 보정), 법문사, 2005 ····························· (임웅)

임 웅, 형법각론(개정판 보정), 법문사, 2005 ····························· (임웅)

정성근/박광민, 형법총론(제4판), 삼지원, 2008 ···························· (정성근/박광민)

정성근/박광민, 형법각론(제3판), 삼지원, 2008 ···························· (정성근/박광민)

정영일, 형법총론(개정판), 박영사, 2007 ··································· (정영일)

정영일, 형법각론(개정판), 박영사, 2008 ··································· (정영일)

형법총론

제1장 서 론

제1절 형법의 기초

제1항 의 의

1. 형법의 의미

형법(刑法)이란 어떤 행위가 범죄이고 그에 대한 효과로 어떤 제재를 과할 것인 가를 규정하는 법규범을 말한다.[1] 따라서 법의 명칭도 국가에 따라서 형벌법 또는 범죄법으로 사용되기도 한다.

형법은 형식적 의미의 형법과 실질적 의미의 형법으로 구분한다. 전자는 '형법' 이라는 명칭으로 1953년 법률 제293호로 제정·공포된 법률, 즉 형법전[2]을 말하며, 후자는 명칭 여하를 막론하고 내용이 범죄와 형벌을 규정한 모든 법규범을 말한다.[3] 형식적 의미의 형법 속에는 살인죄나 절도죄 및 방화죄 등과 같이 실질적 형법규정 이 대부분을 차지하지만, 소추조건인 친고죄의 '고소'와 반의사불벌죄의 '명시적 의사 표시', 형의 집행에 관한 규정, 형의 실효 등 실질적 형법에 해당하지 않는 규정도 많 이 있다.

또한 형법을 협의와 광의로 구별한다. 전자는 형식적 의미의 형법과 일치하나, 후자는 그 명칭·형식을 불문하고 범죄와 그에 대한 법적 효과로서 형벌[4]을 규정한 모든 법규범을 의미한다. 형법학은 광의의 형법을 대상으로 하며 특별한 규정이 없 는 한 형법총칙의 규정은 광의의 형법에 적용된다(제8조). 광의의 형법에는 협의의 형 법은 물론 폭력행위 등 처벌에 관한 법률(이하 '폭력행위처벌법'), 국가보안법 등의 특별

---

[1] 이재상/장영민/강동범, 형법총론, 박영사, 2017, 3면.
[2] 형법전은 제1편 총칙(제1조부터 제86조)과 제2편 각칙(제87조에서 제372조)으로 구성되어 있다. 총칙 은 제1장에서 제4장으로 구성되어 있으며 모든 범죄와 형벌에 공통적으로 적용되는 일반원리를 규정 한 것이고 각칙은 42개의 장으로 구성하여 개별범죄와 그에 대한 형벌을 규정하고 있다.
[3] 죄형법정주의 등 형법의 일반원리가 모든 실질적 의미의 형법에 적용된다.
[4] 최근에는 보호관찰, 사회봉사명령, 수강명령, 위치추적전자장치부착, 신상공개명령 등 다양한 형태의 형사제재들이 생겨나고 있다(오영근, 신형법입문, 박영사, 2013, 7면).

형법과 도로교통법, 조세범 처벌법 등의 행정형법이 포함된다. 협의의 형법과 형식적 형법은 그 내용이 일치하지만, 광의의 형법과 실질적 형법은 그 내용이 항상 일치하지는 않는다. 광의의 형법에는 형식적 형법이 포함되는데, 협의의 형법 속에는 실질적 형법에 해당하지 않는 규정도 다수 포함되어 있기 때문이다.

그리고 형법과 질서위반법은 구별된다. '질서위반법'이란 단순한 행정법규위반 등 질서위반에 대해 질서벌의 일종인 범칙금이나 과태료의 부과 등을 규율하는 법체계를 말한다. 도로교통법 제148조 이하나 경범죄 처벌법 제6조 이하 등이 그것이다. '질서위반법'에 대하여도 원칙적으로 형법총칙이 적용된다(제8조).

2. 형법의 성격

법체계적 지위로는 범죄자를 처벌하는 국가의 형벌권에 관한 법으로서 형사법이자 공법(公法)에 속하며, 재판에 적용되는 법으로서 사법법(司法法)에 해당하며, 재판의 대상인 사건의 실체에 관한 법으로서 실체법의 성격을 갖는다.

규범적 성격으로는 일정한 범죄를 전제조건으로 하여 이에 대한 법적 효과로서 형벌을 과하는 가설적(假說的)규범이다.[5] 예컨대 형법 제250조 제1항은 "사람을 살해한 자는 사형, 무기 또는 5년 이상의 징역에 처한다."고 규정한다. 이는 행위에 의한 사람의 살해를 전제조건으로 하여 이에 대하여 사형 등의 법적 효과를 부과하는 형식이다. 그러므로 형법은 형벌이라는 정지조건으로 규정하는 추상적·일반적 법규범이다. 또한 형법은 일반국민에게는 일정한 행위를 금지 또는 명령함으로써 행위규범을 제시한다. 반면에 형법은 재판의 기준이 됨으로써 법관의 사법활동을 규제하는 재판규범으로서의 성격도 가진다. 형법은 일정한 범죄의 유형을 명확하게 규정함으로써 어떠한 행위가 형법상 반(무)가치적인 위법행위인가에 대한 객관적인 가치판단을 내리고 있다. 따라서 형법의 제1차적인 규범적 성격은 평가규범성에 있다. 아울러 형법은 일정한 행위를 반(무)가치·위법한 것으로 평가함으로써 수범자인 국민에 대하여 그러한 행위를 해서는 안 된다는 의무를 부과하므로 의사결정규범이다.

---

5) 명령적·정언적인 형식(예컨대 '살인하지 말라', '어른을 공경해라')을 취하는 도덕·종교규범과는 엄격히 구별된다.

제 2 항 형법의 기능

1. 규제적 기능

형법의 규제적 기능이란 행위규범 및 재판규범으로서의 역할을 말한다. 규범적 기능이라고도 하며, 이는 형법의 가장 근원적인 기능으로서 이로부터 보호적 기능과 보장적 기능이 파생된다. 규제적 기능을 질서유지기능 내지 사회보호기능으로 파악될 수 있다.[6] 사회보호적 기능에는 일반예방기능과 특별예방기능을 그 내용으로 한다.

2. 보호적 기능

형법이 범죄로부터 공동체의 기본가치를 보호하는 역할을 보호적 기능이라고 한다. 법익이란 '법적으로 보호되는 이익'을 말하는데, 예컨대 생명, 재산, 국가기능, 공공신용 등은 형법이 보호하는 이익에 해당된다. 법익보호기능은 불법의 실체에 관한 학설대립에 있어서는 결과반가치론으로 나타난다.

형벌은 가장 강력한 강제력의 행사이므로 형법은 다른 법에 의해서는 법의 보호가 불가능한 경우에 최후의 수단으로 사용되어야 한다. 이를 보충성의 원칙이라고 한다.

3. 보장적 기능

형법이 국가의 형벌권 행사를 제한하므로 국가권력의 발동으로부터 국민의 자유와 권리를 보장하는 기능을 말한다. 이는 적극적 보호기능과 달리 소극적 보호기능으로서, 헌법과 형법에 규정된 죄형법정주의로 표현된다. 이 기능을 일명 '마그나 카르타(Magna Charta)적 기능'이라고도 하며 민주사회에서 가장 중시되는 형법의 역할이다. 보장적 기능은 두 가지의 내용을 갖는다. 하나는 아무리 사회적 유해성이 있는 행위라도 형법에 범죄로 규정되어 있지 않는 한 처벌되지 않는다. 나머지는 죄를 범한 자라 할지라도 형법에 미리 정해진 형벌의 종류와 범위에서만 처벌된다. 따라서 형법은 선량한 일반국민에 대하여는 물론, 범죄인에 대하여도 대헌장 기능을 수행한다고 할 수 있다.[7]

---

6) 형법은 범죄로부터 사회를 보호하기 위하여 필요한 수단인 형벌을 통하여 범죄에 대한 억압적인 기능을 수행한다. 이를 일반예방기능이라 하고, 범죄인에게 법을 존중하고 질서에의 길로 복귀하도록 하여 범죄인의 사회복귀를 촉진하는 기능을 특별예방기능이라 한다(이재상/장영민/강동범 8면).
7) 이재상/장영민/강동범 8면.

4. 기능의 상호작용

보장적 기능과 보호적 기능은 서로 모순관계 내지 반비례관계에 있다. 형법의 법익보호역할은 형벌이라고 하는 강력한 법익침해를 수단으로 하기 때문에 보호적 기능을 강조하다 보면 보장적 기능을 위태롭게 할 우려가 있는 반면에, 보장적 기능은 국가형벌권의 발동에 대한 소극적 제한원리이기 때문에 이를 강조하다 보면 범죄로부터의 사회방위에 미비하게 될 우려가 있기 때문이다.[8]

나치 독일이나 소련 등 전체주의 국가에서는 보호적 기능을 강조하는 신파사상을 수용하여 명문으로 죄형법정주의를 폐기한 결과 형법의 보장적 역할이 크게 위축되어 인권침해가 자행되었던 예가 있었다.

제3항 형사사법의 원칙

1. 의 의

형사사법이란 어떤 행위를 범죄로 규정하고 이에 대한 효과로 형사제재, 즉 형벌과 보안처분 등을 부과하는 일련의 과정에서 필요로 하는 형사사법절차를 말한다. 형사사법의 단계에서는 시민의 권리와 자유를 크게 침해할 우려가 있다는 점에서 지도원리가 요구된다. 따라서 헌법과 각종 형사법 등에서는 요구되는 주요한 지도원리를 법규화하여 명문으로 보장하고 있다. 아래의 원칙이 대표적인 것이다.

2. 인도주의적 원칙

형사사법도 범죄인을 인간으로 보는 데서 출발하여야 한다는 원칙이다. 근본적으로 범죄발생에 대하여 국가나 사회에 대하여도 일정한 책임을 부과하는 원리이다. 따라서 유죄의 판결을 받는 범죄인의 재사회화에 행형의 목표를 두고 사형제도의 운영을 지극히 신중해야 하는 입장으로 형사사법의 운용이 인도적인 차원에서 이루어져야 한다는 원칙이다.[9]

3. 책임주의 원칙

형사사법단계에서도 책임이란 범죄자에 대한 규범적 비난가능성이다. 행위자를 비난할 수 없으면 형벌이 없다는 사상이 형사사법을 지배하는 원칙이다. 즉 "책임 없

---

8) 박현준, 경찰입문형법, 한국학술정보, 2013, 22면.
9) 이재상/장영민/강동범 9면.

으면 형벌 없다"는 원칙을 말한다. 여기에서 책임 없는 자 또는 책임 없이 행위하여 결과를 발생시킨 자는 형벌을 받지 않는다는 것(책임주의)과 형벌은 책임의 양을 넘어서는 안 된다는 것과 행위시에 책임이 있어야 한다는 것(행위와 책임의 동시존재의 원칙)을 도출하는 원칙이다.

오늘날 책임은 응보가 아니라 예방의 시각에서 그리고 형벌의 상한을 설정하는 데 기준이 된다.

4. 적정절차의 원리

형사사법단계에서는 국가에 대하여 형벌권을 부여함으로써 범죄로부터 국가와 사회 그리고 개인을 보호하지만 한편으로 시민의 자유와 권리에 심각한 침해를 가할 우려가 있으므로 형벌권의 남용을 방지하는 원칙이 요구된다. 이것이 적정절차의 원칙이다.[10] 헌법과 각종 형사사법에서 규정하여 보장하고 있다. 이 원칙은 구체적으로 형식적 법치주의인 법률주의와 실질적 법치주의인 인간존엄성 구현과 형법의 보충성, 과잉금지원칙, 비례성원칙, 수단의 적정성 원칙 등이 추구된다.

제 4 항   형벌의 발전

1. 복수형벌화

형벌제도의 기원은 복수(復讐)형벌로부터 시작한다. 복수는 단체 상호간에 침략의 반동으로서 피의 보복으로 행해진 대외적 투쟁방법이었다. 그 당시에는 그것은 정의이고 의무이었던 사형(私刑)이었다. 시간의 경과로 피의 복수가 잔혹함에 비하여 형벌적 효과(위하력)가 적다는 것을 느끼어, 그러한 형벌을 가하는 범위를 정하는 등 제한을 가한 결과로 나타난 형벌제도가 물질적 배상으로 갈음하는 속죄금(贖罪金) 및 탈리오(Talio)라는 동해보복제도에 의하여 구체화되었다.

2. 국가형벌화

고대국가에서 17c까지를 지배하던 형벌로서 위하시대라고도 한다. 국가는 일정한 조건을 정하여 형벌권을 실행하고 복수와 배상은 국가의 평화적 질서를 파괴하는 것으로서 그 제한의 요건이 강화되어 금지되기에 이르렀다. 이 형벌의 특징은 한마디로 위하적이었다.

---

10) 이를 법치국가의 원칙이라고도 한다(이재상/장영민/강동범 10면).

3. 형벌법률화

18c 초에서 19c 중엽까지 개인주의·자유주의에 의한 개인의 권리와 자유를 존중하는 사조에 부응하여, 국가는 개인의 지위를 법률로써 보장하는 죄형법정주의가 형법상의 원칙으로 되었고 법치주의가 지배하게 되었다. 이 시대를 형법의 박애시대라고 한다.[11]

4. 형벌개별화

19c 후반에 자연과학의 발달은 형법학계에도 중대한 영향을 주었다. 즉 범죄와 범죄인에 대한 자연과학적·사회학적 연구는 범죄의 원인을 실증적으로 규명하여, 형벌은 범죄사실에 대하여 부과되는 것이 아니라 범죄인의 인격에 대하여 과해지는 것이라 하여, 형벌의 인격화를 강조하여 범죄인의 재사회화를 위하여 형벌의 성질과 분량을 개별적으로 정해야 한다는 형벌의 개별화를 중시하게 되었다.[12]

제 5 항   형 법 전

1953년 9월 18일 법률 제293호로 제정된 우리 형법전은 총칙(제1조~제86조)과 각칙(제87조~제372조) 그리고 부칙으로 구성되어 있다. 형법총칙은 범죄와 형벌에 관한 일반적인 규정으로서 형식적 형법을 포함한 광의의 형법에 널리 적용된다. 형법총칙의 효력에 관하여 형법 제8조는 "본법 총칙은 타 법령에 정한 죄에 적용한다. 단, 그 법령에 특별한 규정이 있는 때에는 예외로 한다."고 규정하고 있다. 형법각칙은 범죄가 될 행위를 개별적으로 유형화하고 또 개별 범죄에 대하여 과하여질 형벌의 종류와 범위를 규정한 것으로서, 이를 특별구성요건이라고 한다. 각칙의 특별구성요건을 보호법익에 따라 분류하면 국가적 법익에 관한 죄, 사회적 법익에 관한 죄, 개인적 법익에 관한 죄로 크게 분류된다.

형법의 총칙과 각칙의 관계는 흡사 일반법과 특별법의 관계에 있으므로 '특별법 우선의 원칙'이 적용되어 총칙의 규정과 모순되는 각칙의 규정이 있으면 각칙의 그것이 우선하여 적용된다.

---

11) 이 시대는 응보형주의를 강조하고, 인도적인 형벌제도로 개인의 자유와 권리를 중시하였다. 대표적인 학자로는 Beccaria, Feuerbach, Kant, Hegel 등이 있다.
12) 범죄의 원인에 대한 실증적인 연구를 시도하여 특별예방주의를 강조한 시대로 범죄인의 재사회화에 형벌의 목적을 두고 있다. 대표적인 학자로는 Lombroso, Ferri, Garofalo, Liszt 등이 있다.

제 2 절 죄형법정주의

1. 의 의

죄형법정주의라 함은 "일정한 행위를 범죄로 하고 이에 대하여 일정한 형벌을 부과하기 위해서는 반드시 행위시전에 국회에서 제정된 형식적 의미의 법률로서 명확하게 규정되어 있어야 한다."는 근대형법의 기본원리를 말한다. 포이어바흐(A. Feuerbach)는 이를 "법률 없으면 범죄 없고, 형벌도 없다"는 말로 표현하였다.

죄형법정주의 원칙은 18c 말 프랑스대혁명(시민혁명)을 통하여 확립된 근대 자유주의 정치사상의 결실로서, 범죄와 형벌을 전단(專斷)하던 왕권과의 투쟁에서 시민계급이 확보해 낸 가장 중요한 자유보장책이라고 할 수 있다. 이 원칙의 확립을 통하여 시민계급의 대표가 만든 법률로 정한 행위만을 범죄로 인정하게 되었다.

죄형법정주의는 시민의 자유와 권리를 국가권력의 전횡으로부터 지켜준다는 의미에서 '시민의 마그나 카르타'이며, 범죄자에 대하여도 그가 아무리 범죄를 저질렀다 하더라도 법률이 정한 형벌과 다른 종류의 형벌을 부과하거나 또는 법률에 정한 양을 초과하는 형벌을 부과할 수 없도록 국가권력을 통제한다는 의미에서 '범죄자의 마그나 카르타'이기도 하다.

우리 헌법 제12조 제1항과 제13조 제1항 및 제37조 제2항 등은 죄형법정주의가 헌법적 원리임을 선언하고 있으며, 형법 제1조 제1항에서도 "범죄의 성립과 처벌은 행위시의 법률에 의한다."라고 하여 죄형법정주의를 규정하고 있다.

이와 같이 죄형법정주의는 단지 형법원칙에 그치는 것이 아니라 그 이전에 헌법적 원칙이기 때문에 죄형법정주의에 반하는 법률은 위헌법률심판 또는 헌법소원심판의 대상이 되며, 또한 입법원칙으로서의 측면도 가지고 있다.

2. 연 혁

기원은 1215년 영국의 대헌장 제39조의 "어떠한 자유인도 동등한 신분에 있는 자의 적법한 재판 또는 국법에 의하지 아니하고는 체포·구금·재산박탈 … 되지 아니한다"는 규정에 두고 있다(통설). 죄형법정주의는 시민혁명의 성과물로서 프랑스 인권선언에 채택되고 그 후 헌법 또는 형법에 규정됨으로써 전 세계적으로 확립되었다. 대표적으로 1776년 미국 버지니아권리선언 제8조, 1787년 미국 헌법 제1조 제9항, 1789년 프랑스 인권선언 제8조 등이다.

그 후 산업혁명이 완수된 후 1870년대에 세계경제가 독점자본주의 단계에 이르러 산업화·도시화에 따라 실업자가 범람하고 범죄가 격증하게 되자, 범죄로부터의 사회방위의 필요성을 강조하는(즉, 형법의 보장적 기능보다 보호적 기능을 중시하는) 근대학파(신파)가 등장하여 죄형법정주의를 폐지하거나 완화해야 한다는 주장이 대두되었다. 그리하여 1926년 소련 형법 제16조와 1935년 독일 형법 제2조는 '사회에 위험한 행위'(소련) 또는 '건전한 국민감정에 반하는 행위'(독일)는 법률에 명확한 규정이 없더라도 처벌할 수 있도록 함으로써 정면으로 이 주의를 포기하기에 이르렀다. 그러나 이들 독일·소련의 조항들은 독일에서는 1946년에, 소련에서는 1958년에 각각 폐지되어 죄형법정주의에로 복귀하였고, 오늘날 세계 각국은 체제 여하를 막론하고 죄형법정주의를 채택하고 있다.

3. 사상적 기초와 현대적 의의

죄형법정주의는 절대왕정의 전제적 권력을 타도한 시민혁명의 산물로서 이에 대한 사상적 기초를 제공한 것은 17·18c의 계몽사상이었으며, 그 중에서 대표적인 것은 몽테스키외(Montesquieu)의 '권력분립론'과 포이어바흐(A. Feuerbach)의 '심리강제설'이다.

권력분립론은 국가권력간의 견제와 균형을 통하여 국가권력의 남용을 막는 원칙으로 입법권을 의회에 부여하고, 사법부에 대하여는 철저하게 의회의 입법에 종속되어 재판할 것을 요구한다. 그래서 이러한 권력분립사상이 뿌리내리기 시작하던 초기에는 법원에 대하여 법률해석권을 인정하지 않고 의문이 있는 경우에는 입법부에 조회하라는 입법부조회의무를 법률에 명시한 경우도 있었으며, 법원의 판례집의 출간을 금하기도 하였다.

심리강제설은 공리주의사상에 뿌리를 두고 인간을 쾌(快)와 불쾌(不快), 즉 공리의 계산자로 본다. 범죄행위란 형벌의 불쾌에도 불구하고 범죄를 통하여 쾌를 얻는 행위이다. 이러한 관점에서 볼 때 국가가 범죄를 통제하기 위해서는 일정한 행위를 범죄로 규정하고 동시에 그에 부과될 형벌을 규정함으로써, 일반 국민들로 하여금 형벌이라는 불쾌를 무릅쓰면서까지 범죄에 나아갈 것인가의 여부를 판단하게 하여야 한다.

권력분립론과 심리강제설이 죄형법정주의의 사상적 기초가 된 것은 사실이지만, 이들 이론들은 역사적으로 근대라고 하는 특정시기에 있어서 시민이라는 특정계급의 세계관과 인간관을 반영하고 있는 것으로 각각 일정한 이론적 결함을 지니고 있다.

권력분립론은 개인주의·자유주의에 치중하여 범죄로부터의 사회방위라고 하는 공동체의 이익을 간과할 뿐만 아니라, 관습형법이 왜 피고인에게 유리한 경우에는 허용이 될 수 있는지를 설명하지 못한다. 심리강제설도 형벌의 본질을 일반예방에만 두고 있다는 점과, 인간을 이성적인 존재로만 보고 충동에 의하여 행동하는 범죄인을 보지 못하였다는 비판을 면할 수 없다. 그리하여 오늘날의 통설적 견해는 죄형법정주의를 법치국가원리의 파생원리로서 파악하고 있다.

법치국가원리를 구성하는 두 부분은 '법률적합성의 원리'와 '법적 안정성의 원리'인데, 여기에서 '법률적합성의 원리'가 제2차 세계대전 이후 형식적 의미에서 실질적 의미로 변화함에 따라서 죄형법정주의도 단순히 "실질적 정의에 합치하는 적정한 법률 없으면 범죄 없고 형벌 없다"는 의미로 변화하게 되었다. 그리고 이러한 변화를 반영하여 죄형법정주의의 파생원칙의 하나로 적정성의 원칙을 추가할 것인가가 논의되어 왔다.

4. 죄형법정주의의 내용

1) 법률주의

범죄와 형벌은 성문의 법률로 정해야 한다. 여기에서 '법률'이란 국회가 제정한 형식적 의미의 법률을 의미한다(대판2003도3600). 법률주의는 관습형법금지의 원칙을 핵심내용으로 한다. 법률주의의 당연한 귀결로서 관습법에 의한 처벌은 금지된다. 즉, 민법 등 사법(私法)과는 달리 형법에서는 관습법이나 조리가 법원(法源)이 될 수 없다. 따라서 관습형법금지의 원칙이라고도 한다. 국민의 자유·권리는 국회에서 제정한 형식적 의미의 법률에 의해서만 침해되고 제한될 수 있다. 관습법은 일반국민이 행위시에 정확하게 인식하기 어렵기 때문에 일반예방기능을 충족시키지 못한다. 법관이 관습법을 원용하여 자의적인 재판을 할 가능성을 차단함으로써 법적 안정성을 보장한다.

관습법에 의하여 새로운 구성요건을 창설하거나 형벌을 가중하는 것은 행위자에게 불리하므로 허용되지 않는다. 그러나 관습형법금지는 관습법에 의해 새로운 범죄를 창설하거나 형벌을 가중하는 것을 금지한다는 것이므로, 관습법에 의한 위법성조각사유의 인정이나 형의 감경 등 피고인에게 유리한 경우는 죄형법정주의에 반하지 않으므로 허용된다.[13] 또한 관습형법금지는 관습법의 직접적 법원(法源)성을 금지하

---

13) 그밖에도 관습법에 의한 성문형법규정폐지, 구성요건축소, 책임조각사유, 인적 처벌조각사유, 객관적

는 것이며 관습법이 형법해석에 간접적으로 영향을 미치는 것은 허용되는데, 이를 보충적 관습법이라고 한다. 예컨대 형법 제18조 부진정부작위범의 보증인적 지위의 발생근거, 제184조 수리방해죄에서 수리권의 근거를 관습에서 구하는 것(보충적 관습법 허용)이 그것이다.[14]

법률주의와 관련하여 법률에는 추상적인 금지와 형벌만을 규정하고 구성요건의 구체적인 세부사항은 명령이나 조례에 위임하는 것이 허용되는가가 문제된다. 이와 같이 처벌법규를 다른 법령에 위임하는 것을 백지형법이라고 하는데, 처벌법규의 위임은 일반적인 위임입법에 비하여 보다 엄격한 조건이 요구된다. 판례는 "특히 긴급한 필요가 있거나 미리 법률로서 자세히 정할 수 없는 부득이한 사정이 있는 경우에 한하여 이 경우에도 법률에서 처벌대상인 행위가 어떤 것임을 예측할 수 있을 정도로 구체적으로 정하고, 형벌의 종류 및 그 상한과 폭을 명백히 규정하는 것을 전제로 하는 위임입법이 허용된다."고 하여 엄격한 조건을 요구하고 있다(대판2002도2998).

[판례연구]
① 지방자치법 제22조, 행정규제기본법 제4조 제3항에 의하면 지방자치단체가 조례를 제정함에 있어서 그 내용이 주민의 권리제한 또는 의무부과에 관한 사항이나 벌칙인 경우에는 법률의 위임이 있어야 하므로, 법률위임 없이 주민권리제한과 의무 부과하는 조례는 효력이 없다(대판2010두19270 전원합의체).
② 의료법 제41조 "환자의 진료 등에 필요한 당직의료인을 두어야 한다."라고 규정하고 있을 뿐인데도 시행령 조항은 당직의료인의 수와 자격 등 배치기준을 규정하고 이를 위반하면 의료법 제90조에 의한 처벌의 대상이 되도록 함으로써 형사처벌의 대상을 신설 또는 확장하였다. 그러므로 시행령 조항은 위임입법의 한계를 벗어난 무효이다(대판2015도16014 전원합의체).

---

2) 소급효금지의 원칙

형법은 그 시행 이후의 행위에 대하여만 적용되고, 그 전에 이루어진 행위에 대해서는 소급하여 적용되지 않는다는 원칙을 말한다. 만일 소급입법에 의한 처벌을 허용한다면 법적 안정성과 예측가능성을 해칠 뿐만 아니라, 일반국민에 대한 범죄예

처벌조건인정 등이 있다.
14) 그밖에도 위법성의 판단, 제20조의 사회상규, 배임죄에서의 타인의 사무처리원인 등이 있다.

방의 효과도 거둘 수 없는 무의미한 형벌이 될 것이기 때문이다. 물론 법적 안정성만
이 유일한 법의 이념이 아니기 때문에 경우에 따라서는 법적 안정성을 희생하고서라
도 다른 이념인 정의 등을 살려야 하는 경우를 생각할 수 있으나, 이러한 경우는 극
히 예외적인 경우로서 그 불법이 도저히 감내할 수 없는 정도에 달한 경우에 한하여
야 한다('4·19 특별법', '5·18 특별법'). 그리고 이 경우에도 입법이 아니라 해석을 통해
서 소급적으로 범죄의 성립을 인정하여 형벌을 가하는 것은 허용되지 않는다. 소급
효금지의 원칙은 행위시에는 죄가 되지 않던 것을 사후입법에 의하여 처벌하는 것뿐
만 아니라, 사후입법에 의한 형의 가중에 대하여도 적용된다. 그리고 소급효금지의
원칙은 행위자에게 불리한 소급효를 금지하는 것이지(대판2007도7874), 유리한 소급효
까지 금지하는 것(대판2006도1955)은 아니다(형법 제1조 제2항·제3항).

소급효금지의 원칙은 범죄의 성립과 처벌에 관한 실체법에 대해서 적용되는 원
칙이고, 절차법인 형사소송법규정에 대해서는 적용되지 않는다는 것이 통설이다.[15]
그 이유는 소송법 규정의 변경은 그 행위의 가벌성에는 변함이 없이 단지 처벌의 절
차에만 관계되기 때문이다. 그러므로 범죄 후에 친고죄가 비친고죄로 바뀌거나 공소
시효가 연장 또는 폐지되어 행위자에게 불리한 새로운 규정이 적용되더라도 죄형법
정주의에 위반하는 것은 아니다(대판2016도7273).

그러나 보안처분의 경우에 소급효금지의 원칙이 적용되는가에 관하여는 견해
가 나뉜다. 통설은 보안처분도 형사제재이고 자유제한의 정도에 있어서 형벌 못지
않으므로 적용된다는 데 대하여, 소수설·판례는 보안처분은 형벌이 아니라 장래의
위험성으로부터 행위자를 보호하고 사회를 방위하기 위한 합목적적 조치이므로 적용
되지 않는다(대판97도703)고 보고 있었으나, 가정폭력범죄의 처벌 등에 관한 특례법(이
하 '가정폭력처벌법')상의 사회봉사명령에 대해서는 소급효금지의 원칙이 적용된다(대결
2008어4).

그리고 판례가 피고인에게 불리하게 변경된 경우에도 적용될 것인가에 대하여,
피고인의 신뢰이익과 법적 안정성을 보장하기 위해서 적용해야 된다는 긍정설과 헌
법(제13조 제1항)과 형법(제1조 제1항)은 제정법을 통한 소급효만을 금지하고 있으며, 판
례는 법이 아니라 법에 대한 법관의 해석에 불과하므로 이 원칙을 적용할 수 없다는
부정설과 판례의 변경이 법적 견해의 변경으로 인한 경우에는 소급효금지의 원칙이

---

15) 신호진, 18면

적용되지만, 판례의 변경이 단지 객관적인 법상황의 변경에 기인한 경우에는 적용되지 않는다는 절충설이 있다. 판례는 법률이 아니므로 소급효금지의 원칙의 적용대상이 아니라고 보는 것이 타당하다. 다만, 행위자가 전 판례를 신뢰하여 행위를 한 경우에 정당한 법률의 착오의 경우에는 책임조각의 문제가 발생할 수 있다.

[판례연구]

2018.12.24. 법률 제16037호로 개정된 도로교통법(제148조의2 제1항)에서 정한 '도로교통법 제44조 제1항 또는 제2항을 2회 이상 위반한 사람'에 개정 도로교통법 시행 이전에 (구)도로교통법 제44조 제1항 또는 제2항을 위반한 전과가 포함된다고 보아야 하며, 이와 같은 해석이 형벌불소급의 원칙이나 일사부재리의 원칙에 위배되지 않는다(대판2020도7154).

---

3) 명확성의 원칙

형법은 범죄의 구성요건과 형사제재를 법관의 자의적 해석이 허용되지 않도록 명확하게 규정하고 있어야 한다. 범죄와 형벌을 행위시의 법률에 규정해 두었다 하더라도 그 내용이 불명확한 경우에 소급효금지의 원칙이 무의미하게 되기 때문이다. 구성요건은 통상의 판단능력을 가진 일반국민이 '무엇이 금지된 행위인가'를 예견할 수 있을 정도로 명확하게 규정되어야 한다. 가치판단에 대한 입법자의 결단이 법률에 표현되어 있어야 하며, 가치판단 자체를 법관에게 위임하는 것은 허용되지 않는다. 또한, 보다 구체적으로 규정하는 것이 가능한 경우에 추상적으로 규정하는 것도 명확성의 원칙에 반한다(대판2006도920).

나아가 명확성의 원칙은 구성요건에서뿐만 아니라 형사제재(형벌과 보안처분)에서도 지켜져야 한다(대판77도251). 다만, 형벌에 대한 명확성의 원칙은 구성요건의 명확성의 요구와 같이 엄격한 것은 아니다. 따라서 단순히 "징역에 처한다."라고 규정하는 식의 절대적 부정기형은 허용되지 않으나, "단기 1년 장기 3년의 징역에 처한다."는 식의 상대적 부정기형은 죄형법정주의에 반하지 않는다(소년법 제60조). 그리고 보안처분은 그 성질상 반드시 정기일 것을 요하지 않는다(다수설). 보안처분은 장래의 위험성에 대한 합목적적 처분이므로 위험이 계속되는 동안 집행할 필요가 있기 때문이다(치료감호 등에 관한 법률 제16조).

[판례연구]

다소 광범위하여 법관의 보충적 해석을 필요로 하는 개념을 사용했다고 해도, 통상의 해석방법에 의한 건전한 상식과 정상의 법 감정을 가진 사람이면 당해 처벌법규의 보호법익과 금지된 행위 및 처벌의 종류와 정도를 알 수 있도록 규정하였다면 헌법이 요구하는 처벌법규의 명확성에 배치되지 아니한다(대판2013도12939).

4) 유추해석금지의 원칙

유추해석이란 법률에 규정이 없는 사항에 대하여 그것과 유사한 성질을 가지는 다른 사항에 관한 법률을 적용하는 것을 말한다. 예컨대 업무상 비밀누설죄(형법 제317조)의 주체에 변호사 아닌 변호인이나 세무사도 포함되는 것으로 해석하는 것, 자전거도 자동차등 불법사용죄(형법 제331조의2)의 객체에 해당한다는 해석 등이다. 유추해석은 해석의 한 방법이라기보다 법관에 의한 법창조이고 일종의 입법에 해당하는 것이며, 또한 이것을 허용하게 되면 아무리 형벌법규가 명확하게 규정되었다 하더라도 법관의 자의(恣意)를 막을 길이 없게 되므로 이를 금지하는 것이다.

유추해석금지의 원칙은 형법각칙의 모든 구성요건과 형법총칙의 가벌성에 관한 모든 규정에 대하여 적용된다. 예컨대 구성요건, 형벌과 보안처분, 불법과 책임요소, 객관적 처벌조건, 백지형법의 보충규정 등은 유추해석이 금지된다(대판98도1719). 그리고 위법성조각사유, 책임조각사유, 소추조건 또는 처벌조각사유인 형면제 사유의 범위를 제한적으로 유추적용하는 것도 가벌성의 범위가 확대되어 행위자에게 불리하게 되므로 허용되지 않는다(대판96도1167 전원합의체).

피고인에게 불리한 유추해석을 금지하고, 유리한 유추해석은 허용된다(통설·판례; 대판2004도4049). 예컨대 위법성조각사유의 확장적 유추해석, 중지미수의 규정을 예비의 중지에 유추적용하는 것 등이고, 그리고 유추해석금지는 실체법에 적용되는 것이므로 소송법규정에 대하여는 원칙적으로 유추해석이 허용된다(통설).

유추해석이 금지되는 것은 당연하지만, 이와는 달리 확장해석은 허용되어야 하지 않느냐에 관하여 논의가 있다. 이에 관하여는 유추해석과 확장해석의 구별이 가능한가, 가능하다고 할 경우에 그 구별기준은 무엇인가가 문제된다. 통설은 유추해석과 확장해석을 구별하여, 전자는 허용되지 않으나 후자는 허용된다고 본다. 그 구별기준은 '문언의 가능한 의미 내'에서의 해석은 허용되는 확장해석이고, 그 범위를 벗어나면 금지되는 유추해석이라고 본다. 판례는 확장해석을 유추해석과 유사한 의미

로 이해하여 지나치게 불리한 확장해석도 금지된다는 입장으로 해석된다(대판2009도
3053).

[판례연구]

① 조세범처벌법 제11조 제1항은 조세회피 등을 목적으로 타인의 성명을 사용하여
사업자등록을 하는 행위를, 동조 제2항은 그와 같이 자신의 성명을 사용하여 사
업자등록을 할 것을 허락하는 행위를 각 구성요건으로 하는데, … 법인의 사업자
등록을 하면서 단지 법인의 대표자 성명을 다른 사람의 것을 사용하거나 이를
허락한 경우에는 위 구성요건에 해당하지 않는다(대판2016도10770).

② 피고인 A는 자신이 운영하는 甲주식회사에서 인력파견업체인 乙주식회사 B로부
터 적법하게 취업활동을 할 수 있는 체류자격을 가지지 아니한 외국인 40명을
알선받아 이들을 고용하였다. 甲회사는 근로자파견업체인 乙회사와 사이에 도급
계약을 체결하고, 乙회사로부터 화장품 용기의 포장업무 등에 필요한 인력으로
외국인 근로자들을 공급받았을 뿐이어서 A가 외국인 근로자들을 직접 고용하였
다고 보기 어렵고, 외국인 근로자들은 甲회사와 사이에서 파견근로자의 지위에
있었는데 출입국관리법(제94조 제9호)의 '고용한 사람'에 근로자를 파견받은 사용
사업주까지 포함된다고 보는 것은 유추해석금지원칙에 위반한다(대판2018도3690).

---

5) 적정성의 원칙

죄형법정주의의 모든 파생원칙들이 지켜진다 할지라도 형법의 내용이 실질적 정
의에 반하는 내용을 담고 있다면 국민의 자유와 권리는 보장될 수 없다. 그러므로 죄
형법정주의에 의하여 형법의 보장적 기능을 다하기 위해서는 법률의 내용이 헌법에
합치하는 적정한 것이어야 하는데, 이를 적정성의 원칙이라 하며 실질적 의미의 죄
형법정주의에 의해서 요청되는 헌법 제37조 제2항 단서의 비례성의 원칙, 과잉금지
의 원칙에서 도출되는 원칙이다.

적정성의 원칙은 적합성의 원칙, 필요성의 원칙, 비례성의 원칙을 그 내용으로
한다. 형법은 인간의 공동생활을 보장하기 위한 불가결한 가치를 보호하기 위한 수
단으로만 사용되어야 하며(적합성의 원칙), 불가피한 최소한도에 그쳐야 한다("필요 없으
면 형벌 없다"; 필요성의 원칙). 나아가서 실질적인 불법을 처벌대상으로 삼아야 하며("불
법 없으면 형벌 없다") 그리고 형법은 행위자에게 책임이 있는 경우에 한하여 부과되어

야 하며("책임 없으면 형벌 없다") 범죄와 형벌사이에는 적정한 균형이 유지되어야 하며 (균형성의 원칙) 또한 책임의 정도를 초과해서는 안 된다(과잉금지의 원칙). 그리고 잔악한 형벌은 금지된다(인도성의 원칙).

[판례연구]

부패방지법 제86조 제3항의 규정에 의한 추징에서 추징액이 실제범인이 재물의 취득으로 받은 이익을 초과한다고 하더라도 헌법상 재산권 보장, 과잉금지의 원칙에 위배된다고 할 수 없다(대판2015도9123).

---

5. 죄형법정주의 위반의 효과

죄형법정주의는 헌법적 효력을 갖는 원칙이므로 이에 위반된 법률은 헌법재판의 대상이 되고, 명령의 경우에는 대법원의 명령·규칙심사권의 대상이 된다. 그리고 법원의 재판이 죄형법정주의에 위반된 때에는 상소(上訴)에 의하여 구제될 수 있다. 재판에 대한 헌법소원이 가능한가에 대하여 우리 헌법재판소법은 독일 등과 달리 법원의 재판을 헌법소원의 대상에서 제외하고 있다(헌법재판소법 제68조 제1항 본문). 그러나 헌법재판소는 같은 조항에 대하여 한정위헌결정을 함으로써 재판에 대한 헌법소원이 인정되는 예외를 인정하였다(헌재96헌바173).

[판례연구]

① 동물보호법 시행규칙 제36조 제2호는 동물판매업을 '소비자에게 반려동물을 판매하거나 알선하는 영업'으로 규정하고 있다. … 여기서의 '소비자'에 동물판매업자 등 반려동물을 구매하여 다른 사람에게 판매하는 영업을 하는 자도 포함된다고 보는 것은 '소비자'의 의미를 피고인에게 불리한 방향으로 지나치게 확장해석하거나 유추해석하는 것으로서 죄형법정주의에 어긋나므로 허용되지 아니한다(대판2015도18765).

② 법정형으로 징역형만 규정하고 있던 구 형법 제324조(강요죄)가 개정되어 벌금형이 추가된 것은 종전의 조치가 과중하다는 데에서 나온 반성적 조치로서 형법 제1조 제2항의 '범죄 후 법률의 변경에 의하여 형이 구법보다 경한 때'에 해당한다(대판2016도836; 대판2016도1473).

제 3 절 형법의 적용범위(효력)

1. 시간적 적용범위

형벌법규의 변경으로 인하여 행위시법(구법)과 재판시법(신법)이 동일하지 않은 경우에 행위시법을 적용할 것인가 또는 재판시법을 적용할 것인가의 문제를 말한다. 여기에서 신·구법의 차이는 다음의 두 가지의 유형으로 분류할 수 있다. 먼저 행위시에는 불가벌이었던 행위가 후에 범죄로 규정되거나, 또는 행위 후 법률의 변경에 의하여 형이 중하게 변경된 경우이다. 그리고 행위시에 유효했던 처벌법규가 후에 폐지되거나, 또는 행위 후 법률의 변경에 의하여 형이 경하게 변경된 경우이다.

일반적으로 신법은 구법보다 진보적이므로 형법 이외의 분야에서는 재판시법주의가 원칙으로 되어 있으나, 형법에서는 행위시법주의를 원칙으로 하고 피고인에게 유리한 경우에 한하여 예외로서 재판시법주의를 채택한다. 형법 제1조 제1항의 "범죄의 성립과 처벌은 행위시의 법률에 의한다."는 규정은 형법의 시간적 적용범위에 관하여 행위시법주의의 원칙을 선언한 규정으로 해석된다.[16] 아울러 이는 죄형법정주의를 규정한 것으로 해석되므로 결국 형법은 한 개의 조문에서 성격이 다른 두 가지를 동시에 규정하고 있는 것이다. '행위시'란 (범죄)행위의 실행착수 후 종료 전까지를 말한다. 계속범의 경우에는 범죄가 기수가 된 후에도 감금상태가 계속되는 한 범죄가 종료되지 아니하며, 연속범과 같은 포괄일죄의 경우에는 최종행위의 종료시가 행위시로 된다(대판94도563). 하나의 행위가 신법·구법에 걸쳐서 이루어진 경우에는 신법·구법의 경중을 따져 볼 필요도 없이 신법이 당연히 행위시법이 된다. 이러한 법리는 포괄일죄의 경우에도 마찬가지이다(대판97도183). '법률'이란 국회의 형식적 법률을 의미한다.

형법 제1조 제2항은 "범죄 후 법률이 변경되어 그 행위가 범죄를 구성하지 아니하게 되거나 형이 구법(舊法)보다 가벼워진 경우에는 신법(新法)에 따른다."고 하여, 피고인에게 유리한 경우에는 행위시법주의의 예외로서 재판시법주의를 규정하고 있다. 이 경우 '경한 법 우선의 원칙'이라고 한다. 이 규정이 제1항의 원칙에 대한 예외 규정임에는 틀림없지만, 그것은 죄형법정주의에 대한 예외를 규정한 것이 아니라 행위시법주의에 대한 예외를 규정한 것임을 주의하여야 한다. 다시 말하면, 형법의 시

---

16) 통설은 형법 제1조 제1항은 형벌법규의 소급효금지의 원칙의 근거라 주장한다(대판2010도4416).

간적 적용범위에 관한 규정이다. 따라서 형을 경하게 변경하면서 그 부칙으로 개정 전의 범죄에 대하여는 경한 신법의 적용을 배제하고 중한 구법을 적용하도록 규정하는 것도 허용된다(죄형법정주의는 헌법적 원칙이기 때문에 이에 대한 예외는 인정될 수가 없다; 대판94도2787).

피고인에게 유리하기 때문에 신법우선주의가 적용되는 경우로서는 범죄 후 재판확정 전에 비범죄화된 경우나, 신법의 형이 경한 경우(제1조 제2항), 재판확정 후에 그 행위가 비범죄화된 경우(제1조 제3항)가 있다. 먼저 범죄 후 법률의 변경에 의하여 범죄를 구성하지 않게 된 경우에는, 형법 제1조 제2항에서 '범죄 후'라 함은 '행위종료 후'를 의미한다. 따라서 실행행위의 도중에 법률의 변경이 있어 실행행위가 신·구법에 걸쳐서 이루어진 경우에는 '행위종료 전'에 법률이 변경된 것이므로 형의 경중을 따질 필요도 없이 신법이 당연히 행위시법으로서 적용된다(제1조 제1항의 적용). 그리고 이러한 법리는 포괄일죄가 신·구법에 걸쳐서 행해진 경우에도 마찬가지이다(대판 93도1166).

여기에서 '법률'이란 '총체적 법상태'를 의미한다(통설·판례). 따라서 법령은 물론 행정규칙인 고시의 변경도 여기에 포함된다(대판86도42). 또한, 법률도 형법만이 아니고 민법 기타의 법률을 포함한다. 그리고 신법의 형이 구법보다 경한 경우에 형의 경중은 형법 제50조에 의한다.[17] 신법의 형이 구법보다 경한 경우라야 하므로, 신법의 형이 중한 경우나 형이 동일한 경우에는 제1항에 의하여 행위시법이 적용된다. 또 법률이 여러 차례 변경된 경우에는 그 중 가장 경한 법률이 적용된다(통설·판례). 그러므로 행위시법에 의하면 비범죄화된 경우에는 형사소송법 제326조 제4호의 '범죄 후의 법령개폐로 형이 폐지되었을 때'에 해당하여 면소판결을 하여야 할 것이며(통설), 형이 경하게 변경된 경우에는 경한 신법을 적용하여 판결을 하여야 할 것이며(제1조 제2항), 재판확정 후 법률의 변경에 의하여 범죄를 구성하지 않게 된 경우에는 형의 집행을 면제하는 판결을 선고하여야 할 것이다(제1조 제3항).

형법 제1조 제2항의 재판시법주의를 한시법(限時法)의 경우에도 적용할 것인가에

---

17) 제50조(형의 경중) ① 형의 경중은 제41조 각 호의 순서에 따른다. 다만, 무기금고와 유기징역은 무기금고를 무거운 것으로 하고 유기금고의 장기가 유기징역의 장기를 초과하는 때에는 유기금고를 무거운 것으로 한다.
   ② 같은 종류의 형은 장기가 긴 것과 다액이 많은 것을 무거운 것으로 하고 장기 또는 다액이 같은 경우에는 단기가 긴 것과 소액이 많은 것을 무거운 것으로 한다.
   ③ 제1항 및 제2항을 제외하고는 죄질과 범정(犯情)을 고려하여 경중을 정한다.
   [전문개정 2020. 12. 8.]

관하여는 견해가 대립하고 있다. 독일 형법 제2조 제4항은 원칙적으로 한시법의 추급효(즉, 행위시법주의)를 명문으로 인정하고 있으나, 우리 형법은 이에 대한 명시적인 규정이 없기 때문에 한시법이 유효기간의 경과로 인하여 실효된 경우에 행위시법에 의하여 처벌할 것인가(제1조 제1항), 아니면 행위자에게 유리한 재판시법을 적용하여 면소판결을 하거나(제1조 제2항, 형사소송법 제326조 제4호) 또는 재판이 확정된 후라면 형의 집행을 면제할 것인가(제1조 제3항)가 다투어지고 있다. 이를 한시법의 추급(追及)효라고 한다.

한시법은 협의로는 '미리 일정한 유효기간을 명시하여 제정한 법률'을 말하고, 광의로는 협의의 한시법 외에 '임시법', 즉 '그 법률의 내용과 목적이 일시적 사정에 대응하기 위한 것이기 때문에 유효기간이 사실상 제한되어 있는 법률'을 포함한다. 통설은 한시법의 개념을 협의로 파악하고 있다.

추급효에 대하여 한시법의 유효기간이 경과한 경우에도 그 기간 중의 행위에 대하여는 처벌할 수 있다는 견해가 있다. 그 논거로는 유효기간이 경과하였다고 하더라도 경과 전의 행위는 여전히 비난가치가 있고, 추급효를 인정하지 않는다면 유효기간의 종료시기가 다가올수록 위반행위가 속출하여 법의 실효성을 유지할 수 없고, 불공평한 결과를 초래하게 된다는 점을 들고 있다.

반면에 추급효를 부정하는 견해(다수설)로 그 논거로는 법률의 실효도 형법 제1조 제2항이 법률의 변경에 의한 형의 폐지에 해당하므로 추급효를 인정한다는 특별규정이 없는 한 당연히 형법 제1조 제2항의 재판시법주의에 따라야 하고(폐지와 실효를 동일시함), 추급효 인정설의 논거인 법의 실효성 문제는 정책적 이유에 불과하므로 입법으로 해결할 문제이지 그것이 형법의 해석을 좌우할 수는 없다는 점을 들고 있다.

그리고 동기설로 법률이 변경된 동기(광의의 한시법 개념을 사용하는 경우) 또는 한시법이 실효된 동기를 분석하여 그 동기에 따라 추급효의 인정 여부를 결정하려는 견해가 있다. 동기설에 의하면 한시법이 실효된 동기가 단순히 '사실관계의 변화'에 있으면 행위의 가벌성이 없어지지 않으므로 한시법의 추급효를 인정하고, 그 동기가 '법률이념 내지 법적 견해의 변경'에 있으면 행위의 가벌성이 소멸하였다고 보아 추급효를 부정하는 견해(동기설)이다.

판례는 형법 제1조 제2항의 적용범위에 관하여 동기설을 취하면서 동시에 한시법(협의)의 추급효 여부에 관하여도 동기설에 따라서 판단하고 있다(대판87도2678). 이는 판례가 법률의 폐지와 실효를 구분하지 않고 모두 제1조 제2항을 적용하는 결과이다(따라서 폐지와 실효를 동일시하는 점에 있어서는 다수설과 판례가 일치).

백지형법이란 '형벌의 전제가 되는 구성요건의 전부 또는 일부를 다른 법령이나 고시 등에 의하여 보충해야 할 공백을 가진 형벌법규'를 말하며, 여기에서 공백을 메워주는 규범을 보충규범 또는 충전규범이라고 한다. 예컨대 형법 제112조의 중립명령위반죄나 고시를 보충규범으로 요하는 각종 경제통제법령이 이에 해당한다. 백지형법은 한시법에 해당하는가에 대한 문제에서 한시법의 개념을 광의로 파악하여 임시법도 한시법에 포함시키는 견해는 백지형법을 한시법의 가장 중요한 예로 본다. 그러나 한시법의 개념을 협의로 파악하는 통설적 견해에 의하면 백지형법이라 해도 유효기간이 명시된 경우가 아닌 한 한시법이 아니다.

2. 장소적 적용범위

형법의 장소적 적용범위에 관하여는 속지주의·속인주의·보호주의·세계주의의 네 가지 입법주의가 있다. 속지주의는 자국의 영역 내에서 발생한 모든 범죄에 대하여 범죄인의 국적을 불문하고 자국의 형법을 적용한다는 원칙을 말한다. 국외를 운항중인 자국의 선박이나 항공기 내에서 발생한 범죄에 대해서 자국의 형법을 적용한다는 기국주의도 속지주의의 특수한 원칙에 속한다. 속인주의는 자국민의 범죄에 대하여는 범죄가 어느 곳에서 행해진 것이든 자국의 형법을 적용한다는 원칙이다. 국적주의라고도 하며 자국민이 범한 모든 범죄에 대하여 자국형법을 적용하는 적극적 속인주의와 자국민의 범죄 중에서 자국 또는 자국민의 법익을 침해하는 경우에만 자국형법을 적용하는 소극적 속인주의가 있다. 보호주의는 자국 또는 자국민의 법익을 침해하는 범죄에 대하여는 누구에 의하여 어느 곳에서 발생하였는가에 관계없이 자국형법을 적용한다는 원칙을 말하며, 실질주의라고도 한다. 전자의 법익보호를 국가보호주의, 후자의 법익보호를 개인보호주의라고 한다. 보호주의는 속지주의와 속인주의를 보완하는 장점이 있는 반면, 외국과의 마찰이 생길 우려도 있으므로 국제조약에 의한 조정이 필요하다. 세계주의는 국제사회의 시민의 연대성에 입각하여 인신매매, 마약거래, 테러, 항공기 납치 등 인류공동의 법익을 침해하거나 또는 인간의 존엄을 직접 침해하는 반인도적 범죄에 대하여는 누가 어디에서 누구에게 행한 범죄인가를 불문하고 자국의 형법을 적용한다는 원칙으로 전쟁도발, 국제테러, 통화위조, 마약밀매, 민족학살, 인신매매 등에 대한 범죄에 적용된다.

우리 형법은 속지(屬地)주의를 기본원칙으로 하면서(제2조, 제4조), 속인주의(제3조)와 보호주의(제5조, 제6조), 약취, 유인죄와 관련하여 세계주의를 규정하여 가미하고 있다. 형법 제2조에 "본법은 대한민국 영역 내에서 죄를 범한 내국인과 외국인에게 적용한다."라고 하여 속지주의의 원칙을 규정하고 있다. 여기서의 '대한민국 영역'은 한반도와 그 부속도서(영토·영해·영공)를 말하며, 북한도 대한민국 영역에 속한다(대판 4290형상228). '죄를 범한'의 의미는 범죄의 행위나 결과 중 어느 하나가 대한민국의 영역 내에서 발생하면 족하다(통설).[18] 또한 제4조에 "본법은 대한민국 영역 외에 있는 대한민국의 선박 또는 항공기 내에서 죄를 범한 외국인에게 적용한다."라고 하여 속지주의의 연장으로서 '기국주의'를 채택한 것이다(대판97도2021 전원합의체). '대한민국 영역 외'란 공해와 외국의 영토·영해·영공을 포함한다.

형법 제3조는 "본법은 대한민국 영역 외에서 죄를 범한 내국인에게 적용한다."고 하여 속인주의를 보충적으로 규정한 것이다. 여기에서 '내국인'이란 범행당시 대한민국의 국적을 가진 자를 말하며, 북한 주민도 내국인에 포함된다(대판96누1221).

형법 제5조는 "본법은 대한민국 영역 외에서 다음에 기재한 죄를 범한 외국인에게 적용한다. 1. 내란의 죄. 2. 외환의 죄. 3. 국기에 관한 죄. 4. 통화에 관한 죄. 5. 유가증권, 우표와 인지에 관한 죄. 6. 문서에 관한 죄 중 제225조 내지 제230조. 7. 인장에 관한 죄 중 제238조"라고 규정하여 국가보호주의를 채택한 것이다. 예컨대 외국에서 외국인이 한국의 공문서를 위조한 경우(제6호)이다. 제6조는 "본법은 대한민국 영역 외에서 대한민국 또는 대한민국 국민에 대하여 전조에 기재한 이외의 죄를 범한 외국인에게 적용한다. 단, 행위지의 법률에 의하여 범죄를 구성하지 아니하거나 소추 또는 형의 집행을 면제할 경우는 예외로 한다."고 하여 국가보호주의와 상호주의를 채택한 것이다.

제296조의2는 "제287조부터 제292조까지 및 제294조는 대한민국 영역 밖에서 죄를 범한 외국인에게도 적용한다."고 하여 약취·유인의 죄에서 세계주의를 채택하고 있다.

제7조는 "죄를 지어 외국에서 형의 전부 또는 일부가 집행된 사람에 대해서는 그 집행된 형의 전부 또는 일부를 선고하는 형에 산입한다."고 하여, 2016. 12. 20. 법률 제14415호에 의하여 2015. 5. 28. 헌법재판소에서 헌법불합치 결정된 이 조를

---

18) 김일수/서보학 62면; 배종대 105면; 이재상/장영민/강동범 41면; 정성근/박광민 90면.

개정하였다(필요적 산입).

3. 인적 적용범위

형법은 시간적·장소적 효력이 미치는 범위에서 모든 사람에게 적용되는 것이 원칙이지만, 특별한 정책적 이유에서 다음과 같은 예외가 인정되고 있다. 대통령은 내란·외환의 죄를 범한 경우를 제외하고는 재직 중 형사상의 소추를 받지 아니한다 (헌법 제84조). 국회의원은 국회에서 직무상 행한 발언과 표결에 관하여 국회 외에서 책임을 지지 아니한다(헌법 제45조).

외국의 원수와 외교관, 그 가족 및 내국인이 아닌 종자에 대하여는 형법이 적용되지 않는다.[19] 외국 영사의 직무상의 행위에 대해서도 우리나라의 사법권의 적용이 배제된다.[20] 또한 승인받고 주둔하는 외국군인과 그 군속에 대해서는 협정에 의하여 형법의 적용이 배제될 수 있다. 그러므로 한·미간의 군대지위협정(Status Of Forces Agreement: SOFA)에 의하여 공무집행중의 미군의 범죄에 대하여는 형법의 적용이 배제된다(대판2005도798).

[판례연구]

① 주식회사의 종업원이 취업활동을 할 수 있는 체류자격을 가지지 아니한 외국인을 고용한 행위와 관련하여, 그 대표이사가 종업원의 그와 같은 행위를 알 수 있는 지위에 있었다는 사정만으로 출입국관리법 제94조 제9호에서 정한 '고용한 사람'에 해당한다고 볼 수 없다(대판2017도3005).

② 2016.1.6. 법률 제13718호로 개정·시행된 폭력행위처벌법은 제2조 제1항(형법이 정한 폭력범죄들의 상습범 가중처벌규정)을 삭제하면서 경과규정을 별도로 두지 아니하였는데, 삭제한 취지는 … 일률적으로 해당 범죄를 가중처벌하도록 한 종전의 조치가 부당하였거나 그 과형이 과중하다는 데에서 나온 반성적 조치라고 보아야 할 것이다. 따라서 이는 형법 제1조 제2항에서 정한 '범죄 후 법률의 변경에 의하여 그 행위가 범죄를 구성하지 아니하거나 형이 구법보다 경한 때'에 해당하므로, 위 규정에 따라 신법을 적용하여야 한다(대판2015도18636; 대판2015도19258).

---

[19] 1961년 4월 18일에 채택된 외교관계에 관한 비엔나협약.
[20] 1963년 4월 24일에 채택된 영사관계에 관한 비엔나협약.

제 2 장   범 죄 론

제 1 절   서   론

제 1 항   범죄론의 의의

　　형법도 법률요건(法律要件)과 법률효과의 체계로 되어 있으므로 형법은 요건으로서의 범죄와 그에 대한 효과로서의 형사제재를 규정한 법이라고 정의할 수 있다. 여기에서 범죄가 성립하기 위해서는 어떤 요소가 필요한가에 관한 이론이 범죄론이다. 범죄론은 법률의 해석·적용에 관하여서 규범학인 점에서, 형사정책적인 면의 범죄원인과 대책에 관한 사실학인 범죄학과는 구별하여야 한다.

　　형식적 범죄의 성립요건은 일반적으로 구성요건해당성·위법성·책임성의 3단계로 구성되어 있다. 제1단계에서는 어떤 행위가 형법 등에서 규정한 명령규범이나 금지규범에 위반되는가를 적극적으로 검토하여 처벌근거를 확인하고, 제2단계와 제3단계에서는 이와 반대로 처벌을 하지 않아도 될 소극적인 사유(위법성조각사유나 책임조각사유)를 찾아내는 작업을 하는 단계이다. 구체적으로 보면 제2단계에서는 법질서 전체의 관점에서 객관적인 정당화사유가 있는가를 검토하고, 제3단계에서는 행위자 개인에 대하여 주관적인 면책사유가 있는가를 검토한다.

　　범죄의 성립요건에 맞추어 범죄론은 구성요건론·위법성론·책임성론으로 구성된다. 미수론·공범론·죄수론은 넓은 의미에서는 구성요건론에 포함될 수 있으나 별개로 검토하고자 한다.

제 2 항   범죄의 의의와 종류

1. 범죄의 의의

　　국가의 법질서와 무관하게 시간과 공간을 초월해서 타당할 수 있는 자연적 범죄개념을 절대적 범죄개념이라 하고, 일정한 국가의 법질서가 범죄로 규정한 것이 범죄라고 보는 범죄개념을 상대적 범죄개념이라고 한다. 절대적 범죄개념을 인정하지 않는 것이 오늘날의 일반적인 견해이며, 실질적 범죄개념도 해당 국가의 헌법적 가치선언의 구속을 받는다는 점에서 상대적 범죄개념에 속한다.

범죄란 '구성요건에 해당하고 위법하며 책임있는 행위'라고 정의하며 이를 형식적 범죄개념이라고 한다. 형식적 범죄개념은 형법의 보장적 기능의 기준이 되는 범죄개념이라고 할 수 있다. 범죄개념을 형식적으로만 이해하는 경우에는 어떤 행위를 새로이 범죄로 규정할 것인가(신범죄화) 또는 기존의 어떤 범죄를 폐지할 것인가(비범죄화)에 관하여 아무런 해답을 얻을 수가 없기 때문에, 실정법을 떠나서 범죄의 본질을 규명할 필요가 있는데, 이를 실질적 범죄개념이라고 한다. 실질적 범죄개념은 범죄의 형사정책적 의의라고 할 수 있다. 실질적 범죄개념인 범죄의 본질에 관하여는 역사적으로 몇 가지의 견해, 즉 범죄의 본질은 개별적인 권리를 침해한다는 권리침해설, 법익을 침해 또는 침해할 위험이 있다는 법익침해설, 사회질서 내지 법익을 침해하지 아니하여야 할 의무를 위반하는 데 있다는 의무위반설,[1] 그리고 법익침해임과 동시에 의무위반이라고 보는 결합설이 있다. 오늘날의 통설적 견해[2]에 속하는 견해가 결합설이다. 실질적 범죄개념은 형사정책적 의의를 갖는 것이기 때문에 형법의 해석·적용에 있어서는 입법론을 제시하는 경우 외에는 달리 써먹을 일이 거의 없다는 점으로 지적된다.

2. 범죄의 성립요건·처벌조건·소추조건

형식적 범죄가 성립하기 위해서는 구성요건해당성(구체적인 행위가 법률에 규정된 범죄의 구성요건에 합치하는 것)·위법성(구성요건에 해당하는 행위가 법질서 전체의 입장에서 허용되지 않는다는 가치판단)·책임성(위법행위를 한 행위자에 대한 비난가능성)이라는 세 가지 요건이 모두 갖추어져야 한다.

범죄의 처벌조건은 범죄의 성립요건과 구별하여야 한다. 처벌조건이란 일단 성립한 범죄의 처벌가능성만을 좌우하는 실체법적 조건을 말한다. 처벌조건에는 객관적 처벌조건과 인적 처벌조각사유가 있다. 전자의 경우로는 사전수뢰죄에 있어서 '공무원 또는 중재인이 된 사실'(형법 제129조 제2항) 등이 있다. 후자의 경우 범죄는 성립하였으나 행위자의 특수한 신분관계로 인하여 형벌권이 발생하지 않는 경우로 친족상도례(형법 제328조), 국회의원의 면책특권(헌법 제45조) 등이 있다. 객관적 처벌조건이 결여되거나 인적 처벌조각사유가 존재하는 경우에는 범죄는 성립하지만 처벌은 할

---

1) 합일태적 범죄체계에서의 이원적·인적 불법론과 맥을 같이한다.
2) 이재상/장영민/강동범 67면; 정성근/박광민 125면.

수가 없으나 정당방위는 가능하다.

소추조건은 실체법상의 범죄의 성립이나 형벌권의 발생과는 관계가 없고, 단지 소송법상 공소제기의 유효요건이 되는 것을 말한다. 형법에서 소추조건을 규정하고 있는 것으로는 친고죄와 반의사불벌죄가 있다. 이는 형법에 규정되어 있기는 하지만 실질적 의미의 형사소송법에 해당된다.

친고죄는 고소권자의 고소가 있어야 공소권이 발생하는 범죄를 말한다. 따라서 정지조건부 범죄라고도 하며, 친고죄로는 사자의 명예훼손죄와 모욕죄 등이 있으며 상대적 친고죄와 절대적 친고죄로 구분한다. 강간·강제추행죄 등은 2013년 6월 19 일부터 친고죄가 아니다.

반의사불벌죄는 일단 공소를 제기할 수는 있으나, 피해자가 처벌을 원하지 않는 다는 '명시적 의사'를 표시한 때에는 공소권이 소멸하는 범죄이다. 따라서 해제조건 부 범죄라고도 하며 폭행죄, 협박죄, 명예훼손죄 등이 있으며, 처벌불원의 의사표시 는 피해자의 진실한 의사표시가 명백하고 믿을 수 있는 방법으로 표현되어야 하고 철회할 수 없다(대판2007도3405).

3. 범죄의 종류

구성요건적 결과발생의 여부에 따른 구별로서 결과범과 형식범이 있다. 결과범 (실질범)이란 일정한 결과가 발생하여야 구성요건이 충족되는 범죄로 살인죄, 절도죄, 결과적 가중범 등을 말하고, 형식범(거동범)이란 결과의 발생이 없어도 일정한 행위만 으로서 구성요건이 충족되는 범죄로 폭행죄·주거침입죄·무고죄·위증죄 등이 있다. 결과범의 '결과'란 '감각기관에 의하여 감지될 수 있는 외계의 유형적 변화'를 의미하 는 것이지, '결과반가치'를 뜻하는 것이 아니라는 점이다. 구별실익은 결과범의 경우 에는 행위와 결과 사이에 인과관계가 인정되어야 기수가 되지만, 형식범에서는 인과 관계가 문제되지 않고 일정한 행위만 있으면 그대로 기수가 된다. 형식범은 결과범 에 비하여 미수범의 성립범위가 좁다. 즉 형식범(거동범)의 경우에는 실행행위를 종료 하면 곧바로 기수가 되기 때문에 실행미수는 있을 수 없고 실행에 착수하여 행위를 종료하지 아니한 착수미수만이 가능하나, 결과범의 경우에는 양자가 모두 가능하다.

법익보호의 정도에 따라 침해범이란 구성요건의 해석상 보호법익이 현실적으로 침해되어야 기수가 되는 범죄로 살인죄, 상해죄, 절도죄, 강도죄 등이며, 위험범이란 보호법익에 대한 침해의 위험만 있어도 기수가 되는 범죄로 위태범이라고도 하며 유기죄, 직무유기죄, 방화죄, 통화위조죄, 명예훼손죄, 업무방해죄, 내란죄, 위증죄 등이 있다. 침해범과 위험범의 구별은 법률에 명시되어 있지 않다. 학설은 대체로 미수범 처벌규정이 있으면 침해범으로 보아 횡령죄와 배임죄를 침해범으로 해석하고 있으나, 판례는 두 죄를 위험범으로 보고 있다. 주의할 점은 결과범과 형식범, 침해범과 위험범은 그 구별의 기준을 달리하는 것이므로 형식범도 침해범이 있을 수 있다.

위험범은 구체적 위험범과 추상적 위험범으로 나뉜다. 구체적 위험범은 법익침해의 구체적 위험(현실적 위험)이 발생해야 기수가 되는 범죄를 말하고, 추상적 위험범은 일정한 행위만 있으면 법익침해의 구체적 위험이 발생하지 않더라도 기수가 되는 범죄를 말한다. 일반적으로 법조문에 '위험'이라는 문구가 있으면 구체적 위험범이고, 없으면 추상적 위험범이다. 그러나 여기에는 두 가지 예외가 있다. 직무유기죄(형법 제122조)는 법조문에 '위험'이라는 말이 없음에도 불구하고 구체적 위험범으로 해석하는 것이 통설과 판례의 입장이다. 폭발물사용죄(형법 제119조)도 '위험'이라는 말은 들어 있지 않으나 대신 '공안을 문란한 자'라는 말이 들어 있으므로 구체적 위험범으로 해석한다. 구체적 위험범과 추상적 위험범은 고의가 성립하기 위해서 위험에 대한 인식을 요하는가에 차이가 있다. 구체적 위험범의 경우에는 위험발생이 객관적 구성요건요소로 되어 있으므로 위험이 현실적으로 발생해야 구성요건이 충족되고(범죄가 기수가 되고), 따라서 위험에 대한 인식이 고의의 내용이 되지만(고의는 항상 기수의 고의를 의미하며, 미수의 고의는 고의가 아니다), 추상적 위험범의 경우에는 그렇지 않다.

즉시범이란 구성요건의 내용이 실현됨으로써 범죄가 완성됨과 동시에 원칙적으로 (범죄)행위도 종료하는 범죄를 말하고, 계속범이란 범죄가 완성되어서 형식적으로 기수에 이른 뒤에도 법익침해 내지 위태화의 상태(즉, 위법상태)가 계속되는 동안에는 범죄는 실질적으로 종료하지 않는 범죄를 말한다. 살인죄, 절도죄 등 대부분의 범죄는 즉시범이고, 계속범으로는 체포·감금죄, 약취·유인죄, 주거침입죄 등이 있다. 즉시범의 일종에 해당하는 것으로서 상태범이 있다. 상태범이란 범죄의 완성과 동시에 범죄가 종료되지만, 그 후에도 이로 인한 위법상태가 계속되는 범죄를 말한다. 예컨대 절도죄가 이에 해당한다. 상태범에서는 범죄로 취득한 재물의 처분은 새로운 법익을 침해하지 않는 한 이른바 불가벌적 사후행위가 된다.

정범(正犯)이 될 수 있는 자의 범위가 제한되는가에 따른 구별로서 일반범이란 누구나 정범이 될 수 있고, 정범의 자격에 아무런 제한이 없는 범죄를 말한다. 신분범과 자수범 이외의 범죄는 모두 일반범에 해당한다. 신분범이란 일정한 신분을 가진 자만이 정범이 될 수 있는 범죄를 말한다. 신분범에는 진정신분범과 부진정신분범이 있으며 형법 제33조(공범과 신분)의 해석에 있어서 중요한 의미가 있다. 자수범이란 구성요건적 행위를 직접 실행해야만 정범이 될 수 있는 범죄를 말한다. 자수범은 특히 간접정범의 한계를 지어주는 개념이다. 위증죄, 준강간죄, 준강제추행죄 등이 있다. 준강간죄는 자수범이지만 강간죄는 신분범도 자수범도 아니다(다수설).

제 3 항   행 위 론

1. 의   의

범죄란 구성요건에 해당하고 위법하고 책임있는 행위이다. 즉, '범죄는 행위이다.' 그러므로 행위의 의미를 밝히는 것은 범죄론의 기점이 된다. 행위의 의미를 어떻게 파악할 것인가에 관한 논의를 '행위론'이라고 하는데, 행위론은 범죄체계론과 밀접한 관련을 가지면서 형법학상 격심한 논쟁의 대상이 된 바 있었다. 그러나 행위론이 실천적 문제의 해결에 기여하는 부분이 적다는 인식이 확대되어 '행위론 부정론'도 대두하고 있는 실정이다.

행위개념을 어떻게 파악하는 것이 옳은가를 판단하기 위하여서는 먼저 행위개념이 형법상 어떠한 기능을 수행하여야 하는가를 살펴볼 필요가 있다. 기능으로서는 다음의 세 가지를 들고 있다. 행위와 비(非)행위를 구별하여 비행위는 처음부터 형법적 고찰의 대상에서 제외시킬 수 있어야 한다는 한계구별기능, 고의행위와 과실행위, 작위와 부작위를 단일한 행위개념에 포섭할 수 있어야 한다는 분류기능, 그리고 마지막으로 행위 – 구성요건해당성 – 위법성 – 책임으로 이어지는 형법체계 안에서 체계 중립적이고 독자적인 내용을 가지면서 이들 체계를 결합시켜 나갈 수 있어야 한다는 결합개념기능이 그것이다.[3]

2. 행위론의 전개

1) 인과적 행위론

인과적 행위론에 의하면 행위란 '의사에 의한 신체활동'(Beling), '유의적 거동에 의한 외부세계의 인과적 변화'로 정의되며, 행위개념의 요소는 ① 유의성, ② 거동성, ③ 인과성의 세 가지로 구성된다. '유의성'에서 의사의 내용은 묻지 않으며 그것은 책임단계에서 문제될 뿐이다(고전적 범죄체계).

---

3) 박현준, 35면.

이 이론은 19c의 사상계를 지배하던 실증주의적·자연주의적 행위개념이라고 할 수 있다. 반면에 의사의 내용을 묻지 않고 단순히 유의성만을 행위기준으로 삼기 때문에 고의행위의 의미를 제대로 파악할 수 없으며, 특히 미수행위의 개념규정이 어렵다. 행위개념의 요소로서 거동성을 요구하기 때문에 부작위를 행위에 포함시킬 수 없어 근본요소로서의 기능을 못한다. 의사의 내용을 묻지 않고 모종의 의사와 행위 사이에 인과관계만 있으면 행위로 보는 결과, 행위개념이 무한히 확대되어서 한계기능을 수행하지 못한다.

2) 목적적 행위론

행위란 '목적활동성의 수행'(H. Welzel)으로 정의되며, 따라서 행위개념의 요소는 '목적성'과 '인과성'의 두 가지로 구성된다. 벨첼은 종래의 행위론을 자연주의적인 인과적 행위개념이라고 비판하면서, 행위개념을 존재론적으로 파악하고자 하였다. 그 결과 인간의 행위란 목적활동성의 수행이고 목적성은 고의를 의미하기 때문에, 인과적 행위론에 의하여 행위개념의 요소에서 배제되었던 '의사의 내용' 특히 고의가 목적적 행위론에서 행위개념의 요소로 파악되게 되었다.

반면에 목적성을 행위개념의 요소로 하는 결과 과실행위와 부작위를 행위개념에 포섭하기 어렵기 때문에 분류기능을 다하지 못한다. 목적성(＝고의)을 행위개념의 요소로 하는 결과 행위개념의 체계중립성 요구를 충족하지 못하며, 따라서 결합기능을 다하지 못한다. 자동화된 기계적 동작(운전 등)이나 충동적·격정적 행위는 이를 행위로 보아야 할 터인데, 이러한 행위는 목적적 조종의사가 결의된 경우가 많으므로 행위와 비행위를 구별해 주는 한계기능도 제대로 수행하지 못한다.

3) 사회적 행위론

인과적 행위론은 행위개념을 자연과학적(실증주의적) 방법으로 설명하고자 하였고, 목적적 행위론은 존재론적 방법으로 설명하고자 하였으나 둘 다 성공을 거두지 못하였다. 그런데 이들 실패한 두 이론의 공통점은 규범적 관점을 배제했다는 점이다. 따라서 행위개념을 규범적으로 정립해 보는 것이다. 사회적 행위론은 존재론적 방법과 규범적 방법을 절충하여 행위개념을 규명하고자 한 이론이라는 점에서 최초의 '규범적 행위론'이라고 할 수 있다.

사회적 행위론은 초기의 객관적 행위경향을 중시하는 입장인 '객관적·사회적 행위론'(Maihofer)으로부터 후기의 주관적 목적성을 강조하는 입장인 '주관적·사회적 행위론'(Jescheck, Wessels)으로 발전하여, 이것이 오늘날 다수설의 견해이다.

사회적 행위론에 의하면 행위란 '인간의 의사에 의하여 지배되거나 지배가능한 사회적으로 의미 있는 형태'라고 정의된다(Wessels). 따라서 행위의 개념요소는 ① 목적성, ② 인과성, ③ 법적 행위기대라는 세 가지 요소로 구성되며, 이들 요소의 상위개념으로서 '사회적 중요성'을 든다.

반면에 사회적 행위론은 '사회적 중요성'과 '법적 행위기대'라고 하는 규범적 개념을 도입하여 종래의 행위론이 해결하지 못하였던 '부작위'를 행위개념에 포섭하는 데 성공함으로써, 행위개념이 비로소 분류기능을 제대로 수행할 수 있게 된 것으로 평가되고 있다. 그러나 무엇이 사회적으로 중요한 것인가는 구성요건과의 관계를 떠나서는 알 수 없기 때문에 전구성요건적인 행위개념이 될 수 없고, 따라서 결합기능을 만족시키지 못한다는 점이 비판되고 있다.

4) 인격적 행위론

인격적 행위론은 행위를 '인격의 객관적 표현' 또는 '인격의 발현'으로 본다. 사회적 행위론이 결합기능을 만족시키지 못하는 점을 비판하면서 등장한 이론으로서, 행위개념의 요소로서 '사회적 중요성' 등과 같은 가치개념을 사용하지 않기 때문에 사회적 행위론과는 달리 행위개념이 체계중립적이며, 따라서 결합기능을 만족시킨다는 점을 강조한다. 반면에 사회적 행위론의 아류에 불과하다는 점, 내용이 공허하다는 점, 법인의 행위능력을 인정할 수 없게 된다는 점 등이 지적되고 있다.

5) 이원적 행위론

이원적 행위론은 볼프(E. A. Wolff)에 의하여 주장된 행위론으로 그는 종래의 행위론들은 인간의 삶의 맥락 전체를 보지 않고 구성되었다는 점에서 '위축된 행위론'이라고 비판하면서, 행위의 개인의 내면적인 면, 즉 인격적 차원과 법적·제도적 차원을 고려한 이원적 행위론을 주장하였다.

그에 의하면 행위자의 목표의 설정자체가 '나'의 자유결단이며 이의 수행은 행위자의 인격적 결단에 의한 것이다. 따라서 행위는 행위자의 인격의 현실화라고 할 수 있다. 그러나 행위는 사회라는 상호승인의 대타관계 속에서 이루어지는 것이기 때문에 사회적 차원도 갖게 된다는 것이다.[4]

---

4) 이재상/장영민/강동범 91면.

제 2 절 구성요건론

제 1 항 서 론

1. 의 의

구성요건(構成要件)이란 형벌 부과의 대상이 되는 행위유형을 추상적으로 기술한 것을 말한다. 범죄는 구성요건에 해당하는 위법·유책한 행위를 의미하므로 구성요건론은 범죄론의 핵심이 되며, 구성요건은 위법성과 책임성에 대해서 지도적 역할을 한다. 구성요건과 구성요건해당성은 구별되어야 한다. 구성요건해당성은 추상적인 구성요건을 대전제로 하고 구체적인 범죄사실을 소전제로 하여서, 소전제가 대전제에 부합되는가의 여부를 판단하는 것을 말한다.

2. 이론의 발전

오늘날과 같은 의미의 구성요건 개념을 최초로 사용한 벨링(Beling)은 구성요건을 위법성 및 책임과 독립된 범죄체계상의 한 범주로 파악한 고전적 범죄체계의 창시자이다. 그는 3단계의 범죄체계를 확립하여 범죄의 성립요건은 ① 구성요건해당성, ② 위법성, ③ 책임성이다. 그러므로 범죄는 구성요건에 해당하고 위법하고 유책한 행위이다. 구성요건은 '실정법상 확정적으로 표식화된 (범죄)행위의 유형'이다.

구성요건해당성과 위법성의 관계를 벨링은 "구성요건은 모든 위법성요소로부터 절연되어 있고, 구성요건은 속에서는 아무런 법적 의미도 인식할 수 없다"고 보아 구성요건의 독자성을 강조하고 구성요건을 위법성과 엄격히 분리시켰다.

벨링의 구성요건이론 중 구성요건의 몰가치적(沒價値的) 성격은 마이어(M. E. Mayer)가 구성요건에도 규범적인 요소가 있다는 것을 발견함으로 더 이상 유지할 수 없게 되었다. 예컨대 절도죄의 객체인 '타인의 재물'이나 존속살인죄의 객체인 '직계존속' 등은 규범적 가치판단에 의하지 않고는 그 의미를 확정할 수가 없는 '규범적 구성요소'에 해당하는 것이다.

구성요건의 규범적 요소가 발견됨에 따라 구성요건과 위법성은 서로 절연되어 있는 것이 아니라 밀접한 연관관계가 있다는 점도 인식이 되어 구성요건은 위법성의 인식근거가 된다고 보게 되었는데, 마이어는 이를 "구성요건과 위법성의 관계는 연기와 불의 관계와 같다"고 표현하였다(인식근거설).

그 후 메츠거(Mezger)는 구성요건을 '위법유형'으로 파악하고 구성요건은 위법성의 존재근거가 된다고 주장하였다(존재근거설).

구성요건은 오로지 외부적·객관적 요소로 이루어진다고 하는 벨링의 견해도 목적·경향·표현 등의 주관적 불법요소가 발견됨으로써 수정되지 않을 수 없었다. 그러나 이 시기에 발견되었던 것은 특별한 범죄에만 존재하는 주관적 불법요소였고, 일반적인 주관적 불법요소의 발견은 벨첼(H. Welzel)의 목적적 행위론이 출현하게 된 계기가 되었다. 목적적 행위론과 목적적 범죄체계에 의하면, 주관적 불법요소는 목적범이나 미수범에 있어서만 예외적으로 존재하는 것이 아니라 모든 범죄에 일반적으로 존재하는 것이며, 고의·과실은 이러한 일반적인 주관적 불법요소가 된다. 이러한 견해는 사회적 행위론과 인격적 행위론, 행위론 부정론의 입장에서도 받아들여져 오늘날 통설적 지위를 차지하고 있다.

3. 구성요건의 유형

개별적인 범죄에 고유한 불법내용을 이루는 모든 요소(객관적 요소와 주관적 요소)의 총체를 일컬어 불법구성요건이라고 한다. 일반적으로 구성요건이라는 용어는 이 불법구성요건을 가리킨다(협의의 구성요건).

불법구성요건에는 세 가지 기능이 있다. 먼저 선별기능으로 불법 중에서 어떤 것이 처벌되는 불법유형인가를 가려내준다. 그리고 정향기능(지시기능)으로 국민들에게 어떠한 행위가 범죄로서 처벌을 받게 되는가를 알려줌으로써 그에 따라 행동방향을 정하도록 지시한다. 끝으로 징표기능(추정기능)으로 불법구성요건이 실현되면 정당화사유가 존재하지 않는 한 위법성이 추정된다는 것이다. 협의의 구성요건인 불법구성요건(적극적 구성요건)에 위법성조각사유(소극적 구성요건)를 합하여 파악하는 구성요건개념을 말한다.

총체적 불법구성요건은 소위 소극적 구성요건표지이론에서 주장한 것으로, 이에 의하면 정당방위 등 정당화사유에 해당되는 행위는 애초부터 구성요건해당성이 배제되고, 범죄는 구성요건해당성과 책임으로 구성되는 2단계 범죄체계가 성립한다.

형법각칙의 규정 중에서 불법과 책임을 근거지우는 모든 요건들의 총체를 의미한다. 따라서 범죄의 성립을 배제하는 사유, 즉 위법성조각사유와 책임조각사유는 범죄구성요건에 포함되지 않는다.

행위의 가벌성에 관련된 형법총칙 및 각칙상의 모든 요건의 총체를 보장구성요건이라고 한다. 따라서 위법성조각사유와 책임조각사유 및 처벌조건도 포함되나, 관습법과 같이 법적으로 규율되지 아니한 것은 구성요건에서 제외하여 죄형법정주의를 통한 형법의 보장적 기능을 강조한다.

4. 구성요건의 요소

구성요건의 객관적 요소로는 범죄주체, 범죄객체, 범죄행위(행위태양·행위상황), 결과, 인과관계 등이며, 주관적 요소에는 일반적 요소(고의·과실)와 특별한(초과) 요소(목적·경향·표현, 불법영득의사 등)가 있다.

기술적 요소에는 가치판단을 요하지 않고 사실판단만으로도 그 의미와 내용이 확정될 수 있는 요소로 재물, 건조물, 사람, 주거, 선박 등이며, 규범적 요소로는 규범적 가치판단을 통해서만 그 의미와 내용을 확정될 수 있는 요소를 말한다. 예컨대 재물의 타인성, 친족, 직계존속, 공무원, 배우자, 유가증권, 음란성, 명예, 업무 등이다. 양자의 구별은 고의와 착오에서 중요한 의미가 있다. 고의가 성립하기 위하여 기술적 요소의 경우에는 사실의 인식으로 족하나, 규범적 요소의 경우에는 가치판단을 전제로 한 의미의 인식을 필요로 한다.

기술적 요소에 대한 착오는 구성요건착오에 해당하나, 규범적 요소에 대한 착오는 구성요건착오뿐만 아니라 경우에 따라서는 법률의 착오가 될 수도 있다.

제 2 항 범죄주체와 범죄객체

1. 범죄주체

형법상 범죄주체는 사람이다. 사람인 이상 연령이나 정신상태의 여하를 불문하고 모두 범죄의 주체가 될 수 있다. 그런데 여기의 사람에 법인도 포함되는가의 문제가 있다. 민법 제34조는 "법인은 법률의 규정에 좇아 정관으로 정한 목적의 범위 내에서 권리와 의무의 주체가 된다."고 규정함으로써 명문으로 법인의 권리능력을 인정하고 있는 데 반하여, 형법은 법인의 범죄능력에 관하여 아무런 규정을 두고 있지 않다. 따라서 형법에 명문규정이 없음에도 불구하고 법인의 범죄능력을 인정할 수 있는가와 법인의 범죄능력을 긍정하는 경우에는 별 문제가 없으나, 부정하는 경우에는 각종 행정법에서 종업원의 행위에 대하여 법인도 함께 처벌하는 '양벌규정'을 둔 경우에 이를 어떻게 해석하여야 하는가가 문제된다.

법인의 범죄능력에 관하여 법인의제설은 범죄능력도 부정하는 것이 논리적이라고 할 수 있으며, 역사적으로도 법인의 범죄능력을 부정하는 대륙법계의 전통을 법인부인설 또는 법인의제설을 배경으로 한다. 그러나 영미법계에서는 법인의제설에 입각하면서도 법인의 범죄능력을 인정하고 있는 반면에, 대륙법계에서는 법인실재설에 입각하면서도 법인의 범죄능력을 부정하는 입장이 지배적인 점에 비추어 법인의 범죄능력 여부는 법인본질론과 논리 · 필연적인 관계는 아니라고 본다. 한편 법인격 없는 단체는 범죄능력이 없고 구성원 개개인을 범죄의 주체로 파악하여야 한다는 점에 견해가 일치하고 있다.

판례는 "법인은 사법상의 의무의 주체가 될 뿐 범죄능력이 없는 것이며, 법인의 처리할 의무를 지는 타인의 사무에 관하여는 법인이 배임죄의 주체가 될 수 없고 그 법인을 대표인 자연인인 대표기관이 배임죄의 주체가 된다."는 것이다(대판82도2595 전원합의체). 또한 법인격 없는 사단에 대하여도 같은 법리를 적용하고 있다(대판96도524).

2. 범죄객체 및 보호객체(법익)

범죄의 객체란 구성요건적 행위수행의 구체적 대상을 의미하며 행위의 객체, 공격의 객체라고도 하며 살인죄의 사람, 상해죄의 사람의 신체, 절도죄의 타인의 재물 등을 말한다. 범죄의 객체는 물질적 · 외형적 대상으로서 감각적으로 지각할 수 있는 존재이고, 법률에 규정되어 있고, 객관적 구성요건요소가 된다. 그러나 퇴거불응죄, 위증죄, 도주죄, 무고죄 등과 같이 행위의 객체가 없는 범죄도 있다.

보호의 객체(보호법익)란 형법에 의하여 보호되고 있는 생활이익이나 가치, 즉 보호법익을 말한다. 예컨대 살인죄의 생명, 상해죄의 신체의 완전성, 절도죄의 소유권, 강간죄의 성적자기결정의 자유 등이다. 보호객체(보호법익)는 구성요건에 의하여 보호되는 가치적 · 관념적 대상이다. 따라서 법률에 규정하지 않는 것이 원칙이고, 규정된 경우에도 구성요건요소가 아닌 것이 원칙이다. 그러나 보호객체가 존재하지 않는 범죄는 있을 수가 없다.

형법의 보호법익은 크게는 국가적 법익, 사회적 법익, 개인적 법익으로 분류된다(삼분설). 또한 법익은 전속적 법익과 비전속적 법익으로 나누어지는데 전속적 법익이란 생명, 신체, 자유, 명예, 성적자기결정의 자유, 비밀 등과 같이 법익주체와 불가분의 관계에 있는 법익을 말하고, 비전속적 법익이란 재산, 공공의 안전 등과 같이 법익주체와 분리할 수 있는 법익을 말한다.

제 3 항 부작위범

1. 의 의

형법규범에는 금지규범과 명령규범이 있다. 금지규범을 위반하는 행위를 작위범, 명령규범에 의하여 요구되는 일정한 행위를 하지 않는 소극적 형태를 부작위범이라 한다. 구성요건의 행위에는 작위와 부작위가 있다. 인과적 행위론이나 목적적 행위론에 의할 때에는 부작위의 행위성을 설명하기 어려우나, 사회적 행위론에 의할 때 부작위도 작위와 함께 행위의 기본형태를 이루게 된다. 작위의 요소와 부작위의 요소가 병존하는 경우에 작위와 부작위의 구별이 쉽지 않다. 예컨대 과실범의 경우에 과실행위의 수행이라는 면은 작위요소이지만, 요구된 주의의무를 이행하지 않은 면은 부작위요소이다.

부작위범의 종류에는 진정부작위범과 부진정부작위범이 있다. 그 구별기준에 관하여 형식설과 실질설이 대립하고 있다. 형법이 부작위범의 구성요건을 두고 있는가 하는 형식적 기준에 의하여 구별하는 형식설이 통설이다. 즉, 부작위에 의해서만 실현될 수 있도록 법률에 명문으로 규정된 범죄가 진정부작위범이고, 법률상의 규정형식은 작위범이지만 이를 부작위에 의해서 실현하는 경우가 부진정부작위범이 된다. 판례도 "구성요건이 부작위에 의하여서만 실현될 수 있는 범죄"를 진정부작위범이라 함으로써 형식설을 취하고 있다(대판2008도9476).

2. 부작위범의 구조

일반적으로 행위가능성은 부작위의 행위성을 인정하기 위한 요건이 된다. 따라서 일반적 행위가능성이 없는 경우에는 행위로서의 부작위 자체가 부정된다. 예컨대 낙동강에 빠진 미성년의 아들을 서울에 있는 부모가 구하지 않은 경우이다.

1) 객관적 성립요소

구성요건적 상황은 진정부작위범에서는 형법각칙에 상세히 규정되어 있으며, 부진정부작위범의 구성요건적 상황은 구성요건적 결과발생의 위험이라고 할 수 있다. 명령규범에 의하여 요구되는 행위를 하지 않은 때에만 부작위범이 성립할 수 있다. 따라서 행위자가 작위의무의 이행을 위하여 최선의 노력을 다한 경우에는 비록 그 효과가 없었다고 하더라도 부작위범은 성립할 수 없다. 구체적인 행위자가 명령된 행위를 객관적으로 할 수 있었다는 개별적 행위능력이 있을 때에만 부작위범이 성립한다. 일반적 행위가능성이 행위성의 문제인 데 대하여, 개별적 행위가능성은 구성요

견해당성의 문제가 된다.

2) 주관적 성립요소

구성요건적 상황의 존재, 명령된 행위의 부작위, 개별적 행위가능성, 결과방지의 가능성에 대한 인식이 필요하다. 또한 부진정부작위범의 경우에는 그 밖에 보증인 지위와 행위정형의 동가치성에 대한 인식이 필요하다. 그러므로 보증인 지위를 인식하지 못한 경우에는 구성요건착오로서 고의가 조각된다. 그러나 이와 달리 보증인 지위는 인식하였으나 자기의 경우에는 구조할 의무가 없다고 오인한 경우는 법률의 착오가 되어 정당한 이유가 있는 경우에 한하여 책임이 조각된다. 고의는 없으나 주의의무위반으로 부작위로 나간 경우에는 과실범으로 처벌된다.

3. 부진정부작위범의 성립요건

1) 부작위의 동가치성

작위범의 구성요건을 부작위에 의하여 실현하기 위해서는 부작위범의 일반적 구성요건 외에 부작위가 작위와 같이 평가될 수 있을 것을 요하는데, 이를 '부작위의 동가치성'이라고 한다. 이러한 부작위의 동가치성이 인정되기 위해서는 '보증인 지위'와 '행위정형의 동가치성'이 요구된다.

2) 보증인 지위

보증인 지위란 일정한 법익과 특수하고도 밀접한 관계를 맺고 있어서 그 법익이 침해되지 않도록 보장해 주어야 할 지위로서, 법익의 담당자가 위협되는 침해에 대하여 스스로 보호할 능력이 없고, 부작위범에게 그 위험으로부터 법익을 보호해야 할 의무가 있고, 부작위범이 이러한 보호기능에 의하여 법익침해를 야기할 사태를 지배하고 있을 때에 인정된다.

종래의 통설은 부진정부작위범의 구성요건은 위법성을 징표하지 못하며, 구성요건적 결과를 방지해야 할 법적 의무 있는 자가 그 의무에 위반하여 부작위를 한 때에 비로소 위법하게 된다고 하여 보증인 지위를 위법성의 요소로 파악하였다. 보증인의 부작위만이 작위와 같은 것으로 평가될 수 있으므로, 보증인 지위와 그것이 기초가 되는 보증인 의무는 구성요건요소가 된다는 견해이다(Nagler). 보증인 지위와 보증인 의무를 구별하여 보증인 지위는 부진정부작위범의 구성요건요소이나 보증인 의무는 위법성의 요소가 된다는 견해이다(통설).[5]

---

5) 이재상/장영민/강동범 130면; 박현준 88면.

보증인 지위의 발생근거로는 법령·계약·선행행위·조리 등의 형식에 따라 보증인 지위를 인정하는 견해(형식설)로서 종래의 통설이다. 그러나 형식설은 선행행위라는 이질적 요소를 설명하기 어렵고, 무엇보다도 형식설에 의해서는 작위의무의 내용과 한계를 명확하게 정할 수 없다는 비판이 제기되면서 실질설이 등장하게 되었다.

실질설은 보증인 의무의 내용을 실질적 관점에서 판단하여 보호의무와 안전의무로 구분하고, 보호의무 또는 안전의무를 지는 자에게 보증인 지위를 인정하는 견해이다. 그러나 현행의 각종 법령에 규정되어 있는 작위의무 가운데에는 실질설의 분류기준으로 설명하기 어려운 것이 적지 않으며, 또한 법원(法源)을 고려하지 않고 실질설만에 의하여 판단할 경우에는 그 범위가 지나치게 확대될 우려가 있다.

끝으로 형식설과 기능설을 결합하여 보증인 의무를 파악해야 한다는 견해(결합설)로서 현재 다수설의 지위를 점하고 있다. 형식설에 의할 경우에는 작위의무의 내용과 한계가 불명확하고, 실질설도 작위의무의 발생근거를 고려하지 않은 경우에는 보증인의 범위가 지나치게 확대될 위험성이 있다는 점에서 결합설이 타당하다고 본다.[6]

판례는 "법령, 법률행위, 선행행위로 인한 경우는 물론이고 기타 신의성실의 원칙이나 사회상규 혹은 조리상 작위의무가 기대되는 경우에도 법적인 작위의무는 있다"고 판시함으로써 형식설을 취하고 있다(대판95도2551). 따라서 결합설에 의하여 보증인 지위를 판단하는 경우에는 먼저 형식설에 따라 작위의무의 발생근거를 고려한 후에 실질설의 관점에서 작위의무의 내용과 한계를 명확히 할 필요가 있다.

작위의무의 발생근거로의 법령에는 법률·명령·규칙 등이 포함되고 공법과 사법을 불문한다. 예컨대 친권자의 보호, 교양의 권리의무(민법 제913조), 부부간의 부양의무(민법 제826조), 의사의 진료의무(의료법 제15조) 등이다. 계약에 의하여 보호의무를 인수한 경우도 포함한다. 예컨대 고용계약에 의한 보호의무, 간호사의 환자간호의무, 보모의 아동보호의무 등이다(대판96도1639; 대판2007도9354). 조리에 의한 작위의무를 인정할 것인지 여부에 관하여는, 작위의무는 법적 의무라는 점을 강조하여 이를 반대하는 견해도 있으나 통설·판례는 이를 제한적으로 인정하고 있다. 예컨대 동거하는 피용자에 대한 고용주의 보호의무, 목적물의 하자에 대한 신의칙상의 고지의무 등이다(대판98도3263). 그리고 자기의 행위로 위험발생의 원인을 야기한 자는 그 위험발생을 방지할 의무가 있다(대판91도2951).

---

6) 이재상/장영민/강동범 132면; 박현준 89면.

3) 행위정형의 동가치성

보증인 지위에 있는 자의 부작위가 작위적 방법에 의한 구성요건의 실현과 동등한 것으로 평가될 수 있어야 한다는 것을 말한다. 부작위는 적극적인 작위에 비하여 일반적으로 행위반가치가 낮기 때문에, 부작위범의 구성요건해당성을 판단함에 있어서는 부작위가 작위에 의한 범죄실현에 상응할 만큼 불법의 정도가 동등한가를 검토하여야 한다. 형법에는 독일 형법 제13조의 '행위정형의 동가치성'과 같은 개념이 명문으로 규정되어 있지 않으나, 학설·판례는 일치하여 이를 인정하고 있으므로, '행위정형의 동가치성'은 규정되지 않은 구성요건요소라고 할 수 있다(대판91도2951).

'행위정형의 동가치성' 요건은 부작위에 의한 구성요건적 결과가 구성요건에서 요구하는 수단과 방법에 의하여 행하여질 것을 요한다는 의미에 지나지 않기 때문에, 살인죄·상해죄·손괴죄 등과 같이 행위의 태양이 특정되어 있지 않은 '단순한 결과야기적 결과범'에서는 문제되지 않고, 사기죄·공갈죄 등 '형태 의존적 결과범'에서만 검토하면 족하다(통설).

4. 기 타

형법상 부진정부작위범의 처벌에 관한 특별규정이 없음으로 작위범과 같이 처벌할 수밖에 없으나, 부작위는 작위에 비하여 행위반가치가 작으므로 독일이나 오스트리아의 형법과 같이 임의적 감경사유로 하는 것도 타당한 입법의 하나라고 여겨진다.

부작위범에 대하여도 적극적인 작위에 의한 교사와 방조는 가능하다. 그러나 이러한 경우 교사 또는 방조는 작위에 의한 것이므로 공범에게는 보증인 지위의 문제가 일어날 여지는 없다. 부작위범 사이의 공동정범은 다수의 부작위범에게 공통된 의무가 부여되어 있고 그 의무를 공동으로 이행할 수 있을 때에는 가능하다(대판2008도89). 작위범과 부작위범 사이의 공동정범도 이론상으로는 가능하며, 또한 부작위범을 도구로 이용한 간접정범도 있을 수는 있다.

부작위범의 미수성립에 대하여는 부진정부작위범은 대부분 결과범이므로 미수가 성립할 수 있다는 점에 관하여 의문이 없다. 이에 대하여 진정부작위범은 결과의 발생을 요하지 않는 거동범이므로 미수가 성립할 수 없다는 견해(다수설)와, 진정부작위범에도 미수가 성립할 수 있다는 견해가 대립하고 있다. 부작위로 인하여 보호법익에 대한 직접적인 위험을 증대시키는 시점에 부작위범의 실행의 착수가 인정된다는 것이 통설이다. 부작위범의 중지미수는 착수미수·실행미수를 불문하고 언제나 작위에 의한 적극적인 중지행위를 통하여 결과를 방지하였을 때에 인정된다.

제 4 항 인과관계와 객관적 귀속

1. 의 의

인과관계(因果關係)란 발생된 결과를 행위자의 행위에 의한 것으로 귀속시키는데에 필요로 하는 행위와 결과 사이의 연관관계를 말한다. 인과관계는 구성요건의 객관적 요소로서 결과의 발생을 필요로 하는 결과범·침해범에서만 논의되는 것이다. 형법상의 인과관계는 법적 가치판단에 속하는 귀책관련의 문제로서, 철학이나 자연과학상의 인과개념과는 다르다(통설).

인과관계의 유형으로는 행위가 다른 원인의 개입없이 직접 구성요건적 결과를 야기한 경우(기본적 인과관계), 단독으로도 동일한 결과를 발생시키기에 충분한 여러 개의 원인이 결합하여 일정한 결과가 발생한 경우(이중적·택일적 인과관계), 각기 독자적으로는 결과를 발생시킬 수 없는 여러 조건들이 공동으로 작용하여 일정한 결과가 발생한 경우(누적적·중첩적 인과관계), 발생한 결과에 대한 원인행위가 없었더라도 가정적 원인에 의해서 같은 결과가 발생하였을 고도의 개연성이 있는 경우(가설적 인과관계), 어느 행위가 결과에 대하여 원인이 되지만 그 결과에 이르는 과정에 다른 원인이 개입해서 최초의 원인행위와 결합하여 결과가 발생한 경우에 그 최초의 행위와 결과 간의 인과관계(비전형적 인과관계), 어느 행위와 결과 사이에 다른 원인이 개입해서 제1행위의 영향과는 전혀 관계없이 독자적으로 결과를 실현시킨 경우(단절적 인과관계) 등이 있다.

2. 인과관계에 관한 학설

조건(條件)설은 행위와 결과 사이에 'A라는 행위가 없었더라면 B라는 결과도 없었을 것'이라는 논리적 조건관계만 있으면 인과관계를 인정하는 견해로서, 이를 '절대적 제약공식'(conditio sine qua non; csqn공식)이라고 하며, 모든 조건에 대하여 동등한 가치를 인정하므로 '등가설(等價說)'이라고도 한다.

조건설은 동어반복에 불과하기 때문에 인과관계의 판단에 관하여 아무런 실질적인 기준을 제시하지 못한다. 모든 조건은 등가치이므로 인과관계의 범위가 지나치게 확대된다.

원인(原因)설은 조건설에 의한 인과관계의 지나친 확대를 시정하기 위하여 주장된 이론으로서, 논리적 조건관계에 있는 여러 행위 중 특별히 결과발생에 중요한 영향을 준 조건(원인)과 그렇지 않은 단순한 조건을 구별하여 원인에 해당하는 조건만이 결과에 대하여 인과관계가 있다고 하는 견해이다. 원인·조건의 구별기준으로 최유력조건설(결과발생에 대하여 가장 유력하게 작용한 조건만이 원인), 필연조건설(필연적인 조건만이 원인), 최종조건설(원동력을 준 조건만이 원인), 결정적 조건설(결정적 조건만이 원인) 등이 있다. 그러나 행위가 결과에 대하여 원인이거나 아니거나 둘 중의 하나일 뿐이지, 더 크게 또는 더 작게 원인이 될 수는 없다. 어떤 조건이 최유력·최종적·결정적 조건이 되는가를 판단하는 기준이 없고, 원인과 조건의 구별기준으로서 자연과학적 사고를 무비판적으로 도입하였다.

상당인과관계설(相當因果關係說)은 사회생활상의 일반적인 경험법칙에 비추어 일정한 행위로부터 일정한 결과가 발생하는 것이 상당하다고 인정될 때, 즉 상당한 조건에 대해서만 인과관계를 인정하고자 하는 이론으로서, 비정상적이고 특수한 사정이 개입하여 구성요건적 결과가 발생하는 '비유형적 인과진행'의 경우에는 결과에 대한 인과관계를 부정함으로써 종래 결과적 가중범의 성립범위를 부당히 확장하였던 조건설의 결함을 시정하기 위하여 주장되었다. 지금까지의 우리 판례의 태도이기도 하다(대판95도425; 대판2010도10104).

상당인과관계설은 어떠한 사정을 기초로 하여 '상당성'을 판단할 것인가에 따라 다음과 같은 세 가지 학설로 나누어진다. 주관적 상당인과관계설, 객관적 상당인과관계설, 절충적 상당인과관계설(행위당시에 통찰력 있는 사람이라면 알 수 있었던 사정과 행위자가 특히 인식한 사정을 기초로 하여 판단하는 견해)이 있다.

합법칙적 조건설은 인과관계가 귀책의 문제를 엄격히 구별하여 인과관계의 존부는 조건설에 의하여 논리적으로 판단하지만, 형법적 평가인 결과귀속은 개개의 구성요건에 반영된 형법적인 중요성에 따라서 규범적으로 판단하여야 한다는 견해이다(Mezger). 이 이론은 사실판단으로서의 인과관계와 규범판단으로서의 결과귀속을 분리하여 고찰하는 점에서, 후술하는 객관적 귀속이론과 불가결의 관계가 있다. 인과관계를 논리적인 조건관계로 파악하는 조건설의 결함을 일상적인 경험지식에 기초할 '합법칙적 조건공식'에 의하여 수정하는 이론으로서, 결과가 행위에 시간적으로 뒤따르면서 그 행위와 법칙적으로 연관되어 있을 때 행위와 결과 간에 인과관계가 인정된다는 견해이다.

이 견해는 사실판단으로서의 인과관계와 규범판단으로서의 객관적 귀속을 구분하고, 제1단계로 인과관계의 유무를 합법칙적 조건설에 따라서 검토하고, 제2단계로 객관적 귀속 여부를 검토하여 인과관계와 객관적 귀속이 모두 인정되는 경우에 한하여 발생결과에 대한 기수의 책임을 인정한다는 것이다.

[판례연구]

① 피고인이 갑의 뺨을 1회 때리고 오른손으로 목을 쳐 갑으로 하여금 뒤로 넘어지면서 머리를 땅바닥에 부딪치게 하여 상해를 가하고 그로 인해 갑이 두부 손상을 입은 후 병원에서 입원치료를 받다가 합병증으로 사망한 경우, 피고인의 행위가 피해자를 사망하게 한 직접적 원인은 아니었다 하더라도 이로부터 발생된 다른 간접적 원인이 결합되어 사망의 결과를 발생하게 한 경우 그 행위와 사망 사이에는 인과관계가 있다고 할 것이므로 피고인의 범행과 갑의 사망 사이에 인과관계를 부정할 수 없고, 사망 결과에 대한 예견가능성이 있었다(대판2011도17648).

② 야간에 고속도로를 무단횡단하는 보행자를 충격하여 사고를 발생시킨 경우, 피고인에게 고속버스와의 안전거리를 확보하지 아니한 채 진행하다가 과속으로 고속버스의 우측으로 추월한 잘못이 있더라도, 피고인의 위와 같은 잘못과 피해자의 사망과의 사이에 상당인과관계가 있다고 할 수 없다(대판2000도2671).

---

3. 객관적 귀속이론

객관적 귀속이론이란 사실문제인 인과관계의 확정과 결과귀속이라고 하는 규범적 평가문제를 분리하여, 사실적으로 확정한 인과관계에서 결과를 행위자에게 규범적으로 귀속시킬 수 있는가의 여부를 평가기준(객관적 귀속의 척도)에 의하여 결정하고자 하는 이론이다. 인과관계에 관하여 명시적인 규정이 없는 독일에서 제2차 세계대전 이후에 발전된 이론으로서, 우리 학계에서도 현재 합법칙적 조건설과 결합한 객관적 귀속이론을 취하는 것이 다수의 견해이다.[7]

객관적 귀속이론은 인과관계를 배제하거나 대치하는 이론이 아니며, 객관적 귀속을 인정하기 위해서는 인과관계의 존재가 전제되어야 한다. 따라서 먼저 인과관계를 검토한 후에 객관적 구성요건해당성을 최종적으로 판단한다. 객관적 귀속이 인정될

---

7) 김일수/서보학 170면; 박현준 99면; 신동운 154면; 이재상/장영민/강동범 156면.

때에는 객관적 구성요건이 충족되어 결과범의 기수가 성립한다. 반면에 객관적 귀속이 부정될 때에는 구성요건해당성이 배제되어서 행위의 가벌성 자체가 탈락하는 경우가 있다. 기타의 경우에는 미수범 처벌규정이 있는 경우에 한하여 미수범이 성립한다.

어느 행위와 인과관계가 있는 결과를 행위자에게 객관적으로 귀속시키기 위하여서는 행위가 법적으로 허용되지 않는 상당한 위험을 창출하였고, 창출된 위험이 구체적인 결과로서 현실적으로 실현되었으며, 실현된 위험이 당해 구성요건의 보호범위에 속할 것을 요한다.

위험의 창출은 객관적 귀속의 제1척도로서, 행위자의 행위가 법적으로 허용되지 아니한 상당한 위험을 창출 또는 증대하는 것을 말한다. 위험창출이 결여된 경우에는 행위반가치의 결여로 가벌성이 탈락되어 미수범조차 성립하지 않는다. 일반적으로 다음의 네 가지 경우는 위험의 창출이 없기 때문에 객관적인 귀속이 부정된다. ① 허용된 위험, ② 경미한 위험, ③ 위험감소(피해자의 머리 위로 벽돌이 떨어지는 순간 그를 밀쳐 벽돌이 어깨에 맞게 한 경우), ④ 객관적 지배가능성이 없는 경우(낙뢰사건).

행위자가 위험을 창출한 경우에도 결과가 그 위험의 실현에 의한 것이 아니라 우연에 의하여 발생한 때에는 행위자에게 귀속될 수 없다. 이 경우에는 위험의 창출 자체가 부정되는 경우와 달리 행위반가치가 인정되므로 미수범이 성립한다.

4. 형법 제17조의 해석

형법 제17조는 '인과관계'라는 표제 아래 행위와 결과 사이에 관계에 관하여 '죄의 요소되는 위험발생에 연결되지 아니한 때'라는 기준을 제시하고 있는데, 상당인과관계설은 이를 인과관계설의 상당성원칙을 의미하는 것으로 해석하는 데 대하여, 객관적 귀속이론에서는 위 기준이 곧 객관적 귀속의 원칙을 의미하는 것으로 해석하고 있다. 따라서 형법 제17조는 어느 입장에서든 해석이 가능하겠으나 사실관계인 인과관계의 확정은 수정된 조건설이나 합법칙적 조건설에 따라 확정하고 규범적 중요성의 판단은 객관적 귀속이론으로 수행함이 타당하다고 여겨진다.[8]

제 5 항 고 의

1. 의 의

고의(故意)란 구성요건의 객관적 요소(주체·객체·행위·결과·인과관계 등)를 인식하

---

8) 김일수/서보학 179면; 신호진 190면; 이재상/장영민/강동범 163면.

고 실천하려는 의욕(의사)을 말한다. 여기에서 '인식(認識)'은 고의의 지적 요소이고, '의욕(意慾)'은 의지적 요소가 된다.

형법 제13조는 적극적으로 고의의 구성요소가 무엇인지를 밝히고 있지 않기 때문에 이에 대한 해석을 학설에 의존하고 있는데, 종래에는 고의의 본질에 관하여는 인식설과 의사설의 대립이 있었다.

인식설은 결과발생의 가능성만 인식하면 고의가 성립된다는 견해로서, 이에 의하면 '인식 있는 과실'은 성립할 수 없기 때문에 고의범의 성립범위가 지나치게 확대될 뿐만 아니라 미필적 고의와의 구별도 불가능하게 된다. 의사설은 고의가 성립하기 위해서는 결과발생의 가능성을 인식한 것만으로는 부족하고 더 나아가 결과발생을 의욕 내지 희망해야 한다는 견해로서, 이에 의하면 미필적 고의는 결과발생을 의욕한 것은 아니기 때문에 과실로 취급하게 되어 고의범의 성립범위가 지나치게 축소되고 인식 있는 과실과의 구별 역시 불가능하게 된다. 따라서 고의는 지적 요소와 의지적 요소의 통합으로 파악해야 한다(통설·판례).

고의가 성립하기 위해서는 지적 요소로서의 인식과 의지적 요소로서의 의사가 필요한데, 이때의 의사는 결과발생의 의욕 내지 희망이라는 강력한 것일 필요는 없고 '용인 내지 묵인'이라는 정도의 약한 의사로 충분하다고 보는 견해이다. 인식 있는 과실과 미필적 고의를 구별할 수 있는 타당한 견해이다(대판86도2338).

2. 체계적 지위

고의를 과실과 함께 책임요소 내지 책임형식으로 파악하는 견해는 인과적 행위론에 기초한 고전적·신고전적 범죄체계에서 주장되었다. 이 설에서는 고의가 성립하기 위해서는 구성요건의 객관적 요소에 대한 인식 이외에 위법성의 인식도 필요하다고 보았다. 이 입장에서는 구성요건의 단계에서는 고의범과 과실범의 구별이 불가능하다. 반면에 목적적 범죄체계에서는 고의를 과실과 함께 '주관적 구성요건요소'로 보고 '구성요건적 고의'라고 부른다. 구성요건적 고의가 성립하기 위해서는 객관적 구성요건요소에 대한 인식만 있으면 되고 위법성의 인식은 필요치 않으며, 위법성의 인식은 고의와 분리되어 독자적인 책임요소가 된다. 그리고 사회적 행위론에 기초한 합일태적 범죄체계에서는 의사의 방향을 결정하는 행위반가치로서의 고의는 구성요건요소가 되며, 고의의 불법행위를 통하여 드러난 행위자의 법적대적 태도에 대한 부정적 가치판단을 의미하는 심정반가치로서의 고의는 책임요소가 된다고 보아, 고의는 구성요건요소인 동시에 책임요소로서의 이중적 지위를 가진다고 본다.

형법이 고의범을 과실범보다 중하게 벌하는 것은 고의와 과실의 행위불법이 다를 뿐 아니라 책임의 경중에도 차이가 있다는 것을 의미한다. 그러므로 고의는 구성요건요소인 동시에 책임요소로서의 지위를 갖는다고 보는 견해가 타당하고 오늘날 지배적이다.[9]

3. 내용(성립요건)

고의는 구성요건에 해당하는 사실에 대한 인식과 인식한 내용을 실현하려는 의사, 즉 지적 요소와 의지적 요소로 구성된다.

1) 지적 요소

고의가 성립하기 위해서는 구성요건의 객관적 요소에 속하는 모든 사실을 인식하여야 한다. 즉 행위의 주체·객체·행위(행위태양·행위수단·행위상황), 결과 및 인과관계를 인식하여야 하며, 가중·감경사유가 있을 때에는 그것에 해당하는 사실도 인식하여야 한다. 다만 인과관계는 구체적으로 인식할 필요는 없고 대체로 그 본질적인 점을 인식하면 족하다.

고의의 인식대상은 구성요건요소에 해당하는 '객관적 사실'에 한정되므로, 구성요건요소가 아닌 것, 즉 위법성의 인식 등 책임요소나 처벌조건 또는 소추조건과 관련된 사실은 인식할 필요가 없다. 상습범에서의 '상습성'은 구성요건요소이지만 '객관적 사실'이 아니므로 역시 인식할 필요가 없다. 구성요건에 해당하는 객관적 사실을 인식하였다고 하기 위해서는 그것의 의미내용(의미의 인식)도 이해하여야 한다.

2) 의지적 요소

고의의 의지적 요소는 인식한 내용을 실현하려는 의사를 말한다. 따라서 고의의 의지적 요소는 지적 요소를 전제로 하는 것이다. 실현하려는 의사이므로 고의란 언제나 기수의 고의를 의미하며, 처음부터 미수에 그칠 의사로 행위한 경우에는 고의가 성립되지 않는다. 이때 실현의사의 정도는 결과발생을 용인 내지 묵인하는 것으로도 족하다.

고의는 행위시, 즉 구성요건의 실행시에 존재하여야 하므로 사전고의나 사후고의는 고의가 아니다. 예컨대 갑이 을을 살해할 의사로 총기를 구입하여 손질을 하던 중 오발로 을을 사망케 한 경우에, 을에 대한 살인예비죄와 과실치사죄의 상상적 경

---

9) 박현준 105면; 신호진 194면; 이재상/장영민/강동범 166면.

합이 성립할 뿐이다.

4. 종 류

고의는 구성요건적 결과에 대한 인식의 확실성 정도를 기준으로 하여 확정적 고의와 불확정적 고의로 나누어지고, 불확정적 고의로는 미필적 고의와 택일적 고의가 있으며, 그밖에 개괄적 고의도 불확정 고의의 일종으로 볼 것인가에 관하여는 견해가 대립하고 있다. 일부 학설에서는 고의를 의도적 고의, 지정고의, 미필적 고의로 구분하기도 하나 우리 형법의 해석에 있어서는 의도적 고의와 지정고의는 구별의 실익이 없는 분류라고 여겨진다.

1) 확정적 고의

확정적 고의란 행위자가 구성요건적 결과의 실현과 행위의 객체를 모두 확실하게 인식하고(지적 요소) 적어도 그 결과의 발생을 용인 내지 묵인한 경우(의지적 요소)를 말하며, 직접적 고의라고도 한다.

2) 불확정적 고의

(1) 미필적 고의

미필적 고의란 행위자가 구성요건적 결과의 실현가능성을 인식하고(지적 요소) 그 결과의 발생을 용인 내지 묵인한 경우(의지적 요소)를 말한다. 미필적 고의는 고의의 지적 요소와 의지적 요소가 모두 가장 낮은 정도인 경우이기 때문에 인식 있는 과실과의 구별이 문제된다. 오늘날 미필적 고의와 인식 있는 과실을 구별하는 데는 다툼이 없다.

인식 있는 과실과의 구별기준에 관한 학설로는 행위자가 결과발생의 개연성을 인식한 때에는 미필적 고의이고 단순한 가능성을 인식한 때에는 인식 있는 과실이라고 보는 견해로서, 고의의 본질에 관한 인식설에 입각한 학설(개연성설), 행위자가 결과발생의 가능성을 인식하고 그것을 용인하는 내심의 의사가 있을 경우에 미필적 고의가 인정된다고 보는 견해(용인설), 행위자가 결과발생의 가능성을 인식하고 그 결과를 어떤 경우라도 감수하겠다는 의사가 있을 때에 미필적 고의가 인정된다고 보는 견해(감수설)가 있다.

고의의 의지적 요소는 결과발생을 희망하거나 의욕할 필요는 없고 용인 내지 감수라는 약한 정도의 의사로 족하다는 의미에서, 다수설과 판례[10]의 입장인 용인설이

---

10) 대판2004도74; 대판2015도6809 전원합의체.

고의의 본질을 올바르게 파악하고 있는 타당한 견해라고 본다.[11]

(2) 택일적 고의

행위자가 두 가지 이상의 결과 중에 어느 하나가 실현되어도 좋다고 생각하고 행위하는 경우의 고의를 택일적 고의라고 한다. 택일적 고의의 경우에는 택일적 가능성이 있는 모든 행위객체에 대하여 고의가 성립한다. 따라서 발생된 결과에 대한 고의기수와 발생하지 않은 결과에 대한 미수의 상징적 경합이 되고, 아무런 결과도 발생하지 않은 경우에는 수개의 미수 사이에 상상적 경합이 성립한다.

(3) 개괄적 고의

개괄적 고의는 20c 초까지는 불확정적 고의의 일종으로 이해되었으나 오늘날은 개괄적 고의란 고의의 특수한 형태를 의미하는 것이 아니라, '두 개 이상의 행위가 연속되어 하나의 구성요건적 결과에 이른 경우'를 지칭하는 용어로 사용하는 것이 일반적이다. 예컨대 갑이 을을 살해할 의사로 총격을 가하여 을이 쓰러지자 죽은 줄 알고 사체를 은닉하기 위하여 매장을 하였는데, 실제로는 질식사(窒息死)한 경우가 전형적인 예에 속한다. 이 경우에 총격행위와 매장행위를 각기 독자적으로 평가하여 살인미수와 과실치사의 경합범으로 취급할 것인가 또는 이를 전체적으로 보아서 하나의 고의기수범으로 취급할 것인가 하는 것이 문제의 핵심이다. 개괄적 고의는 인과과정의 착오의 특수한 경우에 해당한다.[12]

[판례연구]
① 여관업을 하는 자가 신분증을 소지하지 않았다는 말을 듣고 단지 구두로만 연령을 확인하여 이성혼숙을 허용하였다면 적어도 청소년 이성혼숙에 관한 미필적 고의가 있다고 보아도 좋을 것이다(대판2001도3295; 대판2002도4282).
② 운전면허증 앞면에 적성검사기간이 기재되어 있고, 뒷면 하단에 경고 문구가 있다는 점만으로 피고인이 정기적성검사 미필로 면허가 취소된 사실을 미필적으로나마 인식하였다고 추단하기 어렵다(대판2004도6480).

---

11) 김일수/서보학 197면; 신호진 200면; 이재상/장영민/강동범 172면.
12) 이재상/장영민/강동범 177면.

제 6 항   사실의 착오

1. 의   의

착오(錯誤)라 함은 행위자의 주관적 인식과 객관적 실재가 일치하지 않은 것을 말하며, 착오가 있는 경우에 이를 어떻게 취급하여야 할 것인가에 관한 이론이 착오론이다. 따라서 사실의 착오란 행위자가 주관적으로 인식·인용(의사)한 범죄사실과 발생한 객관적인 범죄사실이 일치하지 아니하는 경우로 구성요건적 착오라고도 한다.

착오에는 실재하지 않은 것을 실재한다고 생각하는 적극적 착오와 실재하는 것을 실재하지 않는다고 생각하는 소극적 착오가 있는데, 형법에 있어서는 착오가 고의 또는 책임을 조각하는 경우를 문제로 하는 것이므로 소극적 착오만이 그 대상이 된다. 위법성에 관한 적극적 착오는 이른바 환각범으로서 범죄가 성립하지 아니하고, 구성요건에 관한 적극적 착오는 불능범 또는 미수범의 문제로서 미수론에서 다룬다.

형법에서는 착오를 사실의 착오(형법 제15조)와 법률의 착오(형법 제16조)로 구별하고 있는데, 여기에서 사실의 착오는 객관적 구성요건요소에 대한 착오를 의미하고, 법률의 착오는 위법성의 인식에 관한 착오를 의미하므로, 사실의 착오와 법률의 착오의 구별은 구성요건착오와 금지착오의 구별과 일치한다.

2. 유   형

1) 구체적 사실의 착오와 추상적 사실의 착오

착오가 동일한 구성요건 내에서 발생한 경우, 즉 행위자가 인식한 사실과 객관적으로 발생한 사실이 일치하지 않으나, 양자가 동일한 구성요건에 속하는 경우를 구체적 사실의 착오라고 한다. 예컨대 갑(甲)을 살해하려다가 을(乙)을 살해한 경우이다.

후자는 인식사실과 발생사실이 다른 구성요건에 속하는 경우의 착오를 말한다. 예컨대 사람을 살해하려다가 개를 죽인 경우이다. 추상적 사실의 착오는 다시 다음의 세 가지 유형으로 나누어 볼 수 있다. 경한 사실의 인식으로 중한 결과가 발생한 경우, 중한 사실의 인식으로 경한 결과가 발생한 경우, 형의 가중·감경사유에 관한 착오가 있는 경우이다.

2) 객체의 착오와 방법의 착오

전자(前者)는 행위자가 행위객체의 동일성에 대하여 발생한 착오로 예컨대 갑(甲)

으로 알고 구타하였으나 실제로는 을(乙)이었던 경우이다. 후자(後者)는 타격이 빗나가서 행위자가 의도하지 않았던 행위객체에 결과가 발생한 경우로 타격의 착오라고도 한다. 갑(甲)을 향하여 발포하였으나 빗나가서 옆에 있던 을(乙)이 맞은 경우이다.

3. 효과(처벌)

1) 의 의

착오론의 핵심은 어느 한도에서 착오를 무시하고 처음의 고의를 인정하느냐 하는 것이다. 보통 중요한 착오가 있는 경우에는 발생사실에 대한 고의가 조각된다는 것이 착오의 가장 일반적인 효과라고 할 수 있다. 어떠한 착오가 중요한 착오인가의 문제에 대하여 형법은 두 가지 경우를 특히 중요한 착오로 보아 이에 관하여는 명문의 규정을 두고 있다. 하나는 범죄사실에 대한 인식이 없는 경우이고(형법 제13조), 다른 하나는 범죄사실에 대한 인식은 있으나 특별히 중한 죄가 되는 사실을 인식하지 못하고 행한 경우(형법 제15조)이다. 따라서 이러한 경우에는 형법규정이 직접 적용된다. 그러나 형법에 규정된 이외의 착오 중에서 발생사실에 대한 고의의 인정 여부가 문제가 되는 사례의 경우에는 그 착오의 중요성 여부에 대한 판단은 전적으로 학설에 맡겨져 있다. 이에는 크게 구체적 부합설, 법정적 부합설, 추상적 부합설의 견해가 대립하고 있다.

2) 형법규정의 적용

형법 제13조는 범의(犯意)라고 하고 있지만 소극적으로 고의가 조각되는 경우에 관하여 규정하고 있으므로, 이 규정은 고의에 관한 규정일 뿐만 아니라 착오에 관한 일반규정으로서의 성격도 가지고 있다. 따라서 범죄사실에 대한 인식이 없는 경우에는 형법 제13조가 직접 적용된다.

그리고 형법 제15조 제1항은 "특별히 무거운 죄가 되는 사실을 인식하지 못한 행위는 무거운 죄로 벌하지 아니한다."고 규정하여, 추상적 사실의 착오 중 가벼운 죄를 인식하고 무거운 죄를 실현한 경우를 직접적인 규율대상으로 삼고 있음이 명백하며, 이와 같은 경우에는 인식한 범위에서 가벼운 죄로 처벌한다는 취지라는 점도 의문이 없다. 그러나 본조의 적용범위에 관하여는 '특별히 무거운 죄가 되는 사실'의 해석을 둘러싸고 견해가 대립하고 있으나, '특별히'라는 문구에 중점을 두어 인식한 범죄와 발생한 범죄가 기본적 구성요건과 파생적 구성요건의 관계에 있는 경우에만 적용된다고 본다. 예컨대 살인과 존속살인 또는 살인과 촉탁·승낙에 의한 살인, 절도와 특수절도, 강도와 특수강도 등이다.

따라서 형법 제15조 제1항은 가벼운 죄를 인식하고 무거운 죄를 실현한 경우에 한하여 적용되며, 그 이외의 착오는 학설에 맡겨져 있다고 보아야 할 것이다. 그리고 여기에서 '무거운 죄가 되는 사실을 인식하지 못한 행위'에는 가중적 구성요건요소에 대한 인식이 없는 경우뿐만 아니라 형의 감경사유가 존재하는 것으로 오인한 경우도 포함된다. 그러므로 고의가 조각되어 행위자가 인식하지 못한 무거운 죄는 처벌되지 않고, 행위자가 인식한 범위에서 가벼운 죄로 처벌된다.

3) 학설과 판례

(1) 의 의

형법 제13조와 제15조 제1항이 직접 적용되는 경우 외의 사실의 착오에 대한 처리는 명문의 규정이 없으므로 학설에 의해 착오의 중요성 여부를 가려내야 한다. 착오에 관한 학설의 적용범위는 널리 객관적 구성요건요소에 관한 착오 중에서 착오에 관한 형법규정이 직접 적용되는 영역을 제외하고, 인식사실과 발생사실이 모두 구성요건에 해당하고 인식사실에 대한 고의는 있으나 발생사실에 대하여는 고의가 없었던 경우에 한한다.

(2) 학 설

① 구체적 부합설

행위자가 인식한 범죄사실과 현실적으로 발생한 범죄사실이 구체적으로 부합하는 경우에만 발생사실에 대한 고의를 인정하는 견해이다. 따라서 구체적 사실의 착오 중에서 객체의 착오는 인식사실과 발생사실이 구체적으로 일치하므로 발생사실에 대한 고의기수가 성립한다. 예컨대 갑(甲)이라고 믿고 사살하였던바, 실은 을(乙)이었던 경우에는 을(乙)에 대한 살인죄의 고의기수가 된다. 그러나 방법의 착오는 인식사실과 발생사실이 구체적으로 일치하지 않으므로 인식사실의 미수와 발생사실의 과실의 상상적 경합이 성립한다.

추상적 사실의 착오는 인식사실과 발생사실에 구체적으로 일치하지 않으므로 인식사실의 미수와 발생사실의 상상적 경합이 성립한다.

② 법정적 부합설

행위자가 인식한 사실과 발생한 사실이 반드시 구체적으로 부합할 필요는 없고 법정적 사실의 범위 내에서 부합하면 구체적으로 일치하지 않더라도 발생사실에 대한 고의책임을 인정할 수 있다고 해석한다. 여기에서 법정적 사실의 범위를 어떻게 이해하느냐에 따라 법정적 부합설은 구성요건 부합설과 죄질부합설로 나뉘어진다. 죄질부합설은 동일한 구성요건 또는 동일한 죄질에 속한 경우에는 발생사실에 대한 고의기수를 인정하고, 죄질을 달리하는 경우에는 고의가 조각된다고 견해로서, 다수설 및 판례가 취하고 있는 입장이다(대판93도3612; 대판87도1745). 죄질이 동일한 경우로는 기본적 구성요건과 파생적 구성요건, 절도와 점유이탈물횡령, 공문서의 유형위조와 무형위조 등을 든다.

구체적 사실의 착오는 인식사실과 발생사실의 구성요건이 동일한 경우로서 당연히 법정적으로 부합하므로 객체의 착오, 방법의 착오를 불문하고 발생사실에 대한 고의기수가 성립한다. 예컨대 갑이라고 생각하고 사살하였는데 실은 을이었던 경우(객체의 착오), 또는 갑을 향하여 발포하였으나 옆에 있던 을에게 명중하여 사망한 경우(방법의 착오)에는 을에 대한 살인기수가 성립한다.

추상적 사실의 착오에 있어서는 인식사실과 발생사실의 구성요건이 동일하지 않으므로 원칙적으로 인식사실의 미수와 발생사실의 과실의 상상적 경합이 된다. 예컨대 갑(甲)의 도자기를 향하여 돌을 던졌으나 빗나가 옆에 있던 갑(甲)이 부상을 입은 경우에는, 도자기에 대한 손괴미수와 갑(甲)에 대한 과실치상의 상상적 경합이다. 그러나 추상적 사실의 착오라 할지라도 형의 가중·감경사유에 관한 착오, 또는 절도와 점유이탈물횡령과 같이 죄질이 부합하는 경우에는 발생사실에 대한 고의가 인정된다(죄질부합설).

③ 추상적 부합설

추상적 부합설은 주관주의 범죄론의 입장에서 범죄는 반사회성의 징표이므로 고의가 어떤 형태의 사실로든지 표현되면 충분하다고 보아, 인식사실과 발생사실이 구성요건 또는 죄질을 달리하는 경우에도 범죄라는 점에서 공통되는 한 발생한 죄의 고의를 인정하고, 다만 인식사실보다 발생사실이 중한 경우에는 형법 제15조 제1항에 의하여 무거운 죄의 고의기수로 논할 수 없다는 견해이다.

구체적 사실의 착오는 인식사실과 발생사실의 구성요건이 일치하므로, 객체의 착오, 방법의 착오를 불문하고 발생사실에 대한 고의기수가 인정된다.

추상적 사실의 착오 중에서 가벼운 죄의 고의로 무거운 죄를 실현한 경우에는 가벼운 죄의 고의기수와 무거운 죄의 과실의 상상적 경합이 성립한다. 반면에 무거운 죄의 고의로 가벼운 죄를 실현한 경우에는 무거운 죄의 미수와 가벼운 죄의 기수가 성립하지만 무거운 죄의 고의는 가벼운 죄의 고의를 포함하므로 가벼운 죄는 무거운 죄에 흡수되어 결국 무거운 죄의 미수로 처벌된다.

④ 결 어

착오에 관한 학설들의 장단점을 검토해보면, 추상적 부합설은 행위정형성을 무시하고 고의를 너무 넓게 인정하는 문제점이 있고, 법정적 부합설은 구체적 사실의 착오 중 방법의 착오에 있어서 생명·신체 등 전속적 법익의 처리에 약점이 있다. 구체적 부합설은 고의가 성립하기 위해서는 최소한 택일적 고의 정도의 대상의 특정성을 갖추어야 하는데, 방법의 착오의 경우에는 전혀 예상치 못한 사람에 대하여 결과가 발생한 경우에도 그에 대한 고의를 인정하는 것은 이러한 법리에 정면으로 배치되는 것이다. 그리고 구체적 부합설은 사실의 착오 중 방법의 착오에 있어서 비전속적 법익의 처리에 약점이 있다. 예컨대 간장독을 깨려다가 빗나가서 된장독을 깨뜨린 경우에 간장독에 대한 미수로만 처벌하는 것은 법정적 부합설 측에서 적절히 지적하는 바와 같이 일반인의 법감정에 현저히 배치되는 결과라고 하지 않을 수 없다. 생명·신체 등 전속적 법익의 경우와 달리 간장독이냐 된장독이냐의 차이는 형법상 중요한 재물손괴죄의 기수를 인정하는 것이 법감정을 고려한 타당한 해석이 될 것이다. 따라서 이 점에 있어서는 법정적 부합설의 결론이 타당하다고 본다. 판례도 구성요건의 착오에 대하여 법정적 부합설을 취하고 있다(대판93도3612; 대판87도1745).

4. 인과관계의 착오

인과관계의 착오란 행위자가 인식한 범죄사실과 발생한 범죄사실은 일치하나 그 결과에 도달한 인과과정이 다른 경우를 말한다(근래에는 개괄적 고의라고도 함). 방법의 착오가 행위자가 목표로 삼았던 대상이 아닌 다른 대상에 대하여 결과가 발생한 경우인 데 대하여, 인과관계의 착오는 행위자가 목표로 삼았던 대상에 대하여 다른 인과과정을 통하여 결과가 발생한 경우이다.

인과관계는 결과범에 있어서 객관적 구성요건요소가 되므로 결과범의 경우에 고의가 성립하기 위해서는 행위와 결과간의 인과관계에 대한 인식을 필요로 하며, 비록 결과가 발생하였다 하더라도 행위자가 인과관계를 인식하지 못한 경우에는 고의가 조각되지 않을 수 없다. 그러나 일반에게 정확한 인과법칙의 인식을 요구할 수는 없으므로, 고의의 성립에 필요한 인과관계의 인식은 대강의 윤곽 내지 본질적 부분에 대한 인식으로 충분하다(통설). 그러므로 인과관계의 착오가 있다 하더라도 착오가 본질적인 경우가 아니면 고의가 조각되지 않으며, 실제 사례에서 인과관계의 본질적 착오로 말미암아 고의가 조각되는 경우는 거의 나타나기 어렵다.

제 7 항 과 실 범

1. 과실의 의의

　　형법상의 행위를 '사회적으로 의미 있는 인간의 형태'(사회적 행위론)라고 정의할 때 이러한 행위에는 고의행위와 과실행위가 포함된다. 고의를 구성요건의 객관적 요소에 대한 인식과 의사를 의미한다고 한다면, 과실(過失)이란 정상의 주의를 태만함으로 인하여 죄의 성립요소인 사실을 인식하지 못하는 것을 말한다. 다시 말하면, 주의의무에 위반함으로써 의사에 반하여 구성요건을 실현하는 것이 바로 과실이라고 할 수 있다. 즉 구성요건적 결과발생을 예견하고 그에 따라 결과발생을 회피할 수 있었는데 그렇게 하지 않았다는 법적 평가에 그 본질이 있다. 그러므로 과실은 고의의 감경된 형태가 아니라 고의와는 전혀 그 성질을 달리하는 것이다. 과실은 부주의에 의하여 법질서의 명령을 위반하는 것이므로 그 불법과 책임이 고의범보다 가벼우며, 따라서 법률에 특별규정이 있는 경우에 한하여 예외적으로 처벌된다.[13]

　　과실의 유형으로 인식 있는 과실과 인식 없는 과실로 구분된다. 전자는 행위자가 구성요건의 실현가능성은 인식하였으나 주의의무위반으로 인하여 구성요건이 실현되지 않을 것으로 신뢰한 경우를 말하며, 후자는 행위자가 주의의무위반으로 인하여 구성요건의 실현가능성을 인식하지 못한 경우를 말한다. 인식 있는 과실과 인식 없는 과실은 불법의 경중에는 차이가 없다(통설).

　　그리고 과실, 업무상 과실, 중과실로 구분하기도 한다. 업무상 과실이란 일정한 업무에 종사하는 자가 당해 업무수행상 요구되는 주의의무를 태만히 한 경우를 말하는 것으로, 업무상 과실은 과실에 대하여 주의의무가 가중되는 것이 아니라 주의의무는 일반인과 동일하지만 주관적인 예견능력이 다르기 때문에 형이 가중되는 것이다(다수설).

　　중과실이란 주의의무를 현저히 태만히 하는 것, 즉 극히 근소한 주의만 하였더라면 결과발생을 예견할 수 있었음에도 불구하고 부주의로 이를 예견하지 못한 경우를 말하며, 중과실 여부는 구체적인 경우에 사회통념을 고려하여 판단한다.

---

13) "행정상의 단속을 목적으로 하는 법규라 하더라도 명문규정이 있거나 해석상 과실범도 벌할 뜻이 명확한 경우를 제외하고는 형법의 원칙에 따라 고의가 있어야 벌할 수 있다"(대판85도108).

2. 과실의 체계적 지위

1) 책임요소설

인과적 행위론에 입각한 고전적·신고전적 범죄체계론에서는 과실범의 불법내용을 구성요건적 결과의 발생에서 찾고, 과실 자체는 고의와 함께 책임요소로 파악하였다.

2) 위법성요소설

과실의 체계적 지위에 관하여 책임요소설에서 구성요건요소설로 이행하는 과도기의 학설로서, 이른바 '허용된 위험'의 이론이 등장하면서 허용된 위험을 위법성조각사유로 파악하던 시기의 견해이다. 이에 의하면 비록 구성요건적 결과가 발생하였다고 하더라도 허용된 위험의 범위 내에서는 적법한 것이며, 허용된 위험을 초과하는 행위만이 위법한 것으로 평가된다. 따라서 과실행위에 있어서도 허용된 위험을 벗어나 정상의 주의를 태만하였다는 일정한 사실관계에서만 위법성이 생긴다고 하여 주의의무위반을 위법성의 요소라고 이해하였다.

3) 구성요건요소설

과실의 체계적 지위를 구성요건요소로 확정지은 것은 목적적 행위론이었다. 이에 의하면 과실행위의 본질적 요소는 결과가 아니라 주의의무위반에 있고, 주의의무위반은 과실범의 본질적인 행위반가치를 구성함으로써 주관적 구성요건요소가 된다고 본다. 이에 의하여 구성요건적 결과에 대하여 목적성이 있는 고의행위와 구성요건적 결과 이외의 결과에 대하여 목적성이 있되 그 수행방법이 적절치 못한 과실행위가 구성요건해당성 단계에서부터 독자적 성격을 갖고 구별이 가능하게 되었다.

4) 이중적 지위설

사회적 행위론의 입장의 견해로 오늘날은 일반적으로 승인되어 통설의 지위를 차지하고 있다. 이 이론은 고의와 마찬가지로 과실의 이중적 지위를 인정하여 객관적 주의의무위반은 구성요건요소가 되고 주관적 주의의무위반은 책임요소가 된다고 본다.

3. 과실범의 성립요건

과실범의 성립요건도 고의범과 마찬가지로 주관적 요건과 객관적 요건으로 구성되며, 과실범이 성립하기 위하여서는 주관적 요건으로서의 과실(주의의무위반)과 객관적 요건으로서의 결과발생 및 인과관계를 필요로 한다.

1) 주의의무위반(주관적 요건)

(1) 의 의

과실범의 주관적 구성요건요소로서의 주의의무는 구체적인 행위로부터 발생할 수 있는 보호법익에 대한 위험을 인식(예견)하고, 구성요건적 결과의 발생을 방지하기 위하여 적절한 방어조치를 취하는 것, 즉 결과예견의무와 결과회피의무를 그 내용으로 한다(대판94도1291).

결과예견의무는 행위자가 사전에 주의력을 집중하여 법익침해에 대한 위험성을 인식해야 할 의무를 말하며(내적 주의의무), 결과에 대한 예견가능성을 전제로 한다. 결과회피의무는 위험성을 인식한 경우에 그 위험의 발생을 방지하기 위하여 필요한 외적 방어조치를 취할 의무를 말하며(외적 주의의무), 결과발생에 대한 회피가능성을 전제로 한다. 회피의무의 내용에는 소극적인 부작위의무와 적극적인 작위의무가 포함된다.

주의의무위반의 유무를 판단함에 있어서 행위자의 개인적인 특별한 능력은 고려하지 말고 일반적 평균인의 주의능력을 표준으로 하여야 한다는 객관설(통설·판례)과 행위자 본인의 주의능력을 표준으로 하여 주의의무위반의 유무를 판단해야 한다는 주관설(행위자표준설), 그리고. 주의의무의 정도는 일반인을 표준으로 하고 주의능력은 행위자 본인의 능력을 표준으로 하여 주의의무위반의 유무를 판단해야 한다는 절충설이 있다.

결국 객관설에 의하더라도 행위자의 특별한 능력은 고려하지 않지만 특별한 지식과 경험은 고려된다. 판례의 입장도 "과실의 유무를 판단함에는 같은 업무와 직종에 종사하는 일반적 보통인의 주의정도를 표준으로 하여야 한다."(대판2005도8980)고 하여 객관설의 입장을 취하고 있다.

객관적 주의의무의 근거는 법령에 규정되어 있는 경우가 많다. 예컨대 형법 제14조, 형법각칙의 과실범 처벌규정, 그리고 대부분은 도로교통법·식품위생법·건축법 등의 행정법규가 있다. 그러나 모든 주의의무를 유형화하여 법규에 규정하는 것은 입법기술상 불가능하므로 조리(條理)와 판례 및 경험칙으로부터 주의의무가 도출될 수 있다. 따라서 행위자가 법규를 모두 준수하였다고 해서 과실이 없다고 단정할 수 없다(대판89도2589).

(2) 과실의 제한원리: 허용된 위험의 이론

① 의 의

현대사회에서 위험을 수반하는 여러 행위의 경우에 행위자가 결과를 회피하기 위한 조치를 충분히 하였다면 이에 의하여 법익침해의 결과가 발생했을지라도 행위자에게 형사책임을 지울 수 없다는 이론이다. 여기에는 교통수단, 공장시설의 운용, 건설공사, 과학적 실험행위, 광산채굴행위, LPG가스취급, 원자력발전소 등의 행위가 있다.

오늘날 허용된 위험의 범위에 속하는 행위는 사회적으로 상당하고 객관적 주의의무를 준수한 것이기 때문에 구성요건해당성이 배제된다고 해석하는 것이 지배적인 견해(다수설)로 되어 있다. 이에 의하면 허용된 위험의 이론은 과실범에 있어서 객관적 주의의무의 제한원리가 된다.

② 신뢰의 원칙

신뢰의 원칙이란 허용된 위험의 이론이 적용된 특수한 경우로서, "스스로 교통규칙을 준수한 운전자는 다른 교통관여자가 교통규칙을 준수할 것이라고 신뢰하면 족하고, 다른 관여자가 비이성적으로 행동할 것까지 예견하고 이에 대한 방어조치를 취할 의무는 없다"는 원칙을 말한다.

신뢰의 원칙은 교통사고와 관련하여 독일 제국법원판례(1935년)가 채택한 이래 그 적용범위가 점차 확대되어, 오늘날에는 다수인의 업무분담이 요구되는 모든 과실범의 경우에 주의의무의 한계를 확정하는 원칙으로 발전하게 되었다. 우리나라의 통설과 판례도 신뢰의 원칙을 인정하고 있다.

판례는 자동차와 자동차 사이의 충돌사고와 보행자에 대한 사고의 경우를 구별하여, 전자에 관하여는 신뢰의 원칙을 널리 적용하는 반면, 후자의 경우에는 고속도로, 자동차전용도로, 육교 밑, 일반 차도의 횡단보도가 적색신호일 때 등 제한적으로 적용하고 있다(대판92도2077).

신뢰의 원칙은 교통사고뿐 아니라 분업적 공동작업이 필요한 모든 경우에 그 적용범위가 확대되고 있다(대판2001도3667). 다만, 신뢰의 원칙은 신뢰를 기초지울 수 있는 분업관계가 확립되어 있을 것을 요하므로 의사와 보조자의 관계와 같이 지휘·감독관계에 있을 때에는 신뢰의 원칙이 제한된다(대판2005도9229).[14]

---

14) 이재상/장영민/강동범 201면.

2) 결과발생 및 인과관계(객관적 요건)

과실범은 결과범이므로 구성요건적 결과가 발생해야 한다. 결과발생은 법익에 대한 침해인 경우(예컨대 형법 제267조의 과실치사죄)도 있고 구체적 위험인 경우(예컨대 형법 제181조의 과실일수죄)도 있다. 또한 행위자의 과실과 결과발생 사이에는 인과관계가 있어야 한다.

4. 과실범의 위법성과 책임

과실범의 위법성도 고의범과 큰 차이는 없으나, 다만 주관적 정당화요소의 필요성 여부와 관련하여 견해의 대립이 있다. 통설은 과실범에 있어서는 행위자가 객관적인 정당화 상황 아래에서 행위하면 그것으로 행위불법은 조각되기 때문에 주관적 정당화요소의 존재를 요하지 않는다고 한다(불요설).

과실범의 책임비난은 구성요건과 달리 행위자의 개인적인 능력, 경험과 지식에 따라 주관적 기준에 의하여 결정되어야 한다.

5. 관련문제

과실범의 경우에는 고의범처럼 결과발생을 인식·인용하여 실행에 옮기는 과정이 없기 때문에 미수가 성립할 수 없으며, 설혹 과실범의 미수가 이론상 가능하다고 하더라도 현행법상 처벌규정이 없기 때문에 과실미수범은 불가벌이다.

과실에 의한 교사·방조는 인정되지 않는다. 교사범과 종범은 모두 고의범이기 때문이다. 과실범에 대한 교사·방조는 간접정범이 성립한다(형법 제34조 제1항). 과실범의 공동정범이 성립될 수 있는가에 관하여는 견해가 대립하고 있으나 이를 부정하는 것이 다수설이나, 판례는 행위공동설의 입장에서 이를 긍정하고 있다(대판4294형상598; 성수대교붕괴사고, 삼풍백화전붕괴사고).

부작위범도 과실에 의하여 범해질 수 있다. 과실부작위범을 망각범이라고도 하며 전철수가 부주의로 잠이 들어 전철하지 않아 기차를 전복시킨 경우가 여기에 해당한다.

제 8 항   결과적 가중범

1. 의   의

결과적 가중범이란 고의에 기한 기본범죄에 의하여 행위자가 예견하지 못했던 중한 결과가 발생한 때에 그 형이 가중되는 범죄를 말한다. 결과적 가중범은 중한 결과가 고의적인 기본범죄에 전형적으로 내포된 잠재적인 위험의 실현이라는 점에서 단순한 과실범보다 행위반가치가 크기 때문에 같은 결과를 과실로 실현한 경우보다 가중하여 처벌하는 것이다.

결과적 가중범은 고의에 의한 기본범죄가 있고 이에 의하여 중한 결과가 발생한 이상, 기본범죄와 중한 결과 사이에 인과관계만 인정되면 그 결과에 따라 처벌되어야 한다는 의미에서 책임주의의 예외로 인정되었다. 이러한 결과책임사상의 확대를 막기 위하여 인과관계의 측면에서 결과적 가중범의 성립을 제한코자 한 것이 바로 상당인과관계설인데, 이 견해도 역시 결과적 가중범을 책임주의의 예외로 본다는 데 그 한계가 있다 할 것이다.

통설(고의·과실의 결합설)은 결과적 가중범을 책임주의와 조화시키기 위해 고의와 과실을 결합하여 결과적 가중범에 있어서 중한 결과에 대하여 최소한 과실이 있을 때에만 형을 가중할 수 있다고 하고 있다.[15]

2. 종 류

종류에는 고의에 의한 경한 기본범죄에 기하여 과실로 중한 결과를 발생케 한 경우(진정 결과적 가중범)와 고의의 기본범죄에 기하여 중한 결과를 과실뿐만 아니라 고의로 발생케 한 경우에도 성립하는 결과적 가중범(부진정 결과적 가중범)이 있다. 후자의 인정여부에 대하여 처음부터 중한 결과에 대하여서 고의가 있으면 고의범이 성립할 뿐이므로 부진정 결과적 가중범을 인정할 수 없다는 견해(부정설)와 중한 결과에 대하여 고의가 있음에도 불구하고 과실에 의하여 중한 결과가 발생한 경우보다 가볍게 처벌하는 형의 불균형을 시장하기 위해서 부진정 결과적 가중범을 인정해야 한다는 견해(긍정설)가 있다(통설·판례; 대판94도2842).

3. 구성요건해당성

고의의 경한 기본범죄가 있어야 한다. 기본범죄는 미수·기수를 불문한다(대판88도1628). 중한 결과는 대부분 법익이 침해될 것을 요하지만, 중상해죄(제258조 제1항)와 같이 구체적 위험의 발생에 그치는 경우도 있다. 그리고 고의의 기본범죄와 중한 결과 사이에 상당인과관계가 존재하여야 한다(대판96도529). 객관적 귀속이론의 입장에서는 합법칙적 조건설에 의한 인과관계가 인정되는 외에 결과적 가중범에 특유한 객관적 귀속의 척도로서 '직접성의 원칙'(중한 결과는 기본범죄에 내포된 전형적인 위험이 실현

---

15) 신호진 258면; 이재상/장영민/강동범 209면.

된 것이어야 한다는 것)을 요구하나, 상당인과관계설에 의할 때에는 상당성 판단으로 해소되므로 별도로 검토할 필요가 없다. 결과적 가중범이 성립하기 위해서는 중한 결과에 대한 '객관적 예견가능성'이 필요한데, 이는 결국 '과실'과 동의어에 지나지 않는다(통설). 그 이유는 중한 결과에 대한 예견가능성만 있으면 과실이 인정되기 때문이다(대판96도1142).

4. 위법성과 책임

경한 기본범죄와 중한 결과 모두에 위법성이 인정될 때 결과적 가중범의 위법성이 인정된다. 그리고 일반범죄와 동일한 책임표지가 기본범죄와 중한 결과에 대한 과실범 모두에 존재해야 한다.

5. 관련문제

1) 결과적 가중범의 공범

과실범의 공동정범을 부정하는 견해는 결과적 가중범의 경우 기본범죄인 고의범의 공동정범과 중한 결과인 과실범의 동시범(同時犯)이 된다고 하며, 따라서 기본범죄에 대한 공동정범의 각자에게 중한 결과에 대한 인과관계와 과실이 인정되는 경우에 한하여 개별적으로 결과적 가중범의 책임을 진다고 해석한다.

과실범의 공동정범을 인정하는 견해는 결과적 가중범의 공동정범을 인정하나, 이 견해에서도 중한 결과에 대하여 공동의 과실이 있는 때에만 공동정범이 성립된다고 본다.

판례는 행위공동설의 입장에서 결과적 가중범의 공동정범을 인정하여, 결과적 가중범은 행위를 공동으로 할 의사가 있으면 성립하고 결과를 공동으로 할 의사는 필요가 없으며, 중한 결과를 예견할 수 없다고 할 수 없는 이상 중한 결과를 실행하지 아니한 공범에 대하여도 결과적 가중범의 공동정범이 성립한다고 판단하고 있다(대판93도1674; 대판2000도745; 대판2000도3485). 또 다른 판례는 공모공동정범이론에 입각하여, 상해를 공모하였으나 직접 상해행위에는 가담하지 아니한 자도 다른 공범들이 피해자에게 상해를 가하여 사망케 한 경우에는 상해치사죄의 공동정범이 성립한다고 보았다(대판91도1755).

그리고 결과적 가중범에 대한 교사 또는 방조도 가능하나 다만 이때에는 기본범죄에 대한 교사·방조 이외에 교사범 또는 종범에게도 중한 결과에 대한 과실이 있어야 한다. 정범이 중한 결과에 대하여 고의를 가졌거나 과실이 없었다는 것은 문제되지 않는다(통설·판례; 대판93도1873).

2) 결과적 가중범의 미수

원래 우리 형법은 독일 형법과 달리 결과적 가중범에 대한 미수범 처벌규정을 없어서 결과적 가중범의 미수는 있을 수 없다는 것이 통설·판례(대판2007도10058)였으나, 1995년의 형법개정에 의하여 인질치사상죄의 미수범(형법 제324조의5), 강도치사상죄와 해상강도치사상죄의 미수범(형법 제342조)처벌규정이 신설된 것을 계기로 결과적 가중범의 미수에 관하여 견해가 대립하고 있다. 기본범죄의 미수에 의하여 중한 결과가 발생한 경우에는 결과적 가중범의 미수가 성립한다는 긍정설과, 결과적 가중범의 성질상 중한 결과가 발생한 때에는 기수에 이른 것이므로 결과적 가중범의 미수는 인정할 수 없다는 부정설이 있다. 이 입장에서는 개정형법의 미수범 처벌규정은 고의범인 인질살해·상해죄와 강도살인·상해죄에 대하여만 적용되는 것으로 제한적으로 해석한다.

미수범 처벌규정이 없는 일반적인 결과적 가중범의 경우에는 종래의 통설·판례와 동일하다. 즉, 기본범죄가 미수에 그친 경우에도 중한 결과가 발생한고 예견가능성이 인정되면 결과적 가중범의 기수범으로 처벌되고, 중한 결과가 발생하지 않은 때에는 기본범죄로 처벌된다. 다만 부진정 결과적 가중범에 있어 중한 결과에 고의가 있는 경우에는 상상적 경합이 성립할 수 있다. 예컨대 살인의 고의로 현주건조물에 방화하였지만 사망의 결과가 발생하지 않은 경우에는 현주건조물방화죄와 살인미수의 상상적 경합이다.

제 3 절 위법성론

제 1 항 위 법 성

1. 의 의

위법성(違法性)이란 구성요건에 해당하는 행위가 법질서 전체의 관점에서 보아 객관적으로 허용되지 아니한다는 부정적 가치판단을 의미한다. 이때 전체 법질서란 형법뿐만 아니라 민법·행정법 등 일체의 성문법과, 관습법·사회상규·조리, 보편적 법사상 등 불문법을 포함하는 넓은 의미이다.

불법(不法)과 위법성은 다르다는 것이 일반적인 견해이다.[16] 위법성은 행위와 전체 법질서 사이의 관계개념으로서 그 판단은 전체 법질서에 비추어 항상 단일하게 내려지는 데 대해서, 불법은 '전체 법질서에 배치된다고 평가된 실체' 또는 '위법으로 평가된 행위 자체'를 의미하는 실체개념으로서 질과 양의 면에서 정도의 차이를 띠게 된다.

구성요건은 불법을 실정화 내지 유형화한 것이므로 어느 행위가 구성요건에 해당하면 위법성이 추정되며, 따라서 위법성은 적극적으로 심사할 필요가 없고 위법성 조각사유의 존부를 통해 소극적으로 평가한다. 위법성은 행위에 대하여 법질서 전체의 입장에서 객관적으로 내리는 '행위에 대한 부정적 가치판단'을 의미하는 데 대하여, 책임은 개별적으로 행위자 개인에 대한 비난가능성의 유무를 판단하는 '행위자에 대한 부정적 가치판단'이다.

2. 위법성의 본질

위법성의 본질에 관하여는 형식적 위법성론과 실질적 위법성론이 대립되어 왔으며, 실질적 위법성론에 있어서의 법익침해설과 규범위반설의 대립은 바로 결과반가치론과 행위반가치론으로 이어진다.

형식적 위법성론은 위법성론 평가의 기준을 형식적인 법률의 규정(실정법) 그 자체에 두고, 이에 위반하면 위법이라고 평가한다. 이에 의하면 구성요건에 해당하는 행위는 실정화된 위법성조각사유에 해당하지 않으면 위법성이 인정된다. 반면에 실질적 위법성론은 위법성을 규범에 대한 형식적 위반으로만 이해하지 않고 그 규범의

---

16) 김일수/서보학 267면; 박상기 145면; 이재상/장영민/강동범 217면.

근저에 놓여 있는 실질적 기준에 따라 위법성의 의미를 파악하려는 견해로, 위법성의 실질적 기준으로서는 권리침해설, 법익침해설, 문화규범위반설 등이 주장되었다.

오늘날 위법성의 본질에 관한 논의는 그 내용에 있어서 범죄의 본질 또는 불법의 실체에 관한 논의와 동일한 의미라는 사실이 확인된 이상 형식적 위법성론과 실질적 위법성론의 대립은 실익이 없다는 데에 대체로 견해가 모아지고 있다. 또한 형법은 독일이나 일본의 형법과 달리 '사회상규'(social rules)라고 하는 포괄적인 위법성조각사유를 규정하고 있기 때문에(형법 제20조) 초법규적 위법성조각사유를 인정할 필요가 없다(통설).

실질적 위법성론에서의 법익침해설과 규범위반설의 대립의 연장선상에 있는 것이 결과반가치론과 행위반가치론의 대립이다. 이 두 가지 개념을 처음 대립시킨 것은 벨첼이었다. 그는 모든 범죄에 공통한 것은 행위자와 관련된 '행위의 반가치성'이라고 하는 '인적 불법론'을 주장하였으며, 이 견해를 기점으로 위법성의 실질을 법익의 침해 또는 위험에서 구하는 결과반가치론과 행위 그 자체의 반가치성에서 구하는 행위반가치론이 대립하게 되었다.

3. 위법성의 평가방법

위법성의 평가방법을 둘러싸고 한때 주관적 위법성론과 객관적 위법성론이 대립하였으나, 현재에는 객관적 위법성론이 통설이다.[17]

주관적 위법성론은 법의 평가규범성보다 의사결정규범성을 강조하는 이론으로 메르켈(Merkel)에 의하여 주장된 이래 20c 초까지 유력한 견해였다. 이에 의하면 위법성이란 의사결정규범에 위반한 것을 의미하며, 따라서 법규범의 의미를 이해할 수 없는 책임무능력자는 규범의 수명자가 될 수 없기 때문에 위법한 행위를 할 수 없으므로 이에 대해서 정당방위는 할 수 없고 긴급피난만이 가능하게 된다. 이 이론에서는 위법성의 평가 속에 책임평가도 포함하므로 위법성판단과 책임판단이 결합하게 되어 양자의 구별이 불가능하다.

리스트(Liszt), 메츠거(Mezger) 등이 주장한 객관적 위법성론은 법규범의 기능을 평가규범과 의사결정규범으로 나누어, 위법성이란 객관적인 평가규범에 대한 위반을 의미하고 책임은 주관적인 의사결정규범에 대한 위반을 의미한다는 견해이다. 이에 의해 위법성과 책임이 명확히 구분되고, '위법성은 객관적으로, 책임은 주관적으로'라

---

17) 신호진 279면; 이재상/장영민/강동범 223면.

는 명제가 보편화하게 되었다.

　　법규범이 의사결정규범으로서 명령을 하기 위해서는 이에 선행하여 평가규범의 존재를 전제로 하므로, 형법은 제1차적으로 평가규범이고 이로부터 파생되는 의사결정규범으로서의 성격은 제2차적이라고 하겠다. 또한, 행위의 위법 여부에 대한 평가가 행위자의 개인적 사정에 따라 좌우되어서는 안 될 것이라는 점에서 기본적으로 객관적 위법성론이 타당하다(대판97도2118).

4. 위법성조각사유

1) 의 의

　　위법성조각사유란 구성요건에 해당하는 행위의 위법성을 배제하는 특별한 사유를 말하며, 정당화사유 또는 허용규범이라고도 한다. 종류로는 형법총칙상의 위법성조각사유로는 정당행위(제20조), 정당방위(제21조), 긴급피난(제22조), 자구행위(제23조), 피해자의 승낙(제24조)의 5종이 있고, 형법각칙에는 명예훼손죄에 있어서 '사실의 증명과 오직 공익'(형법 제310조)과 도박죄에 있어서 '일시오락의 정도'(형법 제246조 제1항 단서)가, 특별법상의 인공임신중절(모자보건법 제28조), 현행범의 체포(형사소송법 제212조), 점유권자의 자력구제(민법 제209조) 등이 있다.

2) 성 립

　　위법성조각사유는 구성요건과는 원칙과 예외의 관계에 있다. 허용구성요건인 위법성조각사유도 구성요건과 마찬가지로 객관적 요건과 주관적 요건으로 구성된다. 위법성조각사유의 객관적 요건으로는 '정당방위상황' 등과 같은 위법성조각사유의 객관적 전제사실을 말하고 주관적 요건(주관적 정당화요소)으로는 '방위의사', '피난의사' 등과 같이 정당화상황을 인식하고 이에 대하여 행위한다는 의사를 말한다.

3) 위법성조각사유의 일반원리

　　법률이 규정하고 있는 모든 위법성조각사유를 통일적으로 설명할 수 있는 일반원리가 무엇인가에 관하여는 크게 나누어 일원론과 다원론이 대립하고 있다. 일원론에는 다시 행위가 정당한 목적을 위한 상당한 수단일 때 위법성이 조각된다는 견해(목적설)가 있다. 그리고 사회생활에 있어서 역사적으로 형성된 사회윤리적 질서, 즉 사회적 상당성을 위법성조각사유의 일반원리라고 보는 견해(사회상당설)가 있다. 또한 이익의 교량에 의하여 경미한 이익을 희생시키고 우월한 이익을 보호했을 때 위법성이 조각된다는 견해(이익교량설)도 있다.

다원론으로는 피해자의 승낙과 추정적 승낙에 대해서는 이익흠결의 원칙이 적용되고, 그 이외의 위법성조각사유에는 우월적 이익의 원칙이 위법성조각사유의 일반원리가 된다는 견해(이원론)와 행위반가치론에서 도출되는 목적의 정당성과 수단의 적합성의 원칙, 결과반가치론에서 도출되는 이익흠결의 원칙과 우월적 이익의 원칙 등이 다양하게 결합하여 위법성조각사유의 일반원리로 작용한다고 보는 견해(다원론)가 있다.

결국 일원론에서처럼 모든 위법성조각사유를 하나의 원리에 의하여 설명하는 것은 공허한 추상적 개념을 만드는 의미밖에 없으며, 다원론 중에서 이원설은 결과반가치만을 고려하고 행위반가치를 고려하지 않고 있다. 따라서 행위반가치도 고려하는 다원설이 타당하다고 여겨진다.

4) 효 과

구성요건해당성이 인정되더라도 위법성조각사유가 존재하면 적법한 행위가 되므로 행위자는 형벌 및 보안처분을 받지 않는다. 이 점에서 책임조각사유가 존재하는 경우에는 형벌은 과할 수가 없지만 보안처분은 가능한 것과 다르다.

공범(共犯)은 정범의 불법에 종속(從屬)하여 성립하는 것이므로 정당화된 정범의 행위에 관여한 공범의 가벌성도 탈락되며(공범종속성), 이 점에서 위법하나 책임 없는 정범의 행위에 가담한 자에게는 공범의 성립이 가능한 것과 다르다(제한적 종속형식).

정당화된 행위의 상대방은 행위자에 대하여 정당방위를 하지 못하며, 이 점에서 책임 없는 자의 공격에 대해서는 정당방위가 가능한 것과 다르다.

5) 주관적 정당화요소

정당화상황을 인식하고서 이에 기하여 행위한다는 의사를 말하며(방위의사·피난의사·자구의사 등), 구조적으로 주관적 불법요소 특히 고의와 대치되는 개념으로서 행위반가치를 상쇄하는 기능을 수행한다. 필요성 여부에 대하여 고전적·신고전적 범죄체계의 객관적 위법성론과 결과반가치의 일원론에 의하면, 주관적 정당화요소가 없더라도 정당화사유의 객관적 요건이 갖추어지는 것만으로 결과반가치가 탈락되어 위법성이 조각되므로 주관적 정당화요소는 불필요하다는 결론에 이르게 된다(불요설). 반대로 위법성의 실질을 행위반가치에 있다고 보는 인적 불법론에 의하면, 행위반가치는 주관적 정당화요소에 의해서만 조각될 수 있으므로 주관적 정당화요소를 정당화에 필요한 요건으로 보게 된다(필요설).

통설은 결과반가치와 행위반가치의 양자를 불법의 동등한 구성요소로 파악하고 있기 때문에(이원적·인적 불법론) 필요설의 입장[18]에 서 있으며, 판례도 같다(대판92도 1329).

주관적 정당화요소는 정당화상황에 대한 인식을 본질적 내용으로 한다는 점에서 다툼이 없으나, 나아가 인식적 요소 이외에 정당화목적 내지 의사라는 의사적 요소도 필요로 하는가에 대하여는 견해가 대립되고 있다. 주관적 정당화요소는 주관적 불법요소인 고의의 반대요소이므로 고의를 '구성요건 실현의 인식과 의사'로 파악하는 통설·판례(대판80도306)에 대응하여 주관적 정당화요소도 정당화상황의 인식 이외의 정당화의사도 필요하다고 보는 것이 타당하다.

제 2 항 정당방위

1. 의 의

정당방위(형법 제21조)란 자기 또는 타인의 법익에 대한 현재의 부당한 침해를 방위하기 위한 상당한 이유가 있는 행위를 말하며 긴급행위의 일종이다. 정당방위는 부정(不正) 대 정(正)의 관계로서 "법은 불법에 양보할 필요가 없다"는 명제를 기본사상으로 하고 있는 위법성조각사유이며, 이 점에서 자구행위와 같고 정 대 정의 관계인 긴급피난과는 구별된다. 정당방위는 현재의 침해에 대한 사전적 긴급행위인 점에서 긴급피난과 같고 사후적 긴급행위인 자구행위와 구별된다.

정당방위의 정당화의 근거는 자기보호의 원리와 법질서수호의 원리에 두고 있다. 자기보호의 원리는 인간의 자위본능에 기초한 정당방위의 개인권적 근거이며, 따라서 정당방위는 개인적 법익을 보호하기 위하여 허용될 뿐, 국가적·사회적 법익을 보호하기 위한 정당방위는 원칙적으로 허용되지 않는다. 법질서수호의 원리는 방위자의 자기보호가 동시에 법질서를 파괴하려는 행위로부터 법질서를 수호하기 때문에 정당화된다는 원리로서 정당방위의 사회권적 근거이다. 이로부터 법질서수호의 이익이 없는 때에는 정당방위를 부정해야 한다는 정당방위의 제한의 문제가 제기된다.

2. 성립요건

정당방위는 형법 제21조 제1항의 규정에서 정당방위상황, 방위행위, 상당한 이유의 세 가지 요건이 필요하다.

---

18) 신호진 284면; 이재상/장영민/강동범 228면.

1) 정당방위상황

현재의 부당한 침해가 있어야 한다. 침해란 법익에 대한 위험을 야기하는 인간의 행위를 말한다. 침해는 행위로서의 성질을 가져야 한다. 따라서 반사적·무의식적 행동으로 인한 공격은 행위로서의 성질을 가지지 못하므로 그에 대하여는 정당방위가 성립될 수 없고 긴급피난만이 가능할 뿐이다. 마찬가지로 동물·자연현상에 의한 공격도 행위성이 없으므로 긴급피난만이 가능하다. 그러나 길들여진 동물의 공격은 사육주의 행위의 수단에 불과하므로 그에 대하여 정당방위가 가능하다. 침해행위는 고의행위·과실행위를 불문하여, 작위 이외에 부작위에 의해서도 가능하다.

현재의 침해란 법익에 대한 침해가 임박하였거나, 방금 막 시작되었거나, 아직 계속 중인 것을 말한다. 따라서 과거나 미래의 침해에 대해서는 정당방위를 할 수 없다. 침해행위가 기수가 된 이후에도 법익침해가 현장에서 계속되는 상태에 있으면 현재성이 인정된다(예컨대 절도 현행범을 추격하여 잃은 물건을 탈환하는 행위). 반복되어 온 침해가 다시 발생할 것이 예견되지만 급박하지는 않은 경우에도 침해의 현재성을 인정할 수 있는가가 문제(예방적 정당방위)되는데(예컨대 상시적으로 주거침입을 해 온 정신병자, 술만 마시면 가족을 폭행하는 가장, 계속되어온 성폭행 등), 정당방위에서 침해의 현재성은 직접 임박한 것 또는 방금 막 시작된 것을 의미하므로 이러한 경우에는 침해의 현재성을 인정할 수 없다(대판96도241). 그러나 긴급피난에서 위난의 현재성은 정당방위보다 그 범위가 넓으므로 위난의 현재성은 인정될 수 있다고 본다(다수설·판례; 대판92도2540).

부당한 침해란 위법한 침해를 의미한다(통설). 따라서 구성요건해당성이 있더라도 위법성이 조각되는 행위인 정당방위·긴급피난·자구행위, 현행범체포 등에 대하여는 정당방위를 할 수 없다. 위법은 형법상의 불법을 의미하는 것이 아니라 전체 법질서의 견지에서 결정되는 것이므로 형벌구성요건에 해당하지 않는 행위(예컨대 과실에 의한 손괴)에 대하여도 정당방위가 가능하다.

침해는 위법하면 족하고 유책할 필요가 없다. 따라서 정신병자나 형사미성년자 등 책임무능력자의 공격에 대하여도 정당방위가 가능하나, 다만 상당성에 의한 제한이 따른다(대판2003도3606).

싸움의 경우에는 상호간에 도발행위가 존재하기 때문에 어느 일방의 행위만을 위법한 침해라고 하는 것이 불합리한 경우가 많기 때문에 정당방위가 인정되지 않는 것이 원칙이다. 일반적으로 싸움은 방위행위와 침해행위가 교차하고 있으므로 그 중 어느 일방의 행위만을 위법한 침해행위라고 볼 수 없고, 서로 방위의사가 아닌 공격 의사를 가지고 있으며, 상호간에 침해를 유발한 것이기 때문에 정당방위는 성립하지 않는다(통설·판례; 대판2000도228). 그러나 예외적으로 싸움의 도중에 일방의 공격이 질적으로 과격하게 되는 경우와, 싸움의 중지의사를 상대방에게 확실히 인식시키고 공격을 중지하였음에도 불구하고 상대방이 일방적인 공격행위로 나온 경우(대판4290형 상18)는 정당방위가 성립한다.

2) 방위행위: 자기 또는 타인의 법익을 방위하기 위한 행위일 것

법익은 권리에 한하지 않고 '법률상 보호되는 모든 이익'을 의미한다. 따라서 생명·신체·자유·명예·재산 등 형법상의 보호법익뿐만 아니라 가장의 권위와 같은 가족관계나 애정관계 등도 포함된다. 자기 이외에 타인의 법익을 보호하기 이한 정당방위도 인정된다. 타인의 법익을 보호하기 위한 정당방위를 '긴급구조'라고 한다. 이 때의 타인은 자연인·법인, 법인격 없는 단체·국가 등 모두 포함한다.

국가적 법익이나 사회적 법익에 대한 정당방위는 원칙적으로 허용되지 않는다 (통설). 정당방위는 원래 개인적 법익의 보호를 위해서 인정된 것이고, 이를 인정하면 정치적 남용의 위험성이 있기 때문이다. 이 점에서 국가적·사회적 법익에 대한 긴급 피난이 가능한 것과 차이가 있다. 그러나 국가의 개인적 법익이 문제되는 경우, 예컨 대 국가 소유의 물건에 대한 방화·손괴에 대하여는 당연히 정당방위가 허용된다.

방위행위에는 주관적 요소로서 방위의 의사가 있어야 한다. 방위의사는 정당방위에 있어서 주관적 정당화요소가 된다. 방위의사는 방위행위의 유일한 동기일 필요는 없고, 증오나 복수와 같은 동기가 개재되더라도 방위의사가 주된 동기인 이상 정당방위가 성립한다. 방위행위에는 소극적 방어를 하는 보호방위와 적극적 반격을 하는 공격방위가 포함된다. 방위행위는 고의에 의한 행위뿐만 아니라 과실에 의한 행위도 가능하다. 예컨대 경찰관이 강도 현행범에게 경고사격을 한다는 것이 잘못하여 총상을 입힌 경우이다. 방위행위의 상대방은 공격자에 한한다. 이 점에서 제3자에 대한 긴급피난이 가능한 것과 구별된다.

3) 상당한 이유

방위행위는 상당한 이유가 있어야 한다. 상당한 이유란 방위행위가 객관적으로 사회상규에 위배되지 않는 것을 말한다. 방위행위의 상당성은 정당방위의 남용을 방지하기 위한 요건으로서 방위행위에 대한 사회적 제한을 의미한다. 정당방위에 있어서 '상당한 이유'를 독일 형법상의 '방위의 필요성'과 동일한 의미로 이해하는 견해도 있으나, 통설은 우리 형법의 '상당성'은 독일 형법의 '필요성'보다 넓은 개념으로서 정당방위에 대한 사회적 제한의 관점도 포함하는 개념으로 이해하고 있다.

상당한 이유가 인정되기 위한 요건으로는 적극적 요건으로서 '적합성의 원칙'[19]과 '상대적 최소방위의 원칙'[20]을, 소극적 요건으로서 '정당방위에 대한 사회적 제한'[21]을 들 수 있다. 긴급피난과 달리 보충성이나 균형성은 요건이 아니다.[22]

3. 정당방위의 효과

정당방위의 요건을 구비한 경우에는 방위행위가 비록 범죄의 구성요건에는 해당하더라도 위법성이 조각되어 범죄가 성립하지 않는다. 정당방위는 적법행위이므로 정당방위에 대한 정당방위는 허용되지 않고 긴급피난이 가능하다.

4. 과잉방위와 오상방위

1) 과잉방위

과잉방위란 현재의 부당한 침해에 대한 방위행위가 상당성을 초과하는 경우를 말한다. 과잉방위는 정당방위의 적법성의 한계를 넘어선 것이므로 위법성이 조각될 수는 없고, 다만 긴급상황으로 인하여 적법행위의 기대가능성이 감소·소멸되거나 일시적으로 책임능력이 결여되기 때문에 책임이 감소하거나 소멸된다.

성립요건으로는 현재의 부당한 침해가 존재하여야 한다. 침해의 현재성이 없는 외면적 과잉방위는 오상방위 또는 오상과잉방위의 문제가 된다. 주관적 정당화요소로서 정당방위의사가 존재하여야 한다. 정당방위상황은 존재하나 정당방위의사가 없는 경우에는 우연방위의 문제가 된다. 방위행위가 필요한 정도를 초과하거나 정당방위의 사회윤리적 한계를 일탈하여야 한다. 방위행위의 상당성은 객관적으로 판단하여야 하므로 방위자가 상당성 초과를 인식하였는지 여부는 과잉방위의 성립 여부와 관계가 없다(통설). 다만 방위행위가 객관적으로 상당성을 초과한 것임에도 불구하고

---

19) 방위행위는 위험을 즉시 그리고 효과적으로 제거하는 데 적합한 수단이어야 한다. 불충분한 방어수단을 사용할 필요는 없다(대판80도800).
20) 방위자는 방위에 적합한 여러 수단 중에서 침해자에게 가장 경미한 손실을 입히는 수단을 선택하여야 한다(대판91다19913).
21) 정당방위의 정당화 근거는 '자기보호의 원리'와 '법질서수호의 원리'에 있으므로, 비록 방위의 필요성이 인정되는 경우라 할지라도 자기보호의 이익 또는 법질서수호의 이익이 현저히 약화되는 경우에는 정당방위가 제한되지 않을 수 없는데, 이를 정당방위의 사회윤리적 제한이라고 한다.
22) 정당방위는 "법은 불법에 양보할 필요가 없다"는 사상을 기초로 하므로 보충성의 원칙이 적용되지 않는다. 따라서 방위자에게 다른 방법이 가능하더라도 방위행위를 할 수 있다. 정당방위는 이익교량의 사상에 근거하고 있지 않으므로 보호되는 법익이 침해되는 법익과 균형을 이루거나 우월할 것을 요하지 않는다.

방위자가 그러한 정도의 방위는 법률상 허용되는 것으로 오신한 경우에는 '위법성조각사유의 한계에 관한 착오'로서 법률의 착오(형법 제16조)에 해당하므로, 착오에 정당한 이유가 있으면 면책되고 정당한 이유가 없으면 과잉방위에 관한 형법 제21조 제2항과 제3항에 의하여 해결된다.

과잉방위행위는 공포·경악·당황 그리고 행위자의 열악함에서 나온 심리적 흥분 등 특별히 위축된 정신적 불안정상태인 심약적 충동에서 비롯된 것이어야 하며, 적개심·호전성·복수심을 나타내는 공격성향적 충동에서 비롯된 경우에는 과잉방위가 성립하지 않는다. 이러한 경우에는 주관적 정당화요소인 정당방위의사가 인정되기 어렵기 때문이다.

과잉(過剩)방위는 위법성이 조각되지 아니하나 적법행위의 기대가능성이 감소 또는 소멸되기 때문에 그 정황에 따라 형을 감면할 수 있고(임의적 감면), 그것이 야간, 기타 불안스러운 상태하에서 공포·경악·흥분 등으로 인한 경우에는 책임이 조각된다(필요적 면제).

2) 오상방위

정당방위상황이 존재하지 않음에도 불구하고 행위자는 그것이 존재하는 것으로 착오를 일으켜 방위행위로 나아간 경우이다. 오상(誤想)방위는 정당방위상황이 존재하지 않는 경우라는 점에서 과잉방위와 구별된다. 오상방위는 위법성조각사유의 객관적 전제사실에 대한 착오에 해당되는 문제로서 이를 법률의 착오로 볼 것인가를 둘러싸고 책임설인 엄격책임설과 제한적 책임설로 견해가 나뉘어져 있다. 엄격책임설은 법률의 착오로 취급하나 다수설인 제한적 책임설에 의하면 그 법률효과의 면에서 구성요건착오와 동일시된다.

3) 오상과잉방위

오상과잉방위란 현재의 부당한 침해가 있다고 오신하고 상당성을 초과하는 방위행위를 한 경우로서 오상방위와 과잉방위가 결합된 형태이다. 오상과잉방위의 법적 성질과 관련하여 이를 오상방위의 예로 취급할 것인가 또는 과잉방위의 예로 취급할 것인가의 견해가 대립되고 있다. 오상과잉방위는 정당방위상황이 존재하지 않는 경우이므로 기본적으로 오상방위의 일종이다. 따라서 오상방위의 예로 취급하여 제한적 책임설에 따라 과실범의 문제로 해결하는 것이 타당하다(다수설).

[판례연구]

상해 행위가 있기 직전 甲은 乙의 모자챙을 쳐 모자를 벗기거나 뒷목을 잡아당기거나 멱살을 잡아 벽에 밀치는 등 상당시간 동안 다툼을 벌이며 乙을 폭행하였다. 다툼이 있은 후 乙은 자리를 피하려는 甲 일행을 따라가 '도망가지 말라.'는 말을 하며 계단에서 여러 차례 甲을 붙잡았고, 실랑이 과정에서 甲이 乙을 거세게 뿌리치는 바람에 乙이 넘어졌다. 乙이 甲을 붙잡으면서 밑으로 끌어내리기 위해 무게 중심을 잡고 있었던 것으로 보이는데, 당시 甲으로서는 자신이 乙의 손을 힘껏 뿌리칠 경우 뒤로 넘어질 수도 있다는 것을 충분히 인식할 수 있었다. 甲이 미필적으로나마 상해의 고의를 가지고 乙을 뿌리쳐 상해를 입혔고, 그러한 행위는 乙의 부당한 공격을 방위하기 위한 것이라기보다는 싸움 과정에서 일어난 공격행위로서 정당방위나 과잉방위에 해당하지 않는다(대판2020도15812).

제 3 항 긴급피난

1. 의 의

긴급피난(형법 제22조)이란 자기 또는 타인의 법익에 대한 현재의 위난을 피하기 위한 상당한 이유가 있는 행위를 말한다. 정당방위는 위법한 침해를 전제로 하여 침해자에 대하여 행해지기 때문에 부정 대 정의 관계로 표현되지만, 긴급피난은 법익이 상호 충돌하는 정正 대 정正의 관계로서 위난의 원인과 무관한 제3자에게 희생을 전가시키는 제도이다. 따라서 정당방위에는 이익교량의 원칙이 적용되지 않으나 긴급피난에는 이익교량의 원칙이 적용된다는 점에서 근본적인 차이가 있다.

법적 성질로는 피난행위로 인하여 보호받는 이익과 침해된 이익을 교량하여 보호받는 이익의 우월성이 인정되는 때에는 위법성이 조각된다는 위법성조각설(다수설), 긴급피난은 무고한 제3자의 법익을 침해하기 때문에 그 자체는 위법하지만, 행위자에게 적법행위에 대한 기대가능성이 없기 때문에 책임이 조각될 뿐이라는 책임조각설, 그리고 사물에 대하여는 위법성조각, 사람에 대하여는 책임조각의 이분설이 있다.

결국 형법은 '상당한 이유'를 긴급피난 이외에 정당방위와 자구행위의 요건으로도 규정하고 있는데, 상당한 이유의 의미가 긴급피난의 경우에는 기대불가능성을 포함한다고 해석하는 것은 법률의 가능한 해석한계를 벗어난 것이다. 이익교량이 불가능한 경우(예컨대 생명 대 생명)에는 기대불가능성을 이유로 한 초법규적 책임조각사유의 법리에 의하여 해결하여야 한다. 따라서 위법성조각설이 타당하며 판례도 이 입장이다(대판85도221).[23]

2. 긴급피난의 성립요건

긴급피난은 형법 제22조 제1항의 규정으로부터 긴급피난상황, 피난행위, 상당한 이유라는 세 가지 요건이 도출된다.

1) 긴급피난상황: 자기 또는 타인의 법익에 대한 현재의 위난

긴급피난에 의하여 보호되는 법익은 자기 또는 타인의 모든 법익이다. '타인'은 자기 이외의 모든 자연인·법인, 법인격 없는 단체·국가를 포함한다. '법익'은 정당방위와 달리 개인적 법익에 한하지 않고 국가적·사회적 법익을 위한 긴급피난도 원칙적으로 가능하다.[24]

피난행위로 인하여 보호되는 법익의 주체와 침해되는 법익의 주체가 동일한 경우에도 긴급피난이 인정될 수 있다. 예컨대 화재시 어린아이를 구하기 위하여 아래층으로 던져 부상을 입힌 경우, 또는 자살을 기도하는 자를 강제로 감금한 경우이다.

위난이란 법익침해가 발생할 수 있는 가능성이 있는 상태를 의미한다. 위난의 원인에는 제한이 없다. 위난이 사람의 행위로 인한 것이든 동물·전쟁·천재지변에 의한 것이든 불문한다. 또한 위난은 위법할 것을 요하지 않는다. 적법한 위난에 대해서도 긴급피난이 가능하다. 위법한 위난에 대해서는 정당방위를 할 수 있음은 물론이지만 긴급피난도 가능하다. 그리고 위난이 피난자의 귀책사유로 초래된 경우(자초위난)에도 상당성이 인정되는 한 긴급피난이 가능하다는 것이 통설·판례이다.[25] 예컨대 과실로 자기의 생명에 대한 위험을 야기한 임산부의 낙태행위를 들 수 있다. 그러나 처음부터 피난행위를 할 목적으로 위난을 자초하거나 고의로 위난을 자초한 경우에는 긴급피난이 인정될 수 없다(대판94도2781).

현재의 위난이란 손해의 발생이 근접한 상태, 즉 법익침해가 즉시 또는 곧 발생할 것으로 예견되는 경우를 말한다. 정당방위의 요건으로서 침해의 현재성은 '직접임박한 것 또는 방금 막 시작된 것'을 의미하는 점에서, 긴급피난의 현재성은 정당방위의 그것보다 다소 범위가 넓다. 위난으로 인한 손해발생이 목전에 임박하지 않은

---

23) 신호진 317면; 이재상/장영민/강동범 251면.
24) 신호진 319면; 이재상/장영민/강동범 252면.
25) 김일수/서보학 315면; 박상기 195면; 박현준 151면; 이재상/장영민/강동범 252면.

경우라도, 피난행위를 지체할 경우에는 위난을 피할 수 없거나 피해가 증대될 위험이 있는 경우에는 현재성이 인정된다. 위험상태가 오랫동안 반복되어 앞으로도 같은 위험이 예상되는 경우에는 현재성이 인정된다. 예컨대 붕괴위험 있는 건축물, 위험한 정신병자의 출입 등이다. 행위자의 주관이 아니라 객관적 상황에 기초하여 피난행위에 바로 앞선 시점을 기준으로 객관적으로 판단하여야 한다.

2) 피난행위: 위난을 피하기 위한 행위일 것

긴급피난의 주관적 정당화요소로서 긴급피난상황에 대한 인식과 우월적 이익을 보호한다는 의사가 있어야 한다. 피난의사가 피난행위의 유일한 동기일 것은 요하지 않는다. 피난행위에는 위난의 원인에 대해서 직접 반격을 가하거나 또는 위난을 유발한 당사자의 법익을 침해하는 방어적 긴급피난과, 위난과 관계없는 제3자의 법익을 침해하는 공격적 긴급피난이 포함된다. 이 점에서 정당방위의 경우에는 제3자에 대한 공격적 정당방위가 허용되지 않는 것과 차이가 있다.

3) 상당한 이유

상당한 이유란 피난행위가 객관적으로 사회상규에 위배되지 않는 것을 말한다. 긴급피난은 정 대 정의 관계이므로, 부정 대 정의 관계인 정당방위보다 상당성 판단에 있어서 엄격할 요건이 요구된다. 상당한 이유는 보충성원칙과 균형성원칙 및 적합성원칙을 그 내용으로 한다.

보충성의 원칙은 '회피의 원칙[26]'과 '상대적 최소피난의 원칙[27]'을 그 내용으로 한다. 피난행위에 의하여서 보호되는 이익은 이로 인하여 침해되는 이익보다 본질적으로 우월한 것이어야 한다는 원칙을 말한다(우월적 이익의 원칙).

균형성 원칙에서 이익교량은 단순한 법익비교의 차원을 넘어서서 구체적인 사안을 둘러싸고 있는 모든 사정을 종합적으로 비교·검토해야 한다. 즉, 추상적인 법익의 가치뿐만 아니라 법익침해의 정도, 보호의 가치, 위험발생의 정도 등을 종합적으로 고려하여야 한다. 무고한 제3자의 법익을 침해하는 것이기 때문에 보호이익이 침해이익보다 본질적으로 우월하여야 한다. 여기에서 '보호된 이익의 본질적 우월'이란 보호된 이익의 가치우월성이 의심의 여지없이 분명해야 함을 의미한다. 따라서 법익동가치인 경우에는 위법성을 조각할 수 없고, 기대불가능성을 이유로 하는 책임조각이 가능할

---

26) 피난행위는 위난에 처한 법익을 보호하기 위한 유일한 수단일 것을 요한다. 위난을 피할 다른 수단이 있을 때에는 먼저 그 회피수단을 택해야 한다.
27) 보충성의 원칙은 또한 피난의 방법에 있어서도 상대방에게 가장 경미한 손해를 입히는 방법을 선택할 것을 요구한다.

뿐이다. 위난을 유발한 자(자초위난)의 이익은 보호가치가 낮으므로 보호 이익의 본질적 우월성을 인정할 수 없거나 심지어 낮은 가치일 경우에도 정당화될 수 있다.

피난행위는 사회상규에 비추어 적합한 수단일 것을 요하는데, 이를 적합성의 원칙 또는 '실질적 상당성의 원리'라고 한다. 적합성의 원칙은 목적설(위법성조각의 일반원리의 하나로서, '정당한 목적을 위한 상당한 수단이어야 한다'는 원칙)이 긴급피난에 적용된 것으로서, 독일 형법에서는 명문화되어 있다. 우리 형법에는 명시적인 규정이 없으나, 상당한 이유의 해석에 있어서 적합성의 원칙을 판단기준의 하나로 삼아야 한다는 것이 통설이다.

3. 긴급피난의 효과

긴급피난의 요건을 구비한 경우에는 피난행위가 구성요건에 해당하더라도 위법성이 조각되어 범죄가 성립하지 않으므로 벌할 수가 없다. 어떤 행위가 긴급피난으로 인정되면 이에 대한 정당방위는 허용되지 않으나 긴급피난은 가능하다.

4. 긴급피난의 특칙

직무를 수행함에 있어서 마땅히 일정한 위난을 감수해야 할 의무가 있는 자에게 긴급피난이 제한된다(예컨대 군인·소방관·경찰관 등). 이들이 수행하는 직무내용이 이들 개인의 법익에 대한 위태화를 전제로 할 뿐만 아니라, 법이 이러한 자의 이익보다는 부과된 의무를 중시하기 때문이다(형법 제22조 제2항). 특별의무자라고 해서 절대적 희생의무가 있는 것은 아니므로, 타인을 위한 경우와 감수해야 할 의무의 범위를 넘는 자기의 위난에 대해서는 긴급피난이 가능하다.

5. 과잉피난과 오상피난

현재의 위난에 대한 피난행위는 있었으나, 그 피난행위가 상당성의 정도를 초과한 경우를 과잉피난이라 한다. 과잉피난의 경우에는 위법성은 조각되지 않지만, 그 정황에 의하여 형을 감면할 수 있고(임의적 감면), 야간 기타 불안스러운 상태 하에서 공포·경악·흥분·당황으로 인한 때에는 벌하지 아니한다(필요적 면책).

오상피난은 긴급피난상황이 존재하지 않음에도 불구하고 행위자는 그것이 존재하는 것으로 오신하고 피난행위로 나아간 경우로서, 그 법적 성질은 위법성조각사유의 객관적 전제사실에 대한 착오에 해당된다. 효과는 오상방위에 준한다.

6. 의무의 충돌

1) 의 의

수개의 사법(私法)적 의무를 동시에 이행할 수 없는 긴급상태에서 그 중 어느 한 의무를 이행하고 다른 의무를 방치한 결과, 그 방치한 의무불이행이 구성요건에 해당하는 가벌적 행위가 되는 경우를 말한다. 예컨대 물에 빠진 두 아들 중 한 아들을 구하느라 다른 아들을 구하지 못하여 익사하게 한 경우이다. 부작위의무와 부작위의무의 경우에는 행위자는 둘 이상의 부작위의무를 동시에 이행할 수 있으므로 의무의 충돌이 아니다. 작위의무와 작위의무가 충돌하는 경우에는 일방에 대한 의무이행은 다른 일방에 대한 의무불이행을 전제로 해서만 가능하므로 당연히 의무의 충돌에 해당한다.

2) 법적 성질

법적 성질에 대해서는 사회상규에 위배되지 않는 정당행위라는 견해, 긴급피난의 특수한 경우로 이해하는 견해, 위법성의 차원에서가 아니라 작위의무의 제한이라는 구성요건의 차원에서 이해하여야 한다는 견해, 초법규적 위법성조각사유라고 보는 견해 등이 대립하고 있으나, 다수설은 '긴급피난의 특수한 경우'로 보고 있다.

3) 요 건

두 개 이상의 법적 의무가 서로 충돌하여야 한다. 법적 의무는 실정법뿐만 아니라 관습법상의 의무도 포함하며 사법상의 의무이어야 한다. 하나의 의무를 이행함으로써 다른 의무를 이행하는 것이 불가능한 실질적 충돌이어야 하며, 의무의 불이행이 형법의 구성요건에 해당해야 한다. 충돌상황이 행위자의 고의·과실로 초래되지 않아야 한다(다수설). 행위자는 충돌하는 의무 중 보다 높은 가치 내지 적어도 동가치의 의무를 이행하여야 한다(다수설). 이는 의무의 충돌에 있어서의 상당성의 문제이다. 의무형량에 있어서는 의무이행에 의하여 보호되는 이익의 크기, 위험의 정도, 의무의 성격 등 제반 정황을 종합적으로 고려하여 판단해야 한다. 일반적으로 동일한 조건이면 보증의무가 단순한 협조의무보다 우선한다.

행위자는 의무의 충돌상황에 대한 인식 이외에 적어도 동가치의 의무를 이행한다는 인식과 의사를 가지고 행위를 해야 한다. 이는 의무의 충돌에 있어서 주관적 정당화요소가 필요하게 된다. 행위자가 이행할 의무를 선택하게 된 동기가 무엇인가는 문제되지 않는다.

4) 효 과

의무의 충돌의 요건을 구비한 경우에는 부작위가 구성요건에는 해당하나 위법성이 조각되어 범죄가 성립하지 않으므로 벌하지 않는다. 보다 낮은 가치의 의무를 이행한 경우에는 위법성이 조각될 수 없고, 경우에 따라서 책임이 조각될 수 있을 뿐이다. 행위자가 충돌하는 의무의 서열을 착각하여 낮은 가치의 의무를 이행한 경우는 금지착오에 해당하여, 착오에 정당한 이유가 있으면 책임이 조각된다(제16조). 또한 행위자가 낮은 가치의 의무임을 알면서도 부득이한 사정으로 이를 이행한 경우에는 기대불가능성을 이유로 책임이 조각될 수 있다.

제 4 항 자구행위

1. 의 의

자구행위(형법 제23조)란 권리의 침해를 받은 자가 법정절차에 의하여 청구권의 보전이 불가능한 경우에 자력에 의하여 권리를 보전하는 행위를 말한다. 예컨대 채무를 변제하지 않고 외국으로 도주하는 채무자를 채권자가 체포하는 경우이다. 자구행위는 청구권의 이행을 직접 추구하는 권리가 아니라 채권자로서 지위를 확보하기 위한 보전적 성격을 가지고 있다.

정당방위·긴급피난과의 구별은 ① 모두가 긴급상태에서 행해지는 긴급행위의 일종이고, 주관적 정당화요소와 상당한 이유가 있어야 한다는 점에서 공통된다. ② 부정不正 대 정正의 관계라는 점에서 정당방위에 유사하고, 긴급피난과 구별된다. ③ 자구행위는 침해된 권리의 실현을 위한 사후적 긴급행위라는 점에서 사전적 긴급행위인 정당방위·긴급피난과 구별된다. ④ 정당방위와 긴급피난은 타인의 법익을 보호하기 위해서도 할 수 있으나, 자구행위는 자기의 청구권 보전을 위해서만 할 수 있다. ⑤ 자구행위는 보충성 원칙이 엄격히 적용되나 균형성 원칙은 엄격하게 적용되지 않는 점에서 정당방위·긴급피난과 각각 차이가 있다. ⑥ 과잉자구행위의 경우에 임의적 감면은 공통되나, 정당방위·긴급피난과 달리 필요적 면책규정을 두고 있지 않다.

법적 성질로는 형법은 자구행위에 관한 명문규정을 두고 있기 때문에 긴급행위의 일종으로서 정당방위 및 긴급피난과 별도의 독자적인 위법성조각사유라는 데에 견해가 일치되어 있다.

2. 성립요건

1) 자구행위상황: 법정절차에 의한 청구권 보전의 불능

자구행위에 의하여 보전되는 청구권은 사법私法상 청구권이면 족하고, 반드시 재산적 청구권에 한하지 않는다(통설). 따라서 채권적·물권적 청구권은 물론 친족권·상속권에 기한 청구권도 포함된다. 다만, 자구행위는 보전이 가능한 청구권만을 보호대상으로 하기 때문에 원상회복이 불가능한 생명·신체·자유·정조·명예 등의 권리는 포함되지 않는다.[28]

청구권은 원칙으로 자기의 것이어야 하므로, 타인의 청구권을 위한 자구행위는 인정되지 않는다. 그러나 예외적으로 청구권자로부터 자구행위의 실행을 위임받은 경우에는 타인의 청구권을 위한 자구행위도 가능하다. 예컨대 여관주인이 종업원에게 숙박비를 지불하지 않고 도주한 손님을 잡아 오게 한 경우이다.

법문에 명시되어 있지는 않으나, 자구행위는 침해된 권리를 보전하기 위한 행위이므로 청구권에 대한 침해는 불법한 것이어야 함은 당연하다. 자구행위는 사후적 긴급행위이므로, 자구행위는 '과거의 침해'에 대해서만 가능하고 '현재의 침해'에 대해서는 정당방위가 성립한다. 여기에서 자구행위와 정당방위의 한계가 문제된다. 법정절차란 각종의 권리보호제도 및 민사소송법상의 가압류·가처분 등의 보전절차는 물론 경찰 등 모든 공권력에 의한 구제수단을 의미한다. 자구행위는 공권력에 의한 구제를 기다릴 여유가 없고, 후일 공적 구제에 의해도 그 실효를 거두지 못할 긴급한 사정이 있는 경우에 한하여 할 수 있다.

2) 자구행위

자구행위를 하지 않으면, 청구권의 실행이 불가능하거나 현저히 곤란한 사정이 있어야 한다. 법정절차에 의한 청구권 보전이 불가능한 긴급사정 이외에, 즉시 자력으로 구제하지 않으면 청구권의 실행이 불가능하거나 현저히 곤란해지는 긴급사정까지 존재해야 한다. 그러므로 인적 담보나 물적 담보가 확보되어 있는 때에는 자구행위가 허용되지 않는다.

청구권 보전을 위하여 필요한 행위를 말하며, 재물의 탈환·체포·감금·주거침입·폭행 등이 포함된다. 자구행위는 청구권의 이행을 직접 추구하는 충족수단이 아

---

28) 피해자가 다른 친구들 앞에서 전과사실을 폭로함으로써 명예를 훼손하였기 때문에 동인을 구타하였다 하더라도, 그 소위는 자구행위에 해당한다고 할 수 없다(대판69도2138).

니라 채권자로서의 지위를 확보하는 청구권의 보전수단이므로, 청구권 보전의 범위를 벗어나 타인의 재산을 임의로 처분하거나 강제이행을 하는 것은 자구행위가 될 수 없다. 그러나 자기의 소유물에 대한 탈환은 자구행위에 의하여도 허용된다.

역시 자구행위의 주관적 정당화요소로서 자구행위상황에 대한 인식과 청구권의 실행불능 또는 현저한 실행곤란을 피하기 위한 의사가 있어야 한다.

3) 상당한 이유

자구행위는 사회상규에 비추어 당연하다고 인정되어야 한다. 상당한 이유는 보충성원칙과 균형성원칙 및 적합성원칙을 그 내용으로 한다. 자구행위는 법정절차에 의해 청구권을 보전할 수 없는 경우에만 허용되며(보충성원칙), 청구권 보전의 실효성을 해하지 않는 범위 내에서 상대방에게 가장 경미한 피해를 주는 방법을 사용하여야 한다(최소침해성원칙). 자구행위는 부정不正 대 정正의 관계이므로 긴급피난과 같은 엄격한 이익형량은 요하지 않는다. 그러나 극심한 불균형, 즉 청구권의 보전이익보다 훨씬 큰 손해를 입히는 자구행위(예컨대 재물을 탈환하기 위한 살해)는 허용되지 않는다. 자구행위는 사회윤리적으로 용인될 수 있어야 하고, 권리남용에 해당하지 않아야 한다(적합성원칙).

3. 효 과

자구행위의 요건을 구비한 경우에는 자구행위가 비록 범죄의 구성요건에는 해당하더라도 위법성이 조각되어 범죄가 성립하지 않으므로 벌하지 않는다. 자구행위는 적법한 행위이므로 이에 대한 정당방위는 허용되지 않고 긴급피난이 가능하다.

4. 과잉자구행위와 오상자구행위

자구행위의 다른 요건은 갖추었으나 자구행위가 상당성을 초과한 경우에는 정황에 의하여 형을 임의적으로 감면할 수 있다. 그러나 정당방위나 긴급피난의 경우와는 달리 야간 등의 경우에 필요적 면책규정은 적용이 없다는 점을 유의하여야 한다. 자구행위의 객관적 전제조건이 존재하지 않음에도 불구하고 이를 존재한다고 오인하고 자구행위로 나아간 경우는 위법성조각사유의 전제사실에 대한 착오의 문제이다.

제 5 항 피해자의 승낙

1. 의 의

피해자의 승낙(형법 제24조)이란 피해자가 자기의 법익에 대한 침해를 허용하는 것을 말한다. 오늘날에는 자기보존과 함께 자기처분도 정당화 원리의 하나로 인정하여, 피해자의 승낙을 위법성조각사유로 인정하는 것이 일반적인 견해다. 그러나 모든 범죄에 대하여 승낙이 위법성조각사유가 되는 것은 아니다. 다양한 법익 가운데 어떤 법익에 대하여 개인의 처분권을 인정할 것인가는 국가의 법정책에 속하는 문제로서, 이는 형법 제24조는 각칙상의 특별규정이 있는 경우를 제외하고는 적용된다.

형법각칙에는 피해자의 승낙이 있더라도 위법성이 조각되지 않는 특별규정들이 다수 존재하는데, 이 규정들은 다음과 같은 3가지 유형으로 분류할 수 있다. ① 승낙이 감경적 구성요건에 해당하는 경우로 살인죄에 대한 촉탁·승낙살인죄(형법 제252조 제1항), 자기소유 일반건조물 등 방화죄(형법 제166조 제2항), 자기소유 일반물건방화죄(형법 제167조 제2항), 부동의낙태죄에 대한 동의낙태죄(형법 제269조 제2항, 동법 제270조 제1항). ② 승낙이 범죄성립에 영향이 없는 경우로는 미성년자의제강간·강제추행죄(형법 제305조), 피구금자간음죄(형법 제303조). ③ 승낙이 구성요건해당성을 조각하는 경우(양해)로는 강간죄(형법 제297조), 강제추행죄(형법 제298조), 체포감금죄(형법 제276조), 절도죄(형법 제329조), 횡령죄(형법 제355조 제1항), 손괴죄(형법 제366조), 주거침입죄(형법 제319조), 비밀침해죄(형법 제316조) 등이 있다.

2. 승낙과 양해

양해(諒解)란 피해자의 동의가 범죄의 구성요건해당성 자체를 조각하는 경우를 말한다. 따라서 양해는 소극적 구성요건으로서의 의미를 가진다. 구성요건해당성을 조각하는 '양해'와 위법성을 조각하는 '승낙'을 구별하는 것이 오늘날의 통설적 견해이다.

양해의 경우는 법익의 가치가 개인의 의사에 대해 독립적인 존재가치가 적지만, 승낙의 경우는 법익의 가치가 개인의 의사를 초월해서 공동체를 위해서도 중요한 비중을 갖고 있으므로 독자적인 존재가치를 가진다. 동의에 의한 행위가 정상적인 사회생활의 범주에 속하는 경우에는 형법적 평가 이전의 문제가 되나, 침해된 법익이 사회공동체의 이익과도 불가분의 관계를 가진 경우에는 정상적인 사회생활의 범주에 속한다고는 볼 수 없으므로 행위에 대한 실질적 가치판단이 필요하다.

구성요건의 해석상 피해자의 의사에 반하는 때에만 실현될 수 있도록 규정되어 있는 범죄에 있어서, 피해자의 동의는 구성요건해당성 자체를 조각하는 양해에 해당한다. 각칙에 규정된 개인적 법익 중에서 개인의 자유·재산·사생활의 평온을 보호법익으로 하는 범죄가 여기에 포함된다.

양해는 구성요건 조각사유이므로 위법성조각사유인 승낙과 달리 사회상규에 의한 제한을 받지 않는다. 따라서 사회상규에 반하는 양해도 유효한 양해가 된다는 점에서 승낙과 중요한 차이가 있다.

유효한 양해에 의한 행위는 구성요건해당성이 배제되어 처음부터 형법적 판단의 대상에서 제외된다.

행위자가 양해가 있는 것으로 잘못 알고 행위를 한 경우에는 구성요건적 착오로서 고의가 조각된다. 행위자가 양해가 있음을 알지 못하고 행위를 한 경우에는 반전된 구성요건착오로서 불능미수의 문제가 된다.

3. 정당화근거

법익보전에 관한 공동체의 이익과 개인의 처분권(자기결정권)을 비교하여 개인적 자유의 행사가 더 중요하다고 인정되는 경우에 위법성이 조각된다(법률정책설). 개인의 자기결정권에 대한 존중과 공동체의 이익을 조화롭게 설명하는 견해로서 가장 타당하다.

4. 성립요건

1) 법익을 처분할 수 있는 자의 유효한 승낙의 존재

승낙자는 법익의 주체가 되는 것이 원칙이지만, 예외적으로 법익주체는 아니나 법정대리인과 같이 처분권이 인정된 자도 승낙자가 될 수 있다. 승낙자는 자연적 의사능력 이외에, 법익의 의미와 그 침해의 결과를 인식하고 이성적으로 판단할 수 있는 판단능력이 있어야 한다. 판단능력은 민법상의 행위능력과 동일한 의미가 아니며, 형법의 독자적인 기준에 의하여 결정된다.

승낙의 대상이 될 수 있는 법익은 개인적 법익에 한한다. 국가적·사회적 법익은 승낙대상이 아니다. 개인적 법익 중에서도 신체의 건강(상해죄), 신체적 활동의 자유(감금죄), 명예(명예훼손죄)가 주된 대상이 된다. 그리고 승낙은 자유로운 의사결정에 의한 진지한 승낙이어야 한다. 단순한 방임·수인만으로 부족하고 침해에 대한 의식적 동의가 있어야 한다. 착오·기망·강박 등 하자 있는 승낙은 효력이 없다. 이 점에서 승낙은 양해와 그 성질을 달리한다.

2) 승낙에 대한 행위자의 인식: 주관적 정당화요소

행위자는 피해자의 승낙이 있다는 사실을 인식하고 행위를 하여야 한다. 승낙에 대한 행위자의 인식은 주관적 정당화요소가 된다.

3) 승낙에 의한 행위가 사회상규에 위배되지 않을 것

승낙에 의한 행위는 사회상규에 위배되지 않아야 한다. 즉, 법질서 전체의 정신 내지 사회윤리에 비추어 용인될 수 있는 것이어야 한다. 이 요건은 형법 제24조에 명시되어 있지는 않으나, 피해자의 승낙은 개별적인 위법성조각사유이므로 일반규정인 형법 제20조, 그 중에서도 가장 포괄적 규정인 사회상규의 적용을 받는 것은 법의 체계적 해석상 당연한 것이다. 사회상규에 위배되지 않아야 하는 것은 '승낙에 의한 행위'이지 승낙 자체 또는 승낙의 목적이 아니다.

따라서 승낙에 의한 행위의 사회상규 위배 여부는 승낙에 의한 행위에 의하여, 기도한 목적에 의하여 판단하며, 피해자 측의 승낙의 동기가 비윤리적이라든지 하는 것은 문제되지 않는다.

4) 법률에 특별한 규정이 없을 것

승낙이 범죄의 구성요건요소로 되어 있거나 형의 감경사유가 되는 경우에는 위법성이 조각되지 않는다.

5. 효 과

피해자승낙의 요건을 구비한 행위는 범죄의 구성요건에는 해당하나 위법성이 조각되어 범죄가 성립하지 않으므로 벌하지 않는다. 객관적으로 존재하는 승낙사실을 알지 못하고 행위를 한 경우에는 주관적 정당화요소를 결한 경우의 문제가 된다. 존재하지 않는 승낙사실을 존재한다고 오신한 경우에는 위법성조각사유의 전제사실에 대한 착오의 문제가 된다.

6. 추정적 승낙

추정적 승낙이란 피해자의 현실적인 승낙은 없었으나 행위당시의 객관적 사정에 비추어서 만일 피해자가 그 사태를 인식하였더라면 당연히 승낙할 것으로 기대되는 경우를 말한다. 추정적 승낙의 법리가 적용되는 것으로 논의되는 사례들을 분석해보면 구조적으로 서로 2가지 유형으로 구분된다. 피해자의 이익을 위한 경우와 행위자 또는 제3자의 이익을 위한 경우가 그것이다.

법적 성질은 추정적 승낙의 법리에 의해 위법성이 조각될 수 있다는 점에서 의문이 없으나, 그 법적 성질 내지 위법성조각의 근거가 무엇인가에 관하여는 학설이 대립하고 있으나, 추정적 승낙은 피해자의 승낙과 긴급피난의 중간에 위치하면서도 이들과는 다른 구조를 가진 독자적인 위법성조각사유라고 보는 견해가 다수설이다.

추정적 승낙은 현실적 승낙이 없다는 점에서 피해자의 승낙과 다르고, 이익형량에 근거를 두는 것이 아니라는 점에서 긴급피난과도 본질적으로 다르다. 따라서 추정적 승낙은 피해자의 가상적 승낙의사에 근거를 두면서 객관적 추정에 의거한다는 점에서 독자적 위법성조각사유설이 타당하다.

피해자가 당해 법익에 대한 처분능력(자연적 의사능력과 판단능력)을 가지고 있어야 하며 대상법익은 처분이 가능한 개인적 법익이어야 한다. 승낙의 추정은 행위시에 있어야 한다. 추후의 승낙을 기대하고 행위하는 것만 가지고는 불충분하다. 추정적 승낙에 의한 행위는 사회윤리상 용납할 수 없거나 법령에 저촉되는 것이어서는 안 된다.

추정적 승낙은 현실적 승낙이 불가능한 경우에만 허용된다. 이 경우 승낙의 불가능성은 피해자의 거부 때문이 아니라, 행위시의 극복할 수 없는 장애로 적시에 피해자의 승낙을 얻을 수 없는 경우를 의미한다.

승낙의 추정은 모든 사정을 객관적으로 평가해 볼 때 피해자가 행위의 내용을 알았거나 승낙이 가능했더라면 반드시 승낙했을 것이 분명한 경우라야 한다. 추정적 승낙은 행위자가 피해자의 자기결정권을 대행하는 제도이므로, 비록 비합리적이라 하더라도 법익주체의 명시적인 의사가 있는 경우에는 그 의사가 제1차적으로 존중되어야 할 것이다. 따라서 피해자가 반대의사를 명백히 한 때에는 추정이 불가능하다고 본다(다수설). 행위자는 자기의 행위가 피해자의 진의에 합치하는지의 여부가 불확실한 경우에는 모든 정황에 대한 성실한 검토를 거친 후에 판단하여야 한다. 성실한 검토의무는 추정적 승낙에 있어서 주관적 정당화요소가 된다(다수설).

추정적 승낙의 성립요건을 구비한 경우에 이에 의한 행위는 위법성이 조각되어 범죄로 되지 않는다. 추정적 승낙에 의해 구성요건해당성이 배제되는 경우는 있을 수 없다고 본다. 구성요건해당성을 배제하는 양해는 최소한 묵시적 동의의 형태로라도 반드시 현실적으로 존재하여야 하며, 추정적 양해는 인정되지 않는다. 따라서 절도죄나 주거침입죄 등에서 양해가 추정되는 경우에도 구성요건해당성이 조각될 수는 없고 추정적 승낙의 법리에 의해 위법성이 조각될 수 있을 뿐이다.

제 6 항 정당행위

1. 의 의

정당행위(형법 제20조)란 사회상규에 위배되지 아니하여 국가적·사회적으로 정당시되는 행위를 말한다. 형법 제20조는 "법령에 의한 행위 또는 업무로 인한 행위 기타 사회상규에 위배되지 아니하는 행위는 벌하지 아니한다."고 규정하고 있다. 정당행위는 사회상규라는 일반조항을 둠으로써 관습법·자연법 등 모든 초법규적 위법성조각사유를 포괄하여 실정법상의 일반적 위법성조각사유로 인정한 점에 의의가 있다.[29]

따라서 정당행위는 모든 위법성조각사유에 대해서 일반법의 성격을 갖는다. 정당행위의 일반성·포괄성으로 인하여, 정당행위 규정은 개별적인 위법성조각사유에 해당하지 않는 경우에 비로소 적용되는 최후수단으로 보충적·최종적 성격을 갖는다.

형법 제20조에 규정된 법령에 의한 행위, 업무로 인한 행위 기타 사회상규에 위배되지 아니하는 행위의 상호관계에 대하여는 정당행위 속에 열거된 세 가지 구성요소는 각자의 독자적인 의미와 기능을 갖고 있는 병존개념이라는 견해도 있으나, 통설은 법령에 의한 행위 또는 업무로 인한 행위는 사회상규에 위배되지 아니하는 행위의 예시에 지나지 않는다고 해석하고 있다. 이에 의하면, 사회상규는 위법성 판단에 있어서 가장 원칙적이고 일반적인 원리 내지 실질적 위법성의 기준이 되며, 거꾸로 개별적인 위법성조각사유나 법령에 의한 행위라도 사회상규에 위배되면 위법성이 조각될 수 없다는 결론이 된다.

2. 법령에 의한 행위

법령에 의한 행위란 법령에 근거하여 정당한 권리 또는 의무로서 행하여지는 일체의 행위를 말한다. 법질서의 통일성의 관점에서 이러한 행위는 형법상 범죄의 구성요건에 해당될지라도 위법성이 조각된다.

법령은 실정법만을 의미하며, 조리·관습법 등 불문법은 업무로 인한 행위 또는 사회상규에 위배되지 않는 행위에 포함되므로 제외된다. 법령에는 형식적 의미의 법률 이외에 명령·규칙 등도 포함된다. 법령은 국내법 또는 국내법적 효력을 갖는 국제법규만을 의미한다. 헌법에 의하여 체결·공포된 조약과 일반적으로 승인된 국제법규는 국내법과 같은 효력을 가진다(헌법 제6조 제1항). 예로는 공무원의 직무집행행위,

---

29) 대판2007도6243; 이재상/장영민/강동범 285면.

징계행위, 현행범인의 체포, 노동쟁의 등을 들 수 있다.

공무원의 직무행위가 위법성이 조각되려면 직무범위 내에 속할 것, 근거법령에 정한 요건이 충족될 것, 정규의 절차를 따를 것을 요한다. 그리고 공무원의 직무행위에는 직접 법령에 근거하여 행해지는 직무행위와 상관의 명령에 의해 행해지는 직무행위가 있다. 특히 상관의 명령에 의한 직무행위의 경우에는 그 명령이 직무상 발해지고 적법할 것을 요건으로 한다. 상관의 위법한 명령에 대하여는 복종할 의무가 없으므로 언제나 위법성이 조각되지 않으며, 상관의 명령이 절대적 구속력을 가지는 경우에는 기대불가능성을 이유로 책임이 조각될 수 있을 뿐이다.

징계행위란 법령상 징계권자가 징계권을 행사하는 것을 말한다. 예컨대 학교장의 징계(고등교육법 제13조, 초·중등교육법 제18조), 소년원장·소년분류심사위원장의 징계(보호소년 등의 처우에 관한 법률 제15조)를 말한다. 징계권의 한계와 관련하여 특히 문제가 되는 것이 체벌의 허용 여부이다. 학교장의 학생에 대한 체벌에 관하여 징계권 행사의 범위를 벗어나지 않는 한 허용된다는 것이 다수설 및 판례의 태도이나, 헌법정신이나 교육의 목적에 비추어 체벌은 허용될 수 없다는 견해도 유력하다.

현행범인은 누구든지 영장 없이 체포할 수 있다(형사소송법 제212조). 따라서 경찰관뿐만 아니라 사인(私人)의 현행범인 체포행위도 법령에 의한 정당행위로서 위법성이 조각된다. 위법성이 조각되는 것은 체포에 직접 필요한 행위에 제한된다(예컨대 폭행·협박·체포, 경찰관에게 인도까지의 일시적 감금 등). 따라서 살해나 상해 및 주거침입, 무기사용, 장시간 감금 등은 허용되지 않는다(대판98도3029).

쟁의행위는 법령(노동조합 및 노동관계조정법)에 의한 행위로서 업무방해죄(형법 제314조 제1항)의 구성요건에 해당하더라도 위법성이 조각된다(대판2004도4641). 그러나 쟁의행위는 근로조건의 유지·개선과 근로자의 경제적·사회적 지위의 향상을 목적으로 하여야 한다. 판례에 의하면 직장점거는 부분적·병존적 점거에 한하여 허용된다. 쟁의행위 시기와 절차가 법령의 규정에 따른 것이어야 한다(대판2003도687).

기타 개별법에 의하여 위법성이 조각되는 경우로는 모자보건법(제14조)상의 낙태행위, 정신병자 보호조치행위(경찰관 직무집행법 제4조 제1항), 마권발매행위(한국마사회법 제6조), 의사의 감염병 신고행위(감염병의 예방 및 관리에 관한 법률 제11조 제1항), 점유자의 자력구제행위(민법 제209조) 등이 있다.

3. 업무로 인한 행위

업무(業務)란 사람이 사회생활상의 지위에서 계속·반복의 의사로 행하는 사무를 말한다. 업무는 사회상규에 비추어 보호가치가 있는 것이면 되고, 반드시 그 업무의 기초가 된 계약이나 행정처분 등이 적법하여야 하는 것은 아니다. 업무로 인한 행위는 이로 인하여 제3자의 법익을 침해하더라도 정당행위로서 위법성이 조각된다. 업무로 인한 행위가 정당화되는 근거는 '업무성' 그 자체에 있는 것이 아니라, 궁극적으로 사회상규에 위배되지 않는다는 데 있다. 업무로 인한 행위는 사회상규에 위배되지 않는 행위의 예시규정으로 보기 때문이다.

업무로 인한 행위의 종류는 업무의 종류만큼이나 다양하나 대표적으로 의사의 치료행위와 변호사 또는 성직자의 직무수행행위를 들 수 있다.

의사의 치료행위란 치료의 목적으로 의술에 따라 행하여지는 신체침해행위를 말한다. 의사의 치료행위는 상해죄의 구성요건에 해당하나 정당행위로서 위법성이 조각된다는 것이 종래의 통설·판례이나, 최근에는 이와 다른 견해도 주장되고 있다(대판2005도8317). 정당행위설에 의하면 치료에 성공한 경우이든 실패한 경우이든 상해죄의 구성요건에 해당하나 위법성이 조각되므로 고의범인 상해죄는 성립하지 아니한다. 변호사가 법정에서 변론 중에 타인의 명예를 훼손하는 사실을 적시하거나, 업무처리 중 알게 된 타인의 비밀을 누설하더라도 업무로 인한 정당행위로서 위법성이 조각된다. 그러나 범인은닉이나 위증·증거인멸의 교사행위는 허용되지 않는다. 성직자가 고해성사로 알게 된 타인의 범죄행위를 고발하지 아니하는 경우, 그것이 국가보안법 제10조(불고지) 또는 형법상 도주방조죄에 해당할지라도 업무로 인한 정당행위로서 위법성이 조각된다. 그러나 이 범위를 넘어서 적극적으로 범인을 은닉·도피하게 하는 것은 허용되지 않는다(대판82도3248).

4. 기타 사회상규에 위배되지 않는 행위

사회상규에 위배되지 않는 행위라 함은 법질서 전체의 정신이나 사회윤리에 비추어 용인될 수 있는 행위를 말한다. 이러한 행위는 구성요건에 해당하고 개별적인 위법성조각사유에 속하지 않더라도 위법성이 조각된다. 사회상규는 포괄적·추상적 개념이므로 합리적 해석과 판례의 유형화 작업에 의한 구체화가 필요하다. 형법 제20조에 "기타 사회상규에 위배되지 않는 행위는 벌하지 아니한다."고 규정한 것은 사회상규가 위법성조각사유의 일반적 기준임을 명문화한 것이다. 따라서 사회상규와 개별적인 위법성조각사유와의 관계는 일반과 특별의 관계에 있다. 법령에 의한 행위와 업무로 인한 행위는 사회상규에 위배되지 않는 행위의 예시에 지나지 않는다(통설).

'사회적 상당성'이라 함은 공정하게 사유하는 평균인이 건전한 사회생활을 하면서 옳다고 승인한 정상적인 행위규칙을 말한다. 사회상규와 사회적 상당성을 동일시하는 견해도 있으나, 통설은 사회적 상당성은 구성요건배제사유라는 점에서 위법성조각사유인 사회상규와 구별된다고 본다. 이와는 달리 판례는 사회적 상당성을 사회상규의 내용으로 파악하고 있는 점이 주목된다(대판84도1958; 대판94도1657).

사회상규는 포괄적·추상적 개념이므로 그 기준을 구체화할 필요가 있다. 사회상규는 실질적 위법성을 의미하고(통설) 위법성의 실질은 행위반가치와 결과반가치로 구성되므로, 사회상규의 판단기준도 이로부터 도출이 가능하다. 따라서 사회상규의 판단기준으로서는 결과반가치의 측면에서 법익의 균형성, 행위반가치의 측면에서 목적의 정당성과 수단의 상당성, 행위의 긴급성과 보충성 등을 들 수 있다. 판례도 같은 취지이다(대판93도2899). 정당행위를 부정한 판례 가운데에는 특히 '수단의 상당성'을 부정한 예가 많다(대판94도1667; 대판95도2674).

사회상규에 위배되지 아니하는 행위의 대표적인 것으로는 다음과 같다.

1) 안락사의 문제

안락사(安樂死)라 함은 죽음에 직면한 중환자의 육체적 고통을 제거 또는 완화시켜 평온하게 죽게 하는 행위를 말한다. 안락사는 형법상 살인죄(제250조) 또는 촉탁살인죄(형법 제252조)의 구성요건에 해당하므로 위법성이 조각될 수 있는지와 조각된다면 그 근거와 요건은 무엇인지에 대한 검토가 필요하다.

생명단축을 수반하지 않고 마취제나 진정제를 사용하여 사망시의 고통을 제거하는 경우인 진정안락사는 살인죄의 구성요건해당성이 없기 때문에 평가대상에서 제외된다. 반면에 부진정안락사는 생명단축을 수반하는 경우로서 살인죄의 구성요건해당성이 있으므로 위법성조각의 여부가 문제된다. 부진정안락사는 다시 3가지 유형으로 구분된다. 먼저 간접적 안락사(협의의 안락사)로 생명의 단축이 직접 의도된 것은 아니나 고통을 완화시키기 위한 처치가 부수적으로 생명단축의 결과를 수반하는 경우로 말기 암환자에 대한 모르핀 주사를 하는 경우이다. 그리고 소극적 안락사로 생명연장조치가 가능하지만, 생명의 연장은 고통도 연장시키는 것이므로 생명연장을 위한 적극적인 수단을 취하지 않음으로써 환자로 하여금 빨리 죽음에 이르도록 하는 경우로 '부작위에 의한 안락사'라고도 하며 치료의 중단, 인공심폐기의 제거 등이다. 끝으로 적극적 안락사로 환자를 극심한 고통으로부터 해방시키기 위하여 적극적 수단을 사용하여 생명을 단절시키는 경우로 '직접적 안락사'라고도 한다.

안락사의 허용범위에 대하여는 생명을 단축시키는 안락사는 어떠한 경우에도 위법성을 조각시킬 수 없다는 견해와 간접적 안락사와 소극적 안락사만 허용되고, 직접적·적극적 안락사는 허용될 수 없다(다수설)는 견해 그리고 적극적 안락사도 엄격한 요건 하에서 허용될 수 있다는 견해가 있으나, 적극적 안락사는 절대적 생명보호의 원칙에 반하고 남용의 위험이 있으므로 허용될 수 없다고 보아야 할 것이므로 두 번째 견해가 타당하다고 본다.

안락사의 위법성조각의 요건으로는 ① 사기가 임박하고 현대의학상 치료가 불가능한 경우라야 한다. ② 육체적 고통이 극심한 경우여야 한다. 따라서 정신적 고통만에 의한 안락사는 인정되지 않는다. ③ 본인의 진지한 부탁이 있어야 한다. 환자에게 의식이 없는 경우에는 승낙이 객관적으로 추정되어야 한다. ④ 원칙적으로 의사에 의하여 시행되어야 한다. ⑤ 수단·방법이 사회상규에 위배되지 않아야 한다.

이러한 사회적 부담을 덜기 위하여 '호스피스·완화의료 및 임종과정에 있는 환자의 연명의료결정에 관한 법률(약칭 '연명의료결정법')'의 시행을 가져왔다.

연명의료결정법은 회생 가능성이 없는 환자가 자기의 결정이나 가족의 동의로 연명치료를 받지 않을 수 있도록 하는 법으로 2016년 1월 8일 국회 본회의를 통과했다. 이후 호스피스 분야는 2017년 8월 4일, 연명의료 분야는 2018년 2월 4일부터 시행에 들어갔다.

이 법은 호스피스·완화의료와 임종과정에 있는 환자의 연명의료와 연명의료중단등결정 및 그 이행에 필요한 사항을 규정함으로써 환자의 최선의 이익을 보장하고 자기결정을 존중하여 인간으로서의 존엄과 가치를 보호하는 것을 목적으로 한다(제1조).

연명의료 중단은 회생 가능성이 없고, 치료해도 회복되지 않으며, 급속도로 증상이 악화되어 사망에 임박해 임종 과정에 있는 환자를 대상으로 심폐소생술, 혈액 투석, 항암제 투여, 인공호흡기 착용 등 네 가지 연명의료를 중단하여 존엄하게 죽음을 맞이할 수 있도록 하는 내용을 골자로 한다. 다만 연명의료를 중단하더라도 통증 완화를 위한 의료 행위나 영양분 공급, 물 공급, 산소의 단순 공급은 중단할 수 없다.

2) 경미한 법익침해

극히 경미한 법익침해행위는 '기타 사회상규에 위배되지 않는 행위'에 포섭이 가능하므로 위법성조각사유에 해당한다.

3) 소극적 방어행위의 법리

강제연행을 모면하기 위하여서 소극적으로 상대방으로 밀어 붙이거나(대판81도2958), 상대방의 불법한 공격으로부터 자신을 보호하기 위하여 소극적으로 저항하거나(대판84도1440; 대판92도37), 채무변제를 요구하며 행패를 부리는 피해자를 뿌리치거나(대판85도1978), 택시운전사가 멱살을 잡고 흔드는 피해자의 손을 뿌리치고 택시를 출발하는 행위(대판89도1426) 등은 적극적인 공격이 아니라 소극적인 방어행위로서 사회상규에 위배되지 않는 행위에 속한다.

4) 권리를 실현하기 위한 행위

피해자에게 치료비를 요구하고 의무를 이행하지 않으면 고소하겠다고 하거나, 구속시키겠다고 하는 경우는 사회상규에 위배되지 아니한다. 그러나 목재대금청구소송의 계속 중 피해자에게 피해자의 양도소득세포탈사실을 관계기관에 진정하겠다고 하여 목재대금을 지급하겠다는 약속을 받아낸 행위는 사회상규에 해당하지 않는다고 보고 있다(대판90도1864).

제 4 절 책임성론

제 1 항 서 론

1. 책임과 책임원칙

규범적 책임론에 입각할 때 책임이란 비난가능성(非難可能性)을 의미한다. 범죄란 구성요건에 해당하고 위법·책임있는 행위라고 할 때, 책임은 범죄가 성립되기 위한 세 번째의 요소이다, 두 번째까지는 행위에 초점을 두었지만 책임의 단계에서는 행위자에 초점을 맞춘다. 즉 책임의 단계에서는 그 위법한 행위를 한 행위자를 개인적으로 비난할 수 있느냐를 문제 삼는다.

책임주의 또는 책임원칙이란 "책임 없으면 형벌 없다"로 주로 표현된다. 이는 책임은 형벌의 성립근거라는 것을 의미하며, 아울러 형벌의 양은 책임의 양을 초과하여서는 안 된다는 것을 의미한다.

'고의 내지 과실이 없으면 처벌할 수 없다'는 것은 책임주의의 주된 내용이다. 적어도 과실조차도 없다면 처벌할 수 없다. 이는 행위자의 고의·과실 유무를 따지지 않은 채 결과가 발생하였다는 사실만으로 처벌할 수 없다는 것을 의미한다. 뿐만 아니라 형벌은 고의범을 처벌하는 것을 원칙으로 한다. 따라서 과실범을 처벌하는 것은 예외에 속한다. 즉, 과실이 있다고 해서 언제나 과실범으로 처벌되는 것이 아니다. 과실범으로 처벌하는 경우에도 고의에 의한 경우보다 가볍게 벌한다.

2. 책임의 요소

책임은 행위자에 대한 규범적 비난가능성이라고 하였다. 그렇다면 책임을 구성하는 요소들은 무엇인가? 즉, 비난이 가능한가를 따져보기 위해서는 좀 더 세부적으로 어떠한 요소들을 고려해야 하는가를 살펴보기로 한다. 결론적으로 말하면 책임의 구성요소는 책임능력, 위법성의 인식, 기대가능성이다.

고의와 과실은 구성요건의 주관적 요소라고 이미 지적한 바 있다. 그러나 행위자를 비난하기 위해서는 우선적으로 그 행위자의 심정(고의·과실)을 고려하여야 한다. 즉 고의와 과실은 비난가능성의 기초가 된다. 따라서 고의와 과실은 책임요소로서의 기능도 한다(이중적 기능). 형법은 고의범의 경우와 과실범의 경우 그 책임의 양을 달리 파악하고 있다. 이 점을 통해서도 고의와 과실이 형벌의 정도에 관련된 책임에 있어서도 차이를 보인다.

제 2 항 책임능력

1. 의 의

행위자를 비난할 수 있으려면 우선 행위자에게 책임있는 행위를 할 수 있는 능력이 있어야 한다. 책임능력이란 법규범에 따라 행동할 수 있는 능력으로 구체적으로는 사물의 옳고 그름이나 선과 악을 분별하여 이에 따라 행동할 수 있는 능력(형법 제10조에 사물변별능력, 의사결정능력)이라 할 수 있다. 책임능력이 없는 사람의 행위는 비난가능성이 없기 때문에 범죄가 되지 않는다.

책임능력에 관해서 형법은 연령과 정신장애 및 농아자인가의 여부를 그 판단기준으로 삼고 있다. 책임무능력자를 제외한 모든 사람은 형법상 책임능력자로서 그의 행위가 범죄로 성립될 수 있다. 다만, 책임능력이 미약하여 책임이 감경되는 경우(한정책임능력자)가 있을 뿐이다. 책임조각 또는 책임감경 여부를 판단하는 것은 항상 행위시를 기준으로 한다.

2. 책임무능력자

1) 형사미성년자

형법은 만 14세 미만의 자를 형사미성년자라고 하여 책임무능력자로 다루고 있다. 사람의 정신적 성숙은 사람마다 모두 다르지만 형법은 14세 미만의 자를 획일적으로 책임무능력자로 규정한 것이다. 14세 이상이라 할지라도 소년인 경우에는 성인(만 19세 이상)과 달리 특별히 유리한 처우를 받는다(소년법 제62조 이하). 형사미성년자의 경우 아무런 조치도 취할 수 없는 것은 아니다. 소년법은 형벌법령에 저촉되는 행위를 한 10세 이상 14세 미만의 소년(촉법소년)과 장래 형벌법령에 저촉되는 행위를 할 우려가 있는 소년(우범소년)에 대해서는 보호처분을 부과할 수 있다(소년법 제4조, 제32조).

형법상 형사미성년자에 대해서는 책임능력을 전제로 한 형벌을 부과할 수 없도록 규정하고 있지만 여기에도 개별법상 예외가 있다. 담배사업법(제31조) 등은 형법 제9조, 제10조 제2항, 제11조 등의 적용을 배제한다고 규정하여(형법 제8조) 벌하고 있다.

2) 심신상실자

심신장애로 인하여 행위의 옳고 그름을 판단할 능력이 없거나 그 판단에 따라 행위할 능력이 없는 자를 심신상실자라 한다. 여기서 말하는 정신장애란 정신병이나 백치와 같은 비교적 지속적인 장애뿐만 아니라 실신·마취·최면·만취 상태 등과 같은 일시적 장애를 포함한다. 심신상실자라 할지라도 보안처분은 받을 수 있다. 치료감호 등에 관한 법률(이하 '치료감호법')은 "심신장애자로서 형법 제10조 제1항의 규정에 의하여 벌할 수 없거나 동조 제2항의 규정에 의하여 형이 감경되는 자가 금고 이상의 형에 해당하는 죄를 범하고 치료감호시설에서 치료가 필요하고 재범의 위험성이 있다고 인정되는 때에는 치료감호에 처한다."고 규정하고 있다(치료감호법 제2조 제1항 제1호). 또한 성폭력범죄의 처벌 등에 관한 특례법(이하 '성폭력처벌법') 제20조와 아동·청소년의 성보호에 관한 법률(이하 '청소년성보호법') 제19조에 형법 제10조 제1항·제2항 및 제11조를 적용하지 않을 수 있는 규정이 있다.

3. 한정책임능력자

책임무능력자를 제외하고는 모두 책임능력자이다. 즉 책임무능력자를 제외한 모든 사람의 행위는 범죄가 성립될 수 있다. 다만 책임능력이 미약하여 그 책임이 감경되는 경우가 있을 뿐이다. 책임능력이 미약하여 책임이 감경되는(될 수 있는) 자를 한정책임능력자라 하고 형법은 심신미약자와 청각 및 언어 장애인(농아자)을 규정하고 있다. 심신미약자란 정신장애로 인하여 행위의 옳고 그름을 판단할 능력이 없거나 그 판단에 따라 행위할 능력이 미약한 사람을 말하며 심신미약자의 행위는 제10조 제2항에 의하여 형을 감경할 수 있다(임의적 감경).

청각 및 언어 장애인(농아자)이란 듣지도 못하고 동시에 벙어리인 사람을 말한다. 농아자의 행위는 형을 감경한다(필요적 감경). 그러나 수어(手語) 등 교육방법의 발달이 있음에도 불구하고 청각 및 언어 장애인을 일률적으로 심신미약자로 취급하는 것은 옳지 못하므로 입법론으로 삭제 등을 고려하는 의견이 많다.

4. 원인에 있어서 자유로운 행위

1) 의 의

책임능력은 (범죄)행위 당시에 존재하여야 한다는 것이 '행위와 책임의 동시존재의 원칙'이라 한다. 행위 당시에 책임무능력자의 상태 또는 한정책임능력의 상태에 있었다면 그의 행위는 책임이 조각되거나 감경되며, 그 이전에 책임능력의 상태에 있었다거나 행위 이후에 책임능력의 상태로 돌아왔다 하더라도 책임의 조각·감경에는 영향을 미치지 않는다.

행위 당시에 책임능력이 없거나 한정책임능력 상태에 있으면 책임이 조각되거나 감경된다(될 수 있다)는 점을 악용하거나 부주의로 말미암아 이러한 사태가 벌어질 가능성이 생겨나게 된다. 따라서 행위자가 고의 또는 과실로 책임무능력(또는 한정책임능력)의 상태를 야기하고, 그러한 상태하에서 행위를 저지르는 경우 행위자를 어떻게 다루어야 할 것인가 하는 점이 문제가 된다. 즉, 행위 당시에는 책임능력이 없었으므로 책임이 조각되어 범죄불성립(또는 한정책임능력상태에 있었으므로 책임감경)이라고 해야 할 것인지, 아니면 행위 당시에는 책임무능력(또는 한정책임능력) 상태이었다 하더라도 행위자가 그러한 책임무능력(또는 한정책임능력) 상태를 고의 또는 과실로 야기시킨 것이기 때문에 이를 근거로 책임을 물어야 할 것인지가 문제되는 것이다.

원인에 있어서 자유로운 행위란 행위자가 고의 또는 과실로 자기를 정신장애(심신상실 또는 심신미약)의 상태에 빠지게 한 후, 이러한 상태를 이용(고의나 과실)하여 범죄를 실행하는 것을 말한다. 정신장애 상태를 야기시키는 원인의 설정은 행위자가 책임능력이 있는 상태에서 자유롭게 행하였다는 점에서 원인에 있어서 자유로운 행위라고 부른다.

2) 형법의 규정과 가벌성의 근거

원인에 있어서 자유로운 행위의 문제는 '처벌의 필요성'과 '행위의 책임의 동시존재의 원칙'의 모순을 어떻게 해결할 것인가에 있다. '행위와 책임의 동시존재의 원칙'을 고수하자니 책임이 있는 순간의 행위는 실행행위라고 보기 어렵고,[30] 실행행위에서 책임을 구하자니 실행행위의 순간에는 책임능력이 없다는 전퇴양난에 빠져 있는 것이다. 형법은 "위험의 발생을 예견하고 자의로 심신장애를 야기한 자의 행위에는 전2항의 규정을 적용하지 않는다."고 제10조 제3항에 규정하여 원인에 있어서 자유로운 행위의 가벌성을 입법론적으로 해결하였다.

3) 원인에 있어서 자유로운 행위의 종류

고의에 의한 원인에 있어서 자유로운 행위는 행위자가 책임무능력(또는 한정책임능력) 상태를 고의로 야기하고, 이때 이미 책임무능력(또는 한정책임능력) 상태에서 행

---

30) 예컨대 술에 만취하면 남에게 상해를 입히는 자기의 술버릇을 알고서 그러한 술버릇을 이용하여 타인에게 상해를 입히려고 술을 마신다고 하더라도, 술을 마시는 행위가 구성요건적 행위, 즉 남에게 상해를 입히는 행위라고 할 수는 없다.

할 구성요건에 해당하는 행위의 실행에 대한 고의를 가진 경우를 말한다. 즉, 책임능력결함 상태의 야기와 구성요건에 해당하는 행위의 실행에 대하여 모두 고의가 있는 경우이다.

과실에 의한 원인에 있어서 자유로운 행위는 책임능력결함 상태에서의 범죄 실현가능성을 예견했음에도 불구하고, 자의로 책임능력결함 상태를 야기하여 결국 과실범을 실현한 경우이다. 즉, 행위자가 고의로 책임무능력(또는 한정책임능력) 상태를 야기하고 그러한 상태에서 과실범의 구성요건을 실현한 경우이다.

4) 효 과

형법 제10조 제3항에 의하여 원인에 있어서 자유로운 행위의 효과는 비록 책임무능력상태에 행해진 행위일지라도 처벌되고, 한정책임능력상태에서의 행위라도 형이 감경되지 아니한다.

제 3 항 위법성의 인식

1. 의 의

위법성의 인식이란 행위자가 자기의 행위가 법으로 금지되어 있다는 사실을 알아차리고 있는 것을 의미한다. 자기의 행위가 법으로 금지되어 있다는 사실을 알았음에도 불구하고 그러한 행위를 하였을 때 비로소 그 행위자를 비난할 수 있다. 고의는 구성요건의 주관적 요소이며, 위법성의 인식을 고의의 구성요소가 아니라 책임요소라고 보는 것이 현재의 통설이다. 따라서 위법성의 인식이 결여되면 책임이 조각될 수 있을 뿐이다(책임설). 다만, 이때 책임이 조각되려면 위법성 인식의 결여에 대한 정당한 이유가 있어야 한다.

2. 법률의 착오

법률의 착오(형법 제16조)란 착오로 위법성을 인식하지 못한 경우를 말한다. 즉, 구성요건적 행위를 저지르면서도 그 행위가 법적으로 허용되는 것이라고 잘못 인식한 것이다. 이러한 착오에 대하여 형법은 "자기의 행위가 법령에 의하여 죄가 되지 않는 것으로 오인한 행위는 그 오인에 정당한 이유가 있는 때에 한하여 벌하지 않는다."고 규정한다(형법 제16조). 일반적으로는 범죄가 되는 경우이지만 자기의 특수한 경우에는 법령에 의하여 허용된 행위로서 죄가 되지 않는다고 잘못 인식하고 그와 같이 잘못 인식한 데에 정당한 이유가 있는 경우에는 벌하지 않는다는 취지이다(대판

97도3337).

착오에 정당한 이유가 있는 때에는 벌하지 않는다는 것은 책임이 조각된다는 의미로 해석하는 것이 다수설이다. 정당한 이유가 없는 때에는 책임이 조각되지 않는 것은 물론이고 이 경우 고의범으로 처벌된다. 정당한 이유가 있었는가를 어떻게 판단한 것인가가 문제된다.

판례에 의하면 행위자가 금지규범의 존재를 인식하지 못한 경우(법률의 부지) 또는 사안을 달리하는 사건에 관한 판례에 비추어 자신의 행위가 적법한 것으로 오인한 경우에는 정당한 이유가 있는 때에 해당하지 않는다고 한다(대판2005도4592).

제 4 항   기대가능성

1. 의 의

기대가능성(期待可能性)이란 행위 당시에 존재하는 구체적 사정 하에서 행위자가 (범죄)행위를 하지 않고 적법행위를 할 것이라고 기대할 수 있는 가능성을 의미한다. 행위자에게 행위 이외의 다른 적법행위로 나아갈 것을 기대할 수 없는 경우에는 행위자를 비난하는 것은 무리이며, 행위자에게는 책임이 없고 범죄도 되지 않는다.

2. 판단기준

적법행위의 기대가 가능한 가 또는 불가능한 가의 여부, 즉 기대가능성의 유무를 판단하는 표준을 어디에 둘 것인가에 대해서는 다음과 같이 학설이 대립되어 있다.

먼저 행위자표준설로 행위 당시에 처한 행위자의 구체적 사정(특히 행위자의 능력)을 표준으로 판단하여야 한다는 견해이다. 그 '행위자'가 다른 적법행위를 할 가능성이 있는가를 문제 삼을 때에만 기대가능성을 논의하는 의미가 있기 때문이라고 한다.

평균인표준설은 평균인이 행위시에 행위자의 위치에 있다고 할 때, 그 평균인이 적법행위를 할 가능성이 있는가를 판단하여야 한다는 견해이다(다수설).

그리고 국가표준설은 형법상 책임에 대한 판단을 내리는 자는 국가이므로 기대가능성의 유무를 판단하는 표준도 국가의 법률질서에서 찾아야 한다는 견해이다.

3. 기대불가능성으로 인한 책임조각사유

형법상 적법행위의 기대가능성이 없는 것을 이유로 책임이 조각되는 사유[31]로는 형법 제12조의 강요된 행위를 들 수 있다. 그리고 과잉방위(형법 제21조 제3항), 과잉피난(형법 제22조 제3항)과 형법각칙의 친족 간의 범인은닉과 증거인멸(형법 제151조 제2항, 동법 제155조 제4항) 등을 들 수 있다. 형법 제21조 제2항의 과잉방위와 이 규정이 준용되는 과잉피난 및 제23조 제2항의 과잉자구행위도 기대불가능성과 기대가능성의 감소를 이유로 한 책임의 조각 내지 감경사유이다.

형법의 강요된 행위(형법 제12조)는 '저항할 수 없는 폭력이나 자기 또는 친족의 생명·신체에 대한 위해를 방어할 방법이 없는 협박에 의하여 강요된 행위'이다. 강요된 행위는 그러한 상태 하에서는 적법행위로 나올 것을 기대할 수 있는 가능성이 없으므로 책임이 조각된다. 강요된 행위는 폭력이나 협박에 의해 강요된 상태에서 행한 행위이다. 이때의 폭력은 저항할 수 없는 폭력이어야 하며 '저항할 수 없는 폭력'이란 주로 피강요자의 심리에 작용하여 그 자로 하여금 어떠한 행위를 하지 않으면 안 되게 하는 간접적인 유형력의 행사를 말한다(강제적 폭력 또는 심리적 폭력). 자기 또는 친족의 생명·신체에 대한 위해를 방어할 방법이 없는 협박이 있어야 한다. 방어할 방법이 없다는 것은 달리 위해를 저지하거나 피할 수 없어서 범죄를 행하는 것이 위해를 피하기 위한 유일한 방법이라는 의미이다. 또한, '위해'는 자기 또는 친족의 생명·신체에 대한 위해에 한하므로 그 밖의 자유·재산·명예·비밀 등에 대한 위해는 포함하지 않는다.

피강요자의 행위는 기대가능성이 없으므로 책임이 조각된다. 이때 강요자는 자유 없이 행동하는 도구를 이용하여 범죄를 행한 것이므로 간접정범으로 처벌받는다.

---

31) 다수설은 기대가능성을 책임의 적극적 요소로 파악하기보다는 거꾸로 기대불가능성을 책임조각사유로 파악한다. 그러나 어떻게 보든 결과는 마찬가지이다.

제 5 절 미 수 론

제 1 항   서   론

형법은 기수범(旣遂犯)을 처벌하는 것을 원칙으로 한다. 따라서 미수(未遂)를 처벌하기 위해서는 형법각칙에 미수범처벌규정이 별도로 있어야만 한다. 예컨대 폭행죄의 경우에는 미수범처벌 규정이 없다. 따라서 폭행미수는 처벌할 수 없다. 그러나 상해죄(형법 제257조)의 경우 제3항에 "전2항의 미수범은 처벌한다."고 규정되어 있으므로 상해미수는 처벌할 수 있다. 그리고 형법상 과실범의 경우에는 미수를 처벌하지 않으므로 미수론은 고의범의 경우에 한정된다. 살인죄의 경우 사람의 사망이라는 결과가 발생하였으면 기수가 되지만, 사망의 결과가 발생하지 않았으면 미수가 된다. 그러나 결과가 발생하지 않았다고 해서 언제나 미수가 되는 것은 아니다. 예컨대 원수를 살해하기 위해 권총을 구입하다가 붙들린 경우에는 살인미수가 아니라 살인예비죄가 될 뿐이다. 따라서 어느 단계부터 비로소 미수범 성립이 가능한가의 문제, 즉 실행의 착수시기를 언제로 볼 것인가의 문제이다.

범죄가 완성될 때까지는 범죄의 결의 → 범죄에 대한 준비 또는 여러 사람과 범죄에 관한 모의 → 실행의 착수 → 범죄의 완성의 단계를 거치게 된다. 범죄를 결의하는 것만으로는 결코 범죄로 되지 않는다. '누구든지 생각하는 것만으로는 처벌되지 않는다'는 것이 근대 형법의 기본원리이다. 이것이 범죄로 되려면 행위로서 외부에 표출되어야 한다. 따라서 '범죄는 행위이다.'

범죄의 결의라는 개인의 심리적 과정이 외부에 표출되는 것은 물적 또는 심적인 형태로 행해진다. 이를 각각 예비와 음모라고 한다(대판99도3801). '예비'는 범죄실행의 착수에 이르지 않은 준비행위이며, '음모'는 2인 이상의 사람이 범죄에 관하여 모의하는 것을 말한다. 예비와 음모는 모두 범죄실행의 착수 이전의 단계이다. 형법은 예비·음모에 관하여 일반적인 규정을 두어, "범죄의 음모 또는 예비행위가 실행의 착수에 이르지 않은 때에는 법률에 특별한 규정이 없는 한 벌하지 않는다."(형법 제28조)고 규정한다. 형법상 예비·음모가 처벌되는 경우는 극히 예외적이며 중대한 범죄에 국한되어 있다.

실행의 착수(着手)는 범죄의 실행을 개시하는 것을 말한다. 적어도 미수가 성립하기 위한 객관적 구성요건이다. 범죄의 실행에 착수하였으나 구성요건인 사실의 전부를 실현하는 데 이르지 못한 경우를 미수라 하며, 이를 실현·완성한 경우를 기수라고 한다. 미수(넓은 의미의 미수)에 관하여 형법은 장애미수(형법 제25조)·중지미수(형법 제26조)·불능미수(형법 제27조)로 구분하여 규정하고 있다.

한편 범죄 중에는 그 성질상 위법상태가 일정한 시간 계속될 것을 요하는 것이 있다(계속범). 이 경우 범죄가 기수로 된 이후 보호법익에 대한 침해행위가 끝난 것을 (범죄)행위의 종료라고 한다. 기수와 종료의 개념을 구분하는 것은 공소시효의 기산점, 어느 시점까지 공범의 성립이 가능한가 하는 점에서 의미를 갖는다. 예컨대 감금죄(형법 제276조)의 경우에는 피해자를 감금함으로써 기수가 되고, 피해자가 풀려났을 때 행위는 종료된다. 공소시효는 행위가 종료한 때부터 진행된다(형사소송법 제252조 제1항). 또한 기수 이후 종료 이전까지는 공범의 성립이 가능하다.

제 2 항 미 수 범

1. 의 의

미수범(未遂犯)이란 범죄의 실행에 착수하여 행위를 종료하지 못하였거나 행위는 있었는데 결과가 발생하지 않은 때를 말한다(형법 제25조 제1항). 범죄의 완성에 이르지 못한 원인이 자기의 의사로 인하였는가 여부에 따라 중지미수와 장애미수로 구별하는데, 좁은 의미로 미수라고 할 때에는 장애미수만을 가리키며, 여기에서 말하는 미수범은 바로 장애미수를 말한다. 미수범(장애미수)의 형은 기수범보다 감경할 수 있다(형법 제25조 제2항).

미수범의 처벌근거에 대하여는 견해가 대립되고 있다. 주관적 범죄론의 입장에서는 미수범은 위험한 의사를 처벌하는 것이라고 설명한다(주관설). 객관적 범죄론의 입장에서는 미수범은 현실적으로 법익침해가 발생하지는 않았지만 객관적으로 그 위험성을 발생시켰기 때문에 처벌하는 것이라고 설명한다(객관설). 주관설에 따르면 법익침해의 결과가 발생하지는 않았지만 그 위험한 의사가 표출된 것이므로 미수를 기수와 구별하지 않고 항상 기수와 똑같이 처벌해야 한다고 한다. 그러나 객관설의 입장에서는 법익침해의 결과가 발생하지 않았으므로 기수보다 형을 감경하여야 한다고 한다(필요적 감경). 형법은 미수를 임의적 감경사유로 규정하고 있고 중대한 범죄의 경우에 한해서만 미수를 처벌하고 있다. 따라서 주관설과 객관설을 절충한 것으로 해석된다(절충설).

2. 성립요건

미수범은 범죄의 실행에 착수하여 행위를 종료하지 못하였거나 또는 결과가 발생하지 않은 경우에 성립하므로, 미수범의 객관적 구성요건은 ① 범죄실행의 착수와 ② 범죄의 미완성(실행행위의 미종료 또는 결과의 불발생)의 두 개의 면으로 고찰할 수 있다. 그리고 미수범의 경우에도 ③ 주관적 구성요건요소(고의)를 필요로 함은 물론이다.

1) 주관적 구성요건요소

미수범도 주관적 구성요건요소인 고의(기수에 대한 고의)가 있어야 한다. 형법 제25조에는 미수범의 구성요건으로서 고의를 명시하지 않았으나 과실의 미수범을 인정하지 않는 현행법상 이와 같이 해석하는 것은 당연하다. 미수범의 고의는 기수범의 경우와 같다. 따라서 미수범의 고의의 내용에도 기수의 의사가 있어야 한다. 처음부터 미수에 그치겠다는 의사, 즉 '미수의 고의'는 미수범의 고의가 아니다. 미수의 고의만을 가진 때에는 벌할 수 없다. 그리고 확정적 고의뿐만 아니라 미필적 고의로도 성립한다.

2) 실행의 착수

범죄실행의 착수란 범죄실행의 개시를 말한다. 범죄실행의 착수가 있었는가의 여부를 정하는 시기(실행의 착수시기)에 관하여는 구성요건에 해당하는 실행행위를 기준으로 정하려는 객관설과 행위자의 의사를 기준으로 정하려는 주관설 및 이 둘을 종합하는 절충설이 대립되어 있다.

객관설은 다시 형식적 객관설과 실질적 객관설로 나뉜다. 전자는 구성요건에 해당하는 정형적인 행위 또는 그 일부를 개시한 때에 실행의 착수가 있다고 보는 견해이다. 이는 가벌성의 범위를 지나치게 제한하게 된다는 비판을 받는다. 특히, 간접정범이나 격리범의 경우에는 실행의 착수를 논할 수조차 없게 된다. 또한, 구성요건에 해당하는 정형적 행위가 구체적으로 무엇을 의미하는지도 분명치 않다. 반면에 후자는 구성요건적 행위의 전단계의 행위를 실행한 때 실행의 착수가 있다고 한다. 즉, 실행의 착수는 객관적으로 보아 구성요건적 행위와 필연적으로 결합되어 있는 행위가 있으면 족하다는 것이다. 이 견해도 구성요건적 행위와 필연적으로 결합되어 있는 행위가 무엇인지 분명하지 않기 때문에 명백한 기준은 못 된다는 비판이다. 또한, 실행의 착수를 실질적으로 판단한다고 할 때에는 행위자의 범죄의사 내지 범행계획을 고려하지 않으면 안 될 것이다.

주관설은 범죄의사를 명백하게 인정할 수 있는 외부적 행위가 있을 때 실행의 착수가 있다는 견해이다. 그러나 이 견해는 미수범처벌을 지나치게 확대하는 결과를 초래하게 된다는 비판을 받는다. 즉, 예비도 범죄의사의 표현이라는 점에서 미수를 예비단계까지 부당하게 확대할 위험이 있고, 범죄의사가 확정적으로 표현되는 때에 실행의 착수가 있다고 하면 이는 구성요건의 정형성을 지나치게 무시한 견해이다. 또한, 지나치게 내부적 의사에만 치중하는 것은 구성요건의 보장적 기능을 무시하게 되어 죄형법정주의의 이념에도 반한다.

끝으로 절충설(주관적 객관설, 개별적 객관설)은 행위자의 범죄계획에 의하여 직접적으로 범죄구성요건의 실현을 개시하는 활동이 있는 때에 실행의 착수가 있다고 한다. 다시 말하면, 실행의 착수가 있느냐에 대한 본질적인 기준을 구성요건의 실현에 대한 직접적 위험이지만 여기에 해당하느냐의 여부는 개별적 행위계획에 의하여 결정되어야 한다는 것이다.

3) 범죄의 미완성

범죄가 완성에 이르면 기수이지 미수는 아니다. 따라서 미수가 되기 위해서는 범죄의 실행에 착수하되 범죄의 결과가 완성되지 않아야 한다. 중지미수도 마찬가지이다. 장애미수의 경우 범죄가 완성되지 않는다는 것은 외부적인 장애가 생겨 구성요건의 내용을 충족시키지 못한 것을 말한다.

형법은 장애미수의 유형을 2가지로 구별하고 있다. 행위자가 착수한 실행행위를 종료하지 못한 경우(착수미수)와 실행행위는 종료하였으나 예상했던 구성요건적 결과가 발생하지 않은 경우(실행미수)가 있다. 예컨대 착수미수란 사람을 죽이려고 칼로 찌르는 순간에 타인이 제지하여 살해하지 못한 경우이고, 형법 제25조에서 '행위를 종료하지 못하였거나'라고 한 것은 이를 의미한다. 반면에 실행미수는, 예컨대 총을 발사하였으나 명중하지 못한 경우 또는 명중하였으나 치명상이 아니기 때문에 사망의 결과가 발생하지 않은 경우이다. 형법 제25조에서 '결과가 발생하지 아니하여'라고 한 것은 이를 의미한다. 그러나 착수미수와 실행미수는 모두 실행에 착수하여 결과가 발생하지 않은 경우이고, 형법은 양자 사이에 처벌의 차이를 두지 않으므로 이러한 구별은 형법상 무의미한 일이다.

3. 처 벌

미수범의 처벌에 관하여는 형법 제29조에 "미수범을 처벌할 죄는 각칙의 해당 죄에서 정한다."라고 규정하고 있다. 미수범(장애미수)의 처벌 정도에 관하여는 "미수 범의 형은 기수범보다 감경할 수 있다"고 규정한다(형법 제25조 제2항). 미수범의 법정 형은 기수범의 법정형과 동일하지만 정상에 따라 그 형을 감경할 수도 있고 감경하 지 않을 수도 있다는 의미이다(임의적 감경).

4. 관련문제

미수는 범죄의 실행에 착수하여 이를 완성하지 못하였음을 요건으로 하므로 구 성요건상 일정한 결과의 발생을 필요로 하지 않은 범죄, 즉 거동범(예컨대 주거침입 죄·폭행죄·위증죄 등)의 경우에는 미수가 있을 수 없다. 그러나 형법은 주거침입죄의 미수범을 처벌한다(형법 제322조). 따라서 거동범의 미수를 일률적으로 부정하는 것은 타당하지 않다고 하는 견해도 있다.

과실범은 결과의 발생으로 인하여 성립하고 결과가 발생하지 않으면 형법상 의 미가 없으므로 과실범의 미수는 존재할 여지가 없다. 더불어 형법상 과실범의 미수 를 처벌하는 규정도 없다. 결과적 가중범도 과실에 의한 중한 결과가 발생하여야 성 립하므로 미수를 인정할 여지가 없다. 다만, '성폭력처벌법'은 특수강간 등의 치상· 치사(동법 제8조, 제9조)의 미수범 처벌규정을 두고 있다(동법 제15조). 따라서 이 한도 내에서는 미수가 가능하다.

부작위범도 행위이고 또 고의범인 이상 작위범과 같이 그 미수를 생각할 수 있 다. 부진정부작위범의 경우에는 보증인이 구조의무를 지체함으로써 피해자에게 직접 적인 위험을 발생케 하거나 기존의 위험을 증대시킨 경우에 미수가 성립된다고 할 수 있다. 예컨대 수영교사가 그 제자를 익사시킬 의사로써 그 제자의 위난을 보면서 도 구조하지 않고 가버린 경우에, 타인이 피해자를 구조하였으면 부작위에 의한 살 인미수죄가 성립할 것이다. 진정부작위범은 결과의 발생을 요건으로 하지 않으며 요 구되는 행위를 하지 않으면 범죄는 바로 완성된다. 따라서 진정부작위범의 경우에는 미수를 생각할 수 없다. 그러나 형법상 퇴거불응죄(형법 제319조 제2항)의 미수범(형법 제322조)을 처벌하는 규정이 있는데 이는 입법상의 잘못이라고 보여 진다.

제 3 항   중지범(중지미수)

1. 의   의

중지미수 또는 중지범(형법 제26조)이란 범죄의 실행에 착수한 행위를 범죄가 완성되기 전에 자의(自意)로 이를 중지하거나 결과의 발생을 방지한 경우를 말한다. 장애미수를 임의적 감경사유로 한 것과 달리 반드시 형을 면제하거나 아니면 감경하는 사유(필요적 감면사유)로 하고 있다.

2. 법적 성격

중지범의 경우 필요적 감면사유로 규정하여 특히 관대하게 취급하는 근거를 알기 위해서는 중지미수의 법적 성격을 검토하여야 한다. 이에 대하여 먼저 형사정책설은 중지미수를 특별히 취급하는 이유가 범죄의 기수를 방지하려는 형사정책적 고려에 있다는 이론이다. 즉, 이미 실행에 착수한 행위자에게 그 범죄의 완성을 중지하거나 결과의 발생을 방지하도록 유도하기 위하여 관대하게 취급하는 규정을 둔 것이라는 견해이다.

그리고 법률설로 중지미수는 범죄성립요건 중 위법성 또는 책임성을 소멸 또는 감소시키기 때문에 형이 감경 또는 면제된다고 이해하는 견해이다. 끝으로 결합설로서 형사정책설과 법률설을 결합하여 중지미수의 형이 감경 또는 면제되는 이유를 설명하는 견해이다.

결합설에도 위법성감소설과 형사정책설을 결합하여 설명하는 견해, 책임감소설과 형사정책설을 결합하여 설명하는 견해, 위법성감소설과 책임감소설 및 형사정책설을 결합하는 견해가 있다.

우리나라에서는 책임감소설과 형사정책설의 결합설이 다수설이다. 다수설은 형의 감경은 책임비난이 감소되기 때문이라 하고, 형면제는 형사정책설에 의해 설명한다. 그러나 이 설에 의하더라도 감경과 면제의 구체적 기준이 무엇인지는 분명치 않으며, 또한 양설의 결합으로 인해 일관성이 떨어진다는 비판을 받는다. 끝으로 보상설은 중지에 의하여 법의 세계로 돌아온 행위자의 공적을 보상하여 형을 감경 또는 면제한다는 견해이다. 이 설은 은사설 또는 공적설이라고도 한다.

3. 성립요건

중지미수가 성립하기 위해서는 주관적 요건으로서 자의성을, 객관적 요건으로는 실행에 착수하였을 것과 중지행위가 있을 것을 요한다.

1) 주관적 요건: 자의성

중지미수는 범인이 자의(自意)로 범죄를 완성하지 않은 경우이다. 자의성은 중지미수와 장애미수를 구별하는 기준이다. 자의성의 판단기준을 어떻게 파악할 것인가는 중지미수의 핵심쟁점이며 견해가 대립되고 있다. 내부적 동기에 의해 범죄를 완성하지 못한 경우는 중지미수, 외부적 사정에 의하여 범죄가 완성되지 않은 경우는 장애미수라고 하는 견해(객관설)와 후회·동정, 기타 윤리적 동기에 의하여 중지한 경우에만 중지미수라고 하는 견해(주관설), 할 수 있었음에도 불구하고 원하지 않아서 중지한 때에는 자의에 의한 경우이고, 하려고 하였지만 할 수가 없어서(가능성이 없어서) 중지한 때를 장애미수라는 견해(프랑크공식), 객관설과 주관설을 결합한 견해(절충설)가 있다.

일반적으로 사회통념상 범죄수행에 장애가 될 만한 사유가 있는 경우는 장애미수이고, 그러한 사유가 없음에도 불구하고 자기의사에 의하여 중지한 경우에는 자의성이 있다고 보는 절충설이 우리나라의 다수설·판례[32]의 입장이라 할 수 있다.

2) 객관적 요건

중지미수도 미수의 공통요건인 실행의 착수가 있어야 한다. 따라서 중지미수가 성립하려면 실행의 착수 후에 실행의 중지 또는 결과발생의 방지가 있어야 한다. 전자는 실행에 착수한 행위를 실행행위 종료 전에 자의로 그 행위를 그만두는 것이다. 이를 착수미수의 중지라 한다. 후자는 실행에 착수한 행위 그 자체는 종료하였으나 이 행위로 인한 결과의 발생을 자의로 방지하는 것을 말한다. 이를 실행미수의 중지라고 한다. 이때 결과의 발생을 방지하는 적극적 행위가 요구되며, 방지행위와 결과의 불발생 사이에는 인과관계가 있어야 한다.

실행미수의 중지 경우에는 행위자가 결과의 발생을 방지하기 위하여 진지한 행위를 하여야 한다. 예컨대 살해의 의사로 상대방에게 독약을 먹인 후 마음을 고쳐먹고 스스로 해독제를 복용시켜 사망의 결과를 방지하는 행위가 이에 해당한다. 그러나 방화 후 놀라서 "불이야!"하고 고함을 치더라도 중지범으로 되지 않는다. 원칙적으로 행위자 자신이 결과발생을 방지하기 위한 행위를 할 것을 요하지만 타인의 도움을 받는 것도 무방하다. 예컨대 의사의 치료를 받게 하는 경우이다. 이때 제3자에

---

32) "범죄의 실행행위에 착수하고 그 범죄가 완수되기 전에 자기의 자유로운 의사에 따라 범죄의 실행행위를 중지한 경우에 그 중지가 일반 사회통념상 범죄를 완수함에 장애가 되는 사정에 의한 것이 아니라면 이는 중지미수에 해당한다"(대판97도957).

의한 결과의 방지가 범인 자신이 결과발생을 방지한 것과 동일시할 수 있을 정도로, 행위자의 노력을 바탕으로 한 것이 되어야 한다. 결과가 발생하지 않아야 한다. 결과가 발생한 때에는 이미 기수에 이른 것이므로 중지미수는 성립할 여지가 없다.

4. 관련문제

예비에도 중지미수의 규정이 적용될 수 있는가에 대하여 판례는 실행의 착수가 있기 전인 예비·음모의 단계에서는 중지범의 관념을 인정할 여지가 없다고 판시하고 있다(대판91도436). 그러나 예비행위를 거쳐 실행에 착수한 후에 중지하면 형이 면제되기까지 하는데, 실행의 착수 이전에 중지한 때에는 예비·음모로 처벌받아야 한다는 것은 불합리하다. 예비에도 중지미수의 규정을 준용하여야 한다는 견해이다. 다만 중지미수 규정의 준용범위를 둘러싸고 견해가 나뉜다. 다수설은 예비의 형이 중지미수의 형보다 무거울 때(예컨대 형법 제90조, 동 제101조)에는 형의 균형상 예비에도 중지미수의 규정을 준용해야 한다고 한다.

중지미수가 성립하기 위해서는 결과가 발생하지 않았을 것을 요한다. 따라서 공범의 형태로 실행에 착수하였을 때에는 공범자 중의 한 사람이 자신의 범행을 중지한 것만으로는 중지미수가 될 수 없고 그로 인해 결과가 방지되지 않으면 안 된다. 즉, 공범의 경우에는 자신의 행위를 중지할 뿐만 아니라 다른 공범의 행위도 중지하게 한 경우가 아니면 중지미수가 되지 않는다(대판68도1676).

중지미수가 성립하는 경우라도 중지미수의 효과는 자의로 중지한 자에게만 미친다. 예컨대 갑과 을이 공동으로 병을 살해하려고 실행에 착수한 후 갑이 자의로 중지하고 을의 행위를 저지하였다면, 갑은 중지미수가 되지만 을은 장애미수가 될 뿐이다.

제 4 항 불능미수

1. 의 의

불능범이란 형식적으로만 실행의 착수가 있었을 뿐 결과의 발생이 불가능하고 위험성이 없기 때문에 처벌할 가치가 없는 경우를 말한다. 그러나 결과의 발생이 불가능하더라도 위험성이 있는 경우에는 처벌한다. 이를 불능미수라 한다.

형법 제27조는 '불능범'이 아니라 불능미수를 규정하고 있다. 결국 불능범과 불능미수는 위험성의 유무에 의하여 구별된다. 예컨대 설탕에 살인력이 있다고 믿고 복용시킨 경우에는 위험성이 없기 때문에 불능범이 되고, 따라서 처벌이 불가능하지만 치사량 미달의 독약을 먹여 살해하고자 하는 경우에는 위험성이 있으므로 불능미수로서 처벌된다. 다음은 불능미수와 구별되는 개념으로 환각범과 미신범이 있다.

환각(幻覺)범은 구성요건 자체가 존재하지 않는 경우이다. 예컨대 동성연애도 범죄로 된다고 생각하는 경우이다. 허용되는 것을 금지된 것으로 오인하였다는 의미에서 '반전된 금지착오'라고 부르기도 한다. 불능미수와 환각범은 모두 행위의 성질상 결과의 발생이 불가능한 경우이지만, 전자는 그 행위에 대한 구성요건이 존재하고 후자는 애당초 그러한 구성요건이 존재하지 않는 경우이다.

미신범(迷信犯)은 비과학적인 미신을 믿고 마력 또는 초자연력에 의존하여 범죄를 실현하려는 행위를 말한다. 미신범은 불가벌적인 것으로 파악한다.

2. 성립요건

불능미수가 성립하기 위해서는 실행의 수단 또는 대상의 착오로 인하여 결과의 발생이 불가능할 것, 위험성이 있을 것을 요건으로 한다. 이외에 불능미수도 미수범인 이상 미수의 공통요건으로서 실행의 착수가 있어야 함은 물론이다.

1) 결과발생의 불가능

불능미수는 실행의 수단 또는 대상의 착오로 인하여 결과의 발생이 불가능할 것을 요한다(이 점에서 불능범과 같다. 다만 위험성이 있기 때문에 처벌하는 것이다). 결과의 발생이 불가능한 점에서 형법 제25조의 장애미수와 구별된다. 실행의 수단이나 대상에 대한 착오로 인하여 결과의 발생이 불가능함에도 불구하고 이를 가능하다고 오인하는 것, 즉 존재하지 않는 사실을 존재한다고 인식한 경우가 바로 불능미수이다. 수단의 착오란 수단의 불가능성을 의미한다. 예컨대 소다를 먹여 사람을 살해하려고 한 경우가 여기에 해당한다. 대상의 착오는 객체의 불가능성을 말한다. 예컨대 빈 주머니를 털려고 하는 경우이다.

형법은 불능미수가 성립하기 위한 요건으로 실행의 수단 또는 대상의 착오로 인하여 결과의 발생이 불가능한 경우라고 규정하고 있는데, 이외에 주체의 착오로 인하여 결과의 발생이 불가능한 때에도 불능미수가 성립할 수 있는가가 문제된다. 주체의 불가능성이란 신분 없는 자가 신분이 있는 것으로 오인하고 진정신분범을 범한 경우를 말한다. 예컨대 공무원임용이 무효임을 알지 못한 자가 수뢰죄를 범하거나, 보증인 지위에 있지 않은 자가 부진정부작위범을 범한 경우이다. 형법의 규정을 넘어서 불능미수의 범위를 확대하는 것은 죄형법정주의에 반한다. 따라서 주체의 착오가 있는 경우는 불능미수범으로 될 수 없다고 본다.

2) 위 험 성

위험성의 판단기준에 대하여는 견해의 대립이 있다(대판2001도6669). 즉 구객관설, 구체적 위험설(신객관설), 주관설, 추상적 위험설, 인상설 등이 있다.

3. 처 벌

형법 제27조는 불능미수의 형을 감경 또는 면제할 수 있다고 규정한다. 임의적 감면이므로 필요적 감면인 중지미수보다는 무거우나 장애미수보다는 가볍게 취급하고 있다.

[판례연구]

① 장애미수·중지미수·불능미수의 구별 : 형법은 제25조에서 장애미수를 규정하고, 제26조에서 중지미수를 규정하고 있다. 장애미수 또는 중지미수는 범죄의 실행에 착수할 당시 실행행위를 놓고 판단하였을 때 행위자가 의도한 범죄의 기수가 성립할 가능성이 있었으므로 처음부터 기수가 될 가능성이 객관적으로 배제되는 불능미수와 구별된다(대판2018도16002 전원합의체).

② 불능미수란 행위자에게 범죄의사가 있고 실행의 착수라고 볼 수 있는 행위가 있더라도 실행의 수단이나 대상의 착오로 처음부터 결과발생 또는 법익침해의 가능성이 없지만 다만 그 행위의 위험성 때문에 미수범으로 처벌하는 경우를 말한다(대판98도2313). 여기에서 '결과의 발생이 불가능'하다는 것은 범죄행위의 성질상 어떠한 경우에도 구성요건의 실현이 불가능하다는 것을 의미한다. 피고인은 베트남에 거주하는 乙로부터 필로폰을 수입하기 위하여 워터볼의 액체에 필로폰을 용해하여 은닉한 다음 이를 국제우편을 통해 받는 방식으로 필로폰을 수입하고자 하였다. 이러한 행위가 범죄의 성질상 그 실행의 수단 또는 대상의 착오로 인하여 결과의 발생이 불가능한 경우가 아님은 너무도 분명하다. 피고인에 대하여 마약류 관리에 관한 법률 위반(향정신성의약품위반)죄의 불능미수가 인정될 수 없고, 필로폰수입 예비행위에 해당한다(대판2019도97).

③ 피고인이 피해자와 성관계를 할 의사로 술에 취하여 모텔 침대에 잠들어 있는 피해자의 속바지를 벗기다가 피해자가 깨어나자 중단한 사실을 알 수 있다. 그렇다면 피고인이 피해자의 속바지를 벗기려던 행위는 간음의 의도를 가지고 간음의 수단이라고 할 수 있는 행동을 시작한 것으로서 준강간죄의 실행에 착수한

것으로 보아야 한다(대판2018도19295).

④ 휴대전화를 든 甲의 손이 乙이 용변을 보고 있던 화장실 칸 너머로 넘어와서, 카메라 기능이 켜진 위 휴대전화의 화면에 乙의 모습이 보인 점 등에 비추어 보면, 甲은 촬영대상을 乙로 특정하고 휴대전화의 카메라 렌즈를 통하여 乙에게 초점을 맞추는 등 휴대전화에 영상정보를 입력하기 위한 구체적이고 직접적인 행위를 개시함으로써 성폭력처벌법 위반(카메라등이용촬영)죄의 실행에 착수하였음이 인정되므로 위 죄의 미수에 해당한다(대판2021도749).

⑤ A는 B녀가 심신상실 또는 항거불능의 상태에 있다고 인식하고 그러한 상태를 이용하여 간음할 의사로 B를 간음하였으나 B가 실제로는 심신상실 또는 항거불능의 상태에 있지 않은 경우에는, 실행의 수단 또는 대상의 착오로 인하여 준강간죄에서 규정하고 있는 구성요건적 결과의 발생이 처음부터 불가능하였고 실제로 그러한 결과가 발생하였다고 할 수 없다. A가 준강간의 실행에 착수하였으나 범죄가 기수에 이르지 못하였으므로 준강간죄의 미수범이 성립한다. A가 행위 당시에 인식한 사정을 놓고 일반인이 객관적으로 판단하여 보았을 때 준강간의 결과가 발생할 위험성이 있었으므로 준강간죄의 불능미수가 성립한다(대판2018도16002 전원합의체).

제 6 절 공 범 론

제 1 항 서 론

1. 공범의 의의

형법의 구성요건은 원칙적으로 단독범행을 예상하여 규정되어 있다. 그러한 구성요건을 단독이 아닌 2인 이상이 실현하였을 때 이를 어떻게 다룰 것인가에 관한 이론이 공범론이다.

형법각칙의 구성요건 중에는 그 구성요건 자체가 2인 이상 또는 단체의 행동을 전제로 한 것도 있다. 예컨대 내란죄(형법 제87조), 소요죄(형법 제115조) 등과 같이 다수인의 집합에 의하여 구성되는 군중범죄(집합범)와 뇌물죄(제129조)와 같이 2인 이상의 대향적 협력에 의하여 성립하는 범죄(대향범) 등이다. 이러한 범죄를 필요적 공범이라 한다. 필요적 공범은 그 구성요건이 2인 이상의 사람에 의하여 비로소 성립하며 각자에게 적용될 형벌도 각칙에 규정되어 있으므로, 필요적 공범에 관하여는 형법총론상의 공범에 관한 규정이 그대로 적용되지는 않는다(통설·판례; 대판84도2747).

공범(共犯)이란 넓은 의미에서는 2인 이상이 가공하여 범죄의 구성요건을 실현하는 것을 말한다. 필요적 공범과 구별하기 위해서 이를 임의적 공범이라고 부른다. 공범론이 문제되는 것은 원칙적으로 임의적 공범에 관하여서이다.

형법은 총칙 제2장 제3절(공범)에서 공동정범(형법 제30조), 교사범(형법 제31조), 종범(형법 제32조) 및 간접정범(형법 제34조)을 규정하고 있다. 이들을 광의의 공범이라 한다. 그런데 공동정범이나 간접정범은 두 사람 이상이 범행에 등장하지만 어디까지나 정범이다. 그러한 점에서 교사범이나 종범과는 성질이 다르다. 이러한 의미에서 고유한 의미의 공범은 바로 교사범과 종범만을 말한다(협의의 공범). 즉 정범에 대응하는 개념으로서의 공범은 협의의 공범을 의미한다.

2. 정범과 공범의 구별

정범과 공범(협의의 공범)을 구별하는 기준에 대하여 객관설·주관설·행위지배설로 견해가 나누어져 있으나, 정범과 공범의 구별기준은 객관적 요소와 주관적 요소를 결합하여 찾는 행위지배설이 타당하다고 보며 판례도 행위지배설에 따르고 있다(대판88도1247).

행위지배란 '구성요건에 해당하는 실행행위의 진행을 조종·장악하는 것'을 의미한다. 이에 의하면 행위지배를 통하여 그의 의사에 따라서 구성요건의 실현을 저지하거나 진행하게 할 수 있는 자가 정범이고, 자신의 행위지배에 의하지 않고 행위를 야기하거나 촉진한 자는 공범이라고 한다. 정범의 유형에 따라서 구체적으로 행위지배의 형태는 다음과 같이 구별된다.

먼저 행위의 진행을 조종·장악하여 스스로 구성요건의 내용을 직접 실현하는 경우에는 실행지배로서의 행위지배가 있는 경우이다. 이는 직접정범의 정범성의 표지가 된다. 또한 우월적 지위에 있는 자가 조종의사에 의하여 강요나 착오에 빠진 자 또는 정을 모르는 자 등을 생명 있는 도구로 이용하여 자신의 범행계획에 따라 간접적으로 구성요건적 결과를 실현하는 경우에는 의사지배로서의 행위지배가 있다. 이는 간접정범의 표지가 된다. 따라서 간접정범은 범죄의 실행을 위하여 타인을 도구로 이용하였고, 도구로 이용된 타인의 행위는 간접정범의 행위의 인과적 과정에 불과하고 그의 의사·계획에 지배된 작품에 지나지 않는다.

끝으로 공동의 결의에 따라 분업적인 협력으로 전체적 범행계획을 실현하는 데 기능적으로 불가결한 행위를 하는 경우에는 행위지배가 있다. 이는 공동정범의 정범성의 표지가 된다. 따라서 공동정범은 각자가 역할분담에 따라 전체 계획의 수행에 필요불가결한 부분을 분업에 의하여 공동으로 수행하는 것이다. 이러한 기능적 행위지배에 의하여 공동정범은 각자가 공동의 행위지배를 가진 정범이 된다(대판98도1832).

3. 공범의 종속성과 종속성의 정도

1) 공범의 종속성

정범과 공범의 관계에 대해서 공범은 정범에 종속한다는 견해(공범종속성설)와 공범은 정범과 독립하여 성립한다는 견해(공범독립성설)가 있다. 여기에서의 공범이란 교사범 및 종범을 의미한다.

우리 형법은 공범종속성설에 입각한 것으로 이해된다. 이에 따르면 정범이 성립하여야 공범도 성립하게 된다는 것이다. 즉, 공범의 불법은 독립하여 존재하는 것이 아니라 정범의 불법에서 나오는 것으로 파악한다. 따라서 공범이 성립하기 위해서는 적어도 정범이 실행에 착수하였을 것을 요한다. 즉, 미수범(정범이 실행에 착수하였으나 미수에 그친 경우)의 공범은 있을 수 있어도, 공범의 미수(교사·방조의 미수, 즉 정범이 실행에 착수하지 않음으로써 교사·방조가 미수에 그치고 만 경우)는 있을 수 없다(즉 공범도 성립할 수 없다). 판례도 공범종속성설의 입장을 취하고 있다(대판81도2422).

2) 종속성의 정도

종속성을 인정할 때에 정범이 어느 정도의 범죄성립요건을 구비해야 공범이 성립하느냐의 문제가 종속성의 정도문제이다.

① 최소한의 종속형식   정범이 구성요건에 해당하기만 하면 공범이 성립한다는 것이다. 이 견해에 의하면 정범의 행위가 위법하거나 유책할 필요는 없다. 그러나 공범종속성설을 취하는 경우에도 이러한 종속형식을 인정할 수는 없다. 왜냐하면 정범의 행위가 위법하지 않은 경우 정범은 범죄가 성립하지 않는데 공범만 죄가 되는 결론이 나오기 때문이다.

② 제한적 종속형식   정범의 행위가 구성요건에 해당하고 위법하면 공범은 성립하며 반드시 유책할 것을 요하지 않는다고 한다. 따라서 책임무능력자를 교사한 경우에도 교사자는 공범으로서 책임을 질 수 있게 된다. 즉, 공범은 정범의 실행행위에만 종속되는 것이라 할 수 있다(다수설·판례).

③ 극단적 종속형식   정범의 행위가 구성요건에 해당하고 위법·유책할 때에만 공범이 성립한다는 것이다.

④ 확장적 종속형식   정범의 행위가 구성요건에 해당하고 위법·유책할 뿐아니라 가벌성의 조건까지 모두 갖추어야 공범이 성립한다고 보는 견해이다. 예컨대 갑이 그의 친구 을로 하여금 을의 부친의 물건을 훔치도록 교사한 경우, 을의 절도죄는 성립하지만 인적 처벌조각사유(형법 제328조의 친족상도예)이기 때문에 처벌이 면제된다. 따라서 정범이 가벌조건을 구비하지 않았기 때문에 갑의 행위도 공범(교사범)으로서 성립하지 않게 된다.

공범의 처벌근거는 정범의 책임에 가담하는 데 있는 것이 아니라 정범의 불법을 야기·촉진한 데 있는 것이므로 제한적 종속형식을 택하는 것이 '개인 책임의 원리' 내지 '책임일신전속성의 원칙'에 합치된다(대판97도183).

[판례연구]

쟁의행위 기간 중 그 쟁의행위로 중단된 업무의 수행을 위하여 당해 사업과 관계없는 자를 채용 또는 대체하는 사용자에게 채용 또는 대체되는 자의 행위에 대하여는 일반적인 형법 총칙상의 공범규정을 적용하여 공동정범, 교사범 또는 방조범으로 처벌할 수 없다고 판단된다(대판2016도3048).

제2항 공동정범

1. 의 의

공동정범(형법 제30조)이란 2인 이상이 공동하여 범행하는 경우를 말한다. 공동정범은 2인 이상이 '공동하여' 죄를 범한다는 점에서 협의의 공범인 교사범 및 종범과 구별된다. 예컨대 갑(甲)과 을(乙)이 유흥비를 충당하기 위해 으슥한 골목에서 강도짓을 같이 하기로 공모하고, 갑(甲)이 골목을 지나던 행인에게 칼을 들이대고 협박하는 동안 을(乙)은 그 행인의 핸드백을 뒤져 지갑을 꺼내간 경우, 갑(甲)·을(乙)은 강도죄의 공동정범이다. 이처럼 공동의 결의 아래 기능적으로 역할을 분담하여 (범죄)행위를 분업적으로 실행함으로써 각자가 행위 전체를 공동으로 지배하였다는 점에서 공동정범의 특수성을 찾을 수 있다(기능적 행위지배설).

2. 성립요건

공동정범이 성립하기 위해서는 주관적 요건으로서 '공동의 의사'와 객관적 요건으로는 '실행행위의 분담'이 필요하다.[33]

1) 주관적 요건: 공동의 의사

공동의 의사란 공동으로 범행한다는 의사를 공유하는 것을 의미한다. 범행의사를 공유하고 있지 않은 경우에는 공동정범이 성립할 수 없다. 의사의 공유가 없는 경우로서 동시범과 편면(片面)적 공동정범이 있다. 동시범(同時犯)은 단독정범의 행위가 경합한 경우이다. 공범이 아니라 단독정범이 결합된 것에 불과하므로 각자가 자기의 행위에 대하여 책임을 질뿐이다.

범행의사의 공유없이 한 사람만 공동의사를 가진 경우를 이른바 편면적 공동정범이라 하며, 이것도 공동정범이 될 수 없다.[34] 또한 공모공동정범(共謀共同正犯)에 있어서 그 공모자 중 1인이 다른 공모자가 실행에 이르기 전에 그 공모관계에서 이탈한 때에는 그 이후의 공모자의 행위에 관하여 공동정범으로서의 책임은 지지 않으며, 그 이탈의 표시는 반드시 명시적임을 요하지 않는다(대판85도2371).

의사연락의 방법에는 법률상 어떤 정형이 있는 것이 아니다. 공동으로 범행하려는 의사의 결합만 있으면 된다. 사전에 모의과정이 있어야 하는 것도 아니다. 따라서

---

33) "공동정범이 성립하기 위해서는 주관적 요건으로서 공동가공의 의사와 객관적 요건으로서 공동의사에 기한 기능적 행위지배를 통한 범죄의 실행사실이 필요하다"(대판98도1832).
34) "공동가공의 의사는 공동행위자 상호간에 있어야 하며 행위자 일방의 가공의사만으로는 공동정범 관계가 성립할 수 없다"(대판84도2118).

여러 사람 사이에 순차적으로 또는 묵시적으로 상통하여 그 의사의 결합이 이루어져도 상관없으며(대판98도2654), 범행 내용에 대하여 포괄적 또는 개별적인 의사연락이나 인식이 있어도 전원에 대하여 공모관계가 성립한다(대판92도2628). 또한 중도에 가담한, 즉 실행행위의 일부는 종료하였으나 기수가 되기 전에 을이 가담한 경우에도 갑·을에게 공동의사가 있으면 가담 이후의 행위에 대해서 을은 공동정범(승계적 공동정범)이 된다.[35] 만일 을에 대해 갑의 선행행위를 포함한 전체 행위에 대하여 공동정범의 책임을 지운다면 개인책임의 원리에 어긋난다.

과실범의 경우에는 기능적 행위지배가 없으므로 공동정범은 인정할 수 없다. 공동의 의사에 기초하여 역할을 분담한다는 것은 고의를 전제로 한 것이기 때문이다. 이 경우에는 과실범의 동시범으로 해결하여야 할 것이다. 그러나 판례는 "공동정범은 고의범이나 과실범을 불문하고 의사의 연락이 있는 경우면 성립하는 것으로서 2인 이상이 서로의 의사연락 아래 과실행위를 하여 범죄의 결과를 발생하게 하면 과실범의 공동정범이 성립하는 것이다"라고 판시하여 과실범의 공동정범을 인정하고 있다(대판96도1231).

2) 객관적 요건: 실행행위의 분담

공동정범이 성립하려면 공동의 범행계획에 따라 범죄를 분담하여 실행한 사실이 있어야 한다. 이때 실행행위의 분담은 전체 계획의 견지에서 볼 때 결과를 실현하는 데 불가결한 요소가 되는 기능을 분담하는 것을 의미한다. 따라서 갑(甲)과 을(乙)이 절도를 공모하여 갑(甲)은 절취하고 을(乙)이 운반한 경우(대판61도374), 갑(甲)과 을(乙)이 강도행위를 공모하고 갑(甲)은 강취행위를 하고 을(乙)은 망을 보고 있었던 경우(대판68도407)에도 실행행위의 분담이 있다고 할 수 있다. 뿐만 아니라 범죄계획의 수행에 필수적인 역할을 분담하였다면 실행행위의 현장에 나가 있지 않았더라도 무방하다. 예컨대 범죄계획을 수립하고 그 실행을 지휘한 조직폭력배의 두목은 범행에 참가하지 않았더라도 공동정범이 된다. 공모자 가운데 일부만 범죄를 실행하고 일부는 실행행위를 담당하지 않았을 경우 실행행위를 담당하지 않은 공모자를 공모공동정범이라 하여 이 경우에도 공동정범으로 인정하는 견해가 있다. 판례는 "형법 제30조에서 2인 이상이 공동하여 죄를 범한 때란 반드시 범죄의 구성요건에 해당하는 행

---

35) "포괄일죄의 범행 도중에 공동정범으로 범행에 가담한 자는 비록 그가 그 범행에 가담할 때에 이미 이루어진 종전의 범행을 알았다 하더라도 그 가담 이후의 범행에 대하여만 공동정범으로 책임을 진다"(대판97도163).

위의 전부 또는 일부의 실행에 공동으로 가공한 경우만을 가리키는 것이 아니고, 수인(數人)이 공동하여 범죄의 실행을 모의하고 그 공동의사를 실행하기 위하여 모의자 중의 일부만이 실행행위를 담당하여 범죄를 수행한 경우에도 공모자는 모두 정범으로 처벌되는 것"이라고 한다(대판90도1639). 이는 단순공모자를 처벌하기 위한 이론으로서, 공안(公安)사건에 관한 조직의 집행부를 처벌하는 데에 활용되고 있다(대판98도1395). 그러나 실행행위의 분담이 없는 단순공모자를 공동정범으로 처벌하는 것은 부당하다. 따라서 공모공동정범이론은 부정하는 것이 타당하다(통설).

3. 공동정범의 처벌

공동정범은 각자를 그 죄의 정범으로 처벌한다. 공동정범의 법정형이 동일하다는 의미이다. 공동정범은 공동의사의 범위 안에서만 책임을 진다. 따라서 공동정범 가운데 어느 한 사람이 공동의사의 범위를 초과한 경우에는 초과된 부분에 대하여는 공동정범의 성립을 부정하여야 한다. 예컨대 갑(甲)과 을(乙)이 강도를 결의하고 실행에 옮기던 중 을(乙)이 상해행위까지 나아간 경우, 갑(甲)은 강도죄, 을(乙)은 강도상해죄가 된다고 보아야 한다. 갑(甲)을 강도상해죄의 공동정범으로 인정하려면 갑(甲)에게 적어도 을(乙)의 행위에 대한 미필적 고의가 있을 것을 요한다.

그리고 중한 결과에 대한 예견가능성이 있는 경우에는 결과적 가중범의 공동정범이 인정된다. 판례는 결과적 가중범의 공동정범은 기본범죄를 공동으로 할 의사가 있으면 성립되고, 결과를 공동으로 할 의사는 필요 없다고 하면서(대판93도1674). 중한 결과를 예견할 수 없었던 경우가 아니면 결과적 가중범의 공동정범이 성립한다고 한다.

합동범(合同犯)이란 2인 이상이 합동할 것을 요건으로 하는 범죄이다. 예컨대 형법상의 합동절도는 '2인 이상이 합동하여' 타인의 재물을 절취한 경우이다(형법 제331조 제2항). '2인 이상이 합동하여'의 의미가 무엇인가에 대해서는, 즉 합동범의 본질에 대하여는 견해가 대립된다. 통설·판례인 현장설은 합동이란 시간적·장소적 협동을 의미한다고 본다(대판88도1197). 합동범에 대해서도 교사 또는 방조가 가능하다. 다만 합동범은 공동정범에 대한 특별규정이어서 시간적·장소적으로 협동한 자만이 합동범의 정범이 될 수 있으므로, 합동범에 대해서는 공동정범의 규정은 적용될 수 없다. 또한 이 견해는 종전 판례의 입장(대판75도2720)이었으나 합동범에 대하여 공동정범도 성립가능하다고 한다(대판98도321 전원합의체).

[판례연구]

신분관계가 없는 사람이 신분관계로 인하여 성립될 범죄에 가공한 경우에는 신분관계가 있는 사람과 공범이 성립한다(형법 제33조 본문 참조). 이 경우 신분관계가 없는 사람에게 공동가공의 의사와 이에 기초한 기능적 행위지배를 통한 범죄의 실행이라는 주관적·객관적 요건이 충족되면 공동정범으로 처벌한다. 공동가공의 의사는 공동의 의사로 특정한 범죄행위를 하기 위하여 일체가 되어 서로 다른 사람의 행위를 이용하여 자기의 의사를 실행에 옮기는 것을 내용으로 한다. 따라서 공무원이 아닌 사람(비공무원 C)이 공무원(P)과 공동가공의 의사와 이를 기초로 한 기능적 행위지배를 통하여 공무원의 직무에 관하여 뇌물을 수수하는 범죄를 실행하였다면 공무원(P)이 직접 뇌물을 받은 것과 동일하게 평가할 수 있으므로 공무원(P)과 비공무원(L)에게 형법 제129조 제1항에서 정한 뇌물수수죄의 공동정범이 성립한다(대판2018도13792 전원합의체; 대판2018도2738 전원합의체).

제 3 항 교 사 범

1. 의 의

교사범(형법 제31조)이란 타인을 교사하여 죄를 범하게 한 경우에 성립한다. 이때의 타인을 피교사자라 하며 이는 정범, 즉 '죄를 실행한 자'에 해당될 사람이다. 교사범은 스스로 실행행위를 분담하지 않는다는 점에서 공동정범과 구별된다. 또한 범죄의사가 없던 자에게 범죄의 결의를 가지게 한다는 점에서 종범과도 구별된다. 종범은 타인(정범)의 범죄결의를 전제로 하며, 종범은 이러한 정범의 실행을 유형적·무형적으로 돕는 데 지나지 않기 때문이다. 그리고 교사범은 협의의 공범으로서 정범의 범죄를 전제로 하고 있으나 간접정범은 타인을 도구로 이용하는 정범이다.

2. 성립요건

교사범이 성립하기 위해서는 교사자의 교사가 있어야 하는 것은 물론이고, 나아가 피교사자(정범)의 범죄결의 및 실행행위(적어도 실행의 착수)가 있어야 한다.

1) 교사자의 교사

'교사'란 본래 범죄의사가 없었던 사람에게 범죄실행의 결의를 생기게 하는 것(즉, 일정한 범죄를 실행하도록 부추기는 것)이다. 교사의 수단에는 제한이 없다. 그러나 막연히 죄를 범하라고 하는 것은 교사라고 할 수 없다. 그렇다고 해서 세부사항까지 특정하여야 한다는 의미는 아니다. 교사는 그 성질상 고의적·적극적인 행위이다. 따라서 부작위 또는 과실에 의한 교사는 인정되지 않는다. 강요 또는 기망의 수단을 사용한 경우에는 교사범이 아니라 간접정범이 성립할 수 있다.

2) 교사자의 고의

교사자의 고의는 다음 두 가지를 내용으로 하여야 한다. 우선 특별한 타인으로 하여금 일정한 범죄의 결의를 갖게 한다는 인식, 아울러 그 정범으로 하여금 그 범죄의 기수에 이르게 한다는 인식이라야 한다. 특정 상대방과 그가 행할 특정 범죄에 대한 인식과, 그 범죄의 결과가 발생한다는 점에 대한 인식이 있어야 한다. 예컨대 피교사자의 행위가 미수에 그치게 할 의사를 갖고서 교사한 경우(미수의 교사)는 교사의 고의가 없으므로 처벌할 수 없다(교사범 불성립).

3) 피교사자의 실행행위

교사에 의하여 피교사자는 범죄실행의 결의를 하여야 하고 또한 적어도 실행에 착수하여야 한다. 피교사자는 교사에 의하여 범죄실행의 결의를 하여야 한다. 교사와 범죄실행의 결의 사이에는 인과관계가 있어야 한다. 교사를 하였으나 피교사자가 범죄실행의 결의를 하지 않았다면 교사범은 성립하지 않는다. 이때(피교사자는 처벌할 수 없는 것이 당연하지만) 교사자는 예비·음모에 준하여 처벌된다(형법 제31조 제3항). 교사 이전에 피교사자가 이미 범죄의 결의를 가지고 있었던 경우에도 교사자는 피교사자의 결의를 강하게 했다는 의미에서 종범은 될 수 있지만 교사범은 성립하지 않는다.

피교사자는 범죄실행의 결의를 실행에 옮겨야 한다. 실행행위는 기수 또는 적어도 실행의 착수가 있는 것을 의미한다. 피교사자가 실행에 착수하였을 때 교사범은 실행의 착수가 있다고 본다. 교사자의 교사와 피교사자의 범죄결의가 있음에도 피교사자의 실행이 없으면 교사범은 성립하지 않는다. 이때에는 교사자와 피교사자 모두 예비·음모에 준하여 처벌한다(형법 제31조 제2항).

3. 교사의 착오

교사자의 교사내용과 피교사자가 현실로 실행한 행위가 일치하지 않는 경우를 교사의 착오라 부르며, 이 문제는 다음과 같이 나누어 볼 수 있다.

1) 교사내용보다 적게 실행한 경우

교사의 내용과 실행행위가 서로 구성요건을 달리하지만 공통적 요소가 있는 경우로서 양적으로 적게 실행한 경우, 예컨대 교사자는 상해를 교사하였는데 피교사자는 폭행죄를 범한 경우 교사자는 폭행죄의 교사범이 된다. 즉, 교사자는 피교사자가 실행한 범위 내에서만 책임을 진다(공범은 정범에 종속).

교사한 범죄가 예비·음모를 처벌하는 규정이 있는 경우에는 주의해야 한다. 예컨대 갑(甲)이 을(乙)에게 강도를 교사하였는데 을(乙)이 절도죄를 범한 경우 갑(甲)은 절도죄의 교사범이 되는 것은 물론이다. 그러나 강도의 교사와 강도범죄의 결의가 있음에도 을(乙)의 강도실행이 없었으면 갑(甲)과 을(乙)은 모두 강도죄의 예비·음모에 준하여 처벌된다(형법 제31조 제2항). 강도죄는 예비·음모를 처벌하는 규정이 있기 때문이다. 즉, 양 죄는 상상적 경합의 관계에 있으므로 결국 갑(甲)과 을(乙)은 형이 중한 강도의 예비·음모에 의해 처벌되지 않을 수 없다. 그러나 위 상해교사의 경우에는 상해죄의 예비·음모 처벌규정이 없기 때문에 이 점은 문제되지 않는다.

2) 교사내용을 초과한 경우

교사의 내용과 실행행위가 서로 구성요건을 달리하지만 공통적 요소가 있는 경우로서 양적 초과가 있는 경우, 교사자는 초과 부분에 대해서는 책임을 지지 않는다. 예컨대 갑(甲)이 을(乙)에게 절도를 교사하였는데 을(乙)이 강도를 실행한 때에는 갑(甲)은 절도죄의 교사범이 된다. 한편 갑(甲)이 을(乙)에게 상해를 교사하였는데 을(乙)이 살인을 한 경우, 갑(甲)이 사망의 결과에 대하여 과실 내지 예견가능성이 있는 경우에는 상해치사죄의 교사범도 성립한다.

3) 교사내용과 질적으로 다른 범죄를 실행한 경우

피교사자가 교사받은 범죄와 전혀 다른 범죄를 실행한 경우에는 교사자는 교사범으로서의 책임을 지지 않는다. 예컨대 갑(甲)이 을(乙)에게 상해를 교사하였는데 을(乙)이 절도죄를 범한 경우, 갑(甲)은 상해나 절도의 교사범이 되지 않는다. 그러나 갑(甲)이 을(乙)에게 강도를 교사하였으나 을(乙)이 강간을 실행한 경우에는 강도죄의 예비·음모에 준하여 처벌된다(형법 제31조 제2항).

4) 피교사자에 대한 착오

예컨대 교사자가 피교사자를 책임능력자로 믿고 교사하였는데 실제로는 책임무능력자인 경우 또는 이 반대인 경우이다. 피교사자의 책임능력은 교사의 고의의 내용이 아니므로 교사범의 성립에 영향을 미치지 않는다.

4. 교사범의 처벌

교사범은 정범과 동일한 형으로 처벌한다(형법 제31조 제1항). 이는 피교사자가 범한 죄의 법정형의 범위 내에서 교사범을 처벌한다는 의미이고(형벌의 종류가 같다), 양자의 구체적 선고형이 동일하여야 한다는 것이 아니다(대판4288형상220). 심지어 정범이 처벌받지 않는 상황이 있을 수도 있다(책임무능력 또는 처벌조건·소추조건의 결여 등을 이유로). 자기의 지휘·감독을 받는 자를 교사한 때에는 정범에 정한 형의 장기 또는 다액의 2분의 1까지 가중한다(형법 제34조 제2항).

진정신분범의 경우에 비신분자도 진정신분범의 교사범이 될 수 있다(형법 제33조). 예컨대 공무원의 아내가 공무원인 남편에게 뇌물수수를 교사하는 경우 뇌물죄의 교사범이 성립한다. 부진정신분범, 예컨대 존속살인죄의 경우 갑(甲)이 을(乙)을 교사하여 을(乙)의 부친 병(丙)을 살해한 때에는 을(乙)은 존속살인죄의 정범이지만 갑(甲)은 살인죄의 교사범이며, 반대로 갑(甲)이 을(乙)을 교사하여 갑(甲)의 부친 병(丙)을 살해하게 하였을 때에는 갑(甲)은 존속살인죄의 교사범, 을(乙)은 살인죄의 정범으로 처벌된다.

5. 관련문제

1) 교사의 교사

예컨대 갑(甲)이 을(乙)에게 A를 살해할 것을 교사하였는데 다시 병(丙)을 교사하여 병(丙)이 A를 살해하는 경우 또는 갑(甲)이 을(乙)로 하여금 병(丙)을 교사하여 A를 살해하도록 시킨 경우를 이른바 간접교사(間接敎唆)라고 한다. 판례는 교사의 교사를 역시 교사범으로 처벌하고 있다(대판66도1586).

2) 교사의 미수

교사범은 죄를 실행한 정범과 동일한 형으로 처벌되므로, 피교사자가 죄를 실행하여 기수가 된 때에는 교사범도 기수의 책임을 지지만, 피교사자가 미수에 그친 때에는(미수범처벌규정이 있는 경우) 교사범도 미수범의 책임을 지는 것은 당연하다.

교사가 실패한 경우, 예컨대 교사를 하였으나 피교사자가 범죄의 실행을 승낙하지 않은 경우(실패한 교사)에는 형법 제31조 제3항에 따른다. 한편 피교사자가 범죄의 실행을 승낙하고 실행에 착수하지 않은 경우(효과 없는 교사)에는 형법 제31조 제2항에 따라 처리한다. 실패한 교사와 효과 없는 교사를 합쳐 '기도된 교사'라고 부른다.

제 4 항 종 범

1. 의 의

종범(형법 제32조)이란 정범의 범죄실행을 방조한 자를 말한다. 종범을 방조범(幇助犯)이라고도 한다. '방조'란 타인의 범죄를 도와주는 것이라 할 수 있다. 종범은 이미 범죄의 실행을 결의하고 있는 자에 대하여 그 결의를 강화하거나 실행을 쉽게 하기 위한 것이지만, 교사범은 아직 범죄의 결의를 하지 않은 자에게 새로이 범죄의 결의를 갖도록 한다는 점에서 구별된다. 공동정범은 공동의사에 의한 기능적 행위지배가 있는 경우이지만 종범은 그러한 행위지배가 없다는 점, 그리고 공동정범 상호간에 의사의 연락이 있어야 하지만 종범의 경우에는 정범과 의사의 연락이 없어도 된다는 점에서 차이가 난다.

정범의 실행을 방조하는 행위를 독립된 구성요건으로 규정한 경우에는 종범에 관한 규정(형법 제32조)이 적용되지 않는다. 독립된 구성요건의 예로서는 간첩방조(형법 제98조 제1항 후단), 도주원조(형법 제147조), 아편흡식기 등 장소제공(형법 제201조 제2항), 자살방조(형법 제252조 제2항) 등이 있다.

2. 종범의 성립요건

종범이 성립되기 위해서는 종범의 방조행위와 정범의 실행행위가 있어야 한다.

1) 종범의 방조

'방조'란 정범이 범행을 한다는 사실을 알면서 그 실행행위를 용이하게 하는 행위를 말한다. 방조행위의 방법에는 제한이 없다. 물질적 방법이나 무형적·정신적 방법, 직접적 방법이나 간접적 방법을 가리지 않는다. 따라서 방조는 부작위에 의해서도 가능하다.[36] 물질적 방법이란 예컨대 흉기를 대여하거나 범죄에 소요되는 자금을 제공하는 것[37] 등이다. 정신적 방법이란, 예컨대 정범에 대한 조언·격려나 기타 범행의 결의를 강화하도록 하는 것이다(대판95도456; 대판96도2427).

정범의 실행행위 중에 방조하는 경우는 물론이고, 실행이 착수 전이라도 장래의 실행행위를 예상하고 이를 방조한 경우에도 정범이 그 실행행위로 나아갔다면 종범

---

36) "형법상 방조는 작위에 의하여 정범의 실행을 용이하게 하는 경우는 물론, 직무상의 의무가 있는 자가 정범의 (범죄)행위를 인식하면서도 그것을 방지하여야 할 제반 조치를 취하지 않는 부작위로 인하여 정범의 실행행위를 용이하게 하는 경우에도 성립된다"(대판95도2551; 대판97도1639).

37) "도박하는 자리에서 도박자금으로 사용할 것이라는 사정을 알면서 채무변제조로 금원을 교부하였다면 도박을 방조한 행위에 해당한다"(대판70도1218); "살인할 것을 알고 그에 소요되는 비용을 제공하는 행위는 살인방조가 된다"(대판4280형상131).

이 성립한다(대판96도3377). 정범의 실행행위가 완료된 후 그 범죄의 종료 이전까지는 방조가 가능하다. 그러나 정범의 (범죄)행위가 종료한 이후의 사후행위는 방조라 할 수 없다(대판82도122).

다수설은 방조행위가 정범의 (범죄)행위와 인과관계가 있을 것을 요하며, 적어도 그 범죄실행의 방법이나 수단에 영향을 미쳤을 것을 요한다고 해석하고 있다. 공범의 처벌근거는 정범의 불법을 야기 또는 촉진하는 데 있는 것이므로, 공범이 정범의 구성요건실현에 아무런 원인이 되지 못한 때에는 공범은 그 처벌근거를 잃게 된다고 보아야 할 것이므로 다수설의 견해가 타당하다.

종범은 정범의 실행을 방조한다는 인식(방조의 고의)이 있어야 하며, 또한 정범의 행위가 기수에 이른다는 것을 인식(정범의 고의)하여야 한다. 이때 방조자가 정범에 관하여 세부적으로 알 필요는 없다. 또한 정범이 누구인지 알고 있어야 하는 것도 아니다.

종범의 고의를 부연하여 설명하면 다음과 같다. 첫째 과실에 의한 방조는 있을 수 없다. 둘째 정범의 행위가 기수에 이르지 못한다고 인식하거나 미수에 그치게 할 의사로 방조하는 소위 미수의 방조는 방조가 될 수 없다. 셋째 종범이 성립하기 위해서는 정범과 방조범 사이에 의사연락이 있어야 하는 것은 아니다. 따라서 정범이 방조를 받고 있다는 사실을 인식하지 못한 경우, 즉 편면적 종범도 인정된다.

교사범과는 달리 효과 없는 방조와 실패한 방조를 처벌하는 규정은 없다. 그러므로 방조의 미수는 처벌할 수 없다.

2) 정범의 실행행위

종범은 정범에 종속하여 성립하는 것으로서 적어도 정범의 실행행위의 착수가 있어야 한다. 따라서 정범이 예비단계에 그친 경우에는 그 예비를 처벌하는 규정이 있더라도 방조자를 예비죄의 종범으로 처벌할 수 없다.[38] 정범이 미수에 그친 경우에는 종범도 미수범으로 처벌한다.

3. 종범의 처벌

종범의 형은 정범의 형보다 감경한다(형법 제32조 제2항). 그러나 특수종범의 경우인 "자기의 지휘, 감독을 받는 자를 교사 또는 방조하여 전항의 결과를 발생하게 한

---

38) "정범이 실행의 착수에 이르지 않고 예비의 단계에 그친 경우에는 이에 가공하더라도 예비의 공동정범이 되는 때를 제외하고는 종범으로 처벌할 수 없다"(대판79도552).

자는 교사인 때에는 정범에 정한 형의 장기 또는 다액에 그 2분의 1까지 가중하고
방조인 때에는 정범의 형으로 처벌한다."(형법 제34조 제2항).

4. 관련문제

종범을 다시 방조하는 간접방조도 종범으로 인정된다.[39] 종범에 대한 방조도 그
로 인하여 정범이 도움을 받는다는 사실을 알았기 때문이다. 교사에 대한 방조도 정
범에 대한 방조이므로 종범이 된다. 다만, '기도된 교사'에 대한 방조는 정범의 실행
의 착수가 없으므로 종범이 될 수 없다.

종범이 실행행위를 분담하여 기능적 행위지배로 나아갔으면 정범으로 흡수되고,
방조자가 한 때에는 보다 중한 교사범에 흡수된다. 즉 이러한 경우에는 종범이 아니
라 공동정범 또는 교사범이 성립된다.

정범의 양적 초과의 경우에는 정범이 초과 부분에 대하여 종범은 책임을 지지
않는다. 예컨대 정범의 절도행위를 방조하였는데 정범이 강도로 나아간 경우에는 방
조자는 절도의 종범이 될 뿐이다. 그리고 정범의 행위가 종범이 인식한 것보다 적게
실행한 때에도 종범은 정범의 실행범위 안에서 처벌받게 된다.

따라서 질적 초과의 경우에는 종범은 처벌받지 않는다.[40] 예컨대 정범의 살인을
방조하였는데 정범이 강도죄를 범한 경우에는 살인의 종범도 강도의 종범도 성립되
지 않는다.

제 5 항 간접정범

1. 의 의

간접정범(間接正犯)이란 타인을 도구로 이용하여 범행하는 것을 말한다. 여기에서
도구로 이용당하는 사람을 피이용자라 부른다. 종래의 이론에 따르면 스스로 구성요
건적 행위를 한 자가 정범이므로(제한적 정범개념이론) 간접정범은 공범이 될 수밖에 없
었다. 그리고 공범종속성을 인정하며 또한 종속의 정도에 관하여는 극단적 종속형식
을 취하고 있었다. 따라서 정범의 행위가 구성요건에 해당하고 위법하며 또한 책임
성까지 구비하여야 비로소 정범이 성립하게 되고, 정범이 이처럼 성립하여야 공범도

---

39) 간접적으로 정범을 방조하는 경우 정범이 누구인지 알 필요성이 없다고 한 사례(대판76도4133).
40) "방조자의 인식과 정범의 실행 간에 착오가 있고 양자의 구성요건이 다른 경우에는 원칙적으로 방조
     자의 고의는 조각되는 것이지만, 그 구성요건이 중첩되는 부분이 있는 경우에는 그 중복되는 한도 내
     에서 방조자의 죄책을 인정하여야 할 것이다"(대판84도2987).

성립할 수 있다고 이해하였다. 그런데 이와 같은 이론에 의하면 다음과 같은 문제가 발생한다. 예컨대 갑(甲)이 정신병자 을(乙)을 교사하여 남의 집에 불을 지르게 한 경우, 을(乙)은 정범에 해당한다. 그러나 을(乙)은 정신병자이므로 책임이 조각되어 극단적 종속형식을 취할 때 정범으로서 성립하지 못하고, 따라서 공범도 성립하지 않게 된다. 즉, 갑(甲)을 교사범으로 처벌할 수 없게 되는 논리적 결과를 가져오게 된다. 전통적 이론은, 이때 이용자인 갑(甲)을 처벌할 수 없는 불합리를 시정하기 위하여, 원래 공범에 해당하는 것을 정범과 같이 취급하는 간접정범이라는 개념을 만들어낸 것으로 이해하였다. 그러나 간접정범은 원래 정범이지 공범이 아니다.

2. 성립요건

간접정범의 성립요건은 ① 어느 행위로 인하여 처벌되지 않는 자 또는 과실범으로 처벌되는 자를, ② 교사 또는 방조하여, ③ (범죄)행위의 결과를 발생케 하는 것이다.

'어느 행위로 인하여 처벌되지 않는 자'란 그의 행위가 범죄로 성립되지 않는 자를 말한다. 즉, 피이용자의 행위가 구성요건해당성이 없거나, 위법성 또는 책임이 없는 경우를 의미한다. 그러므로 범죄는 성립하였으나 친족상도예로 처벌하지 못하는 경우는 여기에 포함되지 않는다.

① 구성요건에 해당하지 않는 행위를 이용하는 경우로 객관적 구성요건조차 충족하지 못한 경우, 예컨대 이용자의 강요나 기망으로 피이용자가 자살한 경우이다. 자살은 구성요건해당성이 없다. 그러나 이용자는 강요나 기망으로 피이용자를 살인의 도구로 삼았기 때문에 간접정범으로 처벌된다. 피이용자의 행위가 객관적 구성요건에는 해당하나 구성요건적 고의가 없는 경우, 예컨대 의사가 사정을 모르는 간호사로 하여금 환자에게 독약을 주사하게 한 경우이다. 이때 간호사의 행위는 살인죄의 객관적 구성요건을 충족한다. 그러나 고의가 없기 때문에 살인죄로 처벌되지 않는다. 만일 간호사에게 과실이 있더라도 의사의 간접정범 성립에는 지장이 없다. 형법은 과실범을 이용한 경우에도 간접정범의 성립을 인정하고 있기 때문이다.

② 구성요건에 해당하지만 위법하지 않은 행위를 이용하는 경우로, 예컨대 경찰 등에게 허위사실을 신고하여 사람을 체포·구금하게 한 경우에는 이용자는 타인의 정당행위를 이용한 간접정범이 된다.

③ 구성요건에 해당하고 위법하지만 책임이 없는 행위로 이용하는 경우로 제한

적 종속형식을 따르면 책임이 없더라도 정범은 성립하고, 따라서 공범도 성립한다. 그러므로 책임무능력자라 하더라도 책임무능력자 스스로 범행을 결심한 경우와 같이 피이용자에 대한 의사지배가 불가능한 상태일 때에는 간접정범이 아닌 교사범 또는 종범이 된다.

그러나 이용자가 피이용자의 책임무능력 상태 또는 책임조각사유를 인식하고 피이용자를 도구로 이용하여 행위의 전 과정을 지배·조종한 것으로 볼 수 있을 때에는 간접정범이 성립한다. 예컨대 변별력이 없는 어린아이나 심신상실자와 같은 책임무능력자를 범행에 이용하면 간접정범이 성립한다. 법률의 착오에 정당한 이유 있는 때에는 책임이 조각되므로, 이용자가 그러한 착오를 의도적으로 유발하거나 착오에 빠져 있는 상태를 인식하고 이용한 경우에는 간접정범이 된다. 또한 강요된 행위의 경우 피강요자는 책임이 조각되고, 강요자(강요된 행위를 범행에 이용한 사람)는 간접정범으로 처벌된다.

피이용자가 과실범으로 처벌되는 경우에도 이용자는 간접정범이 된다. 피용자에게 과실은 있지만 과실범 처벌규정이 없어서 처벌할 수 없는 경우에도 이용자는 고의의 간접정범으로 처벌된다.

이용행위는 교사 또는 방조라고 규정하고 있다. 그러나 간접정범 규정에서 말하는 교사 또는 방조는 교사범 또는 종범에서 말하는 교사·방조와 그 의미가 같지 않다. 간접정범의 경우에는 사주 또는 이용의 뜻으로 이해한다. 간접정범의 실행의 착수시기는 이용자가 이용행위를 개시한 때에 있다고 본다.

'(범죄)행위의 결과를 발생케 한 때'란 구성요건에 해당하는 사실을 실현한 것을 말한다. 결과가 발생하지 않는 때에는 간접정범은 미수범으로 처벌된다.

3. 간접정범의 처벌

피이용자가 범죄결과를 발생시킨 경우에 이용자는 교사 또는 방조의 예에 따라 처벌한다. 사주·이용행위가 교사에 해당할 때에는 교사범(형법 제31조), 방조에 해당할 때에는 종범(형법 제32조)으로 처벌한다는 의미이다. 교사범의 형은 정범과 동일하고(형법 제31조 제1항), 종범의 형은 정범보다 감경한다(형법 제32조 제2항). 그러나 간접정범은 정범이므로 공범의 예에 따라 처벌하도록 규정한 것은 입법상 오류라는 비판이 있다.

간접정범의 미수의 경우에는 '교사 또는 방조의 예에 의하면 처벌'해서는 안 된

다. 간접정범의 실행의 착수는 이용자가 이용행위를 개시하였을 때이다. 따라서 간접
정범의 미수란 이용행위 후에 피이용자가 아무런 행위도 하지 않은 경우를 포함한
다. 만일 이때 교사자를 예비·음모에 준하여 처벌한다면(형법 제31조 제2항·제3항) 실
행에 착수한 정범(간접정범)을 예비·음모로 처벌하는 모순된 결과가 발생한다. 간접정
범은 어디까지나 정범이고 공범이 아니다. 그러므로 간접정범이 미수에 그친 경우에
는 미수에 관한 조항(형법 제25조~제27조)의 적용을 받는다고 해야 할 것이다.

4. 관련문제

이용자는 피이용자가 고의가 없거나 책임무능력자이어서 어느 행위로 인하여 처
벌되지 않는 자인 줄 알았는데, 사실은 그가 고의 있는 책임능력자인 경우이다. 이때
에는 의사지배가 사실상 불가능하기 때문에 이용자는 교사범으로 처벌된다. 또한 책
임능력자인 줄 알고 교사·방조하였으나 실제로는 피이용자가 책임무능력자이었다
하더라도 간접정범으로 되는 것은 아니다. 피이용자를 도구로 하는 행위지배의 고의
가 없기 때문에 교사범 또는 종범이 성립될 뿐이다.

피이용자가 실행행위를 하면서 착오를 일으킨 경우에는 착오의 일반이론에 따라
해결한다. 예컨대 갑이 정신병자인 을을 사주하여 병을 살해하고자 하였으나 을이
정을 살해한 때에도 갑은 살인죄의 간접정범으로 처벌된다. 한편 피이용자가 간접정
범이 기도한 범위를 초과하여 실행한 때에는 간접정범은 초과 부분에 대하여 책임을
지지 않는다.

자수범(自手犯)이란 정범 자신이 직접 실행하여야 범할 수 있는 범죄를 말한다.
즉, 타인을 이용하거나 타인과 함께 범할 수 없는 범죄이다. 따라서 자수범은 간접정
범(또는 공동정범)이 성립할 여지가 없다. 위증죄(형법 제152조) 등이 여기에 속한다.

5. 특수교사·특수방조죄

형법은 "자기의 지휘·감독을 받는 자를 교사 또는 방조하여 전항의 결과를 발행
하게 한 자는 교사인 때에는 정범에 정한 형의 장기 또는 다액에 그 2분의 1까지 가
중하고 방조인 때에는 정범의 형으로 처벌한다."(형법 제34조 제2항)고 규정하고 있다.
이는 교사·방조의 특별규정이라고 이미 설명하였다. 그런데 이 규정의 '전항'이란 간
접정범 조항을 가리키므로 특수한 간접정범 규정이라는 의미도 갖는다. 즉, 특수공범
과 특수간접정범을 함께 규정한 것으로 본다.

제 6 항 공범과 신분

1. 의 의

신분범이란 신분이 범죄의 성립에 영향을 미치거나(진정신분범) 형벌의 가감에 영향을 미치는 범죄(부진정신분범)유형을 말한다. 이때 신분 있는 자와 신분 없는 자가 공범관계에 있을 경우에 형법 제33조는 "신분이 있어야 성립되는 범죄에 신분 없는 사람이 가담한 경우에는 그 신분 없는 사람에게도 제30조부터 제32조까지의 규정을 적용한다. 다만, 신분 때문에 형의 경중이 달라지는 경우에 신분이 없는 사람은 무거운 형으로 벌하지 아니한다."고 규정하고 있다.

2. 신분의 의의와 종류

1) 신분범의 의의

신분이 범죄의 성립이나 형의 가감에 영향을 미치는 범죄를 신분범이라고 한다. 이때 신분이란 성별, 내·외국인의 구별, 친족, 공무원 자격뿐만 아니라 널리 일정한 (범죄)행위에 관련된 범인의 인적 관계인 특수한 지위 또는 상태를 가리킨다(대판93도1002). 신분은 행위자와 관련된 요소이며, 행위와 관련된 요소는 신분의 개념에 포함되지 않는다. 따라서 보증인 지위는 신분개념에 포함되지만, 주관적 불법요소인 고의·목적 또는 동기는 행위와 관련된 요소이기 때문에 신분개념에 포함되지 않는다.

2) 신분의 종류

형법 제33조는 구성적 신분과 가감적 신분에 대해서만 규정하고 있으나 통설은 이외에도 소극적 신분을 인정한다. 신분이 범죄의 구성요건요소로 되어 있는 경우의 범죄를 구성적 신분범(진정신분범)이라 한다. 수뢰죄(형법 제129조 제1항), 위증죄(형법 제152조), 허위진단서작성죄(형법 제233조), 업무상 비밀누설죄(형법 제317조), 횡령죄·배임죄(형법 제355조) 등의 주체로 되는 신분이 여기에 해당한다. 신분이 범죄의 구성요소로 되어 있으므로 신분이 없으면 범죄는 성립되지 않는다.

신분이 법정형을 가중·감경하는 사유로 되어 있는 경우의 신분범을 가감적 신분범(부진정신분범)이라 한다. 존속살인죄(형법 제252조 제2항)의 주체가 될 수 있는 직계비속, 상습도박죄(형법 제246조 제2항)의 경우의 상습자, 업무상 횡령죄(형법 제356조 제1항)의 경우의 업무상 점유자 등은 가중적 신분이며, 영아살해죄(형법 제251조)의 경우의 직계존속은 감경적 신분이다. 가감적 신분은 이러한 신분이 없어도 범죄는 성립하지만 신분에 의해서 형벌이 가중되거나 감경되는 것이다.

소극적 신분이란 행위자에게 일정한 신분이 존재함으로 인하여 범죄의 성립이 조각되거나(위법조각적 신분, 책임조각적 신분) 또는 형벌이 조각되는 경우의 신분(처벌조각적 신분)을 말한다. 예컨대 의료법위반의 경우의 의사, 변호사법위반의 경우의 변호사가 그러하다. 일반인에게는 금지되어 있는 행위를 이러한 신분을 가진 자에 대해서는 허용한다. 즉, 위법성이 조각된다. 따라서 신분자를 비신분자가 교사·방조한 경우에는 범죄가 되지 않는다. 신분자의 행위는 적법행위이기 때문이다. 그러나 신분자가 비신분자의 행위에 가담한 경우에는 형법 제33조 분문의 취지에 따른다.[41] 예컨대 범인은닉죄(형법 제151조 제2항) 및 증거인멸죄(형법 제155조 제4항)의 친족 또는 형사미성년자(형법 제9조), 이러한 신분은 책임이 조각되는 신분이다. 이러한 신분자와 비신분자의 공범관계의 경우 신분자는 언제나 책임이 없고 비신분자는 가담 유형에 따라 처벌된다. 즉, 비신분자가 신분자의 행위에 가담한 경우에는 공동정범·교사범·종범(단, 비신분자의 의사지배성이 인정되는 경우 간접정범이 성립될 수 있음)으로, 신분자가 비신분자의 행위에 가담한 경우에는 비신분자는 정범(또는 공동정범)으로 처벌된다. 예컨대 친족상도예(형법 제328조)의 친족, 범죄 자체는 성립하지만 가족간의 정을 고려하여 형벌만을 면제하는 경우의 신분이다. 이러한 신분자와 비신분자의 공범관계의 경우 신분자는 언제나 처벌을 면하고 비신분자는 가담 유형에 따라 처벌된다. 즉, 비신분자가 신분자의 행위에 가담한 경우에는 공동정범·교사범·종범으로, 신분자가 비신분자의 행위에 가담한 경우에는 비신분자는 정범(또는 공동정범)으로 처벌된다.

3. 형법 제33조의 해석

1) 제33조 본문의 의미

형법 제33조는 본문과 단서로 구성되어 있다. 즉, "신분이 있어야 성립되는 범죄에 신분 없는 사람이 가담한 경우에는 그 신분 없는 사람에게도 제30조부터 제32조까지의 규정을 적용한다. 다만, 신분 때문에 형의 경중이 달라지는 경우에 신분이 없는 사람은 무거운 형으로 벌하지 아니한다."고 규정한다.

통설의 해석에 의하면 본문은 진정신분범에 대해서만 규정한 것이고, 단서는 부

---

41) "치과의사가 환자의 대량유치를 위해 치과기공사들로 하여금 환자들에게 진료행위를 하도록 지시하여 치과기공사들이 각 단독으로 진료행위를 하였다면 무면허의료행위의 교사범에 해당한다"(대판86도749); "의료인일지라도 의료인 아닌 자의 의료행위에 공모하여 가공하면 의료법 제25조 제1항이 규정하는 무면허의료행위의 공동정범으로서의 책임을 진다"(대판85도448).

진정신분범에 대해서만 규정한 것이라 한다. 그 근거로서 본문은 '신분이 있어야 성립되는 범죄'라고 규정하고 있는데, 부진정신분범은 신분의 유무에 따라 범죄성립이 좌우되는 경우가 아니다. 부진정신분범의 경우에는 굳이 공범성립의 근거를 규정할 필요가 없고, 다만 부진정신분범이 형벌을 가감하는 기능을 가진다는 점을 확인하기 위하여 이를 별도로 동조 단서에서 규정하고 있을 뿐이라 한다.

본문은 진정신분범에 관한 규정으로, 예컨대 공무원의 아내 갑(甲)이 남편 을(乙)에게 뇌물수수를 교사 또는 방조한 경우, 정범인 을(乙)은 공무원으로서 수뢰죄의 주체가 될 수 있으므로 수뢰죄의 정범으로 처벌하는 데 문제가 없다. 공무원의 신분을 갖지 않은 갑(甲)은 제33조 본문 규정에 따라 수뢰죄의 교사범 또는 종범이 된다. 또한 비신분자 갑(甲)이 을(乙)과 함께 뇌물을 받으면 수뢰죄의 공동정범이 된다.

단서는 부진정신분범에 관한 규정으로, 예컨대 갑(甲)이 그의 부친을 살해하는 행위를 갑(甲)의 친구 을(乙)이 방조한 경우, 정범인 갑(甲)이 존속살해죄에 해당하는 것은 문제될 것이 없다. 방조자인 을(乙)은 존속살해에 가담했지만 단서 규정에 따라 중한 형으로 처벌하지 못하므로 살인죄(형법 제250조 제1항)의 종범으로 처벌된다. 교사범 또는 공동정범으로 가담한 경우에도 마찬가지이다.[42]

2) '제30조부터 제32조까지의 규정'의 의미

형법 제33조의 '제30조부터 제32조까지의 규정'이란 공동정범(제30조)·교사범(제31조)·종범(제32조)을 말하므로, 간접정범(제34조)은 여기에 포함되지 않는다. 예컨대 비신분자가 신분자를 이용하여 진정신분범의 간접정범이 될 수는 없다.

3) 단서의 의미

"무거운 형으로 벌하지 아니 한다"는 의미는 신분이 있는 사람은 신분범 규정에 따르고, 신분 없는 사람은 신분을 요하지 않는 규정에 따른다는 의미로 받아들이면 될 것이다. 즉, 가감적 신분의 경우 형의 가중 또는 감경사유는 언제나 신분을 가진 자에게만 한정되는 것이고 신분 없는 공범에게는 미치지 않는다.

예컨대 영아살해죄(형법 제251조)의 경우 직계존속이란 신분은 살인죄의 형보다 가볍게 처벌하도록 되어 있는 감경적 신분이다. 비신분자인 갑(甲)이 생모인 을(乙)로 하여금 그의 영아를 살해하도록 사주한 경우 신분자인 을(乙)은 영아살해죄의 정범으

---

42) "은행원이 아닌 자가 은행원들과 공모하여 업무상 배임죄를 저질렀다 하여도, 이는 업무상 타인의 사무를 처리하는 신분관계로 인하여 형의 경중이 있는 경우이므로, 그러한 신분관계가 없는 자에 대하여서는 형법 제33조 단서에 의하여 형법 제355조 제2항(배임죄)에 따라 처단하여야 한다"(대판86도 1517).

로서 처벌받게 됨으로써 형이 감경된다. 그러나 이때 신분없는 갑(甲)은 살인죄의 교사범이 된다. "신분 때문에 형의 경중이 달라지는 경우에 신분이 없는 사람은 무거운 형으로 벌하지 아니한다."는 규정으로 인해서 갑(甲)이 살인죄의 형벌로 처벌받는다.

4) 신분자가 비신분자의 행위에 가담한 경우

형법 제33조 본문은 진정신분범에 관한 규정으로서 비신분자가 신분자의 범죄에 가담한 때에만 적용되고 신분자가 비신분자(정범)의 범죄에 가담한 경우에는 적용되지 않는다. 그러나 단서는 비신분자가 신분자의 범죄에 가담한 경우뿐만 아니라 신분자가 비신분자의 범죄에 가담한 때에도 적용된다(통설·판례; 대판93도1002).

따라서 갑(甲)이 을(乙)을 교사하여 자기의 부친 병(丙)을 살해하도록 한 때에는 비신분자 을(乙)은 살인죄의 정범이지만 갑(甲)은 존속살인죄의 교사범으로 처벌되어야 한다. 요컨대 형법 제33조 단서의 경우 책임은 언제나 신분 유무에 따라 각자가 개별적으로 진다(책임개별화의 원칙).

제 7 절 죄 수 론

제 1 항   일반이론

1. 의 의

죄수론이란 범죄의 수가 1개인가 또는 여러 개인가를 밝히기 위한 이론이다. 여기에서는 여러 개의 범죄를 실현하였을 때 이를 어떻게 처리할 것인가도 다룬다. 죄수론은 일정한 행위(하나 또는 수개의 행위)가 1개의 범죄에 해당하는가, 수개의 범죄에 해당하는가와 수개의 범죄에 해당한다면 이를 어떻게 처리할 것인가의 문제로 구성된다.

2. 죄수결정의 기준

범죄의 수를 결정하는 기준에 관하여는 여러 견해가 있다. 행위가 하나이면 범죄도 하나라는 견해(행위표준설), 침해되는 법익의 수를 기준으로 결정해야 한다는 견해(법익표준설), 범죄의사를 기준으로 죄수를 결정해야 한다는 견해(의사표준설), 구성요건해당사실을 기준으로 죄수를 결정하는 견해(구성요건표준설)이다. 그러나 어느 하나의 견해에만 입각하여 죄수를 결정할 수는 없다고 본다. '죄'란 구성요건을 전제로 하는 개념이므로, 구성요건표준설을 우선적 기준으로 삼되 행위의 개수, 범죄의사 및 법익 등을 종합적으로 고려하여 각각의 범죄에 합당한 기준을 찾아야 할 것이다.

판례도 구체적인 사건에 따라 여러 가지 표준에 입각하여 죄수를 결정하고 있다. 먼저 법익표준설을 택한 예로 "위조통화행사죄와 사기죄는 보호법익이 다르므로 위조통화를 행사하여 재물을 불법영득한 때에는 위조통화행사죄와 사기죄의 경합범이 된다."(대판78도840), 의사표준설을 택한 예로 "수개의 수뢰행위가 동일한 상대방과의 사이에서 단일한 범의에 의하여 계속되고, 또 피해법익도 동일하다면 이를 포괄일죄로 보아야 한다."(대판80도2832), 구성요건표준설을 택한 예로 "예금통장과 인장을 절취한 행위와 저금 환급금수령증을 위조한 행위는 별개의 구성요건을 충족하는 독립된 행위이기 때문에 경합범이 성립한다."(대판68도1510)는 판례가 있다.

3. 수죄처벌의 기본원칙

수죄가 경합하는 경우의 처벌방법에는 3가지 기본원칙이 있다. 수죄의 형기를 합산하여 처벌하는 방법이다(병과주의). 형법은 경합범에서 각 죄에 정한 형이 무기징역이나 무기금고 이외의 다른 종류의 형인 경우에만 병과주의를 채택하고 있다(형법 제38조 제1항 제3호). 수죄 가운데 가장 중한 죄에 정한 형을 적용하고 다른 경한 죄에 정한 형은 여기에 흡수시키는 방법이다(흡수주의). 형법은 상상적 경합(형법 제40조)의 경우와 경합범 가운데 중한 죄에 정한 형이 사형 또는 무기징역이나 무기금고인 경우(형법 제38조 제1항 제1호)에 흡수주의를 채택하고 있다. 수죄에 대하여 하나의 전체형을 선고하는 것을 말한다(가중주의). 전체형은 통상 가장 중한 죄에 정한 형을 가중하는 방법으로 이루어진다. 형법은 경합범에서 각죄에 정한 형이 사형 또는 무기징역이나 무기금고 이외의 동종의 형인 경우 가중주의를 채택하고 있다(형법 제38조 제1항 제2호).

제 2 항 일 죄

일죄는 범죄의 개수가 1개인 것을 말한다. 일죄는 법조경합과 포괄일죄를 포함한다. 한편 '과형상의 일죄'(상상적 경합)의 경우에는 일죄로 처벌하지만 실질적으로는 수죄이다. 따라서 양자는 구별된다.

법조경합(法條競合)이란 1개 또는 수개의 행위가 법조문으로 볼 때에는 수개의 구성요건에 해당하는 것처럼 보이지만, 구성요건 상호간의 관계에서 볼 때 실제로는 1개의 구성요건에 해당되는 경우를 말한다. 법조경합에는 ① 특별관계, ② 보충관계, ③ 흡수관계와 같은 3가지 유형으로 구분할 수 있다.

특별관계는 예컨대 직계존속을 살해한 경우, 사람을 죽였으므로 살인죄(형법 제250조 제1항)에 해당한다고 생각할 수 있겠지만, 존속살해죄(형법 제250조 제2항)의 구성요건이 별도로 있으므로 존속살해죄의 규정만 적용되고 살인죄의 구성요건은 배척된다.

보충관계는 예컨대 형법 제99조(일반이적죄)는 형법 제92조부터 제98조까지의 규정이 적용되지 않는 때에만 보충적으로 적용될 수 있다. 기본적 구성요건(기본법)이 있고 또 이를 보충하는 구성요건(보충법)이 있는 경우에 기본법이 적용되면 보충법은 배제된다.

흡수관계는 예컨대 A가 권총으로 B를 살해하였는데 이때 B가 입고 있던 옷에 총알구멍이 나서 못쓰게 되었다면, 살인죄 외에 재물손괴죄의 구성요건해당성이 있는 것처럼 보이지만 재물손괴죄는 살인죄에 흡수되어 살인죄만 적용된다(불가벌적 수반행위). 또한 A가 훔친 물건을 부수더라도 A에게는 절도죄만 적용될 뿐이고 별도로 손괴죄가 성립하지는 않는다(불가벌적 사후행위). 이처럼 하나의 구성요건이, 별도의 구성요건에 해당하는 것처럼 보이는 행위의 불법과 내용을 흡수하는 경우이다.

포괄일죄란 수개의 행위가 결합하여 하나의 구성요건에 해당하는 경우를 말한다. 결합범은 개별적으로 독립된 구성요건에 해당하는 수개의 행위가 결합하여 일죄를 구성하는 경우이다(예컨대 강도죄＝폭행죄 또는 협박죄＋절도죄). 계속범은 일정시간 동안 위법상태의 계속을 전제하고 있는 범죄유형을 말한다. 예컨대 감금해 놓은 B가 이튿날 탈출하는 것을 붙잡아 2일간 더 감금한 때에는 2개의 감금죄가 성립하는 것이 아니라 3일간 감금한 하나의 감금죄가 성립한다. 접속범은 하나의 행위로도 범죄가 될 수는 있지만, 수개의 행위가 불가분하게 결합되어 하나의 범죄로 평가되는 경우이다. 예컨대 여러 번에 걸쳐 뇌물을 받은 행위는 1개의 범죄이다.[43] 그러나 반복된 행위가 주체를 달리하는 전속적 법익을 침해한 때(예컨대 여러 명을 살해한 경우)에는 포괄일죄가 되지 않는다. 연속범은 연속한 수개의 행위가 동종의 범죄에 해당하는 것을 말한다. 반드시 동일 구성요건에 해당할 필요가 없고, 시간적·장소적으로 긴밀한 연관을 요하지 않는다는 점에서 접속범과 구별된다. 끝으로 집합범은 구성요건의 성질상 다수의 동종행위가 동일한 의사로 반복되지만 일죄로 처리되는 경우를 말한다. 상습범이나 영업범(예컨대 무면허의료행위 또는 무허가 유료직업소개행위)을 예로 들 수 있다.

제 3 항 수 죄

1. 상상적 경합

1개의 행위가 실질적으로 수개의 죄에 해당하는 경우를 상상적 경합 또는 관념적 경합이라 한다(대판88도1693). 이때 가장 중한 죄에 정한 형으로 처벌하므로(제40조), 실질적으로는 수죄이지만 과형상 1죄라 할 수 있다. 행위가 1개인 점에서 법조경합과 같지만 실질적으로 수죄라는 점에서 법조경합과 구별되며(대판97도2956), 행위가 1개라는 점에서 수개의 행위를 요건으로 하는 경합범과는 다르다.

---

43) "여러 개의 뇌물수수행위가 있는 경우에 그것이 단일하고 계속된 범의하에 동종의 범행을 일정기간 반복하여 행한 것이고, 그 피해법익도 동일한 경우에는 각 범행을 통틀어 포괄일죄로 볼 것이지만, 그러한 범의의 단일성과 계속성을 인정할 수 없을 때에는 각 범행마다 별개의 죄가 성립하는 것으로서 경합범으로 처단하는 것이 마땅하다"(대판97도2836).

상상적 경합의 경우에는 가장 중한 죄에 정한 형으로 처벌한다(제40조). 이는 그 수개의 죄명 중 가장 중한 형을 규정한 법정형에 따라 처벌한다는 의미이며, 아울러 다른 법조문의 최하한의 형보다 가볍게 처벌할 수는 없다는 취지이다. 즉 법정형의 상한과 하한을 모두 중한 형의 범위 내에서 처단한다는 것을 의미한다.

2. 경 합 범

경합범(실체적 경합)이란 동일한 주체에 의해 저질러진 범죄로서, 판결이 확정되지 않은 수개의 죄(동시적 경합범) 또는 판결이 확정된 죄와 그 판결이 확정되기 전에 범한 죄(사후적 경합범)를 말한다(형법 제37조). 이를 상상적 경합에 대응하여 실체적 경합이라고도 부른다. 수개의 행위로 수개의 죄를 범한 경우라야 하며, 그 수개의 죄는 모두 판결이 확정되지 않았을 것을 요한다. 또한 그 수개의 죄는 동시에 판결될 수 있는 상태에 있어야 한다. 즉, 수개의 죄는 모두 같은 심판의 대상이 되어야 한다. 따라서 수개의 죄 중 일부의 죄가 기소되지 않은 경우에는 경합범이 될 수 없으나, 후에 추가로 기소되어 병합심리하게 된 경우에는 경합범이 될 수 있다. 예컨대 갑(甲)이 차례로 ABCDE 5개의 죄를 범하고 C죄에 대하여 판결이 확정된 때에는 ABC의 3죄가 사후적 경합범이 된다. 판결이 확정된 후에 범한 DE의 죄는 별도로 동시적 경합범이 된다. ABC죄와 DE죄는 서로 경합범이 되지 않는다.[44]

판결확정 후의 범죄가 그 전의 범죄와 경합관계에 있다는 규정은 없기 때문이다. 확정판결은 벌금형이나 약식명령이 확정된 경우도 포함된다.[45] 그리고 형집행의 종료 여부 또는 집행유예의 실효 여부는 묻지 않는다. 죄를 범한 시기는 범죄의 종료시를 기준으로 한다.

판결이 확정되지 않은 수개의 죄를 동시에 판결할 경우에는 다음과 같이 한다. 원칙으로 가중주의가 적용되어 각 죄에 정한 형이 사형 또는 무기징역이나 무기금고 이외의 동종의 형인 때에는 가장 중한 죄에 정한 장기 또는 다액에 2분의 1까지 가중하되, 각 죄에 정한 형의 장기 또는 다액을 합산한 형기 또는 액수를 초과할 수 없다(형법 제38조 제1항 제2호). 흡수주의의 가미로 가장 중한 죄에 정한 형이 사형 또는 무기징역이나 무기금고인 때에는 가장 중한 죄에 정한 형으로 처벌한다(형법 제38조

---

44) "확정판결 전에 저지른 범죄와 확정판결 후에 저지른 범죄는 형법 제37조에서 말하는 경합범 관계에 있는 것이 아니다"(대판70도2271).
45) "형법 제37조에서 말하는 확정된 판결은 반드시 금고 이상의 형에 처하는 것임을 요하지 않고, 벌금형을 선고하는 판결이 확정된 때나 약식명령이 확정된 때에도 판결이 확정된 죄라고 하여야 한다"(대판93도1817).

제1항 제1호). 병과주의도 가미하여 각 죄에 정한 형이 무기징역이나 무기금고 이외의
이종의 형인 때에는 병과(並科)한다(동조 제1항 제3호).

경합범 중 판결을 받지 않은 죄가 있는 때에는 그 죄에 대하여 형을 선고한다(형
법 제39조 제1항). 이미 확정판결이 있는 죄에 대하여는 일사부재리의 원칙이 적용되므
로 다시 판결할 수 없고, 아직 판결을 받지 않은 죄에 대하여만 형을 선고하도록 한
것이다. 형법 제39조 제1항에 의하면 하나의 경합범에 대해 두 개 이상의 판결이 존
재하게 된다. 이때 형의 집행은 형법 제38조의 예에 따른다(형법 제39조 제2항). 따라서
이미 확정된 판결이 사형 또는 무기형인 경우에 다른 판결은 여기에 흡수되며, 그 밖
의 경우에 수개의 판결은 형법 제38조의 예에 따라 가중·병과하여 집행된다.

경합범(競合犯)에 의하여 판결선고를 받은 자가 경합범 중의 어떤 죄에 대하여
사면 또는 형집행이 면제된 때에는 다른 죄에 대하여 다시 형을 정한다(형법 제39조 제
3항).

제 3 장 형 벌 론

제 1 절 형사제재

1. 의 의

형사제재란 범죄에 대한 법률상의 효과로서 국가가 범죄자의 일정한 법익을 박탈·제한하는 것을 말한다. (범죄)행위에 대한 법적 효과로서의 형사제재에는 형벌 외에도 보안처분(保安處分)이 있다. 보안처분은 형벌만으로서는 범죄에 대한 사회방위와 행위자의 사회복귀에 미흡하다고 느껴서 형벌을 보충하거나 대체하기 위하여 고안해 낸 형사제도이다. 헌법도 "누구든지 법률과 적법한 절차에 의하지 않고는 처벌·보안처분 또는 강제노역을 받지 않는다."(제12조 제1항)고 하여 보안처분을 형사제재의 하나로 규정하고 있다. 형법은 오직 보호관찰·사회봉사명령·수강명령에 관한 규정만을 두고 있으나 보안처분에 관한 특별법은 적지 않은 편이다.[1] 보안처분은 여러 점에서 형벌과 다르다. 특히 형벌은 반드시 범죄를 전제로 하지만, 보안처분 중에는 범죄의 성립을 전제로 하지 않는 것도 있다. 예컨대 정신병자와 같이 심신상실자이기 때문에 처벌할 수 없는 경우에도 치료감호처분을 할 수 있다.

한편 형법이 규정하고 있는 형벌에는 사형·징역·금고·자격상실·자격정지·벌금·구류·과료 그리고 몰수의 9가지 종류가 있다(형법 제41조). 이를 형벌에 의해 박탈되는 법익의 종류에 따라 분류하면 생명형·자유형·명예형 그리고 재산형의 4가지 유형으로 구분할 수 있다. 사형은 생명형, 징역·금고·구류는 자유형, 자격상실·자격정지는 명예형, 벌금·과료 및 몰수는 재산형이다.

2. 형벌의 종류

사형은 수형자의 생명을 박탈하는 형벌이다. 사형존폐론의 대립 속에 사형제도를 폐지하자는 주장이 강력하지만 헌법재판소는 사형제도를 합헌이라고 결정한 바

---

1) 예컨대 소년법의 보호처분, 보호관찰 등에 관한 법률(이하 '보호관찰법')의 보호관찰 그리고 보안관찰법의 보안관찰처분, 치료감호법의 치료감호 등을 들 수 있다.

있다(헌재95헌바1). 형법이 법정형으로 사형을 규정하고 있는 범죄는 14종 정도이다. 이 가운데 여적죄(형법 제93조)의 법정형은 사형만을 규정하고 있다(절대적 사형). 특별형법에서의 사형규정은 훨씬 더 많아서, 형법과 특별형법을 합치면 전체 사형규정은 160여 개, 그 중에 절대적 사형은 15개이다. 형법상의 사형집행방법은 교수형(형법 제66조)이며, 군형법은 총살형을 인정하고 있다(군형법 제3조).

자유형은 수형자의 신체적 자유를 박탈하는 형벌이다. 형법상의 자유형에는 징역·금고·구류가 있다. 징역은 수형자를 교도소 안에 구치하여 정역에 복무케 하는 형벌이다(형법 제67조). 징역에는 유기와 무기의 2종이 있다. 무기는 기한이 없으며, 유기는 1개월 이상 30년 이하인데, 가중할 때에는 50년까지 가능하다(형법 제42조). 금고는 정역을 과하지 않는 점을 제외하면 징역과 같다(형법 제68조). 본인이 원하면 작업을 시킬 수 있다(형의 집행 및 수용자의 처우에 관한 법률: 이하 '형집행법' 제67조).[2] 구류기간은 1일 이상 30일 미만이다. 작업이 없는 점에서 징역과 다르다(형법 제46조). 구류는 경범죄 처벌법이나 기타 단행법규에서 많이 볼 수 있으며, 형법에는 공연음란죄(형법 제245조), 폭행죄(형법 제260조), 과실치상죄(형법 제266조), 협박죄(형법 제283조) 등 소수의 규정이 있다.

재산형은 범죄자로부터 일정한 재산을 박탈하는 형벌을 말한다. 형법은 벌금·과료·몰수를 재산형으로 규정하고 있다. 벌금형은 범죄자에게 일정한 금액의 지불을 강제적으로 부담시키는 형벌이다. 벌금액은 5만원 이상으로 하며, 감경하는 경우에는 5만원 미만으로 할 수 있다(형법 제45조). 벌금은 판결확정 일부터 30일 안에 납입해야 하고, 벌금을 납입하지 않는 자는 환형처분으로서 1일 이상 3년 이하의 기간 동안 노역장에 유치하여 작업에 복무하게 한다(형법 제69조, 동 제70조). 만일, 벌금의 일부만 납입한 때에는, 벌금액과 유치기간의 일수에 비례하여 납입금액에 상당하는 일수를 공제한다(형법 제71조). 단기 자유형의 제한 원칙에 따라서 벌금형은 현재 실제적으로 가장 많이 적용되고 있는 형벌이다.[3] 과료도 재산형의 일종으로서 형법보다는 경범죄 처벌법이나 기타 단행법규에 그 규정이 많다. 형법에는 과실치상죄(형법 제266조), 점유이탈물횡령죄(형법 제360조) 등에서 과료를 정하고 있다. 과료는 2천원 이상 5

2) 제67조(신청에 의한 작업): 금고와 구류형을 받은 자에게는 신청에 의하여 작업을 과할 수 있다. 금고형 수형자의 70~80%가 노역에 종사하기를 희망하므로 단일자유형(징역과 금고를 통합)제도로 법개정해야 된다는 이론이 타당하다.
3) 2014년 제1심 형사사건처리 중 약식명령사건이 전체사건의 76.7%이며, 1심 공판에서 벌금형 선고가 31.2%에 의한다(법무연수원, 범죄백서, 2015, 334면).

만원 미만으로 한다(형법 제47조). 과료를 납입하지 않은 자는 1일 이상 30일 미만의 기간 동안 노역장에 유치하여 작업을 시킨다(형법 제69조). 과료는 형법상의 형벌이므로 행정벌인 과태료와 구별된다. 몰수는 원칙적으로 다른 형에 덧붙여 과하는 부가형이다. 다만 행위자에게 유죄판결을 하지 않을 때에도 몰수요건이 있을 때에는 몰수만을 선고할 수 있다(형법 제49조 단서). 몰수에는 임의적 몰수와 필요적 몰수가 있는데, 전자를 원칙으로 한다(형법 제48조).[4] 따라서 원칙적으로 몰수는 법관의 자유재량에 속한다. 필요적 몰수는 형법(예컨대 제134조 뇌물죄)이나 특별형법(예컨대 국가보안법 제15조 등)에 개별적으로 규정되어 있다.

명예형은 범죄자의 명예·자격을 박탈하거나 제한하는 형벌이다. 자격형이라고도 부른다. 형법에는 자격상실과 자격정지의 두 가지가 있다. 사형·무기징역 또는 무기금고의 선고가 있으면 다음의 자격은 당연히 상실된다(형법 제43조 제1항). 공무원이 되는 자격, 공법상의 선거권과 피선거권, 법률로 요건을 정한 공법상의 업무에 관한 자격, 법인의 이사·감사 또는 지배인 기타 법인의 업무에 관한 검사역이나 재산관리인이 되는 자격이다. 자격정지는 일정기간 동안 일정한 자격의 전부 또는 일부가 정지되는 것을 말한다. 범죄의 성질에 따라서 선택형 또는 병과형으로 되어 있고, 일정한 형의 판결에 의한 당연정지와 판결의 선고에 의한 선고정지가 있다. 당연정지는 유기징역 또는 유기금고의 판결을 받은 자에게 그 형의 집행이 종료되거나 면제될 때까지 위의 자격이 당연히 정지되는 것을 말한다(형법 제43조 제2항). 선고정지는 판결의 선고에 의해 일정한 자격의 전부 또는 일부를 일정기간 정지시키는 경우이다. 자격정지기간은 1년 이상 15년 이하이다(형법 제44조 제1항). 자격정지가 선택형일 때, 그 기간은 다른 형벌과 마찬가지로 판결이 확정된 날부터 기산한다. 병과형일 때에는 징역 또는 금고의 집행을 종료하거나 면제된 날부터 기산한다(형법 제44조 제2항).

---

4) 제48조(몰수의 대상과 추징) ① 범인 이외의 자의 소유에 속하지 않거나 범죄 후 범인 이외의 자가 정을 알면서 취득한 다음 기재의 물건은 전부 또는 일부를 몰수할 수 있다.
1. 범죄행위에 제공하였거나 제공하려고 한 물건
2. 범죄행위로 인하여 생겼거나 이로 인하여 취득한 물건
3. 전 2호의 대가로 취득한 물건
② 전항에 기재한 물건을 몰수하기 불가능한 때에는 그 가액을 추징한다.
③ 문서·도화·전자기록 등 특수매체기록 또는 유가증권의 일부가 몰수에 해당하는 때는 그 부분을 폐기한다.

제 2 절 형의 양정

1. 의 의

형법은 일정한 범죄에 대하여 형벌의 종류와 범위만을 규정하고 있을 뿐이다(법정형, 처단형). 따라서 이 범위 내에서 법원은 구체적인 사건에 적용할 형을 정하여야 한다(선고형). 이를 형의 양정, 양형 또는 형의 적용이라 한다.

2. 양형의 단계

형의 양정(양형)단계에는 법정형, 처단형, 선고형이 있다. 법정형이란 일정한 범죄에 대하여 법이 정해 놓은 형벌을 말한다. 예컨대 살인죄의 법정형은 '사형·무기 또는 5년 이상의 징역'이다(형법 제250조 제1항). 처단형은 법정형에 규정된 형벌의 종류가 선택되고 또한 가중감경이 행하여져서 처단의 범위가 구체화된 형을 말한다. 예컨대 A라는 살인사건에서 살인죄의 법정형 중 5년 이상의 유기징역형을 선택하였고, 이 사건에 법률상 감경사유가 있다고 하면, '5년 이상의 유기징역'이란 장기 15년 단기 5년을 의미하고 유기징역을 감경할 때에는 그 형기의 2분의 1로 하므로(형법 제55조 제1항 제3호), 결국 장기 7년 6개월 단기 2년 6개월의 유기징역으로 된다. 이것이 이 사건에 대한 처단형이다. 선고형은 처단형의 범위 내에서 법원이 구체적으로 형을 양정하여 피고인에게 선고하는 형벌을 선고형이라 한다. 예컨대 앞에서 예를 든 처단형, 즉 장기 7년 6개월 단기 2년 6개월 범위 내에서 징역 3년을 선고하면 이것이 바로 선고형이다.

3. 형의 가중·감경

1) 의의와 사유

법률상의 가중 사유에 따라 필요적으로 형을 가중하는 것을 형의 가중이라 한다. 즉, 법률상 가중만 인정된다(감경의 경우에는 재판상 감경도 인정됨). 가중사유는 다음과 같이 2가지로 나눈다. 일반적으로 범죄에 공통되는 가중사유(일반적 가중사유)를 말하며, 경합범가중(형법 제38조), 누범가중(형법 제35조), 특수교사·방조가중(형법 제34조 제2항) 등 3가지가 있다. 또한 특수한 가중사유로 형법각칙에 특별히 규정된 가중사유이다. 법률상 감경과 재판상 감경(작량감경)이 있다. 전자는 법률의 규정에 의해 형을 감경하는 것을 말한다. 예컨대 청각 및 언어 장애인(형법 제11조), 중지범(형법 제26조),

종범(형법 제32조 제2항)의 경우에는 반드시 감경하여야 하고(필요적 감경사유), 심신미약자(형법 제10조 제2항; 2018.12.18. 개정), 과잉방위(형법 제21조 제2항), 미수범(형법 제25조 제2항), 자수·자복(형법 제52조)의 경우에는 형을 감경할 수 있다(임의적 감경사유). 후자는 법원이 범죄와 정상에 참작할 만한 사유가 있는 때에는 작량하여 감경할 수 있다(형법 제53조). 작량감경은 법원의 자유재량에 속하며, 법률상 가중·감경을 한 후에도 다시 작량감경할 수 있다.

2) 기 준

1개의 죄에 정한 형이 여러 종인 때에는 먼저 적용할 형을 정하고 그 형을 감경한다(형법 제54조). 형을 가중·감경할 사유가 경합된 때에는 다음 순서에 의한다(형법 제56조). ① 각칙 조문에 따른 가중, ② 형법 제34조 제2항에 따른 가중, ③ 누범가중, ④ 법률상 감경, ⑤ 경합범가중, ⑥ 정상참작감경.

유기징역이나 유기금고를 가중하는 경우에는 50년까지로 한다(형법 제42조 단서). 기타 가중방법은 가중사유에서 별도로 규정한다. 감경의 정도 및 방법은 형법 제55조에서 규정한다. 즉, ① 사형을 감경할 때에는 무기 또는 20년 이상 50년 이하의 징역 또는 금고, ② 무기징역 또는 무기금고를 감경할 때에는 10년 이상 50년 이하의 징역 또는 금고, ③ 유기징역 또는 유기금고를 감경할 때에는 그 형기의 2분의 1, ④ 자격상실을 감경할 때에는 7년 이상의 자격정지, ⑤ 자격정지를 감경할 때에는 그 형기의 2분의 1, ⑥ 벌금을 감경할 때에는 그 다액의 2분의 1. ⑦ 구류를 감경할 때에는 그 장기의 2분의 1, ⑧ 과료를 감경할 때에는 그 다액의 2분의 1로 한다. 법률상 감경사유가 수개 있는 때에는 거듭 감경할 수 있다(제55조 제2항). 작량감경의 방법도 형법 제55조의 방법에 의한다. 작량감경은 1회에 한한다.[5]

4. 양형의 조건

형법은 법원이 구체적으로 선고할 형을 정할 때 참작할 사항을 열거하고 있다. 즉, 형법은 제51조에서 "형을 정함에 있어서는 다음 사항을 참작하여야 한다."고 하면서 ① 범인의 연령, 성행, 지능과 환경, ② 피해자에 대한 관계, ③ 범행의 동기, 수단과 결과, ④ 범행 후의 정황을 열거하고 있다.

---

5) 형법 제53조의 작량감경은 범죄의 모든 정상을 종합적으로 관찰하여 형을 감경함이 상당하다고 인정될 때에 1회에 한하여 적용되는 것이고 정상 하나하나에 거듭 작량감경할 수 있음을 규정한 취지가 아니다(대판63도410).

제 3 절 누 범

1. 의 의

금고 이상의 형을 받아 그 집행을 종료하거나 면제를 받은 후 3년 이내에 금고 이상에 해당하는 죄를 범한 자를 누범이라 한다. 누범의 형은 그 죄에 정한 형의 장기의 2배까지 가중한다. 범죄를 반복하여 범한다는 점에서 누범과 상습범은 공통점을 갖고 있다. 그러나 누범의 경우에는 (범죄)행위의 반복성에 초점을 둘 뿐이지만, 상습범은 반복된 범죄에 나타난 범죄성향(특정범죄에 대한 상습성)을 강조한다.

따라서 누범은 전과를 요건으로 하지만 상습범은 반드시 전과가 있을 것을 요하지 않는다. 또한, 누범은 동일죄질이 아닌 경우에도 성립하지만 상습범은 동일죄질의 상습성을 요건으로 한다.

누범에 대한 형의 가중은 '전에 저지른 범죄에 대해서 이미 죗값을 치렀는데도', '전과자라는 사회적 신분'을 이유로 초범자보다 형을 가중하는 것이다. 그러한 점에서 일사부재리의 원칙과 평등의 원칙에 어긋나므로 위헌의 소지가 있으나, 판례는 누범가중에 관한 형법 제35조의 규정이 일사부재리의 원칙과 저촉되는 것이라 할 수 없고(대판70도1656; 헌재93헌바43), 국민의 평등권을 규정한 헌법에 위배하는 것도 아니라고 한다(대판83도420; 대판2006도1427).

누범에 대한 형의 가중은 이미 형을 받은 자가 개전하지 않고 재범한 때에는 책임이 가중되고 행위자의 반사회적 위험성도 커지기 때문이라는 것이 다수설의 견해이다.

2. 누범가중의 요건

전(前)범의 형은 선고형이 금고 이상의 형이라야 한다. 이는 유기징역형이나 유기금고형에 처단할 경우에 해당하는 죄를 가리키며, 사형·무기형·자격형·재산형은 해당되지 않는다. 선고된 금고 이상의 형은 집행이 종료되었거나 집행을 면제받았을 것을 요한다. 전형의 집행 전이나 집행 중에 다시 죄를 범한 경우에는 누범이 될 수 없다. 따라서 금고 이상의 형을 받고 그 형의 집행유예기간 중에 금고 이상에 해당하는 죄를 범하였다 하더라도 이는 누범가중의 요건을 충족시킨 것이라 할 수 없다. 또한 가석방된 자가 가석방기간 중에 다시 죄를 범한 경우도 형집행 종료 후의 범죄가 아니므로 누범이 될 수 없다.

전범의 형의 집행을 종료하거나 면제를 받은 후 3년 이내에 후(後)범이 행하여질 것을 요한다. 후범은 금고 이상에 해당하는 죄라야 하고 이는 법정형이 아니라 선고형을 의미한다. 판례도 "형법 제35조 소정의 누범이 되려면 금고이상의 형을 받아 그 집행을 종료하거나 면제받은 후 3년 내에 다시 금고 이상에 해당하는 죄를 범하여야 하는 바…"라고 판시한다(대판2005도9858 전원합의체).

3. 누범의 처벌

누범의 형은 그 죄에 정한 형의 장기의 2배까지 가중한다(제35조 제2항). 50년을 초과할 수는 없다(형법 제42조 단서). 단기(短期)를 제외한 장기(長期)만을 가중하며, 가중하는 형은 법정형을 의미한다. 예컨대 법정형이 '6년 이하의 징역'인 경우 이는 '30일에서 6년까지'를 의미하므로 누범가중하면 '30일에서 12년까지'로 된다. 따라서 이 범위에서 선고형을 정할 수 있다.

판결선고 후 누범인 것이 발각된 때에는 그 선고한 형을 통산하여 다시 형을 정할 수 있다(형법 제36조). 전과사실을 은폐함으로써 누범가중을 면하고자 하는 경우에 대비한 규정이다. 그러나 판결이 확정되었음에도 불구하고 전과가 있었다는 사정만을 이유로 가중형을 추가하는 것은 동일 범죄를 거듭 처벌하는 것으로서 일사부재리의 원칙에 정면으로 위배된다. 다만 선고한 형의 집행을 종료하거나 그 집행이 면제된 후에는 누범이 발각되었더라도 가중하지 않는다(형법 제36조 단서).

제 4 절   선고유예 · 집행유예 · 가석방

1. 선고유예

선고유예(형법 제59조)는 비교적 가벼운 범죄행위자에 대해 일정기간 동안 형의 선고를 유예하고, 그 유예기간을 경과한 때에는 면소(免訴)된 것으로 간주하는 제도이다. 선고유예의 요건(형법 제59조)으로는 ① 1년 이하의 징역이나 금고, 자격정지 또는 벌금의 형을 선고할 경우에 제51조의 사항을 고려하여 뉘우치는 정상이 뚜렷할 때에는 그 형의 선고를 유예할 수 있다. 다만, 자격정지 이상의 형을 받은 전과가 있는 사람에 대해서는 예외로 한다. ② 형을 병과할 경우에도 형의 전부 또는 일부에 대하여 선고를 유예할 수 있다.

형의 선고를 유예하는 경우에 재범방지를 위하여 지도 및 원호가 필요한 때에는 보호관찰을 받을 것을 명할 수 있다. 보호관찰(保護觀察)의 기간은 1년으로 한다(형법 제59조의2). 형의 선고유예를 받은 날부터 2년을 경과하면 면소된 것으로 간주한다(형법 제60조).[6] 즉, 유예기간은 언제나 2년이다.

형의 선고유예를 받은 자가 유예기간 중 자격정지 이상의 형에 처한 판결이 확정되거나 자격정지 이상의 형에 처한 전과가 발견된 때에는 유예된 형을 선고한다(형법 제61조 제1항). 보호관찰부 선고유예를 받은 자가 보호관찰기간 중에 준수사항을 위반하고 그 정도가 무거운 때에는 유예한 형을 선고할 수 있다(형법 제61조 제2항).

2. 집행유예

집행유예(형법 제62조)는 일단 유죄를 인정하여 형을 선고하되 일정기간 동안 그 형의 집행을 유예하고, 그 집행유예기간 중에 특정한 사고 없이 그 기간을 경과한 때에는 형선고의 효력을 상실시키는 제도이다.

집행유예의 요건(형법 제62조)으로는 ① 3년 이하의 징역 또는 금고의 형을 선고할 경우일 것. ② 정상에 참작할 만한 사유가 있을 것. 이때의 판단기준은 제51조(양형의 조건)이다. ③ 금고 이상의 형을 선고받아 집행을 종료하거나 면제된 후 5년이 경과하였을 것. 이때 금고 이상의 형이란 집행유예를 선고받은 경우를 포함한다. 따라서 집행유예기간 중에는 다른 범죄에 대하여 집행유예를 할 수 없다. 다만 형법 제

---

6) "면소판결은 공소권의 소멸을 이유로 하여 소송을 종결시키는 형식적 재판을 말한다"(대판64도64). 면소판결의 사유에 관하여는 형사소송법 제326조 참조.

37조의 경합범 관계에 있는 수죄를 범하여 같은 절차에서 동시에 재판을 받았더라면 한꺼번에 집행유예의 선고를 받았으리라고 여겨지는 특수한 경우에는 예외이다(대판 88도824). ④ 기간 1년 이상 5년 이하의 기간 내에서 법원의 재량으로 정한다.

집행유예를 할 경우 보호관찰을 받을 것을 명하거나 사회봉사 또는 수강을 명할 수 있다(형법 제62조의2). 이때 보호관찰의 기간은 집행을 유예한 기간으로 한다. 다만, 법원은 유예기간의 범위 내에서 보호관찰기간을 정할 수 있다. 사회봉사명령 또는 수강명령은 집행유예기간 내에 이를 집행한다. 집행유예를 선고할 경우에는 보호관찰과 사회봉사 또는 수강을 동시에 명할 수도 있다.

집행유예선고 후 그 선고가 실효 또는 취소되지 않고 유예기간이 경과한 때에는 형선고의 효력이 상실된다(형법 제65조). 이처럼 형의 선고가 효력을 잃은 후에는 형법 제62조 단서의 사유가 발각되었다고 하더라도 이를 이유로 집행유예를 취소할 수 없다(대결98모151). 또한 판례는 "집행유예기간 중에 범한 범죄라고 할지라도 집행유예가 실효·취소됨이 없이 그 유예기간이 경과한 경우에는 형의 선고가 이미 효력을 잃게 되어 다시 집행유예의 선고가 가능하다."(대판2006도6196)고 한다.

집행유예선고를 받은 자가 유예기간 동안에 금고 이상의 형을 선고받아 그 판결이 확정된 때에는 집행유예선고는 효력을 잃는다(형법 제63조). ① 집행유예선고를 받은 후, 금고 이상의 형을 선고받아 집행을 종료한 후 또는 집행이 면제된 후 5년이 경과하지 않은 자(형법 제62조 단서)라는 사실이 발각되면 집행유예의 선고를 취소하여야 한다(형법 제64조 제1항). 이러한 사실은 집행유예의 선고를 받은 후에 발각되어야 하므로 그 판결확정 전에 발견된 경우에는 집행유예를 취소할 수 없다. ② 보호관찰이나 사회봉사 또는 수강을 명한 집행유예를 받은 자가 준수사항이나 명령을 위반하고 그 정도가 무거운 때에는 집행유예의 선고를 취소할 수 있다(형법 제64조 제2항).

3. 가 석 방

가석방(형법 제72조)은 자유형의 집행을 받고 있는 자가 뉘우치는 마음이 뚜렷하다고 인정될 때 형기만료 전에 조건부로 수형자를 석방하는 제도이다.[7] 이는 불필요한 구금을 줄임으로써 수형자의 사회복귀를 앞당기게 하며, 수형자로 하여금 개과천선하면 형기만료 전에 석방될 수 있다는 희망을 갖게 한다.

---

7) 가석방의 법적 성질은 법무부장관의 행정처분에 의하여 시행되는 형집행작용이다(신호진 785면; 이재상/장영민/강동범 628면).

　　가석방(假釋放)은 다음과 같은 요건이 구비된 경우에 가석방심사위원회의 신청에 의해 법무부장관이 허가할 수 있다(형법 제72조; 형집행법 제122조). ① 징역이나 금고의 집행 중에 있는 사람이 행상(行狀)이 양호하여 뉘우침이 뚜렷한 때에는 무기형은 20년, 유기형은 형기의 3분의 1이 지난 후 행정처분으로 가석방을 할 수 있다. ② 제1항의 경우에 벌금이나 과료가 병과되어 있는 때에는 그 금액을 완납하여야 한다. ③ 제72조제2항의 경우에 벌금이나 과료에 관한 노역장 유치기간에 산입된 판결선고 전 구금일수는 그에 해당하는 금액이 납입된 것으로 본다(형법 제73조 제2항).

　　가석방의 기간은 무기형의 경우에는 10년, 유기형의 경우에는 남은 형기로 하되 10년을 초과할 수 없다(형법 제73조의2 제1항). 가석방된 자는 가석방기간 중 보호관찰을 받는다. 다만, 가석방을 허가한 행정관청이 보호관찰의 필요가 없다고 인정한 때에는 예외이다. 가석방처분을 받은 후 그 처분이 실효 또는 취소되지 않고 가석방기간을 경과한 때에는 형집행이 종료된 것으로 간주한다(형법 제76조 제1항).

　　가석방 중 금고 이상의 형의 선고를 받아 그 판결이 확정된 때에는 가석방처분은 효력을 잃는다. 다만, 과실로 인한 죄로 형의 선고를 받았을 때에는 예외로 한다(형법 제74조). 가석방의 처분을 받은 자가 감시에 관한 규칙을 위배하거나, 보호관찰의 준수사항을 위반하고 그 정도가 무거운 때에는 가석방처분을 취소할 수 있다(형법 제75조). 가석방이 실효되거나 취소되었을 때에는 가석방중의 일수는 형기에 산입하지 않는다(형법 제76조 제2항). 따라서 가석방이 실효 또는 취소되면 가석방처분을 받았던 자는 가석방 당시의 남은 형기의 집행을 받아야 한다.

제 5 절 형의 시효와 소멸

1. 형의 시효

형의 시효(형법 제77조)는 형의 선고를 받아 판결이 확정된 후 그 집행을 받지 않고 일정기간이 경과한 때에 집행이 면제되는 제도를 말한다. 형사시효에는 형의 시효 외에 공소시효가 있는데, 공소시효는 공소권을 소멸시키는 제도이며, 형의 시효는 이미 확정된 형벌의 집행권을 소멸시키는 제도라는 점에서 다르다.

형의 시효는 형을 선고하는 재판이 확정된 후 그 집행을 받지 아니하고 다음 각 호의 구분에 따른 기간이 지나면 완성된다. ① 삭제 <2023. 8. 8.>, ② 무기의 징역 또는 금고: 20년, ③ 10년 이상의 징역 또는 금고: 15년, ④ 3년 이상의 징역이나 금고 또는 10년 이상의 자격정지: 10년, ⑤ 3년 미만의 징역이나 금고 또는 5년 이상의 자격정지: 7년, ⑥ 5년 미만의 자격정지, 벌금, 몰수 또는 추징: 5년, ⑦ 구류 또는 과료: 1년(형법 제78조).

시효는 형집행의 유예나 정지 또는 가석방 기타 집행할 수 없는 기간은 진행되지 않는다. 그리고 시효는 형이 확정된 후 그 형의 집행을 받지 아니한 사람이 형의 집행을 면할 목적으로 국외에 있는 기간 동안은 진행되지 아니한다. <2023. 8. 8.> (형법 제79조). 여기에서 '기타 집행할 수 없는 기간'이란 천재지변 기타 사변으로 인하여 형을 집행할 수 없는 기간을 말한다. 그리고 정지사유가 소멸하면 남은 시효기간이 다시 진행된다(시효정지). 시효는 징역, 금고 및 구류의 경우에는 수형자를 체포한 때, 벌금, 과료, 몰수 및 추징의 경우에는 강제처분을 개시한 때에 중단된다(형법 제80조; 시효중단).

2. 형의 소멸 및 실효·복권

형의 소멸이란 유죄판결의 확정으로 발생한 형의 집행권을 소멸시키는 제도이다. 소멸원인으로는 ① 형집행종료, ② 가석방기간만료, ③ 형집행면제, ④ 시효의 완성, ⑤ 범인의 사망 등이다.

범죄자의 전과사실을 말소시키는 제도이다. 형이 소멸되어도 전과기록은 남게 되므로 여러 가지 자격제한이나 사회생활의 불이익을 받을 수 있다. 징역 또는 금고의 집행을 종료하거나 집행이 면제된 자가 피해자의 손해를 보상하고 자격정지 이상의 형을 받지 않고 7년이 경과하면 본인 또는 검사의 신청에 의해 그 재판의 실효를 선고할 수 있다(형법 제81조; 재판상 실효). 즉, 실효대상은 징역과 금고형에 한하며, 기간경과로 자동실효되는 것이 아니라 재판에 의해서만 실효된다. 실효재판이 확정되면 그 실효의 효과는 장래에 향하여 발생한다.

수형인이 자격정지 이상의 형을 받음이 없이 형의 집행을 종료하거나 그 집행이 면제된 날부터 다음 각호의 기간이 경과한 때에는 그 형은 실효된다(당연 실효). 다만, 구류·과료는 형의 집행을 종료하거나 그 집행이 면제된 때에 그 형이 실효된다(형의 실효 등에 관한 법률 제7조). ① 3년을 초과하는 징역·금고: 10년, ② 3년 이하의 징역·금고: 5년, ③ 벌금: 2년. 자격정지의 선고를 받은 자가, 피해자의 손해를 보상하고 자격정지 이상의 형을 받지 않고 정지기간의 2분의 1을 경과하면, 본인 또는 검사의 신청에 의하여 자격회복을 선고할 수 있다(형법 제82조). 사면법(제5조 등)에도 복권에 관한 규정을 두고 있다.

제 6 절 보안처분

제 1 항 서 론

1. 의 의

보안처분이란 행위 속에 객관화된 행위자의 장래의 위험성 때문에 치료·교육을 위한 개선과 그에 대한 보안(사회방위)을 목적으로 행해지는 형벌 이외의 예방적 형사 제재 조치를 말한다.

2. 보안처분의 원칙

정당성과 비례성의 원칙이 요구된다. 타인의 법익보호가 범죄인의 자유박탈이나 제약에 비해 중요한 의미를 가질 때 보안처분은 정당화 될 수 있으며, 비례성의 원칙은 행위자에 의해 행해진 범죄와 장래에 기대될 범죄 및 위험성의 정도와 균형을 유지해야 한다는 원칙으로, 그 내용으로는 ① 적합성의 원칙, ② 필요성의 원칙, ③ 균형성의 원칙을 든다.

제 2 항 형벌과 보안처분

1. 이원주의

형벌과 보안처분의 목적을 서로 다른 것으로 보아 양자를 동시에 선고하고 중복하여 집행하는 원칙을 말한다. 이에 따르면 보안처분은 형벌을 보충하는 것이므로 형벌을 보안처분보다 먼저 집행한다. 형벌과 보안처분의 구별은 이론상으로 가능하지만 실무상 구별되지 않아 오히려 이중처벌의 위험이 크다는 비판이 있다.

2. 일원주의

형벌과 보안처분 중 어느 하나만을 적용하자는 견해이다. 일원주의에 의하면 책임이 행위자책임·성격책임으로 되어 책임주의를 포기하는 결과가 되고, 한정책임능력자에 대한 보안처분은 책임무능력와의 구별을 인정하고 있는 형법의 태도와 일치하지 않는다는 비판이 있다.

3. 대체주의

형벌은 책임의 정도에 따라 언제나 선고하되 그 집행단계에서 보안처분에 의해 대체하거나 보안처분의 집행이 종료된 후에 집행하자는 견해이다. 대체주의에 의하면 형벌과 보안처분의 대체가 책임형법에 합치하지 않고, 형벌과 보안처분의 한계가 불명확해지며, 보안처분을 받은 자가 형벌만을 선고받은 자보다 유리하게 된다는 비판이 있다.

제 3 항   현행법상의 보안처분

1. 치료감호법상의 보안처분

치료감호(治療監護)란 심신장애자와 중독자를 치료감호시설에 수용하여 치료를 위한 조치를 행하는 보안처분이다. 그 대상자로는 형법상의 심신상실자나 심신미약자로서 금고 이상의 형에 해당하는 죄를 범한 자이다. 마약·향정신성의약품·대마 그 밖에 남용되거나 해독작용을 일으킬 우려가 있는 물질이나 알코올을 식음·섭취·흡입·흡연 또는 주입받는 습벽이 있거나 중독된 자로서 금고 이상의 형에 해당하는 죄를 범한 자이다.

검사가 관할 법원에 치료감호를 청구함에는 정신건강의학과 전문의의 진단이나 감정을 참고하여야 한다(동법 제4조 제2항). 검사는 공소제기 된 사건의 항소심 변론종결 시까지 치료감호를 청구할 수 있으며(동법 제4조 제5항), 법원은 공소제기 된 사건의 심리결과 치료감호를 할 필요가 있다고 인정할 때에는 검사에게 치료감호 청구를 요구할 수 있다(동법 제4조 제7항).

치료감호는 검사가 집행하며, 치료감호시설에서의 수용은 15년을 초과할 수 없다. 다만, 약물중독범을 수용할 경우에는 2년을 초과할 수 없다.

2. 보호관찰

보호관찰(保護觀察)은 치료감호가 가종료되거나 치료위탁된 피치료감호자를 감호시설 외에서 지도·감독하는 것을 내용으로 하는 보안처분이다. 보호관찰기간은 3년으로 한다.

3. 기타의 보안처분

형법상 보안처분은 집행유예 시 보호관찰과 사회봉사·수강명령(형법 제62조의2), 선고유예시의 보호관찰(형법 제59조의2), 가석방시의 보호관찰(형법 제73조의2 제2항)이 규정되어 있다. 이외에도 소년법, 보안관찰법, 보호관찰법, 전자장치 부착 등에 관한 법률 등에서 규정하고 있다.

그리고 소년법상 보호처분, 보호관찰법상의 보호관찰처분, 보안관찰법상 보안관찰, 전자장치부착법상 위치추적 전자장치 부착, 성폭력범죄자의 성충동 약물치료에 관한 법률상의 보안처분이 있다.

제2편

형법각론

제1장 서 론

제1절 형법각론의 의의

　　형법전은 제1편 총칙(제1조~제86조)과 제2편 각칙(제87조~제372조)으로 이루어져 있다. 형법각론은 바로 이 형법각칙에 대한 법해석론이라 할 수 있다. 각칙에는 어떠한 행위가 어떤 범죄가 되는지 유형적·개별적으로 기술되어 있고 그러한 (범죄)행위에 부과될 법정형의 종류와 범위가 규정되어 있다.

　　형법학은 이처럼 형법전의 구성에 따라 형법총론과 형법각론으로 나뉘어져 있다. 형법총론은 범죄와 형벌을 일반적·추상적으로 연구하여 범죄의 일반적 성립요건과 형벌의 본질·종류·적용 등을 명백히 밝히고자 하는 것이다. 반면에 형법각론은 각칙에 규정된 개별범죄의 특별구성요건의 의미내용을 명백히 하고 이에 대한 형벌의 유형·분량을 인식하기 위한 것이다. 형법각론은 실정법상의 모든 범죄 유형을 그 고찰의 대상으로 삼는 것이 아니라 형식적 형법인 형법전의 각칙을 주된 연구대상으로 삼고 있다.

　　형법각론의 연구대상인 형법각칙은 주로 '어떠한 행위를 한 자는 … 형에 처한다.'는 식의 가언적(假言的) 규범으로 이루어져 있다. 예컨대 형법 제250조 제1항은 '사람을 살해한 자는'이라는 부분과 '사형, 무기 또는 5년 이상의 징역에 처한다.'는 부분으로 나누어 전자는 범죄구성요건에 해당하고 후자는 형벌에 해당한다. 즉 전자를 '사람을 살해하는 행위'로 읽고 이것을 '살인죄의 구성요건(構成要件)'이라고 한다. 이렇듯 형법각론의 주된 관심사는 개별범죄의 특별구성요건의 의미내용을 명백히 하는 데에 있다. 그리고 그 구성요건에 해당하는 행위가 다시 위법성·책임성을 갖추고 있는가 하는 문제는 형법총론에서 다룬 일반이론이 그대로 적용되기 때문에 형법각론에서는 특별한 경우가 아니면 거론할 필요는 없다. 이와 같이 총론과 각론은 상호 관련하면서 보충하는 관계에 놓여 있다. 한편 형벌의 종류 및 분량에 관하여는 각칙상의 형벌법규 그 자체에 규정되고 있기 때문에 특히 문제되는 바는 거의 없다.

범죄와 형벌을 규정하는 형벌법규는 형법전에만 국한된 것이 아니다. 수많은 특별형벌법규가 존재하고 있으며 또한 계속 제정되고 있다. '특별법 우선의 원칙'상 특별법의 존재와 그 적용이 있는 한 형법각칙은 적용의 여지가 없다. 예컨대 공무원이 5천만원 상당의 뇌물을 수수하였을 경우 '5년 이하의 징역 또는 10년 이하의 자격정지에 처한다.'는 형법 제129조 제1항의 수뢰죄가 적용되는 것이 아니라, 특정범죄가중처벌법 제2조 제1항이 적용되어 '7년 이상의 유기징역'에 처하게 된다. 이처럼 특별형법이 양산됨에 따라 형법각론의 주된 연구대상인 형법각칙은 상대적으로 점점 그 적용범위가 축소되어 가고 있는 실정이다.

제 2 절 형법각론의 체계

1. 보호법익

보호법익이란 공동체를 위해 특별한 의미를 갖기 때문에 법의 보호를 누리게 된 가치 또는 법적으로 인정된 이익을 말한다. 형법은 일차적으로 사람의 행동을 규율한다. 예컨대 '사람을 살해한 자는 사형, 무기 또는 5년 이상의 징역에 처한다.'고 겁을 주어 함부로 사람을 살해하지 못하도록 하는 기능(위하력)을 한다. 하지만 이를 반대 측면에서 보면 사람의 생명을 보호하는 기능을 했다고 할 수 있다. 바로 이러한 관점에 착안하면 형법은 보호적 기능이 있다고 할 수 있다. 이때 그 보호의 대상·객체가 보호법익인 것이다. 그러나 엄밀하게 말하면 보호법익과 보호(범죄행위)객체는 다르다. 예컨대 살인죄의 보호법익은 '생명'이지만, 보호객체는 '사람의 신체'다. 그러므로 "보호객체가 없는 범죄는 있어도, 보호법익 없는 범죄는 없다"라는 말이 있다.

2. 범죄의 분류

모든 범죄의 구성요건은 보호법익을 갖는다. 형법상 보호법익은 그 성질상 크게 개인적인 것, 사회적인 것, 국가적인 것으로 나누어 볼 수 있다. 예컨대 절도죄·횡령죄 등의 보호법익은 재산으로서 개인적 성질의 것이고, 범죄단체조직죄, 소요죄 등의 그것인 공공의 안전과 평온은 사회적 성질의 것이며, 위증죄·무고죄 등의 보호법익인 국가의 사법기능은 국가적 성질의 것이다. 이처럼 모든 범죄구성요건은 그 보호법익의 성질에 따라 개인적 법익에 대한 죄, 사회적 법익에 대한 죄, 국가적 법익에 대한 죄로 분류·배치될 수 있다. 다만 보호법익이 하나가 아닌 범죄도 있다. 강도죄는 폭행·협박을 수단으로 하는 것이기 때문에 재산뿐 아니라 신체 또는 의사의 자유도 보호법익이 된다. 이처럼 그 보호법익이 경합하는 경우에는 주된 보호법익을 기준으로 분류하게 될 것이다. 그렇다고 해서 종된 보호법익은 무시해도 좋다는 의미는 아니다. 범죄구성요건을 보호법익에 따라 분류하는 것은 단순히 서술의 편의를 위하여서가 아니라 각 범죄의 본질을 이해하고 각 구성요건의 올바른 의미내용을 명확하게 하기 위한 기초가 된다.

3. 형법각론의 체계

형법전 제2편 각칙상의 범죄구성요건도 보호법익을 원칙적 기준으로 하여 분류·배열되어 있다. 형법전은 국가적 법익에 대한 죄(제87조~제113조)로부터 출발하여, 사회적 법익에 대한 죄(제114조~제249조), 개인적 법익에 대한 죄(제250조~제372조)의 순서로 배열되어 있다. 그러나 이는 국가적 법익을 우선적으로 중시하는 사고의 표현으로서 시정될 필요가 있다는 주장이 많다. 실제 대부분의 형법각론 교과서는 개인적 법익에 대한 죄부터 시작하여 사회적 법익에 대한 죄, 국가적 법익에 대한 죄의 순서로 기술하고 있다.

본서는 학습의 혼란을 막기 위하여 형법전의 순서에 따라 국가적 법익에 관한 죄, 사회적 법익에 관한 죄, 개인적 법익에 대한 죄의 순서로 내용을 서술하기로 한다. 그리고 개인적 법익에 대한 죄는 다시 인격에 대한 죄와 재산에 대한 죄로 나누어 설명하고자 한다.

제 3 절 형법각론의 학습

1. 구성요건의 해석

형법각칙 제24장에서 보듯이 '살인의 죄'에는 형법 제250조 제1항 '살인죄'를 기본적 구성요건으로 하고 그밖에 여러 유형의 살인의 죄가 규정되어 있다. 뿐만 아니라 여기에는 미수범처벌규정, 예비·음모처벌규정과 자격정지의 병과에 관한 규정까지 담겨져 있다. 이처럼 제24장의 제목인 '살인의 죄'라는 표현과 형법 제250조 제1항의 죄목인 '살인죄'라는 표현이 의미하는 바는 같지 않다.

이 책에서는 예컨대 살인의 죄를 설명하는 경우 그 모든 유형을 포괄하는 내용을 먼저 공통적으로 설명하고, 그리고 구체적인 설명이 필요한 경우에는 그 해석으로 넘어가고자 한다. 다만 보호법익 등에 대한 설명은 이미 포괄적으로 다루었기 때문에 개별적 구성요건해석의 기술에서는 특별한 사정이 없는 한 반복설명을 하지 않고 생략하는 경우가 많다. 각 범죄에 공통되는 행위의 객체, 행위 등에 대한 설명은 기본이 되는 구성요건에서 설명하고, 기타 유형의 개별적 구성요건을 설명할 때 중복되는 부분은 다시 반복하여 설명하지 않는다.

2. 범죄의 기본개념

1) 침해범과 위험범

보호정도에 따른 범죄의 분류로 구성요건상 법익에 대한 현실적 침해를 필요로 하는 범죄를 침해범이라 하며, 단지 그 침해의 위험만 있으면 충분하다고 해석되는 범죄를 '위험범'(위태범)이라 한다. 침해범의 경우에는 법익이 침해되었을 때에 기수에 이르게 되고, 위험범의 경우에는 법익에 대한 일정한 위험을 야기되었을 때 기수가 된다. 예컨대 살인죄는 침해범으로 해석되어 보호법익인 생명이 침해되어야(사망) 살인죄는 기수가 되는 반면에, 위험범인 방화죄는 불을 놓는 행위가 사회적 불안을 야기시킬지도 모르기 때문에 이러한 행위를 금지하는 것이므로 공공의 안전이 침해되었는가를 판단할 필요 없이 이에 대한 위험이 야기되었다고 여겨지면 방화죄는 기수가 된다.

2) 행위 주체

(범죄)행위의 주체는 사람(자연인)이다. 그리고 구성요건상 그 주체에 특별한 제한

이 없는 경우가 보통이다. 그러나 구성요건상 그 주체가 일정한 사람에 제한된 경우도 있다. 예컨대 직무유기죄(형법 제122조)는 '공무원이 정당한 이유 없이 … 직무를 유기한 때에는 … '이라고 규정되어 있어서 직무유기죄의 행위주체는 공무원임을 알 수 있다(진정신분범). 또한 존속살해죄(형법 제250조 제2항)의 구성요건은 '자기 또는 배우자의 직계존속을 살해한 … '으로 규정되어 있는데, 이 경우 행위의 객체는 '직계존속'이기 때문에 해석상 그 주체가 피해자의 직계비속이거나 직계비속의 법률상의 배우자이어야 한다는 것을 알 수 있다(부진정신분범).

진정신분범이란 일정한 신분 있는 자에 의해서만 범죄가 성립하는 경우를 말하며, 위증죄(형법 제152조), 수뢰죄(형법 제129조), 횡령죄(형법 제355조) 등이 여기에 해당한다. 부진정신분범이란 신분 없는 자에 의하여도 범죄가 성립할 수는 있지만 신분 있는 자가 죄를 범한 때에는 형이 가중되거나 감경되는 범죄를 말한다. 존속살해죄(형법 제250조 제2항), 영아살해죄(형법 제251조) 등을 말한다.

3) 행위 객체

(범죄)행위의 객체란 행위의 대상과 같은 의미이다(대판2005도3832). 간단히 말해서 구성요건상 목적격 조사가 붙어 있는 것이 행위객체라고 보면 무방하다. 예컨대 상해죄(형법 제257조)의 행위객체는 '사람의 신체'이고 절도죄(형법 제329조)의 행위객체는 '타인의 재물'이다.

4) 친고죄와 반의사불벌죄

친고죄란 공소제기를 위해서는 고소권자의 고소가 있을 것을 필요로 하는 범죄를 말한다. 형법상 ' … 의 죄는 고소가 있어야 공소를 제기할 수 있다'라는 문구가 있는 범죄가 친고죄이다. 통상 친고죄라고 하면 모욕죄 등이 여기에 해당하는데, 이를 절대적 친고죄라 부르기도 한다. 보통은 친고죄가 아닌 범죄이면서도 일정한 경우 친고죄로 다루어지는 경우(상대적 친고죄)가 있기 때문이다. 예컨대 절도죄는 친고죄(절대적 친고죄)가 아니지만 범인과 피해자 사이에 일정한 신분관계가 있는 경우에는 특별한 취급(형법 제328조; 친족상도례)을 받게 된다. 즉, 아들이 아버지의 시계를 훔친 경우에는 처벌할 수 없다(형법 제344조, 동 제328조 제1항). 그러나 조카가 삼촌의 시계를 훔치는 경우에는 삼촌의 고소가 있어야 공소를 제기할 수 있다(형법 제344조, 형법 제328조 제2항). 후자의 경우와 같이 보통은 친고죄가 아니지만 일정한 신분관계가 있는 경우에 비로소 친고죄가 되기도 하는 범죄를 상대적 친고죄라 부르는 것이다.

반의사불벌죄는 피해자가 명시적으로 범인을 처벌하지 말라고 의사표시를 한 경우에는 그 의사에 반해서 공소제기를 할 수 없는 범죄를 말한다. 예컨대 폭행죄(형법 제260조), 명예훼손죄(형법 제307조) 등이 반의사불벌죄에 해당한다. 반의사불벌죄라는 사실은 형법상 ' … 의 죄는 피해자의 명시한 의사에 반하여 공소를 제기할 수 없다'라는 문구의 규정이 있는 범죄이다.

5) 주관적 구성요건요소

전형적인 주관적 구성요건요소는 고의 또는 과실이다. 예컨대 살인죄의 주관적 구성요건요소는 고의이고, 과실치사죄의 주관적 구성요건요소는 과실이다. 그러나 고의·과실 외에 목적범의 경우에는 '목적', 일정한 재산범죄의 경우에는 '불법영득(이득)의사' 등이 별도로 요구된다. 이를 초과 주관적 구성요건요소라 한다. 목적범이란 내란죄의 경우 '국헌문란의 목적', 위조죄의 경우 '행사의 목적', 영리목적약취유인죄의 경우 '영리의 목적' 등과 같이 구성요건상 고의 이외에 일정한 행위의 목적을 필요로 하는 범죄를 말한다.

제 2 장   국가적 법익에 대한 죄

제 1 절 국가의 존립과 권위에 관한 죄

제 1 항   내란의 죄

1. 의   의

내란의 죄는 국토를 참절하거나 국헌을 문란할 목적으로 폭동하는 것을 내용으로 하는 범죄이다(형법 제87조). 따라서 본죄는 외환의 죄와 같이 국가의 존립을 위태롭게 하는 범죄로서, 그 보호법익은 국가의 존립과 헌법적 질서를 포함한 국가의 내적 안전이다. 다만, 내부적으로 국가존립을 위태롭게 하는 범죄라는 점에서 국가존립을 대외적으로 침해하는 외환의 죄와 구별된다. 즉 본죄는 국가의 존립을 대내적으로 보호하는 것이며, 외환의 죄는 이를 대외적으로 보호하려는 것이다. 또 본죄는 다수인이 폭동하는 것을 행위의 실체로 하는 이른바 집합범(필요적 공범)이다. 이 점에서 '다중이 집합하여 폭행·협박 또는 손괴'하는 소요죄(제115조)와 유사하나, 본죄는 국토참절 또는 국헌문란의 목적을 주관적 요건으로 하는 점, 집합한 다중이 그 목적달성을 위하여 어느 정도 조직화되어 있어야 한다는 점에서 소요죄와 구별된다. 그리고 본죄는 미수범 처벌규정이 존재함으로 구체적 위험범으로 보는 견해가 다수설이다.[1]

2. 내 란 죄

대한민국 영토의 전부 또는 일부에서 국가권력을 배제하거나 국헌을 문란하게 할 목적으로 폭동을 일으킨 자는 다음 각 호의 구분에 따라 처벌한다. 1. 우두머리는 사형, 무기징역 또는 무기금고에 처한다. 2. 모의에 참여하거나 지휘하거나 그 밖의 중요한 임무에 종사한 자는 사형, 무기 또는 5년 이상의 징역이나 금고에 처한다. 살상, 파괴 또는 약탈 행위를 실행한 자도 같다. 3. 부화수행(附和隨行)하거나 단순히

---

1) 신호진 1683면.

폭동에만 관여한 자는 5년 이하의 징역이나 금고에 처한다. (형법 제87조). 본죄의 미수범은 처벌한다(제89조).

주체에는 제한이 없다. 다만, 본죄는 집합범으로서 상당수의 다수인이 가담해야 한다. 관여한 정도에 따라 처벌을 달리하고 있다. 행위는 폭동하는 것이다. 여기서 '폭동'이란 다수인이 결합하여 폭행·협박하는 것이다. 그것은 적어도 한 지방의 평온을 해할 정도일 것을 요한다(대판96도3376 전원합의체).

본죄는 '국토참절' 또는 '국헌문란'의 공동목적을 가지는 집단적 범죄이므로, 주체인 다중은 어느 정도로 조직적일 것을 요하고, 단순히 아무런 조직도 없는 오합지졸에 의한 폭행·협박은 여기에 말하는 폭동에 해당하지 않는다. 본죄의 폭동이 한 지방의 평온을 해할 정도에 이르렀을 때에 기수로 된다.

이른바 목적범으로서 본죄의 성립에는 초과 주관적 구성요건요소로서 행위자에게 '국토를 참절하거나 국헌을 문란할 목적'이 있음을 요한다. '국토참절'이란 대한민국 영토(영해·영공)의 일부 또는 전부를 점거하여 대한민국의 주권행사를 사실상 배제하는 행위를 말한다. 예컨대 제주도를 실력으로 점령하여 우리나라가 통치할 수 없는 상태에 이르게 하는 경우가 이에 해당한다. '국헌문란'이란 헌법의 기본질서를 침해하는 것을 말한다. 예컨대 '의회제도·복수정당제도의 부인' 등은 그 전형적인 예라고 할 수 있다. 형법은 '국헌문란'의 의미·내용을 명확히 하기 위하여 제91조에서 구체적으로 정의(입법정의)하고 있다. 즉, ① 헌법 또는 법률에 정한 절차에 의하지 아니하고 헌법 또는 법률의 기능을 소멸시키는 것, ② 헌법에 의하여 설치된 국가기관을 강압에 의하여 전복 또는 그 권능행사를 불가능하게 하는 것이라고 규정하고 있다.

3. 내란목적살인죄

본죄는 살인죄에 대한 가중적 구성요건으로서의 성격을 가지며 대한민국 영토의 전부 또는 일부에서 국가권력을 배제하거나 국헌을 문란하게 할 목적으로
사람을 살해함으로써 성립한다(형법 제88조).

4. 내란예비·음모·선동·선전죄

일반적으로 형법상의 자수는 임의적 감면사유에 불과하나(형법 제52조), 내란예비·음모죄의 자수는 필요적 감면사유로 되어 있다(형법 제90조). 이 특례는 내란죄의 발생을 미연에 방지하려는 정책적 고려에 의한 것이다. 여기서 '실행에 이르기 전'이란 폭동에 이르기 전을 의미한다. 따라서 폭동한 후에 자수한 때에는 이 규정은 적

용되지 않는다. '선동'이란 타인에게 자극을 주어 정당한 판단을 그르치게 하여 범죄의 실행을 결의하게 하거나 또는 기존의 결의를 촉구하는 행위를 말하고 선동으로 말미암아 피선동자에게 반드시 범죄의 결의가 발생할 것을 요건으로 하지는 않는다(대판2014도10978 전원합의체). '선전'이란 불특정다수인에게 내란의 취지를 이해시키고 알리는 행위를 말한다.

제 2 항 외환의 죄

1. 의 의

외환의 죄는 국가의 존립을 외부로부터 위태롭게 하는 범죄이다. 국가의 외적 안전을 그 보호법익으로 하며 보호의 정도는 구체적 위험범이다.

2. 외환유치죄

외국과 통모하여 대한민국에 대하여 전단을 열게 하거나 외국인과 통모하여 대한민국에 항적한 자는 사형 또는 무기징역에 처한다(형법 제92조). 형법 제92조 내지 제99조의 죄를 범할 목적으로 예비 또는 음모한 자는 2년 이상의 유기징역에 처한다. 단, 그 목적한 죄의 실행에 이르기 전에 자수한 때에는 그 형을 감경 또는 면제한다(형법 제101조 제1항). 형법 제92조 내지 제99조의 죄를 선동 또는 선전한 자도 전항의 형과 같다(형법 제101조 2항). 본장의 규정은 동맹국에 대한 행위에 적용된다(형법 제104조).

'외국과 통모하여'란 외국의 정부기관과 의사의 연락을 하는 것을 말한다. '전단(戰端)을 열게 한다.'는 것은 전투행위를 개시하는 일체의 행위를 말하고, 그것이 국제법상의 전쟁이건 아니건 불문한다. '외국인'이란 외국을 대표하는 정부기관 이외의 외국인 개인과 사적 단체를 말한다. '대한민국에 항적한다.'는 것은 적국을 위하여 군무에 종사함으로써 대한민국에 반항·적대하는 일체의 행위를 말한다. 적국의 군무에 종사하는 이상 전투원인지 여부는 불문한다.

3. 여 적 죄

'적국'이란 대한민국과 교전상태에 있는 나라를 말한다(형법 제93조). 대한민국에 적대하는 외국 또는 외국인의 단체도 적국으로 간주된다(형법 제102조; 준적국). 예비·음모·선전·선동죄의 규정(형법 제101조)과 동맹국 규정(형법 제104조)은 본죄에 적용된다.

4. 이 적 죄

1) 모병이적죄

본죄(형법 제94조)는 적국을 위하여 모병하거나, 모병에 응함으로써 성립한다. 본 죄의 주관적 구성요건요소로는 고의 이외에 적국을 위한다는 이적(利敵)의사가 있어 야 한다는 점에서 목적범의 일종이다.

2) 시설제공이적죄

본죄(형법 제95조)의 '군용에 공하는 설비·물건'이란 우리나라의 군사목적에 직접 사용하기 위하여 준비한 시설(예컨대 군용통신시설) 또는 물건을 말한다. 본죄는 일반이 적죄(형법 제99조)에 대한 가중적 구성요건이다.

3) 시설파괴이적죄

본죄(형법 제96조)는 적국을 위하여 전술한 군용시설 기타 물건을 파괴하거나 사 용할 수 없게 함으로써 성립한다. 본죄의 주관적 구성요건요소로는 고의 이외에 적 국을 위한다는 이적의사가 있어야 한다는 점에서 목적범의 일종이다.

4) 물건제공이적죄

군용에 공하지 아니하는 병기·탄약 또는 전투용에 공할 수 있는 물건을 적국에 제공한 자는 무기 또는 5년 이상의 징역에 처한다(형법 제97조). 본죄는 일반이적죄(형 법 제99조)에 대한 가중적 구성요건이다. 미수범은 처벌한다(형법 제100조).

5) 일반이적죄

전 7조에 기재한 이외에 대한민국의 군사상 이익을 해하거나 적국에 군사상 이 익을 공여한 자는 무기 또는 3년 이상의 징역에 처한다(형법 제99조).

본죄는 이적죄의 기본적 구성요건으로서 기타의 외환의 죄에 대한 보충적 구성 요건이다. 이중첩자가 대한민국의 군사상의 이익을 해하는 행위를 한 경우(대판4292형 상197), 또는 직무와 관계없이 지득한 군사기밀을 누설한 경우(대판71도1143)가 이에 해당한다.

5. 간 첩 죄

간첩죄는 ① 적국을 위하여 간첩하거나, ② 적국의 간첩을 방조하거나, ③ 군사 기밀을 적국에 누설하는 세 가지 형태가 있다. '간첩'이란 적국을 위하여 국가기밀을 탐지·수집하는 것을 말한다. 이미 수집되었거나 알고 있는 사항을 제보하거나 누설 하는 행위 자체는 간첩행위에 해당하지 않는다. 적국이란 대한민국에 적대하는 외국을 말한다. 종래 판례는 "북한괴뢰 집단은 우리 헌법상 반국가적인 불법단체로서 국가로 볼 수 없으나 간첩죄의 적용에 있어서는 이를 국가에 준하여 취급하여야 한다"는 입장을 취하여 왔다(대판82도3036).

'국가기밀'에 관하여 종래 판례는 공지의 사실까지도 국가기밀에 해당한다는 견해를 굳게 유지하여 왔다(대판97도985 전원합의체). 또한 "간첩죄에서 말하는 국가기밀이란 순전한 의미에서의 국가기밀에만 국한할 것이 아니고, 정치·경제·사회·문화 등 각 방면에 걸쳐서 대한민국의 국방정책상 북한에 알리지 않거나 확인되지 않는 것이 이익이 되는 모든 기밀사항을 포함하고"(대판88도1630), "국내에서는 신문·라디오 등에 보도되어 공지의 사실이라 하여도 북한을 위하여서는 유리한 자료가 될 경우에는 간첩죄의 대상이 되는 국가기밀이 된다."(대판91도3)고 판시하여 왔다. 예컨대 군사기밀이나 나아가 수배자명단(대판77도3571), 민심의 동향(대판88도1630)은 물론이고, 일간신문·잡지·라디오에 보도되어 알려짐으로써 국내에서는 공지의 사실이라 하더라도 국가기밀이 된다는 것이다(대판82도2239; 대판83도416). 그러나 헌법재판소는 공지의 사실은 국가기밀이 아니라는 취지로 결정을 내렸고, 결국 대법원도 같은 취지의 판결을 내려 종전의 견해를 변경하였다.

간첩죄의 실행의 착수시기와 기수시기에 관하여, 판례는 간첩을 위하여 국내에 잠입 또는 입국하였을 때에 실행의 착수가 있다고 판시하며(대판84도1381), 적국을 위하여 기밀을 탐지·수집함으로써 기수가 된다고 한다(대판82도2201).

간첩방조죄는 형법총칙 제32조의 종범과는 그 성질이 다른 독립범죄이다(따라서 형법총칙의 공범규정은 적용되지 않는다) '적국의 간첩을 방조한다'는 것은 적국의 간첩임을 알면서 그의 기밀탐지·수집을 용이하게 하는 일체의 행위를 말한다. 예컨대 북한의 대남공작원을 상륙시키거나(대판4293형상807) 접선방법을 합의하는 것(대판71도1333)은 간첩방조에 해당한다. 그러나 본죄는 국가기밀의 탐지·수집을 용이하게 하는 것이기 때문에 단순히 간첩에게 숙식을 제공하거나, 안부편지를 전달하여 주거나(대판66도470), 간첩을 숨겨주는 행위(대판79도1003)만으로는 간첩방조가 될 수 없다.

판례는 현대전(現代戰)의 양상에서는 모든 국가기밀이 군사기밀이 된다고 해석하여 군사기밀을 국가기밀과 같은 의미로 이해하여 왔고(대판83도863). 또한 공지의 사실도 당연히 군사상의 기밀로 파악하였다(대판84도2252). 그러나 공지의 사실은 군사상의 기밀에서 제외된다. '군사상의 기밀을 누설한다.'는 것은 군사기밀임을 알면서 이를 적국에 알리는 것을 말한다. 다만, 본죄는 직무에 관하여 군사상의 기밀을 지득한 자가 그 기밀을 누설함으로써 성립하는 신분범이라고 해석된다. 따라서 직무와 관계없이 알게 된 기밀을 누설한 때에는 일반이적죄(제99조)가 성립할 뿐이다(대판82도2239).

6. 전시군수계약불이행죄

전시(戰時) 또는 사변에 있어서 정당한 이유 없이 정부에 대한 군수품 또는 군용 공작물에 관한 계약을 이행하지 아니한 자는 10년 이하의 징역에 처한다(형법 제103조 제1항). 전항의 계약이행을 방해한 자도 전항의 형과 같다(형법 제103조 제2항). 제1항의 죄는 진정부작위범이고 제2항은 작위범이다. 본죄의 정부는 행정부를 의미하며 지방자치단체도 포함된다.

제 3 항 국기에 관한 죄

1. 의 의

국기에 관한 죄란 대한민국을 모욕할 목적으로 국기·국장에 손상 등의 행위를 하는 것을 내용으로 하는 범죄로 보호법익은 국가의 권위와 체면이라고 할 수 있으며 보호의 정도는 구체적 위험범이다. 여기의 죄는 목적범이며, 모욕죄(형법 제311조)와 손괴죄(형법 제366조)의 결합범으로서의 성격을 가지고 있다.

2. 국기·국장모독죄

대한민국을 모욕할 목적으로 국기 또는 국장을 손상, 제거 또는 오욕한 자는 5년 이하의 징역이나 금고, 10년 이하의 자격정지 또는 7백만원 이하의 벌금에 처한다(형법 제105조).

국장(國章)이란 국기 이외에 국가를 상징하는 일체의 휘장을 말한다(나라문장, 대사관휘장, 군기 등). '오욕'이란 국기·국장을 불결하게 하는 일체의 유형력의 행위를 말한다. 역시 목적범이므로 고의 이외에 초과 주관적 구성요건요소로 목적이 요구된다.

3. 국기·국장비방죄

전조의 목적으로 국기 또는 국장을 비방한 자는 1년 이하의 징역이나 금고, 5년 이하의 자격정지 또는 2백만원 이하의 벌금에 처한다(형법 제106조). 본죄는 국기·국장모독죄에 대하여 불법이 감경된 구성요건이다. 비방이란 언어·거동 등에 의하여 모욕의 의사를 표현하는 것을 의미한다.

제 4 항 국교에 관한 죄

1. 의 의

국교에 관한 죄는 국제법상 보호되는 외국의 이익과 자국의 대외적 지위 등의 이익을 동시에 보호하고자 하는 범죄라고 보아야 할 것이다. 보호정도는 추상적 위험범이다.

2. 외국원수에 대한 폭행 등의 죄

대한민국에 체재하는 외국의 원수에 대하여 폭행 또는 협박을 가한 자는 7년 이하의 징역이나 금고에 처한다(형법 제107조 제1항). 전항의 외국원수에 대하여 모욕을 가하거나 명예를 훼손한 자는 5년 이하의 징역이나 금고에 처한다(형법 제107조 제2항). 본죄는 그 외국정부의 명시한 의사에 반하여 공소를 제기할 수 없다(형법 제110조). 본죄는 폭행죄, 협박죄, 모욕죄, 명예훼손죄에 대한 불법이 가중된 유형의 범죄이다.

3. 외국사절에 대한 폭행 등의 죄

대한민국에 파견된 외국사절에 대하여 폭행 또는 협박을 가한 자는 5년 이하의 징역이나 금고에 처한다(형법 제108조 제1항). 전항의 외국사절에 대하여 모욕을 가하거나 명예를 훼손한 자는 3년 이하의 징역이나 금고에 처한다(형법 제108조 제2항). 본죄는 그 외국정부의 명시한 의사에 반하여 공소를 제기할 수 없다(형법 제110조).

4. 외국국기·국장모독죄

외국을 모욕할 목적으로 그 나라의 공용에 공하는 국기 또는 국장을 손상, 제거 또는 오욕한 자는 2년 이하의 징역이나 금고 또는 3백만원 이하의 벌금에 처한다(형법 제109조). 본죄는 그 외국정부의 명시한 의사에 반하여 공소를 제기할 수 없다(형법 제110조).

5. 외국에 대한 사전죄

외국에 대하여 사전(私戰)한 자는 1년 이상의 유기금고에 처한다(형법 제111조 제1항). 전항의 미수범은 처벌한다(형법 제111조 제2항). 제1항의 죄를 범할 목적으로 예비 또는 음모한 자는 3년 이하의 금고 또는 5백만원 이하의 벌금에 처한다. 단, 그 목적한 죄의 실행에 이르기 전에 자수한 때에는 감경 또는 면제한다(형법 제111조 제3항). 사전私戰이란, 국가의 전투명령에 의하지 않고 국가의사와 관계없이 사인 또는 사적 집단이 외국에 대하여 전투행위를 하는 것을 말한다.

6. 중립명령위반죄

외국간의 교전(交戰)에 있어서 중립에 관한 명령에 위반한 자는 3년 이하의 금고 또는 5백만원 이하의 벌금에 처한다(형법 제112조). 이 죄는 백지형법의 대표적인 예이다.

7. 외교상의 기밀누설죄

외교상의 기밀을 누설한 자는 5년 이하의 징역 또는 1천만원 이하의 벌금에 처한다(형법 제113조 제1항). 누설할 목적으로 외교상의 기밀을 탐지 또는 수집한 자도 전항의 형과 같다(형법 제113조 제2항). 주체는 제한이 없다(진정신분범이 아님). 주관적 구성요건으로 고의 이외에 누설할 목적이 있어야 한다.

제 2 절 국가의 기능에 관한 죄

제 1 항 공무원의 직무에 관한 죄

1. 의 의

공무원의 직무에 관한 죄는 국민에 대한 봉사자로서의 공무원이 직무집행의 엄
정성을 해하거나 또는 이를 해할 우려가 있는 직무상의 의무위반행위를 처벌하기 위
한 것이다. 공무원은 공법상 특별권력관계에 기초하여 일정한 의무위배행위에 대하
여 공법상의 징계벌을 받게 되어 있지만, 그 정도가 지나쳐 사안이 중대한 경우에는
형벌로써 처벌하는 것이다.

공무원의 직무에 관한 죄의 보호법익은 넓은 의미의 국가기능, 즉 공무원의 직
무수행의 공정성을 유지하는 데 있다. 그러나 직권남용죄와 같은 경우에는 개인의
자유, 신체의 완전성 및 개인의 권리와 같은 개인적 법익도 보호하고 있음은 물론이
다. 보호의 정도는 현실적인 법익침해를 요하지 않을 뿐만 아니라 그 구체적 위험의
발생도 요하지 않는다는 점에서 추상적 위험범이다(직무유기죄는 구체적 위험범, 불법체
포·감금죄는 침해범이다).

공무원의 직무에 관한 죄는 원칙적으로 공무원인 신분을 가진 자만이 그 주체가
될 수 있는 진정신분범이다. 일반적으로 공무원이라 함은 국가공무원법, 지방공무원
법 기타 법령에 의하여 공무를 수행하는 공무담당자를 말한다. 문제는 공무라 하더
라도 단순한 육체적, 기계적 노무에 종사하는 우편집배원이나 청소부, 사환, 공원 등
을 공무원으로 볼 수 있는가와 공법인의 직원도 일률적으로 공무원으로 취급해서는
안 된다는 것이다.

종합적으로 직무범죄의 주체인 공무원은 법령에 의하여 국가나 지방자치단체 및
이에 준하는 공법인의 사무에 종사하는 자로서 그 사무의 성격이 공법적 성격을 가
져야 하며, 단순한 기계적·육체적인 것에 한정되어 있지 않은 공무원을 말한다. 예
컨대 군대의 사병(대판69도1214), 세무수습행정원(대판4294형상99), 그리고 개별적으로
검토하여 행정기관에 준하는 공법인의 직원도 공무원이다(다수설·판례; 대판69도1241).

2. 직무유기죄

공무원은 국민에 대한 봉사자로서 그가 담당한 직무를 성실히 수행해야 할 지위

에 있다. 그러므로 재직 중 법령준수의무, 성실의무, 복종의무, 직장이탈금지의무 등
의 공무원법상의 일정한 의무를 부담한다. 이러한 의무를 위배한 경우 공무원법상
일정한 징계를 받을 수도 있다. 직무유기죄(제122조)는 바로 이러한 경우, 그 정도가
지나쳐 국가의 기능을 저해하고 나아가 국민의 권리를 심각하게 침해하는 정도가 될
경우 형벌로써 개입하는 경우이다. 판례도 직무유기란 공무원이 추상적인 충근의무
를 태만하는 일체의 경우를 이르는 것이 아니고, 국가의 기능을 저해하며 국민에게
피해를 야기시킬 가능성이 있는 경우를 말한다고 판시함으로써 본죄의 성립을 제한
하고 있다(대판70도1790).

　(범죄)행위의 주체는 공무원으로 진정신분범, 의무범의 성격을 가지며 객체는 직
무이다. 본죄의 직무는 적법한 것이어야 하며 공무원의 그 지위에 따라 수행해야 할
공무원법상 고유한 직무여야 한다. 또한 여기서 말하는 직무는 어느 정도 제한적으
로 해석하여 공무원이 맡은 바 직무를 집행하지 아니함으로 인하여 그 집행의 실효
를 거둘 수 없는 경우를 의미한다.

　(범죄)행위는 직무수행을 거부하거나 유기함으로써 성립한다. 주관적 요소로는
담당한 직무의 집행을 거부한다거나 유기한다는 고의가 있어야 하고(최소한의 미필적으
로라도), 객관적으로는 직무를 거부하거나 이탈하는 행위가 있어야 한다. 그러므로 직
무집행에 있어서 단순한 태만 등 일시적 사정으로 말미암아 부당한 결과가 초래된
경우라도 직무유기죄가 성립되지 않는다(대판93도3568). 또한 어떤 형태로든 직무집행
의 의사로 자신의 직무를 수행한 경우에는 그 직무집행의 내용이 위법한 것으로 평
가된다는 점만으로 직무유기죄의 성립을 인정할 것이 아니다(대판2006도1390). 공무원
이 태만·분망·착각 등으로 인하여 직무를 성실히 수행하지 아니한 경우나 형식적으
로 또는 소흘히 직무를 수행하였기 때문에 성실한 직무수행을 못한 것에 불과한 경
우에도 직무유기죄는 성립되지 않는다(대판2012도15257).

　직무수행을 거부하는 경우는 직무를 능동적으로 수행할 의무가 있는 자가 이를
행하지 않는 진정부작위범에 해당한다. 직무를 유기하는 경우는 정당한 이유 없이
직무를 수행하지 않고 방임하는 경우도 본죄의 행위가 된다.

3. 직권남용죄

　직권남용죄는 공무원이 형식상 일정한 일반적 권한을 가지고 있는 사항에 대하
여 실질적으로 위법한 목적으로 그 부여된 권한을 남용함으로써 타인으로 하여금 의

무 없는 일을 행하게 하거나 타인의 권리행사를 방해하는 때에 성립한다(제123조). 여기서 공무원은 직권남용죄의 성질상 강제력을 수반할 수 있는 직무를 행하는 자라고 보아야 한다. 본죄는 형법 제324조(강요죄)의 폭력에 의한 일반권리행사방해죄의 특별규정에 해당한다.[2] 따라서 공무원이 단순히 직권을 남용하여 타인으로 하여금 의무 없는 일을 하게 하거나 권리행사를 방해한 때에는 본죄만 성립하지만, 폭행 또는 협박을 사용한 경우에는 본죄와 제324조의 강요죄의 상상적 경합이 된다.

(범죄)행위는 직권을 남용하여 사람으로 하여금 의무 없는 일을 행하게 하거나 사람의 권리행사를 방해하는 것이다. '직권을 남용하여'라 함은 직무상의 권한을 불법하게 행사하는 것을 말한다(대판2011도1739). '의무 없는 일을 행하게 하는' 경우란 법률상 전혀 의무가 없는 것을 하게 하는 경우뿐만 아니라 의무가 있을 때에 이를 부당하게 가중시키는 경우도 포함한다(대판90도2800).[3] '권리행사를 방해한다'고 함은 법령상 행사할 수 있는 정당한 권리의 행사를 하지 못하게 하는 경우와 부당한 영업정지, 인·허가권자의 부당한 거부 등이 있다.[4] 기수시기는 피해자가 의무없는 일을 현실적으로 행하거나 권리행사가 현실적으로 방해되었을 때 기수가 된다(통설·판례; 대판2002도3453).

> **[판례연구]**
> 대통령비서실 정책실장이 공무원으로 하여금 특별교부세 교부대상이 아닌 특정 사찰의 증·개축사업을 지원하는 교부신청 및 교부결정을 하도록 하게 한 행위가 직권남용이 된다(대판2008도6950).

4. 불법체포 · 감금죄

본죄는 재판, 검찰, 경찰 또는 인신구속에 관한 직무를 행하거나 이를 보조하는 자가 그 직권을 남용하여 불법하게 사람을 체포하거나 감금함으로써 성립한다(형법 제124조). 형사사법 등에서 인신구속에 관한 직무에 종사하는 자는 직무집행의 과정에서 특별히 그 권한의 행사를 적법하고 신중하게 행사하여야 한다는 취지에서 규정된 것이다. 그러나 실제로 이 조항의 적용과 관련하여 그 적용의 실례가 극히 드물기 때

---

2) 강요죄에 대한 책임이 가중된 가중적 구성요건이라는 견해도 있다(배종대 737면).
3) 예컨대 과중한 납세의무부과, 불필요한 조건부과, 의무이행시기 단축 등.
4) "검사가 고발사건을 불기소 결정하여 피고발인으로 하여금 처벌받게 하려는 고발인의 의도가 이루어질 수 없게 되었다 하여 고발인의 권리행사를 방해하였다고는 말할 수 없다"(대결86모12).

문에 인권보장적 차원에서 비판의 소리가 많다. 본죄는 일반 체포·감금죄에 비하여 신분 때문에 책임이 가중되는 부진정신분범이다. 보호법익은 국가의 인신구속권행사의 공정성과 사람의 신체적 자유이고, 보호정도는 침해범이다.

(범죄)행위의 주체는 인신구속에 관한 직무에 종사하는 자와 이를 보조하는 자를 포함하는데, 여기에는 법관, 검사, 사법경찰관, 교도소장, 구치소장, 소년원장, 선장 등은 물론, 순경, 헌병, 법원·검찰의 서기, 의경, 전경 등도 포함됨은 물론이다.[5]

(범죄)행위는 직권을 남용하여 사람을 체포 또는 감금하는 것이다. 체포라 함은 사람의 신체에 대한 사실상의 지배를 하는 경우를 말한다. 감금이라 함은 사람을 일정한 장소에서 탈출하지 못하도록 하는 경우를 말한다. 따라서 피고인 또는 피의자를 적법절차에 의하지 않고 구치소 등에 구금하는 경우는 물론, 임의동행한 피의자 또는 참고인을 조사 후 귀가시키지 않고 보호실 등에 유치한 경우에도 본죄는 성립한다(대결85모16).

5. 폭행·가혹행위죄

인신구속에 관한 직무에 종사하는 공무원의 직권남용의 특수한 형태를 처벌하는 규정(형법 제125조)이다. 본죄도 전조(불법체포·감금죄)에 규정한 바와 같은 인신구속에 관한 직무를 수행하는 공무원이나 그 보조원이 직무를 수행하는 과정에서 직권을 남용하여 형사피의자 기타 사람을 폭행하거나 가혹행위를 하지 못하도록 규정된 것이다. 헌법 제12조 제2항에 규정된 고문금지 내지 진술강요금지의 규정을 실질적으로 보장하기 위하여 마련된 규정이다. 보호법익은 일차적으로는 국가의 기능의 공정성이지만 부차적으로 개인의 신체의 안전도 포함된 것으로 보아야 한다. 보호의 정도는 추상적 위험범이다.

(범죄)행위는 '폭행 또는 가혹한 행위'이다. 폭행은 폭행죄의 폭행과 마찬가지로 신체에 대한 유형력의 행사를 말한다. '가혹한 행위'란 폭행 이외의 방법으로 육체적 또는 정신적 고통을 가하는 일체의 행위를 포함한다. 식사를 제공하지 않거나, 잠을 재우지 않거나, 추행을 하거나, 옷을 벗기는 경우 등을 포함한다.[6]

주체는 재판, 검찰, 경찰 그 밖에 인신구속에 관한 직무를 수행하는 자 또는 이

---

[5] '사법경찰관의 직무를 행할 자와 직무범위에 관한 법률'(현 '사법경찰관리의 직무를 수행할 자와 그 직무범위에 관한 법률')에서 업무를 부여받은 자와 법원·검찰서기, 사법경찰리를 포함한다. 그러나 사실상 보조하는 사인은 제외되나 집행관은 포함한다(대판68도1218).

[6] 검사 및 검찰수사관의 범죄혐의자들에 대한 폭행과 가혹행위는 … 사회통념상 용인될 수 있는 정당행위에 해당된다고 볼 수 없다(대판2005도945).

를 보조하는 자이며, 객체인 '형사피의자나 그 밖의 사람'에는 형사피고인, 참고인, 증인 등 수사·공판과정에서 조사대상이 된 사람을 말한다.

6. 피의사실공표죄

본죄는 범죄수사에 관한 직무를 행하는 자 또는 이를 감독 또는 보조하는 자가 수사의 결과를 공판청구 전에 발표함으로써 성립한다(형법 제126조). 이러한 행위를 처벌하는 이유는 헌법 및 형사소송법상의 무죄추정의 원칙에 입각하여 피의자의 명예에 대한 침해를 예방하기 위한 측면도 있지만, 그 입법 취지는 오히려 공무원의 피의사실 공표로 인한 증거인멸 등 범죄수사의 효율성을 확보하기 위한 측면이 강하다.

국가의 범죄수사권과 피의자의 명예를 보호법익으로 하고 보호정도는 추상적 위험범(다수설)이다. 주체는 조문에 열거된 특수한 공무원들이며, 따라서 본죄는 진정신분범이다.[7] 본죄의 객체는 직무수행과정에서 알게 된 피의사실이며, 진실 여부를 불문한다. 따라서 직무와 별개로 지득한 사실은 본죄의 객체가 아니다.

(범죄)주체는 검찰, 경찰 그 밖에 범죄수사에 관한 직무를 수행하는 자 또는 이를 감독하거나 보조하는 자이다.

(범죄)행위는 공판청구 전에 피의사실을 '공표'하는 것이다.[8] 여기서 '공표'라 함은 불특정 또는 다수인에게 그 내용을 알리는 것이다. 신문기자에게 알리는 것과 같은 경우에는, 특정한 1인에게 알리는 것이지만 다수인에게 전파될 가능성이 있으므로 공표라고 해석하고 있다.

7. 공무상 비밀의 누설죄

공무원은 국민전체에 대한 봉사자로서 법령(국가공무원법 제60조, 지방공무원법 제52조 등)에 의하여 재직 중은 물론 퇴직 후에도 직무상 지득한 비밀을 유지해야 할 의무가 있다(형법 제127조). 본죄는 바로 그러한 의무위반을 처벌하는 규정이다. 본죄의 보호법익은 비밀엄수의 의무, 구체적으로 비밀누설로 위협받는 국가기능이며, 보호의 정도는 추상적 위험범이다(다수설).

(범죄)주체는 모든 공무원 또는 공무원이었던 자이다(진정신분범). 반드시 비밀과 관련된 업무를 수행하거나 수행했던 공무원을 의미하는 것은 아니다.

(범죄)객체는 법령에 의하여 특별히 관리되는 직무상 '비밀'이다. 그러나 여기서

---

7) 피의자의 영장발부 법관(수임판사)도 포함된다.
8) 따라서 공소제기 후에 공표하는 것은 본죄의 행위가 아니다.

'비밀'은 반드시 비밀분류가 되어 있는 비밀에 국한되지 않는다. 객관적 입장에서 외부에 알려지지 않는 것이 상당하다고 인정되는 경우에는 비밀로 분류 명시된 경우가 아니라도 본죄의 객체에 포함된다고 해석하고 있다.

（범죄)행위는 직무상 비밀을 '누설'하는 것이다. '누설'이란 전조의 '공표'의 개념과는 다른 개념이다. '공표'는 불특정 또는 다수인에게 알리는 것이지만, '누설'은 공표에 해당하는 경우를 포함할 뿐만 아니라 특정의 개인에게 알리는 경우도 포함하는 보다 넓은 개념이다. 시험정리원이 직무상 지득한 시험문제의 일부를 수험생에게 알린 행위(대판70도562), 도지사의 회시공문을 상사의 결제를 받기 전에 부동산업자에게 넘겨준 행위(대판81도1172), 도시계획의 내용을 공개되기 전에 특정인에게 알려준 경우(대판80도2822) 등이 본죄에 해당한다.

8. 선거방해죄

민주주의 국가에 있어서 통치조직의 중요부분은 반드시 선거에 의하여 구성되고 있다. 따라서 선거의 공정성을 확보하는 것은 민주주의를 수호하기 위해서 반드시 필요하다. 본조는 바로 이러한 맥락에서 규정된 것이다(형법 제128조). 선거사범에 대해서는 본조 이외에도 '공직선거'에 의해서도 광범위한 행위들이 처벌되고 있다. 본죄는 선거권·피선거권의 자유로운 행사를 보호법익으로 하는 직권남용죄에 대한 특별규정이다(통설). 추상적 위험범이다.

본죄의 주체는 검찰, 경찰 또는 군의 직에 있는 특수공무원이다. (범죄)객체는 법령에 의한 선거에 국한되어 있다. 따라서 사적 단체에서의 선거나 공정단체라 하더라도 법령에 의한 선거가 아닌 경우에는 본조가 적용되지 아니한다. 행위는 선거인, 입후보자 또는 입후보자 되려는 자에게 협박을 가하거나 기타 방법으로 선거의 자유를 방해하는 행위이다.

9. 뇌물의 죄

1) 의 의

형법은 제129조에서 제134조에 걸쳐 뇌물죄와 관련된 규정을 두고 있다. 뇌물죄란 공무원 또는 중재인이 그 직무행위의 대가로 부정한 사적 이익을 취득하거나 공무원 또는 중재인에게 부정한 보수를 지급하는 경우를 처벌하는 규정으로 뇌물을 받는 수뢰죄와 주는 증뢰죄로 대별할 수 있다.

국가의 일반적 권력작용은 구체적으로 공무원의 직무행위를 통하여 행사되는데,

그 과정에 일정한 금전 기타 부정한 이익이 개입되어 공정한 직무집행이 왜곡되는 것은 국가기관에 대한 국민의 신뢰를 추락시키고 나아가 특정 개인에 대한 부정한 이익을 제공함으로써 일반국민의 위화감을 초래할 수도 있으므로 엄격하게 처벌되어 왔다.

뇌물죄의 논의와 관련하여 모두에 검토되어야 할 것은 그 본질이 무엇인가와 뇌물의 개념에 관한 문제이다.

뇌물죄의 본질이 무엇인가의 논의는 그 보호법익이 무엇인가에 달려 있다. 뇌물죄의 보호법익이 일반적으로 국가기능의 공정한 작용을 보장하기 위한 것임은 말할 필요도 없다. 문제는 좀 더 구체적으로 뇌물죄의 보호법익을 무엇으로 볼 것인가에 관하여 이론적 다툼이 있다. 먼저 주관주의적 입장으로 뇌물죄의 보호법익을 공무원의 직무행위의 불가매수성에 있다고 본다(불가매수성설). 반면 객관주의적 입장은 뇌물죄의 본질을 공무원이 부정한 직무행위를 한 데 대한 대가로서 이익을 취득하는 점에 있다고 보는 직무행위의 불가침성을 강조하는 견해이다(순수성설). 형법의 태도는 일반적으로는 공무원이 정당한 직무행위를 하였는가 부정한 직무행위를 하였는가에 관계없이 뇌물죄로 규정하면서 일정한 부정행위가 개입된 경우에는 가중처벌함으로써 양 주의를 절충하는 입장을 취하고 있다(신뢰보호설). 통설과 판례(대판99도4940)의 입장은 뇌물죄의 일차적 보호법익을 공무원의 직무행위의 불가매수성으로 보는 데 대체로 일치하고 있다. 뇌물의 개념은 직무와 관련되는 불법한 보수 또는 부정한 이익으로 보는 데 일치하고 있다.[9]

뇌물의 개념에서 문제는 첫째는 '직무행위와의 관련성'이다. 직무란 공무원 또는 중재인이 그 지위에 있어서 담당하는 일체의 사무를 말한다. 뇌물죄의 직무는 직무유기죄나 직권남용죄의 직무보다 광의로 해석되어야 한다. 직무의 범위는 법령은 물론 지침, 훈령, 지령 또는 행정지시에 의한 경우뿐만 아니라, 관례상 또는 상관의 지시에 의해 자신의 소관사무 이외의 사무를 대리하는 경우도 포함된다. 직무행위의 적법성, 정당성, 유효성은 중요하지 않다(대판94도3022). 따라서 적법하고 정당한 직무행위와 관련하여 대가를 받은 경우에도 직무관련성이 인정된다.

둘째로 형법상 뇌물의 개념은 직무행위의 대가로서의 부정한 이익을 말한다. 즉,

---

9) "뇌물죄에 있어서 뇌물의 내용인 이익이라 함은 금전, 물품 기타의 재산적 이익뿐만 아니라 사람의 수요, 욕망을 충족시키기에 족한 일체의 유무형의 이익을 포함하므로 투기적인 사업에 참여할 기회를 얻는 것도 이에 포함된다"(대판78도1793).

뇌물과 직무행위가 급부와 반대급부라는 대가적 관계가 성립되어야 한다. 따라서 직무와 관련 없이 또는 직무행위와 대가관계에 있지 않은 단순한 사적 행위에 대한 대가는 뇌물로 볼 수 없다.

셋째로 원칙적으로 직무와 대가관계가 있는 부정한 이익이라면 비록 선물의 형식을 취하더라도 모두 뇌물로 보아야 할 것이다. 그러나 제공되는 이익이 극히 경미하거나 단순한 인사치레에 지나지 않을 때에도 직무행위와의 관련성과 대가적 부정이익이라고 인정되는 경우에는 그러한 선물의 뇌물성은 인정하되, 그러한 행위가 뇌물죄가 되는가와는 구별해서 생각할 성질의 것이라고 생각된다. 이것은 뇌물의 개념의 문제가 아니라 뇌물죄의 성립의 문제로 보아서 사회상규에 위배되지 않으므로 위법성이 조각되는 경우로 해석하는 것이 타당할 것이다.

> **[판례연구]**
> ① 공무원이 수수한 금품에 직무행위와 대가관계가 있는 부분과 그렇지 않는 부분이 불가분적으로 결합되어 있는 경우에는 수수한 금품 전액이 직무행위에 대한 대가로 수수한 뇌물이다(대판2009도4391; 대판2011도12642).
> ② 뇌물죄에서 뇌물의 내용인 이익이라 함은 금전, 물품 기타의 재산적 이익 뿐만 아니라 사람의 수요, 욕망을 충족시키기에 족한 일체의 유형·무형의 이익을 포함하며 제공된 것이 성적욕구의 충족이라 하여 달리 볼 것이 아니다(대판2013도13937).

뇌물의 죄의 구성요건체계는 그 내용상 수뢰죄와 증뢰죄로 대별된다. 수뢰죄의 기본적 구성요건은 수뢰죄(형법 제129조 제1항)이다. 사전수뢰죄(형법 제129조 제2항)는 이에 대한 감경적 구성요건이고, 제3자 뇌물공여죄(형법 제130조)와 사후수뢰죄(형법 제131조 제3항) 및 알선수뢰죄(형법 제132조)는 수뢰죄의 변형된 독자적 구성요건이며, 수뢰후부정처사죄(형법 제131조 제1항)와 부정처사후수뢰죄(형법 제131조 제2항)는 가중적 구성요건이다. 한편 증뢰죄(형법 제133조 제2항)의 경우는 수뢰죄에 대응하는 증뢰죄(형법 제133조 제1항)와 제3자 증뢰물전달죄(형법 제132조 제2항)가 있다. 판례는 뇌물수수죄를 필요적 공범으로 보고 있다(대판70도2536).

2) 수 뢰 죄

본죄(형법 제129조 제1항)의 주체는 공무원 또는 중재인이다. 형법상 공무원이라 함은 국가 또는 지방자치단체 및 이에 준하는 공법인의 사무에 종사하는 자로서 그 노무의 내용이 단순한 기계적 육체적인 것에 한정되어 있지 않은 자를 말한다(대판77도3709). 임명에 의해 공무원이 된 사람은 물론 촉탁, 선거에 의한 경우를 모두 포함한다. 임시직의 경우도 포함한다. 중재인이라 함은 법령에 의하여 중재인의 직에 종사하는 자를 말한다. 따라서 단순히 사실상 중재인으로서 분쟁의 해결을 알선하는 자는 중재인으로 볼 수 없다. 본죄는 진정신분범이며, 증뢰죄와의 관계에서 필요적 공범(대향범)이다.

[판례연구]

① 형법 제129조 내지 제132조의 적용에 있어서 지방공사와 지방공단의 직원은 공무원으로 본다(대판2001도6721).

② 도시정비업법상 정비사업조합의 임원도 공무원으로 보아야 한다(대판2015도15798).

③ 구 건축법 제4조 제1항의 건축위원회 위원은 공무원이 아니다(대판2012도5692).

④ 서울시 후생복지심의위원회 위원장에 의해 서울시청 구내식당 소속 시간제 종사원으로 고용된 자는 공무원이 아니다(대판2011도12639).

(범죄)행위는 뇌물을 수수, 요구 또는 약속하는 것이다. 뇌물이 유형적인 금전이나 물품인 경우에는 점유의 이전 내지 점유의 취득으로 수수가 이루어지지만, 무형의 비재산적 이익인 때에는 그러한 이익을 향유하는 행위가 수수가 된다. 뇌물을 수수한다는 것은 영득의 의사로 받는 것을 말하므로, 후일 기회를 보아서 반환할 의사로 일단 받아둔 것에 불과한 경우에 뇌물의 수수라고 볼 수 없다(대판84도2082). 그러나 오로지 공무원을 함정에 빠뜨릴 의사로 직무와 관련되었다는 형식을 빌려 그 공무원에게 금품을 공여한 경우에도 공무원이 그 금품을 직무와 관련하여 수수한다는 의사를 가지고 받아들인다면 뇌물수수죄가 성립한다(대판2007도10804).

'요구'란 뇌물을 취득할 의사로 현실적인 제공을 청구하는 것이다. 요구죄는 일종의 즉시범으로 일방적 청구의 의사표시만 있으면 상대방의 응낙 여부와는 관계없이 성립된다. 약속이란 증뢰자와의 사이에서 뇌물의 수수를 합의하는 것이다. 뇌물의 수수를 장래에 하기로 기약하는 것이므로 약속당시에 뇌물이 현존할 필요는 없다. 그 가액이나 이익의 정도로 확정되어 있을 필요가 없다.

고의가 인정되기 위해서는 직무와 관련하여 부정한 대가를 수수, 요구 또는 약속하는 사실에 대한 인식 및 인용이 있어야 한다(대판2005도4737). 즉 직무관련성과 부정한 대가라는 인식이 있으면 족하고, 더 나아가 부정한 직무를 수행할 의사까지 요구하는 것은 아니다.

3) 사전수뢰죄

공무원 또는 중재인이 될 자가 그 담당할 직무에 관하여 청탁을 받고 뇌물을 수수, 요구 또는 약속한 후 공무원 또는 중재인이 된 때에는 3년 이하의 징역 또는 7년 이하의 자격정지에 처한다(형법 제129조 제2항).

본죄는 장래 공무원 또는 중재인이 될 자가 사전에 장래 직무에 관하여 청탁을 받고 뇌물을 수수, 요구 또는 약속한 후 공무원 또는 중재인이 된 때에 처벌되는 범죄이다. 여기서 공무원 또는 중재인이 된 사실은 객관적 처벌조건에 해당한다(통설). 따라서 본죄의 성립은 사전에 뇌물을 수수, 요구 또는 약속할 때 이루어지지만, 처벌은 공무원 또는 중재인이 되어야 가능하다.

행위주체는 공무원 또는 중재인이 될 자이다. 도시개발조합의 임원인 조합장 또는 상무이사로 선출될 상당한 개연성이 있는 피고인들이 그 담당할 직무에 관하여 청탁을 받고 소유권이전등기를 마칠 수 있는 기회를 제공받는 방법으로 이익을 수수한 경우에 사전수뢰죄가 성립한다(대판2009도7040). 미리 공무원 임용이 확정되어 있을 필요는 없다. 본죄의 구성요건 중 '청탁을 받고'란, 직무와 관련하여 일정한 행위를 하여 주도록 부탁하는 것을 들어주겠다고 응낙하는 것을 의미한다.

4) 제3자 뇌물공여죄

공무원 또는 중재인이 부정한 청탁을 받고 직접 뇌물을 수수하지 않고 제3자가 수수하게 하거나 제3자에게 수수하도록 요구 또는 약속함으로써 성립되는 범죄이다(형법 제130조).

본조가 간접수뢰를 규정한 것인지 여부에 관한 학설의 논란이 있지만, 그 문제는 간접수뢰의 개념에 관한 인식의 차이에 불과하며 결론에 있어서 차이가 있는 것은 아니다. 따라서 행위자와 생활이익을 같이 하는 가족이 여기서 말하는 제3자가 될 것인가의 문제도 간접수뢰의 개념을 어떻게 파악할 것인가의 문제로 귀착된다. 결론적으로 행위자의 가족은 본조에서 말하는 제3자가 아니며, 여기서 말하는 제3자란 행위자와 공동정범자 이외의 사람을 말한다고 해석하는 것이 타당하다.

본죄는 공무원 또는 중재인이 직무에 관하여 부정한 청탁을 받는 것을 요건으로 하는 점에서도 수뢰죄와 다르다. 부정한 청탁이란 위법한 것뿐만 아니라 부당한 경우까지도 포함하는 개념이다.[10] 묵시적 의사표시에 의한 경우도 부정한 청탁이 된다(대판2008도6950).

5) 수뢰후부정처사죄

공무원 또는 중재인이 수뢰행위를 한 후 더 나아가 부정한 행위를 한 경우에는 그 불법이 가중됨으로 인하여 더욱 무겁게 처벌하는 경우이다(형법 제131조 제1항).

'부정한 행위'란 직무상의 의무에 위배되는 일체의 행위를 의미한다. 따라서 직무행위 자체는 물론 직무행위와 관련 있는 행위까지 포함한다. 예컨대 수사기록의 일부를 파기하는 행위, 세금을 감액시켜 주는 행위, 입찰가격을 미리 알려주는 행위 등도 부정행위(작위)에 포함된다. 또한 증거물의 압수포기, 의원의 의회 불참석, 경찰관의 범죄묵인도 부정행위(부작위)에 해당된다. 뇌물을 요구 또는 약속한 후 부정한 행위를 하고나서 뇌물을 수수한 경우에도 본죄만 성립된다.

6) 부정처사후수뢰죄

사전수뢰죄와 대칭되는 경우이다. 형법 제131조 제2항은 공무원 또는 중재인이 직무상 부정행위를 하고 나서 뇌물을 수수, 요구 또는 약속하거나, 제3자에게 공여하게 하거나 공여를 요구 또는 약속함으로써 성립되는 범죄이다. 동 제131조 제3항은 제131조 제2항에 해당하는 범죄를 퇴직 후에도 처벌하는 경우이다. 전직하고 나서 수뢰한 경우는 제3항이 아니라 제2항의 적용을 받는다.

7) 알선수뢰죄

공무원 자신의 지위를 이용하여 다른 공무원의 직무에 관한 사항을 알선해 주고 본인이 뇌물을 수수, 요구 또는 약속한 경우에 성립되는 범죄이다(형법 제132조). 본죄도 직무행위의 불가매수성을 보호법익으로 하고 있다는 점에서 수뢰죄와 그 본질을 같이 한다. 다만, 간접적으로 직무행위의 공정성을 보호한다는 점에서 차이가 있을 뿐이다.

행위주체는 다른 뇌물죄와 달리 공무원에 한해서만 성립되고 중재인은 포함되지

---

10) "부정한 청탁이라 함은 그 청탁이 위법하거나 부당한 직무집행을 내용으로 하는 경우는 물론, 비록 청탁의 대상이 된 직무집행 자체는 위법·부당한 것이 아니라 하더라도 당해 직무집행을 어떤 대가관계와 연결시켜 그 직무집행에 관한 대가의 교부를 내용으로 하는 청탁이라면 의연 '부정한 청탁'에 해당된다고 보아야 한다"(대판2004도3424). 반면 "구청장인 피고인이 구청관내의 공사 인·허가와 관련하여 갑회사로 하여금 5억원 상당의 경로당 누각을 제3자인 구(區)에 기부채납한 경우에는 부정한 청탁의 대가로 단정할 수가 없다"(대판2010도12313).

아니한다. 공무원의 지위의 고하는 불문한다. 본죄의 주체가 되기 위해서는 공무원의 신분을 가진 것만으로는 부족하고, 적어도 당해 직무를 처리하는 공무원과 직무상 직접 또는 간접의 연관관계를 가지고 법률상이거나 사실상이거나 어떠한 영향력을 미칠 수 있는 지위에 있는 공무원이라야 한다(대판82도403).

판례는 본조에서 '공무원이 지위를 이용하여'라고 함은 친구, 친족관계 등 사적인 관계를 이용하는 경우이거나 단순히 공무원으로서의 신분이 있다는 것만을 이용하는 경우에는 여기에 해당한다고 볼 수 없으나, 다른 공무원이 취급하는 업무처리에 법률상 또는 사실상 영향을 줄 수 있는 공무원이 그 지위를 이용하는 경우에는 여기에 해당하고, 그 사실에 반드시 상하관계, 협동관계, 감독관계 등의 특수한 관계에 있거나 같은 부처에 근무할 것을 요하는 것은 아니라고 한다(대판94도2687). 판례는 검찰 주사는 검사의 직무에 대하여 영향을 미칠 수 없다고 한다(대판82도403).

(범죄)행위는 다른 공무원의 직무에 관한 사항의 알선에 관련하여 뇌물을 수수, 요구 또는 약속하는 것이다. 여기서 알선이라 함은 일정한 사항을 중개하는 것, 즉 청탁의 목적을 달성하기 위하여 편의를 제공하는 것을 의미한다. 알선의 방법은 공무원의 지위를 이용하여 행하여지는 한 아무런 제한이 없다. 정당한 직무행위에 대한 알선의 경우에는 본죄가 성립되지 않는다는 견해가 있지만 본죄가 성립한다고 보아야 한다.

8) 증뢰죄, 증뢰물전달죄

증뢰죄 또는 증뢰물전달죄는 뇌물을 약속, 공여 또는 공여의 의사를 표시하거나, 이에 제공할 목적으로 제3자에게 금품을 교부하거나 그 정을 알면서 교부받을 때에 성립하는 범죄이다(형법 제133조). 다른 뇌물죄가 공무원의 직무 범죄임에 대하여, 본죄는 비공무원이 공무원의 수뢰행위를 방조 또는 교사하는 공범적 성격을 가지고 있다. 증뢰죄가 수뢰죄와의 관계에서 필요적 공범인가 독립별개의 범죄인가에 관하여 학설의 다툼이 있으나 뇌물죄의 행위태양을 사물논리적으로 분석하여 대향범으로서 필요적 공범관계가 성립되는 경우와 독립별개의 범죄인 경우로 나누어 파악하는 입장이 가장 타당하다고 생각된다. 뇌물죄의 행위태양 중 수수·공여, 약속은 대향관계를 전제하고 있으므로 수뢰죄와 증뢰죄는 필요적 공범이 되고, 요구와 공여의 의사표시는 일방적 의사표시만으로도 성립되므로 독립별개의 범죄라고 보아야 한다.

(범죄)행위는 뇌물을 약속, 공여 또는 공여의 의사표시를 하는 것이다. 약속이란 수수에 관하여 증뢰자와 수뢰자 사이에 합의가 이루어진 것을 말한다. 공여란 뇌물

을 수수할 수 있도록 제공하는 것을 말한다. 공여의 의사표시란 상대방에게 뇌물을 제공하겠다는 의사의 표시를 말한다.

증뢰물전달죄의 행위는 증뢰행위에 제공할 목적으로 제3자에게 금품을 제공하거나 제3자가 그 정을 알면서 교부받은 것이다. 이 경우에 제3자가 실제로 금품을 수뢰할 사람에게 전달하였는지 여부는 본죄의 성립에 영향이 없다(대판84도1033). 증뢰물전달죄의 경우에는 행위의 객체가 뇌물이 아니라 금품으로 표현되어 있다. 행위당시에 아직 그 객체가 뇌물성을 구비하고 있지 않을 수도 있다는 의미에서 금품을 표현하고 있다. 제3자의 증뢰물 전달죄는 증뢰자나 수뢰자가 아닌 제3자가 증뢰자로부터 수뢰할 사람에게 전달될 금품이라는 정을 알면서 그 금품을 받은 때에 성립한다(대판2007도10601).

9) 뇌물의 몰수·추징

형법 제134조(몰수·추징)는 형법 제48조의 임의적 몰수의 원칙에 관한 규정에 대한 특칙으로, 뇌물죄에 관해서는 임의적 몰수가 아닌 필요적 몰수를 해야 한다는 규정이다. 또한 몰수와 추징의 대상이 수수한 뇌물에 한하지 않고 요구 또는 약속한 뇌물을 포함하고 있다. 공무원의 직무와 관련된 부정적 이익은 어떠한 경우에도 허용해서는 안 된다는 표현이다.

본조는 몰수와 추징의 대상자에 관하여 침묵을 지키고 있지만, 필요적 몰수를 규정한 형법의 취지에 비추어 그 대상자는 뇌물을 보유하고 있는 자로부터 몰수해야 하는 것이 당연하다. 수뢰자가 뇌물을 증뢰자에게 반환하였을 때에는 증뢰자로부터 몰수 또는 추징하여야 한다. 그러나 증뢰자로부터 몰수 또는 추징하는 것은 수뢰자가 뇌물 그 자체를 반환했을 경우에 한하여야 한다. 따라서 뇌물로 수수한 자기앞수표를 소비하고 그 금액을 반환하였거나(대판83도2871), 은행에 예치한 후 같은 금액의 돈을 반환한 경우에는(대판85도1350) 수뢰자로부터 몰수 또는 추징하여야 한다. 수인이 공모하여 뇌물을 수수한 경우에는 각자가 실제로 수수한 금품을 몰수하거나 그 가액을 개별적으로 추징하여야 한다. 개별적으로 알 수 없는 경우에는 균등하게 몰수 또는 추징하여야 한다(대판73도1963). 뇌물의 전부 또는 일부를 몰수할 수 없는 경우에는 그 가액을 추징한다. 이 경우 몰수할 수 없는 이유는 따지지 않는다. 공무원 갑이 을에게 500만원을 빌려달라고 요구하였으나 을이 즉각 거부한 경우에 … 몰수는 특정된 물건에 대한 것이고 추징은 본래 몰수할 수 있었음을 전제로 하는 것임에 비추어 뇌물에 공할 금품이 특정되지 않았던 것은 몰수할 수 없고 그 가액을 추징할 수도 없다(대판2015도12838). 뇌물을 추징할 경우 그 가액을 산정하는 기준시기는 뇌물을 수수한 때가 아니라 뇌물을 몰수할 수 없는 사유가 발생한 때로 보는 것이 통설의 입장이다.

10. 공무원의 직무상 범죄에 관한 형의 가중

본조는 공무원이 직권을 이용하여 공무원의 직무범죄 이외의 범죄를 저지른 경우에도 그 처벌을 가중하고 있는 규정이다(형법 제135조). 이 규정은 국민에 대한 봉사자로서의 공무원이 자기에게 맡겨진 직권을 함부로 이용해서 직무범죄 이외의 (범죄)행위를 저지르는 경우에도 일반인에 비하여 그 불법과 책임이 크다고 보고 처벌을 가중하고 있는 규정이다. 어떤 측면에서는 평등권에 위배된다는 주장도 있을 수 있지만, 공무원의 권한과 책임의 막중함에 비추어 보면 합리적인 차별이라고 볼 수도 있다.

제 2 항　공무방해에 관한 죄

1. 의　의

공무방해에 관한 죄는 국가 또는 공공기관이 행사하는 기능(공권력행사)을 방해함으로써 성립하는 범죄이다. 구체적으로 공무원에 의하여 집행되는 공무를 보호하기 위한 범죄이다. 보호법익은 공무이다. 공무를 보호함으로 인해서 공무원의 지위도 간접적으로 보호된다. 그러나 본죄를 공무원을 보호하기 위한 범죄는 아니다. 공무원은 본죄의 행위의 객체가 될 뿐이다. 보호정도는 추상적 위험범이다(통설).

공무방해에 관한 죄의 구성요건체계로는 기본적으로 공무집행방해죄(형법 제136조 제1항), 수정적 구성요건으로 직무강요죄(동조 제2항), 위계에 의한 공무집행방해죄(형법 제137조), 독립적 구성요건으로 법정 또는 국회의장모욕죄(형법 제138조), 인권옹호직무방해죄(형법 제139조), 공무상 비밀표시무효죄(형법 제140조), 부동산강제집행효용침해죄(형법 제140조의2), 공용서류 등 무효죄(형법 제141조 제1항), 공용물파괴죄(동조 제2항), 공무상 보관물무효죄(형법 제142조), 가중적 구성요건으로 특수공무방해죄(형법 제144조), 특수공무방해치사상죄(형법 제144조 제2항), 미수범처벌(형법 제143조)이다.

2. 공무집행방해죄

행위의 주체는 제한이 없다. 반드시 공무원의 직무집행행위의 대상으로 되어 있는 자에 한하지 않으며, 제3자라도 본죄의 주체가 될 수 있다. 공무원도 본죄의 주체가 될 수 있음은 물론이다. 객체는 직무를 집행하는 공무원이다. 여기서 '공무원'은 국가 또는 공공단체의 공무에 종사하는 자를 말한다. 파출소에 근무하는 방범대원(대판90도2930), 청원경찰(대판85도2448)도 본죄의 공무원에 해당한다. 외국의 공무원은 제외된다. 피고인이 국민기초생활보장법상 '자활근로자'로 선정되어 주민자치센터의 사회복지담당 공무원의 복지도우미로 근무하던 갑을 협박하여 그 직무를 방해한 경우에는 갑은 공무원이라 볼 수 없다(대판2010도14484). 국민권익위원회 운영지원과 소속 기간제 근로자는 형법상 공무원으로 볼 수 없다(대판2015도3430).

'직무집행'이란 널리 공무원이 직무상 취급할 수 있는 사무를 행하는 것을 말한다. 반드시 국가 또는 공공단체의 의사를 강제하는 행위에 국한되는 것은 아니다. '직무집행'은 원칙적으로 현재 직무집행중인 것을 의미하지만, 직무에 착수하기 직전의 준비행위, 직무집행의 대기 중에 있는 경우, 직무집행 중 일시 휴직 중에 있는 경우도 직무집행에 포함된다고 본다. 그러나 예컨대 출근 중인 경우(대판79도1201) 또는 집행종료 후인 경우는 이에 포함되지 않는다. 야간 당직근무중인 청원경찰이 불법주차 단속요구에 응하여 현장을 확인만 하고 주간근무자에게 전달하여 단속하겠다고 했다는 이유로 민원인이 청원경찰을 폭행한 경우에는 공무집행방해죄가 성립한다(대판2008도9919).

공무원의 직무집행행위는 적법한 것임을 요한다(통설·판례[11]). 직무집행이 적법하기 위해서는 첫째로 직무집행행위가 당해 공무원의 일반적인 직무권한에 속해야 한다. 따라서 경찰관이 조세를 징수하는 행위는 그 권한을 넘는 행위로서 적법한 직무집행이라고 할 수 없다. 둘째로 그 행위는 당해 공무원의 구체적 권한에 속하는 것이어야 한다. 예컨대 집달관은 자기에게 위임된 사건에 대해서만 강제집행을 할 수 있다. 셋째로 그 행위는 법령이 정한 방식과 절차에 따른 것이어야 한다. 따라서 피고인 또는 피의자를 구속함에는 구속영장을 필요로 하고, 구속영장을 집행함에는 영장을 제시하는 등의 절차를 따라야 한다. 예컨대 경찰관들이 현행범도 아닌 피고인을 체포하려고 피고인의 주거에 강제로 들어가려고 하는 것을 피고인이 제지한 경우(대판91도1314), 강제연행에 항거하는 와중에 경찰관의 멱살을 잡는 등 폭행을 가한 경우(대판91도2797)에는 본죄는 성립하지 않는다. 그러나 시위대학생들의 전경에 대한

---

11) "공무집행방해죄는 공무원의 직무집행이 적법한 경우에 성립하고, 여기서 적법한 공무집행은 그 행위가 공무원의 추상적 권한에 속할 뿐 아니라 구체적 직무집행에 관한 법률상 요건과 방식을 갖춘 경우를 가리킨다."(대판2006도148).

불법감금상태를 제거하기 위해 대학도서관에 진입한 것은 적법한 공무집행이라고 한다(대판90도767). 당해 공무원의 행위가 이상과 같은 적법성의 요건을 구비하였는가의 여부를 판단하는 표준에 관하여는 견해가 대립되어 있다. 법원이 법령을 해석하여 객관적으로 결정하여야 한다는 객관설(통설), 당해 공무원이 주관적으로 적법하다고 믿었는가의 여부에 따라 결정하여야 한다는 주관설, 주관적·객관적인 면을 모두 고려하여야 한다는 절충설 등이 있으며, 판례는 일반인의 입장에서 공무원의 직무행위로 인정할 수 있을 때 적법하다고 하는 이른바 일반인표준설에 입각하고 있다(대판4291형상852).

(범죄)행위는 폭행·협박이다. '폭행'이란 사람에 대한 유형력의 행사를 의미하며(광의의 폭행), 협박이란 겁을 주는 것을 말한다. 폭행과 협박은 공무원에 대하여 가해져야 한다. 직접적으로 가해지는 것만이 아니라 간접적인 것(대판70도561)도 포함된다. 물건에 대한 유형력의 행사라도 간접적으로 공무원에 대한 것이라면 폭행에 해당된다. 예컨대 직무집행중인 파출소 사무실에 인분을 던지는 행위도 본죄의 폭행에 해당한다(대판81도326). 폭행·협박은 적극적인 행위에 의할 것을 요한다. 따라서 소극적인 거동이나 불복종은 여기에 해당하지 않는다. 또한 직무집행과 관련 없이 피고인이 자해·자학행위를 하는 것은 본죄의 폭행·협박이라 할 수 없다(대판75도3779).

폭행·협박의 결과 현실적으로 직무집행행위가 방해되었음을 요하지 않는다. 즉 직무집행중의 공무원에 대하여 폭행·협박을 하면 본죄는 기수에 이른다(추상적 위험범).

주관적 요소로 고의에는 상대방이 적법한 직무를 집행하는 공무원이라는 것과, 이에 대하여 폭행 또는 협박을 가한다는 인식이 있어야 한다. 그러나 목적범이 아니므로 직무집행에 대한 '방해의사'를 필요로 하지는 않는다(통설, 판례; 대판94도1949).

[판례연구]
① 피고인이 순찰차 뒷자석에 누운 상태에서 경찰관들을 발로 차 상해를 가한 행위는 정당방위에 해당한다고 볼 수 없다(대판2004도6184).
② 피고인이 위법한 공무집행에 항의하면서 전투경찰대원들의 방패를 손으로 잡아 당기거나 전투경찰대원을 발로 차고 몸으로 밀었다고 하더라도 공무집행방해죄는 성립되지 않는다(대판2013도2168).
③ 교정시설의 소장에 의하여 허용된 범위를 넘어 사진 또는 그림 등을 부착한 수용

> 자에 대하여 교도관이 부착물의 제거를 지시한 행위는 수용자가 복종하여야 할
> 직무상 지시로 적법한 직무집행으로 보아야 한다(대판2013도1198).
> ④ 피고인이 갑 시청옆 일반국도인 도로의 보도에서 철야농성을 위해 천막을 설치
> 하던 중 이를 제지하는 시청 소속 공무원들에게 폭행을 가한 경우에는 공무집행
> 방해죄를 구성한다(대판2011도10625).

3. 직무·사직강요죄

본죄(형법 제136조 제2항)의 주체에는 제한이 없고 객체는 공무원이다. 단, 직무를
집행하는 공무원일 필요는 없다. 본죄는 이른바 목적범이다(주관적 요소로 고의와 목적을
필요로 한다). 직무상의 행위를 강요 또는 저지하거나 사직케 할 목적을 요한다. 여기
서 직무상의 행위란 당해 공무원이 직무에 관하여 할 수 있는 일체의 행위를 말한다.

4. 위계에 의한 공무집행방해죄

본죄(형법 제137조)의 행위는 위계로써 공무집행을 방해하는 것이다. '위계'란 타
인의 부지 또는 착오를 이용하는 일체의 행위를 말한다(대판83도1864). 위계의 상대방
은 반드시 공무원이어야 하는 것은 아니다. 즉 제3자를 기망하여 공무원의 직무를 방
해한 경우에도 본죄에 해당한다. 판례는 운전면허시험에 대리응시한 경우,[12] 입학고
사 실시 전에 시험문제를 부정한 방법으로 입수하여 그 문제의 내용을 미리 알고 응
시한 경우에 공무원의 부지를 이용하는 행위로서 위계에 해당한다고 하며(대판66도
30), 시험장소에서 답안쪽지를 전달하는 행위는 전달받은 자의 행위여하를 불구하고
시험감독의 직무집행을 위계로써 방해한 것이라고 하고 있다(대판67도650). 그러나 수
사기관에서 피의자가 허위자백을 하거나 참고인이 허위진술을 한 경우(대판76도3685),
교통사고를 낸 운전자가 경찰관서에 허위신고를 한 사실만으로는 위계에 의한 공무
집행방해죄가 성립을 부정하고 있다(대판74도2841).

본죄는 현실적으로 공무집행방해의 결과가 발생하였음을 요한다고 보는 것이 판
례의 입장이다.[13] 그러나 공무집행방해죄와 마찬가지로 직무집행의 결과가 발생할

---

12) "피고인이 마치 그의 형인 양 시험감독자를 속이고 원동기장치 자전거운전면허 시험에 대리로 응시하
   였다면 피고인의 소위는 위계에 의한 공무집행방해죄가 성립한다"(대판86도1245).
13) "민사소송을 제기함에 있어 피고의 주소를 허위로 기재하여 법원공무원으로 하여금 변론기일 소환장
   등을 허위주소로 송달케 하였다는 사실만으로서는 이로 인하여 법원공무원의 구체적이고 현실적인
   어떤 직무집행이 방해되었다고 할 수는 없다"(대판77도284).

것을 요하는 것이 아니라 그 위험이 있으면 본죄는 완성된다고 하는 학설도 있다. 주관적 구성요건요소로 고의 외에 공무집행을 방해할 의사가 있어야 한다고 보는 것이 판례의 태도이다.[14] 그러나 학설 중에는 공무집행방해죄와 마찬가지로 해석하여 공무집행방해의 의사는 요하지 않는다고 보는 견해(소수설)도 있다.

[판례연구]

① 가처분신청시 당사자가 허위의 주장을 하거나 허위의 증거를 제출하였다 하더라도 … 위계에 의한 공무집행방해죄가 성립된다고 할 수 없다(대판2011도17125).

② 타인의 소변을 마치 자신의 소변인 것처럼 수사기관에 건네주어 필로폰 음성반응이 나오게 한 경우에는 위계에 의한 공무집행방해죄가 성립된다(대판2007도6101).

③ 피고인들이 공모하여 허위 물량배정계획서와 일괄 작성한 견적서들을 지방조달청에 제출하여 위계로써 지방조달청장의 단체수의계약 체결에 관한 정당한 직무집행을 방해한 경우에 위계에 의한 공무집행방해죄가 성립된다(대판2011도1484).

④ 불법체류를 이유로 강제출국 당한 중국 동포인 피고인이 중국에서 이름과 생년월일을 변경한 호구부를 발급받아 중국주재 대한민국 총영사관에 제출하여 변경된 명의로 입국사증을 받은 다음, 다시 입국하여 그 명의로 외국인등록증을 발급받고 귀화허가 신청서까지 제출한 경우에는 위계에 의한 공무집행방해죄가 성립된다(대판2010도14696).

5. 법정·국회의장모욕죄

본죄(형법 제138조)는 이른바 목적범으로서 행위자에게 법원의 재판 또는 국회의 심의를 방해하거나 위협할 목적이 있어야 한다. 법정모욕죄와 관련하여 법원조직법은 법원은 직권으로 법정 내에서 법정질서유지명령(동법 제58조 제2항), 녹화 등 금지(동법 제59조)에 위배하는 행위를 하거나 폭언·소란 등 행위로 법원의 심리를 방해 또는 재판의 위신을 현저히 훼손한 자에 대하여 결정으로 20일 이내의 감치 또는 1백만원 이하의 과태료에 처하거나 이를 병과할 수 있다고 규정하고 있다(동법 제61조 제1항). 그러나 동법의 제재는 행정벌 내지 질서벌에 해당한다.

---

14) "위계에 의한 공무집행방해의 죄가 성립되려면 자기의 위계행위로 인하여 공무집행을 방해하려는 의사가 있어야 한다"(대판69도2260).

6. 인권옹호직무방해죄

본죄(형법 제139조)의 주체는 경찰의 직무를 행하는 자 또는 이를 보조하는 자이다(따라서 일종의 진정신분범). '경찰의 직무를 행하는 자 또는 이를 보조하는 자'란 검사의 지휘를 받아 수사를 행하는 사법경찰관과 이를 보조하는 사법경찰리를 말한다. 그리고 여기에는 특수분야(삼림·해사·전매·세무 등)의 수사를 담당하는 사법경찰관리(특별사법경찰관리)도 포함된다. 그러나 검사의 지휘를 받지 않는 군사법경찰은 제외된다.

'인권옹호에 관한 검사의 직무'란 강제처분에 대한 검사의 집행지휘(형사소송법 제81조, 제115조, 제209조), 검사의 수사지휘(동법 제196조) 및 구속장소감찰(동법 제198조의2) 등을 말한다.

7. 공무상 비밀표시무효죄

본죄(형법 제140조)의 객체는 공무원이 그 직무에 관하여 실시한 봉인 또는 압류 기타 강제처분의 표시이다. '봉인'이란 물건에 대한 임의의 처분을 금지하기 위하여 그 물건에 실시한 봉함 기타 이와 유사한 물적 설비를 말한다. '압류 기타 강제처분의 표시'란 압류 기타 강제처분을 명시하기 위하여 특히 시행한 표시를 말한다. 예컨대 가처분결정이 부당한 것이라 하더라도 그 효력이 존속하는 한 그 효용을 해치면 본죄에 해당한다(대판85도1165).

행위는 봉인 또는 압류의 표시를 손상·은닉 기타 방법으로 효용을 해하는 것이다. '손상'이란 물질적으로 파괴하여 그 효용을 해하는 것을 말하고, '은닉'이란 그 소재를 불명하게 하여 그 효용을 해하는 것을 말한다. 압류물을 다른 장소로 이동시킨 경우에는 기타 방법으로 효용을 해한 경우에 해당한다(대판86도69).

본죄의 고의는 공무원이 실시한 봉인 또는 압류 기타 강제처분의 표시라는 것에 대한 인식 및 그 효용을 해한다는 것에 대한 인식이 있음을 요한다. 봉인 또는 압류의 표시를 실시한 재물을 절취 또는 횡령하였을 때에는 본죄와 절도죄 또는 횡령죄의 상상적 경합이 된다. 그러나 봉인 등을 파괴하고 물건을 절취하였을 경우에는 본죄와 절도죄의 경합범이 된다.

8. 기타 범죄

공무상 비밀침해죄(형법 제140조)는 비밀침해죄에 대하여 불법이 가중되는 가중적 구성요건이다. 제3항의 기술적 수단을 이용하여 공무상 비밀을 침해하는 범죄는 '기술적 수단을 이용하여 개인의 비밀을 알아내는 비밀침해죄'(제316조 제2항)가 신설된 것이다.

부동산강제집행효용침해죄(형법 제140조의2)는 판결의 집행력과 강제집행의 효력을 보호하기 위하여 개정형법에서 신설한 규정이다. 강제집행된 부동산에 다시 침입하는 사례가 빈발하여 강제집행의 효력을 무용화하고 소유권행사에 큰 지장을 초래하는 경우가 있으므로 이에 대한 대책을 수립해야 한다는 의견을 반영한 것이다.

공용서류 등의 무효죄(형법 제141조)의 객체는 공무소에서 사용하는 서류 기타 물건 또는 전자기록 등 특수매체기록이다. '공무소'란 공무원이 직무를 집행하는 관공서 기타의 조직체를 말한다. 판례는 한국은행은 국고금예수관계에 있어서 공무소에 해당하지만(대판69도1012) 사립학교는 여기에 해당하지 않는다(대판66도30). 공무소에서 사용하는 서류 또는 물건은 공무소에서 보관하고 있는 일체의 물건을 말한다. 예컨대 서류의 경우에는 공문서·사문서를 불문하며,[15] 공무소에서 사용하고 있는 이상 위조문서나 보존기간 경과후의 문서 또는 효력이 없는 문서, 미완성인 문서(대판80도1127)도 포함한다.

행위는 손상·은닉 기타의 방법으로 그 효용을 해하는 것이다. 정당한 권한 없이 효용을 해할 것을 요한다. 따라서 예컨대 '정당한 권한 있는 공무원'이 문서를 파기한 경우는 본죄의 성립과 관계없다(대판65도567). 공용물파괴죄는 공무소에서 사용하는 건조물·선박·기차 또는 항공기를 파괴한 자는 1년 이상 10년 이하의 징역에 처한다(형법 제141조 제2항). 본죄의 미수범은 처벌한다(형법 제143조).

행위의 객체는 공무소로부터 보관명령을 받거나 공무소의 명령으로 타인이 간수하는 자기의 물건이다. 공무소로부터 보관명령을 받은 물건이란 예컨대 압류한 집달관이 채무자에게 보관을 명한 경우를 들 수 있고(대판4292형상838), 공무소의 명령으로 타인이 간수하는 경우란 공무소가 사실상 지배하는 물건을 공무소의 명에 의해 제3자의 지배에 두게 된 것을 말한다.

특수공무방해죄(형법 제144조 제1항), 특수공무방해치사상죄(형법 제144조 제2항)는 단체 또는 다중의 위력을 보이거나 위험한 물건을 휴대하고 형법 제136조, 동 제138조와 제140조 내지 전조(제143조)의 죄를 범한 때에는 각조에 정한 형의 2분의 1

---

15) "공용서류무효죄에 있어서의 객체는 그것이 공무소에서 사용하는 서류인 이상 공문서이거나 사문서이거나 또는 정식절차를 밟아 접수 또는 작성된 것이거나 완성된 것이거나를 묻지 않는다고 할 것이므로, 세무공무원이 상속세신고서 및 세무서 작성의 부과결정서 등을 임의로 반환한 경우에는 위 죄에 해당한다"(대판81도1830).

까지 가중한다(형법 제144조 제1항). 제1항의 죄를 범하여 공무원을 상해에 이르게 한 때에는 3년 이상의 유기징역에 처한다. 사망에 이르게 한 때에는 무기 또는 5년 이상의 징역에 처한다(동조 제2항).

제 3 항 도주와 범인은닉의 죄

1. 의 의

도주의 죄는 법률에 의하여 체포 또는 구금된 자가 스스로 도주하거나 타인의 도주에 관여함으로써 성립하는 범죄이며, 범인은닉의 죄는 벌금 이상의 형에 해당하는 죄를 범한 자를 은닉 또는 도피하게 함으로써 성립하는 범죄이다. 도주의 죄는 국가의 구금기능을 보호하기 위한 것이고, 범인은닉의 죄는 국가의 형사사법기능을 보호하기 위한 것으로 보고 있다.

2. 도주의 죄

1) 도 주 죄

본죄(형법 제145조 제1항)의 행위주체는 법률에 의하여 체포 또는 구금된 자이다(진정신분범). '법률에 의하여 체포 또는 구금된 자'란, 예컨대 유죄의 확정판결을 받고 형의 집행을 위하여 교도소에 구금되어 있는 자, 재판확정 전 피의자 또는 피고인으로서 구속되어 있는 자, 환형처분으로 노역장에 유치된 자, 현행범인으로서 체포된 자(형사소송법 제212조), 긴급구속(동법 제206조)된 자 등을 말한다. 불법 체포된 자는 주체가 될 수 없다(대판2005도6810). 가석방·보석·형집행정지 중에 있는 자는 여기에 포함되지 않는다. 행위는 도주이다. '도주'란 체포 또는 구금상태로부터 이탈하는 것을 말한다. 감독자(간수자)의 실력적 지배를 완전히 이탈하였을 때에 기수로 된다.[16] 따라서 추적을 당하고 있는 중에는 기수가 되지 않는다. 본죄는 즉시범·상태범이다(다수설, 판례; 대판91도1656).

2) 집합명령위반죄

본죄(형법 제145조 제2항)는 집합명령에 응하지 않음으로써 성립되는 진정부작위범이다. 따라서 미수범은 있을 수 없고(다수설), 미수범처벌규정(형법 제149조)은 의미가 없다.

---

16) "도주죄는 즉시범으로서 범인이 간수자의 실력적 지배를 이탈한 상태에 이르렀을 때에 기수가 되어 도주행위가 종료하는 것이다"(대판91도1656).

3) 특수도주죄

본죄(형법 제146조)의 도주의 수단·방법이 ① 수용설비 또는 기구의 손괴, ② 폭행 또는 협박, ③ 2인 이상의 합동이라는 특수성으로 인하여 불법이 가중되는 구성요건이다. '수용설비'란, 예컨대 교도소·구치소·경찰서유치장 등과 같이 사람의 신체를 계속적으로 구금하는 장소를 말한다. '기구'란 포승·수갑 등 신체를 직접 구속하는 물건이다.

3. 도주원조의 죄

1) 도주원조죄

본죄(형법 제147조)의 주체에는 제한이 없다. 단, 법률에 의하여 구금되어 있는 자는 본죄의 객체일 뿐 그 자체가 될 수 없다. 객체는 법률에 의하여 구금되어 있는 자이다. 본죄는 도주죄에 대한 교사·방조행위를 독립범죄로 규정한 것으로 도주죄의 필요적 공범에 해당하므로 총칙상의 공범규정이 적용되지 않는다.

행위는 탈취하거나 도주하게 하는 것이다. '탈취'란 피구금자를 그 간수자의 실력적 지배로부터 이탈시켜 자기 또는 제3자의 지배로 옮기는 것을 말한다. 도주죄의 범인이 도주행위를 하여 기수에 이른 이후에 범인의 도피를 도와주는 행위는 범인도피죄에 해당할 수 있을 뿐 도주원조죄에는 해당하지 않는다(대판91도1656).

2) 간수자의 도주원조죄

본죄(형법 제148조)의 주체는 법률에 의하여 구금된 자를 간수 또는 호송하는 자이다(진정신분범). 간수 또는 호송의 임무는 반드시 법령상의 근거를 가질 것을 요하지 않는다. 현실적으로 그 임무를 종사하는 자이면 족하다. 따라서 반드시 공무원일 필요는 없다. 간수자나 호송자의 신분은 행위시에만 존재하면 된다.

4. 범인은닉죄

본죄(형법 제151조)의 주체에는 제한이 없다. 단, 범인 스스로 은닉 또는 도피하는 행위는 범죄가 되지 않는다. 범인은닉죄는 타인인 범인을 은닉 또는 도피시킨 경우에 성립되기 때문이다. 범인비호적 성격을 갖는 독립적 구성요건으로서 계속범이다(대판95도577).

행위객체는 '벌금 이상의 형에 해당하는 죄'를 '범한 자'이다. '벌금 이상의 형에 해당하는 죄'란 법정형에 벌금 또는 그 이상의 형이 규정되어 있는 범죄를 말한다. '죄를 범한 자'란, 구성요건에 해당하고 위법·유책한 행위를 한 자로서 이에 대하여 공소제기나 처벌이 가능한 경우이어야 한다. 따라서 공소시효의 완성, 형의 폐지, 사면 등에 의하여 소추·처벌의 가능성이 없어지면 본죄의 객체로부터 제외된다. 그러나 은닉 또는 도피시킬 당시에 유죄 판결이 확정되었거나 공소가 제기되었을 것을 요하는 것은 아니다. 범죄의 혐의를 받고 수사가 진행 중인 자도 여기에 포함된다(대판83도1486).

따라서 친고죄를 범한 자에 대하여 아직 고소가 없더라도 수사진행이 가능하므로 이를 '죄를 범한 자'에 포함시키는 것으로 해석한다(통설). 다만, 고소권이 소멸된 경우에는 죄를 범한 자에 포함되지 않는다. 한편 '죄를 범한 자'를 진범인에 한정하여야 할 것인가에 대하여는 견해가 갈리고 있다. 판례는 진범인임을 요하지 않는다고 보고 있다(대판81도1931). 예컨대 갑(甲)이 구속수사의 대상이 된 을(乙)을 은닉·도피시켰으나 을(乙)이 후에 무혐의로 석방되었다 하더라도 갑(甲)에 대하여 범인은닉죄가 성립된다고 해석하는 것이 판례이다.

(범죄)행위는 은닉 또는 도피하게 하는 것이다. '은닉'이란 장소를 제공하여 범인을 감추어 주는 행위를 말하며, '도피'란 은닉 이외의 방법으로 체포·발견을 곤란 또는 불가능하게 하는 일체의 행위를 의미한다(대판90도1439). 참고인이 수사기관에서 범인에 관하여 조사를 받으면서 그가 알고 있는 사실을 묵비하거나 허위로 진술하였다고 하여도, 그것이 적극적으로 수사기관을 기만하여 착오에 빠지게 함으로써 범인의 발견 또는 체포를 곤란 내지 불가능하게 할 정도의 것이 아니라면 범인도피죄를 구성하지 않는다(대판91도1441). 예컨대 참고인이 목격한 범인임에도 불구하고 동일인이 아니라고 허위진술한 정도로는 범인도피행위에 해당하지 않는다(대판85도897).

본죄는 부작위에 의해서도 행할 수 있다. 이때 부작위에 의한 은닉·도피가 되기 위해서는, 예컨대 경찰관의 경우와 같이 범인을 체포해야 할 보증인 지위에 있을 것이 요구된다. 일반인에게는 범인을 신고할 의무가 없으므로 범인을 신고하지 않더라도 본죄가 성립되는 것은 아니다. 다만, 국가보안법상 불고지죄와 같은 예외가 있다.

고의로는 행위자가 객체에 관하여 벌금 이상의 형에 해당하는 죄를 범한 범인이라는 것에 대한 인식 및 이를 은닉 또는 도피하게 한다는 의사가 있음을 요한다. 여기서 '본인'이란 벌금 이상의 형에 해당하는 죄를 범한 자이어야 함은 물론이다. 제3자가 친족을 교사·방조하여 본죄를 범하게 한 때에는 친족(본죄의 정범)은 처벌되지 않지만 제3자는 공범으로 처벌된다. 한편 친족이 타인을 교사하여 본죄를 실행하게 한 경우 그 친족을 본죄의 공범으로 처벌할 수 있겠는가에 대하여는 견해가 대립되고 있다. 이 경우에도 그 친족에 대해서는 특례를 적용하여 교사범의 성립을 부정하는 것이 타당할 것이다.

제 4 항 위증과 증거인멸의 죄

1. 위증의 죄

1) 의 의

위증의 죄는 법률에 의하여 선서한 증인이 허위의 진술을 하거나, 법률에 의하여 선서한 감정인·통역인 또는 번역인이 허위의 감정·통역 또는 번역을 하는 것을 내용으로 하는 범죄이다. 위증의 죄의 보호법익은 국가의 사법기능이다(대판88도1533). 즉, 국가의 사법작용인 심판 또는 징계처분의 적정을 그릇되게 할 위험이 있기 때문에 처벌하는 것이다. 따라서 본죄는 침해범이 아니고 추상적 위험범이다(통설).

기본적 구성요건으로는 위증죄(형법 제152조 제1항), 불법이 가중된 가중구성요건으로 모해위증죄(형법 제152조 제2항), 독립된 구성요건으로 허위감정·통역·번역죄(형법 제154조)가 있다.

2) 위 증 죄

본죄(형법 제152조 제1항)의 주체는 법률에 의하여 선서한 증인이다. 따라서 본죄는 일종의 진정신분범이다. '법률에 의하여 선서한 증인'이란 법률의 규정에 의하여 일정한 선서절차를 밟은 증인을 말한다. 법률에 의하여 선서하는 경우는 민사소송(민사소송법 제319조 이하), 형사소송(형사소송법 제156조 이하), 비송사건(비송사건절차법 제10조 참조), 징계사건(법관징계법 제22조, 검사징계법 제26조) 등이 포함된다. 선서는 유효한 것이어야 한다. 그러나 선서의 절차상 다소의 결함이 있다 할지라도 선서 그 자체를 무효로 할 정도의 것이 아닌 이상 유효하다고 볼 수 있다.

증인이란 법원 또는 법관에 대하여 과거의 경험사실을 진술하는 자를 말한다. 증언거부권이 있는 자도 증언거부권을 행사하지 않고 선서하고 증언한 이상 주체가 된다(통설·판례).[17]

---

17) "위증죄는 선서를 한 증인이 허위진술을 함으로써 성립하는 죄이며, 국가의 재판권, 징계권을 적정하게 행사하기 위한 것이 그 주된 입법이유이다. 증인으로 선서한 이상 진실대로 진술한다고 하면 자신의 범죄를 시인하는 진술을 하는 것이 되고 증언을 거부하는 것은 자기의 범죄를 암시하는 것이 되어 증인에게 사실대로의 진술을 기대할 수 없다고 하더라도, 형사소송법상 이러한 처지의 증인에게는 증언을 거부할 수 있는 권리를 인정하여 위증죄로부터의 탈출구를 마련하고 있는 만큼 적법행위의 기대가능성이 없다고 할 수 없으므로 선서한 증인이 증언거부권을 포기하고 허위의 진술을 하였다면 위증

(범죄)행위는 허위의 진술을 하는 것이다. 허위의 진술이란 증인이 허위의 사실을 진술하는 것을 말한다. 증인신문의 대상이 된 사항은 모두 진술의 내용이 될 수 있다. 여기서 '허위'란 무엇을 의미하는가에 대하여는 견해가 대립되고 있다. 객관설에 의하면 허위란 객관적 진실에 어긋나는 것을 의미하며 증인의 기억과 일치하는가는 불문한다고 하며, 주관설은 허위란 증인이 그 기억에 어긋나는 증언을 하는 것을 의미한다. 통설과 판례(대판84도114)는 주관설을 따르고 있다. 이때 증인의 증언이 기억에 반하는 허위의 진술인지 여부는 증언 전체를 파악하여 판단하여야 한다(대판93도425). 경험한 사실에 기초한 주관적 평가나 단순한 의견(대판83도42) 또는 법률적 효력에 관한 의견의 진술(대판83도1125)에 지나지 않는 때, 또는 다소의 오류(대판83도2492)나 모순이 있더라도 본죄가 성립하는 것은 아니다(대판88도236). 그러나 들어서 알게 된 사실을 마치 목격한 사실인 것처럼 진술한 경우에는 허위의 진술에 해당하며(대판85도783). 또한 지역적인 진술이라도 본죄의 성립에 지장이 없다(대판81도3069).

기수시기에 관해서는 증인에 대한 신문절차가 종료한 때에 기수가 된다고 보는 것이 통설이다. 따라서 허위의 진술을 한 증인이 신문이 끝날 때까지 이를 시정한 경우에는 본죄는 성립하지 않는다.

법률에 의하여 선서하고 증언하는 자 이외의 자는 본죄의 간접정범이나 공동정범이 될 수 없다. 즉, 위증죄는 자수범이다. 그러나 본죄에 대한 교사·방조는 가능하다. 이와 관련하여 피고인이 자기의 형사사건에 관하여 타인을 교사하여 위증을 하게 하였을 경우에 피고인에게 위증교사죄의 성립을 인정하겠는가에 대해서는 적극설·소극설이 대립되어 있다. 적극설은 형사피고인도 본죄의 교사범이 될 수 있다는 견해이며, 소극설은 제3자는 본죄의 교사범이 될 수 있지만 형사피고인은 본죄의 정범뿐만 아니라 교사범도 될 수 없다는 견해이다. 형사피고인은 자기 사건에 관하여 증인이 될 수 없으므로 위증죄의 정범으로 처벌될 수 없다. 정범으로 처벌되지 않는 피고인에게 교사범으로서의 형사 책임을 부담시키는 것은 부당하다는 점에서 소극설이 타당하다고 할 것이다.

본죄를 범한 자가 그 진술한 사건의 재판 또는 징계처분이 확정되기 전에 자백 또는 자수한 때에는 그 형을 감경 또는 면제한다(제153조). 위증에 의한 오판을 방지하기 위해 정책적으로 규정한 것이다.

죄의 처벌을 면할 수 없다"(대판86도1724).

3) 모해위증죄

본죄(형법 제152조 제2항)는 피고인·피의자 또는 징계혐의자를 '모해할 목적'[18]으로 위증한 경우, 그 목적으로 인하여 불법이 가중되는 구성요건이다.

4) 허위감정·통역·번역죄

본죄(형법 제154조)의 감정인이란 특수한 지식·경험을 가진 제3자가 그 지식·경험에 의하여 알 수 있는 법칙 또는 그 법칙을 적용하여 얻은 판단을 법원 또는 법관에게 보고하는 자를 말한다.

2. 증거인멸의 죄

1) 의 의

증거인멸의 죄는 타인의 형사사건 또는 징계사건에 관한 증거를 인멸·은닉·위조 또는 변조하거나, 위조 또는 변조한 증거를 사용하거나, 또는 타인의 형사사건·징계사건에 관한 증인을 은닉 또는 도피하게 하여 국가의 심판권의 행사를 방해하는 범죄이다. 이처럼 증거인멸죄는 사법작용에 대한 국가의 기능을 보호법익으로 하는 추상적 위험범이라는 점에서 위증죄와 본질을 같이한다.

구성요건체계로는 기본적으로 증거인멸죄(형법 제155조 제1항)와 증인은닉·도피죄(형법 제155조 제2항), 불법이 가중된 가중적 구성요건으로 모해증거인멸죄, 모해증인은닉·도피죄(형법 제155조 제3항)이 있다.

2) 증거인멸죄

본죄(형법 제155조)의 객체는 타인의 형사사건 또는 징계사건에 관한 증거이다. '타인의 형사사건 또는 징계사건'이란 자기 이외의 자의 형사사건 또는 징계사건을 말한다. 자기의 형사사건 또는 징계사건은 이에 포함되지 않는다. 따라서 타인을 교사하여 자기의 형사사건에 관한 증거를 인멸하게 하였을 경우에도 본죄의 교사범이 성립하지 않는다고 보는 것이 타당할 것이다. 그러나 판례는 "자기의 형사사건에 관한 증거인멸행위는 피고인의 방어권을 인정하는 취지에서 처벌의 대상이 되지 아니하나, 자기의 형사사건에 관한 증거를 인멸할 목적으로 타인을 교사한 경우에는 교사범의 죄책을 부담케 함이 상당하다"(대판75도826)고 판시하고 있다.

공범자의 형사피고사건에 대한 증거를 타인의 형사사건에 대한 증거라고 볼 수

---

18) "형법 제152조 제2항의 모해할 목적이란 피고인·피의자 또는 징계혐의자를 불리하게 할 목적을 말하고…"(대판2006도3575).

있는가에 대해서도 견해가 대립된다. 공범자의 사건은 타인의 사건으로 볼 수 없으므로 본죄가 성립하지 않는다고 해야 할 것이다. 판례는 "증거인멸죄는 타인의 형사사건 또는 징계사건에 관한 증거를 인멸하는 경우에 성립하는 것이므로 피고인 자신이 직접 형사처분이나 징계처분을 받게 될 것을 두려워한 나머지 자기의 이익을 위하여 증거자료를 인멸한 행위가 동시에 다른 공범자의 형사사건이나 징계사건에 관한 증거를 인멸한 결과가 된다고 하더라도 피고인을 증거인멸죄로 다스릴 수 없다" (대판75도1446)고 판시한다. 형사사건 또는 징계사건은 아직 수사 또는 징계절차가 개시되기 전이라도 장차 형사사건 또는 징계사건이 될 수 있는 것까지 포함한다(대판82도274).

본죄의 행위는 증거를 인멸·은닉·위조·변조하는 것 또는 위조·변조한 증거를 사용하는 것이다. 증거인멸행위는 증거의 현출방해는 물론이고, 그 효력을 멸실·감소시키는 일체의 행위를 포함한다(대판4294형상347). 이때 참고인이 수사기관에서 허위의 진술을 하는 것은 증거위조에 포함되지 않는다(대판94도3412). 따라서 예컨대 수사관이 지프차 범퍼의 일그러진 부분을 지적하여 이를 증거로 삼으려 하자 그것이 다른 곳에서 충돌할 때 생긴 것이라고 거짓말을 한 것은 증거은닉에 해당하지 않는다(대판4289형상244). 마찬가지로, 단순히 타인의 형사피의사건에 관하여 수사기관에서 허위의 진술을 교사하는 정도의 행위로서는 증거인멸의 교사죄가 성립하지 않는다(대판77도997).

주관적 요소로서 고의의 성립에는 타인의 형사사건 또는 징계사건에 관한 증거를 인멸·은닉·위조·변조하거나 위조·변조한 증거를 사용한다는 것에 대한 인식이 있으면 족하다.

친족·호주 또는 동거의 가족이 본인을 위하여 본죄를 범한 때에는 처벌하지 않는다(형법 제155조 제4항). 친족간의 정을 고려한 책임조각사유이다.

3) 증인은닉·도피죄

본죄(형법 제155조 제2항)의 증인에는 수사기관에서 조사하는 참고인도 포함된다 (통설).

4) 모해증거인멸죄

본죄(형법 제155조 제3항)는 모해할 목적을 가졌다는 점에서 불법이 가중되는 구성요건이다(이른바 '부진정목적범'). 모해할 목적이란 피고인·피의자 또는 징계혐의자에게 형사처분 또는 징계처분을 받게 할 목적을 말한다. 목적달성 여부는 본죄의 성립에는 영향이 없다.

제 5 항 무 고 죄

1. 의 의

본죄는 타인으로 하여금 형사처분 또는 징계처분을 받게 할 목적으로 공무소 또는 공무원에 대하여 허위의 사실을 신고함으로써 성립한다(제156조). 무고죄의 본질에 관하여는 여러 가지 견해가 나뉘어져 있다. 본죄의 보호법익은 국가의 사법기능이며 (대판88도1533), 부당하게 처벌받지 않을 개인의 이익도 부수적으로 보호하는 면이 있다고 보는 것이 타당할 것이다(통설). 보호의 정도는 추상적 위험범이다.

2. 구성요건

본죄의 주체에는 제한이 없다. 행위의 상대방은 공무소 또는 공무원이다. 공무소 또는 공무원이란 수사기관인 검사, 사법경찰관 및 그 보조자를 포함하고, 징계처분에 있어서는 징계처분의 권한을 가진 소속장 및 징계처분을 촉구할 수 있는 기관을 포함한다(대판72도1136). 판례는 수사기관을 통할하는 대통령(대판77도1445) 또는 관내 경찰서장을 지휘·감독하는 도지사(대판81도2380)에게 타인의 처벌을 요구하는 진정서를 제출한 경우에도 무고죄가 성립된다고 판시한 바 있다. 그러나 농업협동조합중앙회나 농업협동조합중앙회장은 무고죄의 공무소나 공무원에 해당되지 않는다(대판79도3109). 형사처분에는 형벌이외에 보안처분·보호처분도 포함된다. 징계처분은 공법상 특별권력관계에 의한 제재를 의미한다(대판2010도10202).

(범죄)행위는 공무소 또는 공무원에 대하여 '허위의 사실을 신고'하는 것이다. '허위의 사실'이란 객관적으로 진실에 반하는 사실(대판83도2826)을 말한다. 따라서 객관적으로 진실에 합치하는 이상, 설령 행위자가 주관적으로 허위의 사실이라고 오신하였더라도 본죄는 성립하지 않는다(대판91도1950). 객관적으로 진실된 사실을 신고한 이상 그 신고된 사실에 대한 형사책임을 부담할 자를 잘못 택하였거나(대판81도2341), 죄명을 잘못 적는 등(대판87도231) 주관적 법률평가를 잘못한 경우(대판83도3245)에는 본죄는 성립하지 않는다. 신고된 사실이 허위인가의 여부는 그 중요내용이 진실인가에 따라 판단하여야 한다. 예컨대 고소내용이 사실과 다소 다르더라도 그것이 정황의 과정에 지나지 않는 경우(대판90도1706)이거나, 일부사실만이 허위이고 이것이 범죄성립에 영향을 주지 않는 정도인 경우(대판73도1658), 또는 전체 내용이 공정한 수사

를 하여 흑백을 가려달라는 취지로 이해할 수 있는 경우(대판78도1357)에는 무고라고 볼 수 없다.

허위사실 적시의 정도는 수사관서 또는 감독관서에 대하여 수사권 또는 징계권의 발동을 촉구하는 정도의 것이면 충분하고, 반드시 범죄구성요건 사실이나 징계요건사실을 구체적으로 명시하여야 하는 것은 아니다(대판84도2774). 허위의 사실을 신고한 경우라도 그 사실에 대한 벌칙조항이 없거나(대판75도1657), 사면[19] 또는 공소시효완성(대판81도2617)으로 공소권이 소멸된 것이 분명한 때에는 당해 국가기관의 직무를 그르치게 할 위험이 없으므로 무고죄는 성립하지 않는다.

신고는 자발적으로 허위의 사실을 알리는 것을 말한다. 신고방식은 구두에 의하건 서면에 의하건 관계가 없다(대판84도2380).

무고행위의 기수시기는 허위사실의 신고가 공무소 또는 공무원에 도달하였을 때이다(통설). 그 신고를 받은 공무원이 수사에 착수하였는지의 여부는 범죄의 성립에 영향을 주지 않으며, 또한 고소장을 되돌려 받더라도 본죄의 성립에 영향이 없다.[20]

본죄는 고의범이므로 행위자에게 공무소 또는 공무원에 대하여 허위의 사실을 신고한다는 인식이 있어야 한다. 형사처분 또는 징계처분을 받게 될 것이라는 인식이 있으면 족한 것이고, 그 결과발생을 희망하는 것까지는 요하지 않는다(대판83도1975). 허위의 사실에 대한 인식이 확정적임을 요하는가의 문제에 관해서는 견해가 대립된다. 판례는 본죄의 고의는 미필적 고의로도 충분하므로 신고자가 그 신고사실이 허위라는 것을 확신함을 요하지 않는다(대판91도2127)고 한다. 그러나 거래행위에 관한 법률상의 평가가 어려워서 금전편취가 아니면 물품의 횡령 중 어느 하나의 범행에 해당한다고 주장한 취지라면 피고인에게 허위사실에 대한 주관적 인식이 있었다고 할 수 없다(대판80도819). 또한 '객관적 사실과 일치하지 않는 것이라도 신고자가 진실이라고 확신하고 신고'하였을 때는 본죄는 성립하지 않는다(대판88도99).

본죄는 이른바 목적범으로서 고의 외에 타인으로 하여금 형사처분 또는 징계처분을 받게 할 목적이 있어야 한다. 여기서 '타인'이란 자기 이외의 자를 말하므로, 자기 스스로 처벌을 받을 목적으로 허위의 사실을 신고하는 이른바 '자기무고'는 본죄를 구성하지 않는다. 뿐만 아니라 타인에게 자기무고를 교사한 경우에도 무고죄의

---

19) "허위사실을 신고한 경우라도 그 사실이 사면되어 공소권이 소멸된 것이 분명한 때에는 무고죄는 성립되지 아니한다"(대판69도2330).

20) "무고죄는 허위내용의 고소장을 경찰관에게 제출할 때 기수에 이르는 것이고, 그 후 조사과정에서 고소장을 되돌려 받더라도 무고죄의 성립에 영향이 없다"(대판84도2215).

교사범은 성립하지 않는다고 보아야 할 것이다. 또한 타인(피무고자)은 실재인(살아 있는 특정인)임을 요한다(통설). 따라서 죽은 사람 또는 실제 존재하지 않는 사람에 관한 허위의 신고는 무고죄를 성립시키지 않는다. 고소인이 고소장을 접수하면서 수사기관의 고소인 출석요구에 응하지 않음으로써 고소가 각하될 것으로 의도하고 있었다고 하더라도 무고죄가 성립한다(대판2006도3631).

3. 자백·자수에 대한 특례

이 죄를 범한 자가 그 신고한 사건의 재판 또는 징계처분이 확정되기 전에 자백 또는 자수한 때에는 그 형을 감경 또는 면제한다(형법 제153조, 제157조). 국가보안법상의 무고죄(동법 제12조)에는 이 특례규정이 적용되지 않는다.

제 3 장   사회적 법익에 대한 죄

제 1 절 공공의 안전과 평온에 관한 죄

제 1 항   공안을 해하는 죄

1. 의   의

공안(公安)을 해하는 죄란 공공의 법질서 또는 공공의 안전과 평온을 해하는 것을 내용으로 하는 범죄를 말한다. 보호법익으로는 공공의 안전과 평온이며 보호정도는 추상적 위험범으로 보호하고 있다(다수설).

형법은 공안을 해하는 죄로서 기본적 구성요건으로 범죄단체조직죄(형법 제114조), 소요죄(형법 제115조), 독립된 구성요건으로 다중불해산죄(형법 제116조), 국가적 법익의 죄로 전시공수계약불이행죄(형법 제117조) 및 공무원자격사칭죄(형법 제118조)의 범죄를 규정하고 있다.

2. 범죄단체조직죄

본죄(형법 제114조)는 범죄를 목적으로 하는 단체 또는 집단을 조직하거나 이에 가입 또는 그 구성원으로 활동하는 것을 내용으로 하는 범죄이다. 폭력행위처벌법은 범죄단체·집단을 구성한 행위에 대하여 특별규정을 두고 있다(제4조).

'범죄를 목적으로 하는 단체 또는 집단'이란 특정 다수인이 일정한 범죄를 수행한다는 공동목적 아래 이루어진 계속적인 결합체로서 단순한 다중의 집합과는 달리 단체를 주도하는 최소한의 통솔체제를 갖추고 있어야 한다(대판81도2608). 따라서 수괴·간부·가입자 등을 구분할 수 있을 정도의 지휘통솔체계를 갖추었으면 단체의 명칭유무를 불문하고 본죄의 단체가 된다(대판87도1240). 필요적 공범 중에서 집합범이다. 판례는 즉시범으로 보나(대판91도3192), 학설은 계속범으로 본다.

가입방법에는 서면·구두 등 제한이 없으나 그 단체의 목적을 인식하고 가입하여야 한다. 목적인 범죄는 형법상의 범죄는 물론 기타 모든 형벌법규의 범죄를 포함한다. 다만 경범죄 처벌법상의 경범죄는 제외된다. 본죄는 목적범으로서 범죄를 목적으로 하는 단체를 조직하거나 가입함으로써 성립하는 것이고, 그 후 목적한 범죄의 실행행위를 하였는가의 여부는 범죄성립에 영향이 없다(대판75도2321).

본조의 범죄목적단체의 조직·가입죄는 죄형법정주의 원칙과 관련하여 두 가지 점에서 문제가 있다. 먼저 구성요건이 개별화되지 아니하고 막연하게 범죄를 목적으로 하는 단체를 조직·가입하는 것을 벌하고 있다는 점이다. 그리고 범죄단체를 조직하거나 이에 가입만 하면 그 목적한 죄를 실행하여 결과를 초래하는 것과 동일한 형으로 벌하고 있는데, 이는 행위가 있은 다음 그 행위에 대하여 형벌을 과하는 죄형법정주의의 기본원리에 위배되는 것이다. 다만 그 해석·적용에 있어서 구체적인 사안에 따라 각각 예비·음모에 관한 규정을 적용하는 수밖에 없다. 범죄단체를 구성하거나 이에 가입한 자가 더 나아가 구성원으로 활동하는 경우에 이는 포괄일죄의 관계에 있다(대판2015도7081).

3. 소 요 죄

다중(多衆)이 집합하여 폭행·협박 또는 손괴의 행위를 함으로써 성립하는 범죄이다(형법 제115조). 다중의 집합을 요건으로 하는 필요적 공범이며, 공공의 안전을 법익으로 하는 위험범이다.

(범죄)행위주체는 집합한 다중 즉 다수인의 집단이다(통설). 그러나 본죄의 주체를 집합된 다중이라 할 것이 아니라 다중을 구성한 개인이라고 보아야 한다는 견해[1]도 있다. 다중이 되기 위해서는 한 지방의 안전을 해할 수 있을 정도의 다수이어야 한다(통설). 다중인가를 판단하는 데에는 그 인원수뿐만 아니라 구체적으로 그 구성원의 질, 휴대한 흉기, 집단의 목적, 장소 및 시기 등을 고려하여야 할 것이다.

'집합(集合)'이란 다수인이 일정한 장소에 모여 집단을 형성하는 것을 말한다. 다만 내란죄와는 달리 그 집단은 조직적일 것을 요하지 않고, 또한 수괴가 있는지의 여부도 불문한다. 또한 다수인 사이에 공동의 목적이 있을 것도 요하지 않고, 공동의 목적이 있는 경우에는 그 목적이 무엇인가도 불문한다.

(범죄)행위는 폭행·협박 또는 손괴이다. '폭행'은 사람에 대한 것이건 물건에 대한 것이건 일체의 유형력의 불법행사를 말하며, '협박'은 공포심을 일으키게 하기 위하여 겁을 주는 일체의 행위를 말하고, '손괴'란 타인의 재물의 효용가치를 해하는 일체의 행위를 의미한다. 다만, 폭행·협박·손괴의 행위는 다중의 집합행위로써 행하여

---

1) 이재상/장영민/강동범 497면.

질 것을 요한다.

본죄의 고의는 다수인이 집합하여 그 합동력으로서 폭행·협박·손괴한다는 인식, 즉 공동의사가 필요하다. 공동의사란 다수인이 군중심리에 의하여 지배되고 있는 경우이므로 반드시 그 행위자들간에 미리 의사의 연락이 있을 필요가 없다. 이러한 공동의사가 없을 때에는 단지 폭행·협박·손괴죄를 구성함에 불과하다.

본죄에 공범규정(총칙상)이 적용되는가에 대해서는 제1설은 총칙의 공범규정이 전적으로 적용된다고 하고, 제2설은 소요죄는 필요적 공범이므로 공범규정을 적용할 수 없다고 하며, 제3설은 필요적 공범의 일반원리에 따라 총칙의 공범규정 중 교사·방조의 규정만 적용된다고 한다. 본죄는 일종의 필요적 공범이므로 집단을 형성하는 자에 대하여 형법 제30조(공동정범)를 적용할 수는 없으나, 집단 외에서 집단에 협력하는 자에 대해서는 협의의 공범규정(교사·방조)을 적용하는 데에는 아무런 지장이 없다고 본다. 따라서 제3설이 타당하다.[2]

타 범죄와의 관계에서 폭행죄, 협박죄 및 손괴죄가 소요죄에 흡수된다는 점에는 의문이 없다. 그러나 이 이외의 범죄는 어디까지 본죄에 흡수되는가에 대하여는 견해가 대립한다. 폭행·협박·손괴 이외의 죄는 모두 본죄와 상상적 경합관계에 있다고 하는 견해도 있으나, 소요죄보다 법정형이 중한 살인죄, 방화죄 등은 본죄와 상상적 경합의 관계에 있지만 형이 경한 공무집행방해죄나 주거침입죄 등은 모두 소요죄에 흡수된다고 해석하는 것이 다수설이다.[3]

4. 다중불해산죄

본죄(형법 제116조)는 폭행·협박 또는 손괴의 행위를 할 목적으로 다중이 집합하여 그를 단속할 권한 있는 공무원으로부터 3회 이상의 해산명령을 받고 해산하지 아니함으로써 성립하는 진정부작위범이다. 소요죄의 예비적 단계를 특별히 규정한 것으로서, 소요죄가 성립할 때에는 이에 흡수된다고 해석한다.

객관적 구성요건은 세 가지 요소로 구별된다. ① 폭행·협박·손괴행위를 할 목적으로 다중이 집합할 것을 요한다. 본죄는 목적범으로서 목적범의 일반원리가 적용되며, 처음에는 합법적인 목적으로 집합한 다중이라도 후에 폭행·협박·손괴의 행위를 할 목적이 생기면 그때부터 본죄의 주체로 된다. 그러나 공동목적·공동의사는 요하지 않고 우연하게 집합한 단체도 이에 포함된다. ② 단속할 권한이 있는 공무원으

2) 이재상/장영민/강동범 500면.
3) 김일수/서보학 400면; 배종대 615면; 이재상/장영민/강동범 500면.

로부터 3회 이상의 해산명령을 받음을 요한다. 예컨대 경찰관 직무집행법 제6조가 규정하는 '제지'는 해산명령의 의미가 포함된 것으로 해석한다. 3회의 해산명령을 받고 해산하지 아니할 때에는 본죄는 곧 기수로 되므로 4회째의 해산명령을 받고 해산하더라도 본죄는 성립한다는 견해가 있다. 그러나 본죄의 완성은 최종의 해산명령을 기준으로 판단해야 하므로 그 후의 명령에 따라 해산한 때에도 본죄가 성립하지 않는다고 보는 다수설이 타당하다. 또한 3회 이상의 해산명령을 한다고 함은 각 회마다 그 해산명령에 복종하여 해산하는 데 필요한 시간적 간격을 두는 것이 필요하다. ③ 해산하지 않음을 요한다.

본죄는 진정부작위범이다. 그리고 주관적 구성요건요소로서는 고의 외에 목적 (목적범)을 요한다. 즉 집합한 다중이 단속할 권한 있는 공무원으로부터 3회 이상 명령을 받았다는 사실에 대한 인식(고의) 외에 폭행, 협박 또는 손괴의 행위를 할 목적이 있어야 한다.

5. 전시공수계약불이행죄

본죄(형법 제117조)는 전쟁·천재 기타 사변의 경우에 국가 또는 공공단체와 체결한 공수계약을 이행하지 않거나 계약이행을 방해한 자를 처벌하여, 국가비상사태 하에서의 국민경제의 혼란을 미연에 방지하고 식량 등 국민생활필수품의 원활한 유통을 기하여 사회공공의 안녕질서를 유지하려는 것이다. 민법상의 채무불이행을 형벌로 다스리는 조항이다. 보호법익은 국가의 기능이라는 국가적 법익이다.

6. 공무원자격사칭죄

본죄(형법 제118조)는 공무원의 자격을 사칭하여 직권을 행사함으로써 성립하는 범죄이다(대판81도1955). 본죄의 구성요건은 두 요소로 구분된다. ① 자격 없는 자가 공무원의 자격을 사칭하는 행위가 있음을 요한다. 여기의 공무원에는 임시 직원을 포함한다(대판73도884). 공무원이 다른 공무원의 자격을 사칭하는 경우도 포함한다. ② 그 사칭된 공무원의 직무범위에 속하는 직권행사가 있음을 요한다. 따라서 전신전화국에 청와대민원비서관임을 사칭하여 시외전화선 고장수리를 하라고 말한 사실이 있다 하더라도 이와 같은 행위는 청와대민원비서관의 직권을 행사하는 요건을 갖춘 것이라 할 수 없다(대판72도2552). 또한 중앙정보부 직원 아닌 자가 중앙정보부 직원을 사칭하고 '청와대에 파견된 감사실장인데 사무실에 대통령 사진의 액자가 파손된 채 방치되었다는 사실을 보고받고 나왔으니 자인서를 작성·제출하라고 말한 행위'는 중앙정보부 직원의 직권행사에 해당되지 않는다(대판77도2750). 직권행사가 없는 단순한 사칭은 경범죄에 해당할 뿐이다(경범죄처벌법 제3조 제7호).

제 2 항 폭발물에 관한 죄

1. 의 의

폭발물사용죄(형법 제119조), 동 예비·음모선동죄(형법 제120조), 전시폭발물제조·수입·수출·수수·소지죄(형법 제121조)의 셋이 있다. 여기의 죄는 폭발물을 사용하여 공중에 생명·신체 또는 재산을 해하거나 기타 공안을 문란케 함으로써 성립하는 범죄이다. 본죄를 국가적 법익에 관한 죄로 파악하는 견해도 있으나, 통설은 사회적 법익에 대한 죄로 보호법익은 공공의 안전과 평온이며 보호정도는 구체적 위험범이다.

2. 폭발물사용죄

본죄(형법 제119조)의 폭발물이란 화학적 기타의 원인으로 급격한 연소폭발의 작용을 일으키어 사람의 생명·신체·재산을 살상·손괴할 수 있는 고형 또는 액체의 물질을 말한다. 그러나 소총실탄발사는 이에 포함되지 않으며, 화염병도 폭발물이라 할 수 없다(대판66도1056). 결국 폭발물이라는 개념은 법률상의 개념으로서, 그 물체의 폭발파괴력이 커서 한 지방의 법질서를 파괴할 정도의 위력을 가진 물건이어야 한다. 공안을 문란케 한다는 것은 폭발물을 사용하여 한 지방의 법질서를 파괴할 정도를 말한다.

본죄는 고의범에 한하며, 따라서 본죄가 성립하기 위해서는 폭파시 사람의 생명·신체·재산 등을 침해하고 공안을 문란케 한다는 인식이 있어야 한다. 전쟁, 천재 기타 사변의 경우에 본죄를 범하였을 때에는 형이 가중되며(형법 제119조 제2항), 본죄의 미수범은 처벌된다(동 제119조 제3항).

3. 폭발물사용 예비·음모·선동죄

본죄(형법 제120조)의 '예비'란 폭발물을 사용하기 위한 준비행위를 말하며, '음모'는 죄를 실행하기 위한 2인 이상의 모의를 말한다. '선동'이라 함은 특정한 행위를 실행하게 할 목적으로 문서·도화 또는 행동으로써 타인에 대하여 정당한 판단을 잃게 하여, 그 타인으로 하여금 실행의 결의를 일으키게 하거나 또는 이미 결의된 것을 조장하도록 자극을 주는 것을 말한다. 상대방이 이에 따라 결의를 하였느냐의 여부는 묻지 않는다.

4. 전시폭발물 제조·수입·수출·수수·소지죄

전시 또는 사변의 경우 정당한 이유 없이 폭발물을 제조·수입·수출·수수 또는 소지함으로써 성립하는 범죄이다(형법 제121조). '정당한 이유 없이'란 법률의 규정에 의하지 않거나 국가기관의 허가가 없음을 의미한다.

제 3 항 방화와 실화의 죄

1. 의 의

방화와 실화의 죄는 고의 또는 과실로 불을 놓아 현주건조물·공용건조물·일반건조물 또는 일반물건을 소훼하는 것을 내용으로 하는 공공위험죄이다.

보호법익이 무엇인가에 대해서는 ① 공공의 안전과 평온이라는 사회적 법익이라는 견해(공공위험죄설), ② 공공의 안전과 부차적으로 개인의 재산권도 보호한다는 견해(이중성격설=공공위험죄·재산죄설), ③ 공공의 안전을 보호법익으로 하지만 타인소유의 건조물 또는 물건에 대한 방화죄는 손괴죄에 대한 가중적 구성요건이라고 해석하는 견해(이원설)가 대립한다.

판례는 "형법 제164조 전단의 현주건조물방화죄는 공중의 생명·신체·재산 등에 대한 위험을 예방하기 위하여 공중의 안전을 그 제1차적인 보호법익으로 한다."고 하여 이중성격설을 취하고 있다(대판82도2341). 그러나 본죄는 순수한 공공위험죄로 파악하는 것이 논리적이다. 이중성격설의 논거인 형법 제166조 및 형법 제167조상의 타인의 소유물과 자기소유물에 대한 처벌의 차이는 불법의 차이를 고려한 것에 지나지 않는다고 보는 것이 타당하다.

본죄는 위험범이다. 그 중 형법 제164조(현주건조물방화죄), 형법 제165조(공용건조물방화죄) 및 형법 제166조 제1항(타인소유의 일반건조물 등 방화죄)은 추상적 위험범에 속하고, 형법 제166조 제2항(자기소유의 일반건조물 등 방화죄)과 형법 제167조(일반물건방화죄)는 구체적 위험범에 속한다.

구성요건체계로는 기본적 구성요건으로 타인소유일반물건방화죄(형법 제167조 제1항), 감경적 구성요건으로 자기소유일반물건방화죄(형법 제167조 제2항), 자기소유일반건조물방화죄(형법 제166조 제2항), 가중적 구성요건으로 현주건조물방화죄(형법 제164조 제1항), 공용건조물방화죄(형법 제165조), 타인소유일반건조물방화죄(형법 제166조 제1항), 결과적 가중범으로 현주건조물방화치사상죄(형법 제164조 제2항), 연소죄(형법 제168조),

미수범처벌(형법 제174조), 예비죄처벌(형법 제175조)이 있다.

2. 현주건조물 등에의 방화죄

본죄(형법 제164조 제1항)의 객체는 사람이 주거로 사용하거나 사람이 현존하는 건조물, 기차, 전차, 자동차, 선박, 항공기 또는 지하채굴시설이며, 그 목적물의 소유는 누구에게 속하든지 이를 묻지 않는다. [전문개정 2020. 12. 8.]

사람이 주거에 사용한다는 것은 방화당시에 범인 이외의 자가 일상생활의 장소로서 사용하는 것을 말하며, 현재 사람의 주거로서 사용하면 족하고 반드시 방화의 당시에 사람이 현존할 것을 요하지는 않는다. 사람이 현존한다는 것은 방화 당시에 범인 이외의 자가 현재 주거로 사용하지 않는 건조물 등의 내부에 있는 것을 말한다. 예컨대 주거로 사용하지 않는 빈집에 방화당시 사람이 있으면 현존하는 건조물이 된다.

건조물이란 가옥 기타 이와 유사한 공작물로서, 지붕이 있고 담 또는 기둥으로써 지지되고 토지에 정착하여 사람이 그 내부에 출입할 수 있는 구조를 가지는 것을 말한다. 그리고 지하채굴시설이란 광물을 채취하기 위한 지하설비를 의미한다.

(범죄)행위는 불을 놓아(방화하여) 목적물을 불태우(소훼)는 것이다. 방화란 목적물의 소훼를 야기시키는 일체의 행위를 말한다. 방화행위는 적극적인 행위뿐만 아니라 소극적으로 기존의 화력을 이용하는 방법(부작위)에 의해서도 가능하다. 방화의 수단·방법에는 아무런 제한이 없다.

방화할 때 이미 실행의 착수가 있다. 목적물에 직접 점화한 경우뿐만 아니라 건조물 방화의 목적으로 매개물에 점화하여 연소작용이 계속될 수 있는 상태에 이른 때에는 건조물에 불이 옮겨 붙지 않았더라도 실행의 착수가 인정된다. 판례도 방화목적물이나 매개물에 점화하지 못한 때에는 실행의 착수로 인정되지 않는다고 한다(대판4293형상213).

방화죄의 구성요건적 결과는 소훼이다. 그러므로 소훼의 결과발생에 의하여 방화죄는 기수가 된다.

'불태우는 것(소훼)'의 개념에 대하여 독립연소설은 불이 그 매개물을 떠나 목적물이 스스로 독립연소 할 수 있는 상태에 이른 것을 말하고, 반드시 그 중요부분이 소실하여 그 본래의 효용을 상실하는 것을 필요로 하지 않는다고 한다. 효용상실설은 화력에 의하여 객체의 중요부분이 소실되어 본래의 효용을 잃을 정도로 훼손된 상황을 소훼라고 한다. 절충설은 객체의 중요부분에 연소가 개시된 때에 소훼가 완성되는 것이라는 설과, 그 연소개시부분이 중요부분일 필요는 없고 손괴죄에서 보는 바와 같이 정도의 손괴, 즉 일부분의 훼손이 있음으로써 소훼는 완성된다는 설이 있다. 판례는 "방화죄는 화력이 매개물을 떠나 스스로 연소할 수 있는 상태에 이르렀을 때에 기수가 되고, 반드시 목적물의 중요부분이 소실하여 그 본래의 효용을 상실한 때라야만 기수가 되는 것은 아니다"(대판70도330)라고 하여 독립연소설의 입장을 취하고 있다.

주관적 구성요건요소로 고의는 불을 놓아 목적물을 소훼한다는 것에 대한 인식이다(대판84도1245). 고의의 성립요건으로서 공공의 위험에 대한 인식이 필요한가 하는 점이다. 본죄에서 요구되는 공공의 위험성은 단지 그 입법이유에 지나지 않고, 구성요건의 요소가 되어 있지 않은 추상적 위험범이므로 공공의 위험에 대한 인식은 필요하지 않다. 구체적 위험범인 경우에는 공공의 위험에 대한 인식이 필요하다고 본다.

3. 공용건조물 등에의 방화

본죄(형법 제165조)의 객체는 공용(公用) 또는 공익에 공하는 건조물 등이다. 목적물은 공유이건 사유이건 불문하며 사유인 경우에는 누구의 소유에 속하더라도 상관이 없다. 공용이란 국가 또는 공공단체가 그 이익을 위하여 사용하는 것을 말하고, 공익이란 공중의 이익을 위하여 사용하는 것을 의미한다. 본조의 목적물은 사람의 주거에 사용하지 않거나 사람이 현존하지 않는 것이어야 한다. 본죄는 객체로 인하여 일반물건방화죄보다 불법이 가중된 가중적 구성요건이다.

4. 일반건조물 등에의 방화죄

본조(형법 제166조)는 형법 제164조의 현주건조물 등에도 해당하지 않고 동 제165조의 공용건조물 등에도 해당하지 않는 물건에 대한 방화에 관해 규정한 것이다. 제1항의 죄(타인소유일반건조물방화죄)는 추상적 위험범, 제2항의 죄(자기소유일반건조물방화죄)는 구체적 위험범으로 규정하고 있다. 본조의 객체는 사람의 주거에 사용하지 않는 것이거나 사람이 현존하지 않는 것이면서, 동시에 공용 또는 공익에 공하는 것도 아니어야 한다.

5. 일반물건에의 방화죄

본조(형법 제167조)는 전 3조에 규정한 것을 제외한 일체의 목적물에 대한 불태우는 것(소훼)을 규정한 것이다. 또 본죄는 방화죄의 기본적 구성요건으로서 구체적 위험범이므로, 공공의 위험의 발생을 기다려 비로소 기수가 된다. 노상에서 전봇대 주변에 놓인 재활용품과 쓰레기 등에 불을 놓아 태우는 경우에도 본죄가 성립한다(대판 2009도7421).

6. 기타 범죄

연소죄(형법 제168조)는 동 제166조 제2항과 제167조 제2항의 결과적 가중범으로서, 각기 그 조항의 죄를 범하고 보다 중한 결과를 발생하게 하였으나 그 중한 결과의 발생에 대한 인식이 없고 그 인식이 없는 데 대하여 과실이 있는 경우이다. 연소란 행위자가 예기하지 않은 물건에 소훼의 결과를 발생하게 하는 것을 말한다.

진화방해죄(형법 제169조)는 화재시 진화를 방해하는 행위를 처벌하는 것으로서 각종의 방화죄 규정에 보충규정의 역할을 한다.

실화죄(형법 제170조)는 과실로 인하여 화재를 일으켜서 일정한 물건을 소훼시키는 행위를 처벌하는 범죄로 제1항은 추상적 위험범이나 제2항의 죄는 구체적 위험범이다. 업무상 실화·중실화죄(형법 제171조)는 실화죄보다 불법 및 책임이 가중되는 가중규정이다.

가스·전기 등 방류죄(형법 제172조의2)는 가스, 전기, 증기 또는 방사선이나 방사성 물질을 방출, 유출 또는 살포시켜 사람의 생명, 신체 또는 재산에 대하여 위험을 발생시킨 자는 1년 이상 10년 이하의 징역에 처한다(형법 제172조의2 제1항). 제1항의 죄를 범하여 사람을 상해에 이르게 한 때에는 무기 또는 3년 이상의 징역에 처한다. 사망에 이르게 한 때에는 무기 또는 5년 이상의 징역에 처한다(형법 제172조 제2항).

가스·전기 등 공급방해죄(형법 제173조) 등은 가스, 전기 또는 증기의 공작물을 손괴 또는 제거하거나 기타 방법으로 가스, 전기 또는 증기의 공급이나 사용을 방해하여 공공의 위험을 발생하게 한 자는 1년 이상 10년 이하의 징역에 처한다(형법 제173조 제1항). 공공용의 가스, 전기 또는 증기의 공작물을 손괴 또는 제거하거나 기타 방법으로 가스, 전기 또는 증기의 공급이나 사용을 방해한 자도 전항의 형과 같다(형법 제173조 제2항). 제1항 또는 제2항의 죄를 범하여 사람을 상해에 이르게 한 때에는 2년 이상의 유기징역에 처한다. 사망에 이르게 한 때에는 무기 또는 3년 이상의 징역에 처한다(형법 제173조 제3항).

과실폭발성물건파열죄 등(형법 제173조의2)은 과실로 형법 제172조 제1항, 동 제

172조의2 제1항, 동 제173조 제1항과 제2항의 죄를 범한 자는 5년 이하의 금고 또는 1천5백만원 이하의 벌금에 처한다(형법 제173조의2 제1항). 업무상 과실 또는 중대한 과실로 제1항의 죄를 범한 자는 7년 이하의 금고 또는 2천만원 이하의 벌금에 처한다(형법 제173조의2 제2항).

7. 미수범 처벌등 기타 규정

형법 제164조 제1항, 동 제165조, 동 제166조 제1항, 동 제172조 제1항, 동 제172조의2 제1항, 동 제173조 제1항과 제2항의 미수범은 처벌한다(형법 제174조). 동 제164조 제1항, 동 제165조, 동 제166조 제1항, 동 제172조 제1항, 동 제172조의2 제1항, 동 제173조 제1항과 제2항의 죄를 범할 목적으로 예비 또는 음모한 자는 5년 이하의 징역에 처한다. 단, 그 목적한 죄의 실행에 이르기 전에 자수한 때에는 형을 감경 또는 면제한다(형법 제175조).

자기의 소유에 속하는 물건이라도 압류 기타 강제처분을 받거나 타인의 권리 또는 보험의 목적물이 된 때에는 본장의 규정의 적용에 있어서 타인의 물건으로 간주한다(형법 제176조).

제 4 항 일수와 수리에 관한 죄

1. 의 의

일수의 죄는 고의·과실로 수해를 일으켜 공공의 안전을 해하는 범죄이다. 수해는 화재와 같이 공중의 생명·신체·재산 등에 대하여 위험을 발생하게 하므로 방화죄와 죄질을 같이 하는 공공위험범이다. 부차적으로 개인의 재산권도 보호법익으로 한다. 자기소유일반건조물등일수죄(형법 제179조 제2항)와 과실일수죄(형법 제181조)는 구체적 위험범이나, 그 외의 일수죄는 추상적 위험범이다.

2. 현주건조물 등에의 일수죄

물을 넘겨 사람의 주거에 사용하거나 사람의 현존하는 건조물, 기차, 전차, 자동차, 선박, 항공기 또는 광갱을 침해한 자는 무기 또는 3년 이상의 징역에 처한다(형법 제177조 제1항). 제1항의 죄를 범하여 사람을 상해에 이르게 한 때에는 무기 또는 5년 이상의 징역에 처한다. 사망에 이르게 한 때에는 무기 또는 7년 이상의 징역에 처한다(형법 제177조 2항).

'물을 넘겨', 즉 '일수'란 제한되어 있는 물의 자연력을 해방시켜 경계 밖으로 범람하게 하는 것을 말한다. 그 물은 유수이건 저수이건 불문하며, 그 수단·방법에도 아무런 제한이 없다.

'침해'란 물의 자연력에 의하여 물건의 효용을 상실시키거나 감소시키는 것을 말한다. 그러나 물건의 효용 전부를 상실 또는 감소시킬 필요는 없고 그 일부에 그쳐도 좋다.

3. 공용건조물 등에의 일수죄

물을 넘겨 공용 또는 공익에 공하는 건조물, 기차, 전차, 자동차, 선박, 항공기 또는 광갱을 침해한 자는 무기 또는 2년 이상의 징역에 처한다(형법 제178조).

4. 일반건조물 등에의 일수죄

물을 넘겨 전 2조에 기재한 이외의 건조물, 기차, 전차, 자동차, 선박, 항공기 또는 광갱 기타 타인의 재산을 침해한 자는 1년 이상 10년 이하의 징역에 처한다(형법 제179조 제1항). 자기의 소유에 속하는 제1항의 물건을 침해하여 공공의 위험을 발생하게 한 때에는 3년 이하의 징역 또는 7백만원 이하의 벌금에 처한다(동 제179조 제2항). 형법 제176조의 규정은 본조의 경우에 준용한다(동 제179조 제3항).

5. 방수방해죄

수재에 있어서 방수용의 시설 또는 물건을 손괴 또는 은닉하거나 기타 방법으로 방수를 방해한 자는 10년 이하의 징역에 처한다(형법 제180조). '수재에 있어서'란 현재 침해가 이미 발생하여 계속되는 경우뿐만 아니라 수재발생의 위험 있는 상태를 포함한다. 추상적 위험범이다.

6. 과실일수죄, 수리방해죄

과실로 인하여 형법 제177조 또는 동 제178조에 기재한 물건을 침해한 자 또는 동 제179조에 기재한 물건을 침해하여 공공의 위험을 발생하게 한 자는 1천만원 이하의 벌금에 처한다(형법 제181조).

수리방해죄는 둑을 무너뜨리거나 수문을 파괴하거나 그 밖의 방법으로 수리(水利)를 방해한 자는 5년 이하의 징역 또는 7백만원 이하의 벌금에 처한다(형법 제184조). 본죄는 수리를 방해하는 행위를 처벌하는 규정으로서, 공공위험범이 아니라 타인의 수리권을 보호법익으로 하는 범죄이다. '수리'란 관개, 목축, 수차, 발전, 수도용의 인수, 기타 일체의 물의 이용을 의미한다. 그 물은 자연수이건 인공적인 것이건 상관없다. 그 이용의 방법·종류도 따지지 않는다.

7. 미수범 등 기타 규정

형법 제177조 내지 제179조 1항의 미수범은 처벌한다(형법 제182조). 형법 제177조 내지 제179조 제1항의 죄를 범할 목적으로 예비 또는 음모한 자는 3년 이하의 징역에 처한다(형법 제183조).

제 5 항 교통방해의 죄

1. 의 의

교통방해의 죄는 교통로 또는 교통기관 등 교통설비를 손괴 또는 불통하게 하여 교통을 방해하는 것을 내용으로 하는 범죄를 말한다. 본죄도 공공위험죄로서의 성격을 갖는다고 볼 수 있다.

본죄의 보호법익은 교통의 안전과 이로 인한 생명·신체·재산의 위험도 보호하는 범죄이다(다수설). 보호법익이 보호받는 정도는 추상적 위험범이다.

구성요건체계로는 기본적으로는 일반교통방해죄(형법 제185조), 가중적 구성요건으로는 기차·선박 등 교통방해죄(형법 제186조), 기차 등 전복죄(형법 제187조), 결과적 가중범(형법 제188조), 미수범처벌(형법 제190조), 예비 등 처벌(형법 제191조), 과실범처벌로 과실교통방해죄(형법 제189조 제1항), 업무상 과실·중과실교통방해죄(형법 제189조 제2항)가 있다.

2. 일반교통방해죄

본죄(형법 제185조)는 육로·수로 또는 교량을 손괴 또는 불통하게 하거나 기타의 방법으로 교통을 방해함으로써 성립하는 범죄이다. 본죄의 객체는 육로·수로 또는 교량이다. 육로란 공중의 왕래에 사용되는 육상의 도로로서 관리자나 소유자가 누구인가를 따지지 않으며(대판88도2264), 노면의 넓고 좁음이나 통행인의 다과도 묻지 않는다(대판88도18). 반드시 도로법의 적용을 받는 도로일 필요도 없다. 공중의 왕래에 사용되는 장소란 불특정다수인 또는 차마가 자유롭게 통행할 수 있는 공공성을 가진 장소를 말한다(대판88도262). 따라서 공터로 두었을 경우 인접주민들이 일시 지름길로 사용했다는 것만으로는 육로라고 할 수 없는 것이다(대판84도2192). 수로란 선박의 항해에 제공되는 하천·운하·해협·호소 등을 말한다. 그리고 공해상의 해로도 교통방해의 대상이 될 수 있는 이상 수로라고 해야 한다. 교량이란 일반의 교통에 제공된

다리로서 그 형태와 대소 또는 재질과 소유권 여하는 불문한다. 대개 하천 기타 수로에 가설되는 다리를 말하지만 육교도 여기의 교량에 포함된다. 그러나 궤도의 일부가 되는 철교는 여기에 포함되지 않는다.

본죄의 행위는 손괴 또는 불통하게 하거나 기타의 방법으로 교통을 방해하는 것이다.

3. 기차·선박 등 교통방해죄

본죄(형법 제186조)는 궤도·등대 또는 표지를 손괴하거나 기타 방법으로 기차, 전차, 자동차, 선박 또는 항공기의 교통을 방해한 자는 1년 이상의 유기징역에 처한다.

행위인 손괴는 물질적 훼손을 말하므로, 물건 자체에 손실을 초래하지 않고 효용을 발휘하지 못하게 하는 것은 손괴라고 할 수 없다. 기타의 방법이란 궤도상에 장애물을 놓아두는 행위나 등대의 등화를 꺼버리는 것, 교통신호를 가리거나 신호등의 불을 끄거나 거짓 등대를 만드는 것 등이 기타의 방법에 해당한다(통설).

4. 기차 등 전복죄

본죄(형법 제187조)는 사람의 현존하는 기차, 전차, 자동차, 선박 또는 항공기를 전복, 매몰, 추락 또는 파괴한 자는 무기 또는 3년 이상의 징역에 처한다. 객체인 '사람의 현존하는'이란 피고인 이외의 사람이 현존한다는 의미이다(대판70도1665). 본죄에 규정된 교통기관은 반드시 현재 진행 중인 것을 요하지 않는다. 그 기능이 유지되는 이상 차고에 들어 있거나 정차 또는 정박 중인 것이라도 본죄의 성립에 영향이 없다. 전복이란 교통기관을 탈선시켜 넘어가게 하는 것이고, 매몰은 예컨대 선박을 침몰시키는 것이다. 침몰은 좌초와는 구별된다. 따라서 침몰의사로 좌초하게 한 경우에는 본죄의 미수에 불과하고, 좌초로 인하여 선박이 파괴된 경우에는 파괴에 해당된다. 추락이란 자동차나 항공기가 파괴되었을 것을 요하지 않는다. 여기서의 파괴의 정도는 교통기관으로서의 기능의 전부 또는 일부를 불가능하게 할 정도의 손괴이다(통설·판례; 대판70도1611).

5. 교통방해치사상죄

형법 제185조 내지 제187조의 죄를 범하여 사람을 상해에 이르게 한 때에는 무기 또는 3년 이상의 징역에 처한다. 사망에 이르게 한 때에는 무기 또는 5년 이상의 징역에 처한다(형법 제188조). 일반교통방해죄, 기차·선박 등 교통방해죄 또는 기차 등 전복죄를 범하여 사람을 사상에 이르게 한 때에 성립되는 결과적 가중범이다.

6. 과실에 의한 교통방해죄

과실로 인하여 형법 제185조 내지 제187조의 죄를 범한 자는 1천만원 이하의 벌금에 처한다(형법 제189조 제1항). 업무상 과실 또는 중대한 과실로 인하여 형법 제185조 내지 제187조의 죄를 범한 자는 3년 이하의 금고 또는 2천만원 이하의 벌금에 처한다(동 제189조 제2항).

7. 미수와 예비·음모

형법 제185조 내지 제187조의 미수범은 처벌한다(형법 제190조). 동 제186조 또는 제187조의 죄를 범할 목적으로 예비 또는 음모한 자는 3년 이하의 징역에 처한다(형법 제191조).

제 2 절 공공의 신용에 관한 죄

제 1 항 통화에 관한 죄

1. 의 의

통화(通貨)에 관한 죄란 행사할 목적으로 통화를 위조·변조하거나 위조·변조한 통화를 행사·수입·수출 또는 취득하거나 통화유사물을 제조함으로써 성립하는 범죄이다.

보호법익은 통화에 대한 거래안전과 신용이라고 보는 것이 다수설이다. 반면에 통화에 대한 거래상의 안전과 신용을 주된 보호법익으로 하고 국가의 통화주권도 보충적으로 보호되는 것으로 해석하는 견해도 있다.4) 보호의 정도는 추상적 위험범이며 형법의 장소적 적용범위에서는 세계주의를 채택하고 있다.

구성요건의 체계에서 기본적으로는 내국통화위조·변조죄(형법 제207조 제1항), 내국유통 외국통화위조·변조죄(동 제207조 제2항), 외국통용외국통화 위조·변조죄(동 제207조 제3항)이며 독립된 구성요건으로는 위조통화행사죄(동 제207조 제4항), 위조통화취득죄(형법 제208조), 위조통화취득후 지정행사죄(형법 제210조), 통화유사물제조죄(형법 제211조), 미수범 처벌(형법 제212조), 예비죄 처벌(형법 제213조) 규정이 있다.

2. 통화위조죄와 위조통화행사죄

1) 내국통화위조·변조죄

본죄(형법 제207조 제1항)는 행사할 목적으로 통용하는 대한민국의 화폐, 지폐 또는 은행권을 위조 또는 변조한 자는 무기 또는 2년 이상의 징역에 처한다.

행사할 목적으로 통용하는 대한민국의 화폐·지폐 또는 은행권을 위조 또는 변조하는 것을 내용으로 하는 범죄이다. 객체는 통용하는 대한민국의 화폐·지폐 또는 은행권이다. '통용하는'이란 법률에 의하여 강제통용력이 인정되는 것을 말한다.

'위조'란 통화의 발행권자 아닌 자가 통화의 외관을 가지는 물건을 작성하는 것을 말한다. 통화의 발행권은 정부 기타 발행권자에게 제한되므로 이미 존재하고 있는 통화와 유사한 물건을 제작하는 것을 위조라 할 수 있다. 위조의 정도는 일반인이 진화라고 오인할 우려가 있는 외관을 갖추면 족하다(대판4294형상257). 반드시 진화와

---

4) 이재상/장영민/강동범 548면.

의 식별이 불가능할 정도에 이를 것을 요하는 것이 아니므로, 진화로 오인할 염려가 있다면 그 재료·대소·문자·지문의 모양, 색채, 인장 또는 기호가 실제로 유통되고 있는 것과 동일 또는 유사할 것임을 요하지는 않는다(대판4279형상64).

'변조'란 진정한 통화에 가공하여 그 가치를 변경하는 것을 말한다. 변조는 진정한 통화를 전제로 하므로 가공으로 인하여 진화의 외관 또는 진화의 동일성이 상실되지 않을 것을 요한다는 점에서 위조와 구별된다. 변조에는 두 가지 방법을 생각할 수 있다. 첫째로 통화의 모양과 문자를 고쳐서 그 명가를 변경하는 것이다. 예컨대 1,000원권을 가공하여 5,000원권으로 고치는 것이 여기에 해당한다. 둘째로 진화를 손괴하여 그 실가를 감소하게 하는 방법이다. 예컨대 금화나 은화를 감량케 하여 실질적 가치를 감소시키는 행위가 여기에 해당한다. 진정한 통화인 미화 1달러 및 2달러 지폐의 발행연도, 발행번호, 미국 재무부를 상징하는 문양, 재무부장관의 사인, 일부 색상을 고친 경우에 일반인으로 하여금 기존 통화와 다른 진정한 화폐로 오신하게 할 정도의 물건을 만들어 낸 것으로 보기는 어렵다(대판2003도5640).

주관적 구성요건으로는 목적범이므로 고의와 행사할 목적이 있어야 한다. '행사할 목적'이란 유가증권위조의 경우와 달리 위조·변조한 통화를 진정한 통화로서 유통에 놓겠다는 목적을 말하며, 자신의 신용력을 증명하기 위하여 타인에게 보일 목적으로 통화를 위조한 경우에는 행사할 목적이 있다고 할 수 없다(대판2011도7704).

2) 내국유통 외국통화위조·변조죄

본죄(형법 제207조 제2항)는 행사할 목적으로 내국에서 유통하는 외국의 화폐, 지폐 또는 은행권을 위조 또는 변조한 자는 1년 이상의 유기징역에 처한다.

행위의 객체는 내국에서 유통하는 외국의 통화이다. 내국은 대한민국 영역 내를 의미한다. 내국의 범위에는 북한도 포함된다고 하므로, 북한에서 통용하는 외국의 화폐·지폐·은행권도 내국에서 유통하는 외국통화에 해당된다(대판4281형상5).

3) 외국통용 외국통화 위조·변조죄

행사할 목적으로 외국에서 통용하는 외국의 화폐, 지폐 또는 은행권을 위조 또는 는 변조한 자는 10년 이하의 징역에 처한다(형법 제207조 제3항).

'외국에서 통용한다'는 것은 외국에서 강제통용력을 가졌다는 것이므로, 그 외국통화가 본국에서 강제통용력을 상실한 때에는 본죄의 객체가 될 수 없다. 역시 주관적 구성요건요소로는 고의와 행사할 목적이 있어야 한다.

4) 위조·변조통화 행사 등 죄

본죄(형법 제207조 제4항)는 위조 또는 변조한 전 3항 기재의 통화를 행사하거나 행사할 목적으로 수입 또는 수출한 자는 그 위조 또는 변조의 각죄에 정한 형에 처한다.

'행사'란 위조 또는 변조된 통화의 점유 또는 처분권을 다른 사람에게 이전하여 통화로써 유통될 수 있게 하는 것을 말한다. 예컨대 위조화폐를 진정한 화폐로 화폐수집상에게 판매하거나 진화와 바꾸는 행위, 또는 물품대금으로 지급하는 경우는 물론 공중전화기·자동판매기에 넣는 경우도 행사에 해당된다. 그리고 위화를 증여하는 경우에도 행사에 해당됨은 당연하다. 그러나 단순히 자기의 신용력을 보이기 위하여 위조통화를 제시하는 것만으로는 행사라고 할 수 없으며, 또 진화로 유통할 것을 요하므로 위조화폐를 명가 이하의 상품으로 매매하는 것도 행사라고 할 수 없다(통설).

위조 또는 변조된 통화를 행사하여 재물을 취득한 경우에는 본죄 외에 사기죄도 성립한다고 보는 것이 일반적이다. 그런데 위조통화행사죄와 사기죄의 관계에 관해서는 견해가 대립되고 있다. 사기죄는 행사죄에 흡수되어 별도로 성립하지 않는다고 해석하는 견해가 있으나, 판례는 위조통화행사죄와 사기죄는 경합범의 관계에 있다고 판시한다(대판78도480).

3. 수정적 구성요건

1) 위조·변조통화취득죄

본죄(형법 제208조)는 행사할 목적으로 위조 또는 변조한 제207조 기재의 통화를 취득한 자는 5년 이하의 징역 또는 1천5백만원 이하의 벌금에 처한다.

'취득'은 자기 점유 하로 옮기는 일체의 행위로서 유상인가 무상인가를 따지지 않는다. 따라서 대금을 지불하고 구입하거나 교환한 경우 및 증여를 받는 경우도 취득에 해당한다. 취득의 방법도 문제가 되지 않으므로 (범죄)행위로 인하여 취득하여도 본죄를 구성한다. 따라서 절취 또는 편취 등의 방법에 의해 취득하여도 본죄를 구성하게 된다.

주관적 구성요건으로는 고의가 있어야 한다. 즉, 위화라는 사실(정)을 알면서 취득한 경우에만 본죄가 성립한다. 또한 목적범이므로 행사할 목적도 있어야 한다.

2) 위조통화취득후 지정행사죄

본죄(형법 제210조)는 제207조 기재의 통화를 취득한 후 그 정을 알고 행사한 자는 2년 이하의 징역 또는 5백만원 이하의 벌금에 처한다.

본죄의 행위는 '정을 모르고 취득한 후에 행사'하는 것이다. 정을 알고 취득한 후에 행사한 경우에는 위조통화취득죄와 위조통화행사죄의 두 죄가 성립한다. 주관적 요소로 고의만 있으면 된다.

3) 통화유사물제조·수입·수출죄

본죄(형법 제211조 제1항)는 판매할 목적으로 내국 또는 외국에서 통용하거나 유통하는 화폐, 지폐 또는 은행권에 유사한 물건을 제조, 수입 또는 수출한 자는 3년 이하의 징역 또는 7백만원 이하의 벌금에 처한다. 전항의 물건을 판매한 자도 전항의 형과 같다(제211조 제2항).

객체인 '통화유사물'이란 통화와 유사한 외관을 갖추었으나 위조 또는 변조의 정도에 이르지 않는 것, 즉 일반인으로 하여금 진화로 오인할 정도에 이르지 않는 모조품을 말한다.

4) 통화위조·변조 예비·음모죄

제207조 제1항 내지 제3항의 죄를 범할 목적으로 예비 또는 음모한 자는 5년 이하의 징역에 처한다. 단, 그 목적한 죄의 실행에 이르기 전에 자수한 때에는 그 형을 감경 또는 면제한다(형법 제213조).

예컨대 위조할 통화를 사진으로 찍어 원판과 인화지를 만든 것은 예비에 해당한다(대판66도1317). 실행의 착수에 이르기 전에 자수한 경우에는 필요적 감면 사유가 된다.

제 2 항 유가증권과 우표·인지에 관한 죄

1. 의 의

유가증권에 관한 죄란 행사할 목적으로 유가증권을 위조, 변조 또는 허위작성하거나, 위조·변조·허위작성한 유가증권을 행사·수입·수출함으로써 성립하는 범죄이다.

본죄는 유가증권에 관한 법적 거래의 신용과 안전을 보호법익으로 하는 범죄이다. 경제거래에 있어서의 유가증권의 기능과 통화에 유사한 유통성은 유가증권의 위조·변조행위에 대한 국제적 단속을 필요로 한다. 여기서 형법은 외국의 유가증권도 대한민국의 그것과 같이 보호하면서 외국인에게도 우리의 형법이 적용되도록 하고 있다. 보호정도는 추상적 위험범이다.

행위객체인 유가증권이란 증권상에 표시된 재산상의 권리의 행사와 처분에 그 증권의 점유를 필요로 하는 것이다. 따라서 유가증권이라고 하기 위해서는 재산권이 증권에 나타나 있고 권리의 행사와 처분에 증권의 점유를 필요로 한다는 두 가지 요건이 구비되어야 한다.

따라서 재산권이 증권에 표시되어 있는 신용카드는 유가증권이지만(대판84도1862), 재산권이 표시되어 있다고 할 수 없는 물품구입증이나 영수증과 같은 증거증권은 물론 증서의 점유가 권리행사의 요건이 되지 않는 면책증권은 유가증권이 아니다(대판84도2147). 유가증권에 표시된 재산권은 물권인가 채권인가 또는 사원권인가를 불문한다.

유가증권에는 법률상의 유가증권(예컨대 어음·수표·화물상환증·선하증권·창고증권 등과 같이 법률상 일정한 형식을 필요로 하는 증권)과 사실상의 유가증권(예컨대 승차권·상품권과 같이 법률상의 형식이 규정되어 있지 않은 유가증권)이 포함된다.

2. 유가증권위조죄

1) 유가증권위조·변조죄

본죄(제214조 제1항)는 행사할 목적으로 대한민국 또는 외국의 공채증서 기타 유가증권을 위조 또는 변조한 자는 10년 이하의 징역에 처한다.

객체인 '공채증서'란 국가 또는 지방자치단체에서 발행하는 국채 또는 지방채의 증권을 말한다.

'위조'란 작성권한 없는 자가 타인 명의의 유가증권을 작성하는 것으로서, 형법은 자격모용에 의한 유가증권작성죄(제215조)를 별도로 규정하고 있기 때문에 대리권 또는 대표권을 모용하여 유가증권을 작성하는 경우에는 여기의 위조에 해당하지 않는다. 따라서 포괄적으로 위임받은 자가 위임사무처리를 위하여 위임자 명의로 약속어음을 발행하거나(대판4292형상558), 회사의 대표자가 대표권을 남용하여 주권의 기재사항에 변경을 가한 때에는 위조에 해당하지 않는다(대판79도3034). 유가증권이 사법상 유효하거나 명의인이 실재함을 요하지 아니하며, 반드시 본명에 의하여 표시되었을 것도 요건으로 하지 않는다(대판82도296). 위조의 방법에는 제한이 없다. 즉 약속어음의 액면란에 보충권의 범위를 넘어선 금액을 기입하거나(대판72도897), 타인이 위조한 백지의 약속어음을 완성한 경우(대판82도677)에도 위조에 해당한다.

'변조'란 진정하게 성립된 유가증권의 내용에 권한 없는 자가 그 유가증권의 동일성을 해하지 않는 범위에서 변경을 가하는 것을 말한다. 예컨대 어음의 발행일자나 액면 또는 지급인의 주소 따위를 변경하는 것 등이 여기에 해당한다. 진정하게 성립된 유가증권을 전제로 하므로 유가증권의 용지에 필요한 사항을 기재하여 새로운 유가증권을 만들거나 이미 실효된 유가증권에 가공하여 새로운 유가증권을 작성하는 것은 위조가 된다(통설).

유가증권을 위조하는 방법으로 인장을 위조한 경우 인장위조죄는 본죄에 흡수된다. 그리고 절취 또는 횡령한 유가증권의 용지를 이용하여 이를 위조 또는 변조하면 양죄의 경합범이 성립한다.

주관적 요소로 고의 외에 행사할 목적이 있어야 한다.

2) 기재사항의 위조·변조죄

본죄(제214조 제2항)는 행사할 목적으로 유가증권의 권리의무에 관한 기재를 위조 또는 변조한 자도 전항의 형과 같다.

객체인 '유가증권의 권리·의무에 관한 기재'란 배서·인수·보증과 같은 부수적 증권행위의 기재사항을 말한다. 그러므로 본죄에 있어서의 위조는 기본적 증권행위가 진정하게 성립한 후에 부수적 증권행위에 대하여 작성명의를 모용하는 것을 말하고, 변조란 부수적 증권행위에 속한 사항의 내용의 변경을 의미한다.

3) 자격모용에 의한 유가증권작성죄

본죄(제215조)는 행사할 목적으로 타인의 자격을 모용하여 유가증권을 작성하거나 유가증권의 권리 또는 의무에 관한 사항을 기재한 자는 10년 이하의 징역에 처한다.

본죄는 권한이 없는 경우에 한해서 성립하므로, 대리권 또는 대표권이 있는 자가 권한을 남용하여 본인 또는 회사명의로 유가증권을 발행한 경우에도 본죄는 성립하지 않는다. 그러나 대리권 또는 대표권이 있는 자라할지라도 권한 외의 사항 또는 명백히 권한을 초월한 사항에 관하여 본인 또는 회사명의의 유가증권을 발행한 경우에는 권한 없는 자와 마찬가지로 본죄가 성립한다.

예컨대 직무집행정지가처분을 받은 대표이사가 그 권한 밖인 유가증권을 작성하거나(대판87도145), 대표이사가 타인으로 변경되었는데도 전임 대표이사가 명판을 이용하여 회사의 약속어음을 발행한 때(대판90도577)에는 본죄가 성립하지만, 회사의 대표이사가 은행과 당좌거래 약정이 되어 있는 전 대표이사 명의로 수표를 발행한 경우(대판74도684)에는 본죄가 성립하지 않는다.

3. 허위유가증권작성죄

본죄(형법 제216조)는 행사할 목적으로 허위의 유가증권을 작성하거나 유가증권에 허위사항을 기재한 자는 7년 이하의 징역 또는 3천만원 이하의 벌금에 처한다.

'허위의 유가증권을 작성한다는 것'은 작성권한 있는 자가 작성명의를 모용하지 않고 단순히 유가증권에 허위의 내용을 기재하는 것이고, '허위사항을 기재한다는 것'은 기재권한 있는 자가 기존의 유가증권에 진실에 반하는 사항을 기재하는 것을 말한다.

4. 위조 등 유가증권행사·수입·수출죄

본죄(형법 제217조)는 위조, 변조, 작성 또는 허위기재한 전 3조 기재의 유가증권을 행사하거나 행사할 목적으로 수입 또는 수출한 자는 10년 이하의 징역에 처한다.

'행사'란 위조 등의 유가증권을 진정하게 작성된 진실한 내용의 유가증권으로 사용하는 것을 말한다. 반드시 유가증권이 유통에 놓일 것을 요하지 않는다는 점에서 위조통화행사죄의 행사와 구별된다. 따라서 유가증권을 할인하기 위하여 제시하는 경우, 신용을 얻기 위하여 타인에게 보이는 경우도 행사가 된다. 위조 유가증권을 행사하여 사기죄를 범한 경우는 사기죄와 상상적 경합관계에 있게 된다.

5. 우표·인지에 관한 죄

1) 우표·인지의 위조·변조죄

본죄(형법 제218조 제1항)는 행사할 목적으로 대한민국 또는 외국의 인지, 우표 기타 우편요금을 표시하는 증표를 위조 또는 변조한 자는 10년 이하의 징역에 처한다.

2) 위조·변조우표 또는 인지의 행사죄

본죄(형법 제218조 제2항)는 위조 또는 변조된 대한민국 또는 외국의 인지, 우표 기타 우편요금을 표시하는 증표를 행사하거나 행사할 목적으로 수입 또는 수출한 자도 제1항의 형과 같다.

'행사'란 위조·변조된 대한민국 또는 외국의 우표를 진정한 우표로 사용하는 것을 말한다. 반드시 우편요금의 납부용으로 사용되는 것에 제한되지 않고, 우표수집의 대상으로서 매매하는 경우도 포함한다(대판88도1105).

3) 위조우표·인지 등의 취득죄

본죄(형법 제219조)는 행사할 목적으로 위조 또는 변조한 대한민국 또는 외국의 인지, 우표 기타 우편요금을 표시하는 증표를 취득한 자는 3년 이하의 징역 또는 1천만원 이하의 벌금에 처한다.

4) 우표·인지의 소인말소죄

본죄(형법 제221조)는 행사할 목적으로 대한민국 또는 외국의 인지, 우표 기타 우편요금을 표시하는 증표의 소인 기타 사용의 표지를 말소한 자는 1년 이하의 징역 또는 3백만원 이하의 벌금에 처한다.

'소인을 말소한다는 것'은 우표·인지에 진정하게 찍혀 있는 소인의 흔적을 소멸시켜서 그 우표 또는 인지를 다시 사용할 수 있게 하는 일체의 행위를 말하는 것이다.

5) 우표 등의 유사물제조죄

본죄(형법 제222조 제1항)는 판매할 목적으로 대한민국 또는 외국의 공채증서, 인지, 우표 기타 우편요금을 표시하는 증표와 유사한 물건을 제조, 수입 또는 수출한 자는 2년 이하의 징역 또는 5백만원 이하의 벌금에 처한다. 전항의 물건을 판매한 자도 전항의 형과 같다(동 제222조 제2항).

'공채증서·우표·인지의 유사물'이란 진정한 공채증서·우표 또는 인지라고 오신할 정도의 외관을 구비하지 못한 모조품을 말한다.

6. 예비·음모죄

형법 제214조, 동 제215조와 동 제218조 제1항의 죄를 범할 목적으로 예비 또는 음모한 자는 2년 이하의 징역에 처한다(형법 제224조).

제 3 항 문서에 관한 죄

1. 의 의

문서에 관한 죄는 행사할 목적으로 문서를 위조 또는 변조하거나, 허위 문서를 작성하거나, 또는 위조·변조 또는 허위로 작성된 문서를 행사하거나 문서를 부정행사함으로써 성립하는 범죄이다. 또한 형법은 사무처리를 그르치게 할 목적으로 공전자기록·사전자기록을 위작·변작하는 행위도 처벌하는 규정(형법 제227조의2, 동 제232조의2)을 두고 있다.

보호법익은 문서에 대한 거래의 안전과 공공의 신용이다(통설). 판례도 문서에 대한 공공의 신용을 보호법익이라고 판시한다(대판98도164).[5] 따라서 문서에 관한 죄로써 보호되는 것은 문서 자체가 아니라 문서의 증명력과 문서에 담겨진 사상에 대한 안전과 신용이라 할 수 있다.

문서에 관한 죄는 재산죄 특히 사기죄를 위한 수단으로 이용되는 경우가 많다. 그러나 본죄는 재산죄가 아니므로, 예컨대 본죄로 인하여 그 문서의 명의인 또는 행사의 상대방의 재산적 이익을 침해하지 아니하더라도(또는 재산적 이익을 침해할 위험이 없더라도) 본죄는 성립한다. 본죄는 추상적 위험범으로 해석되고 있다.

본죄에 의해 형법이 현실적으로 보호하려는 것은 무엇인가, 즉 문서가 형식적으로 진정하게 성립되었음(성립의 진정)인가 아니면 그 내용의 진실인가에 관하여는 학설이 나뉘어져 있다. 문서의 형식적 진실, 즉 문서의 작성명의의 진정을 보호한다는 설을 형식주의라 하고, 문서의 실질적 진실, 즉 문서의 내용에 대한 진실을 보호한다는 설을 실질주의라고 한다.

형식주의에 의하면, 문서의 작성명의의 형식을 거짓으로 하는 것을 처벌하려는 것이 문서위조죄의 목적이라고 한다. 즉, 진정한 작성권한이 없이 타인명의의 문서를 작성하는 한(예컨대 을이 갑이 작성한 문서인 것처럼 문서를 꾸미는 경우) 공공의 신용을 해할 것이므로 이를 처벌할 이유가 있다고 하는 것이다. 형식주의에 의하면 설사 그 문서의 기재내용이 사실과 합치하더라도 본죄는 성립한다고 한다. 여기서 작성권한 없는 자가 함부로 타인명의의 문서를 작성하는 것을 유형위조라고 부른다.

반면에 실질주의에 의하면, 문서내용의 진실에 대한 공공의 신용을 보호하려는 것이 본죄의 목적이라고 한다. 따라서 설령 문서명의의 형식을 거짓으로 하였다고 할지라도(예컨대 작성권한 없이 을이 작성권한 있는 갑이 작성한 문서인 것처럼 문서를 꾸미는 경우에도) 그 내용이 진실에 합치한다면 문서위조의 실질적 위험이 발생할 염려가 없기 때문에 본죄는 성립하지 않고, 그 내용이 거짓일 때 비로소 본죄가 성립한다고 한다. 여기서 문서의 내용을 거짓으로 꾸미는 것을 무형위조라고 부른다. 따라서 예컨대 채무의 변제를 완료한 채무자가 함부로 채권자명의의 수령증을 작성한 경우, 형식주의에 의하면 문서위조죄를 구성하는 데 반하여 실질주의에 의하면 문서위조죄를 구성하지 않을 것이다.

요컨대, 형법은 사문서에 관하여는 원칙적으로 유형위조만을 처벌하고(형식주의), 무형위조는 예외적으로만 처벌하고 있다(형법 제233조). 한편 공문서의 경우에는 유형

---

5) "문서위조 또는 변조 및 동행사죄의 보호법익은 문서 자체의 가치가 아니고 문서에 대한 공공의 신용이다"(대판93도1435).

위조(동 제225조)와 무형위조(동 제227조)를 모두 처벌하고 있다. 따라서 형식주의를 원칙으로 하면서 실질주의를 가미하고 있다고 말할 수 있다.

범죄의 객체는 문서이다. 문서의 개념은 넓은 의미와 좁은 의미로 쓰이는데, 넓은 의미의 문서에는 좁은 의미의 문서에 도화를 포함시킨 것이다. 도화란 문자 이외의 상형적 방법으로써 일정한 의사 또는 판단을 기재한 물체를 말한다. 도화의 경우에는 일정한 법률관계의 증거로 될 수 있는 경우에만 본죄의 객체로 될 수 있다. 예컨대 지적도는 도화에 해당하지만(대판80도1134), 순전한 미술상의 도화는 본죄의 객체가 될 수 없다.

1) 문서의 개념

문서란 문자 또는 이를 대신할 발음적 부호에 의해서 사상이나 관념을 표시한 물체를 말한다(좁은 의미의 문서개념). 그런데 문서위조죄의 보호법익은 거래 또는 신용이므로 본죄의 객체인 문서도 위조·변조에 의하여 거래 또는 신용을 침해할 만한 것이어야 한다. 그러므로 문서는 법적으로 중요한 사실을 증명할 수 있고(증명적 기능), 명의인을 표시하는(보장적 기능) 내용의 문자 또는 부호에 의하여 사람의 의사를 계속적으로(계속적 기능) 나타내는 것이어야 할 것이다. 예컨대 명의인 없는 문서(보장적 기능이 없음)나 시·소설의 원고(증명적 기능이 없음) 또는 모래판 위에 쓴 문자(계속적 기능이 없음)와 같은 것은 여기서의 문서에 포함되지 않는다.

문서는 다소 계속적으로 의사표시를 기재한 물체라야 한다. 의사표시란 문서의 내용이다. 따라서 문서는 작성명의인의 사상이나 관념을 타인에게 전달하여 인식시킬 수 있는 물체를 의미한다. 종래 복사물은 그 사본 또는 등본의 인증이 없는 한 문서에 속하지 않는다(대판77도4068)고 판시하여 왔으나, 판례는 "문서는 원본에 한한다고 보아야 할 근거는 없고, 문서의 사본이라 하더라도 원본과 동일한 의식내용을 보유하고 있고 증명수단으로서 원본과 같은 사회적 기능과 신용을 가지는 것으로 인정된다면 이를 문서의 개념에 포함시키는 것이 상당하다"고 하여 "복사문서도 오늘날 일상거래에서 원본에 대신하는 증명수단으로서의 기능이 증대되고 있는 실정에 비추어, 이에 대한 사회적 신용을 보호할 필요가 있으므로 문서에 해당한다."고 판시하였다(대판87도506). 형법은 이러한 판례의 견해를 반영하여 문서나 도화의 사본도 문서 또는 도화로 본다는 규정을 신설하였다(형법 제237조의2).

그리고 문서는 법률상 중요한 사항에 관한 증거가 될 수 있는 것이어야 한다. 따라서 권리의무의 발생·변경·소멸 등을 표시한다든가, 또는 법률생활상 직접·간접으

로 관계있는 문서라야 한다. 형법은 사문서에 관한 죄에서 그 객체를 '권리의무 또는
사실증명에 관한 문서'(형법 제231조, 동 제232조, 동 제236조)라고 규정하여 이를 분명히
하고 있다. 따라서 시·소설 등은 문서가 아니다. 그러나 이력서·추천서·안내장 등
은 법률상 중요성을 가지는 사실증명에 관한 것으로서 문서에 해당한다.

　또한 문서는 보장적 기능이 있어야 한다. 문서는 일정한 의사의 표시이므로 특
정한 작성명의인이 존재하여야 한다. 그리고 그 문서 자체(형식내용)에 의하여 그 문
서작성 명의인을 판단할 수 있어야 한다. 따라서 작성명의인이 없는 문서는 본죄의
객체로 되지 아니한다. 왜냐하면, 작성명의인이 없다든가 또는 불명한 문서는 일반인
의 신뢰를 받을 수가 없고 거래상의 증거로서의 가치가 없기 때문이다. '작성명의인'
이라 함은 그 문서의 작성권자, 즉 그 문서의 의사를 자기의 것으로 표시한 본인(그
문서의 의사내용의 주체)을 의미하고, 현실적으로 집필한 작성자와 반드시 일치할 필요
는 없다(예컨대 법무사나 공인중개사가 대필한 경우 또는 타자수가 작성한 경우). 작성명의인은
자연인뿐만 아니라 법인, 법인격 없는 단체가 포함되는 것은 물론이다.

　문서의 명의인은 반드시 실재자임을 요하는가와 관련한 문제로서, 허무인 또는
사자명의의 문서를 인정할 것인가에 대하여는 견해가 세 가지(긍정설, 부정설, 절충설)
로 나뉘고 있다. 판례(절충설)는 공문서의 경우에는 명의인이 실재함을 요하지 않는다
고 하여 허무인명의의 문서를 위조한 때에도 공문서위조죄가 성립한다고 한다(대판68
도981). 그러나 사문서의 경우에는 원칙적으로 명의인의 실재를 요한다고 하여 사자
명의의 문서나 허무인명의의 문서에 대하여는 사문서위조죄는 성립하지 않는다고 한
다(대판4292형상658; 대판4291형상591). 다만, 문서의 작성일자가 명의자의 생존중인 경
우에는 문서에 해당하는 것으로 하여 사문서위조죄의 성립을 인정한다(대판73도1138).
자연인 아닌 법인 또는 단체명의의 문서에 있어서는 요건이 구비된 이상 그 문서작
성자로 표시된 사람의 실존 여부는 위조죄의 성립에 아무런 지장이 없다(대판2003도
3729).

2) 문서의 종류

　문서에는 공문서(公文書)와 사문서(私文書)로 구별할 수 있다. 공문서라 함은 공무
소 또는 공무원이 그 명의로써 그 직무상 작성하는 문서를 말한다. 따라서 공무원이
작성하는 문서라도 그 직무상 작성하는 것이 아니면 공문서가 아니다(예컨대 공무원의
퇴직원, 공무원 개인명의의 매매계약서). 도립대학 교수가 특성화사업단장의 지위에서 납
품검사와 관련하여 작성한 납품검수조서 및 물품검수내역서 등은 … 공문서에 해당한

다(대판2007도4785). 십지지문 지문대조표는 수사기관이 피의자의 신원을 특정하고 지문대조조회를 하기 위하여 직무상 작성하는 서류로서 … 사문서로 볼 수 없다(대판 2000도2393).

공문서와 사문서의 구별기준은 그 작성명의가 공무소 또는 공무원인가 또는 사인인가에 있다. '사문서'라 함은 사인의 명의로 작성된 문서를 말한다. 그러나 본죄의 객체로 될 수 있는 사문서는 사인작성명의로 되어 있는 모든 문서가 아니고, 사문서 중 '권리의무 또는 사실증명에 관한 문서'에 한한다.

2. 사문서의 위조·변조죄

본죄(형법 제231조)의 객체는 권리의무 또는 사실증명에 관한 타인의 문서 또는 도화이다. 이때의 타인은 자연인·법인 또는 법인격 없는 단체를 포함한다(대판73도 2296). 권리의무에 관한 문서란 권리의무의 발생·변경·소멸에 관한 사항을 기재하는 문서를 말한다. 예컨대 법률행위에 관한 위임장, 매매계약서, 차용증서, 주민등록증 발급신청서 또는 인감증명교부신청서[6] 등이다. 사실증명에 관한 문서란 권리의무에 관한 문서 외에 거래상 중요한 사실을 증명하는 문서를 말한다. 예컨대 추천서, 인사장, 안내장, 이력서, 사립학교의 성적증명서(대판83도154) 등이다. 또한 신용장에 날인된 접수일부인은 사실증명에 관한 사문서에 해당된다(대판77도1879). 그러나 사물의 동일성을 표시하는 데 불과한 명함이나 신발표 등은 본죄의 객체가 아니다. A작가협회회원이 타인의 명의를 도용하여 협회 교육원장을 비방하는 내용의 호소문을 작성한 후 이를 협회 회원들에게 우편으로 송달한 경우에 사문서위조죄와 명예훼손죄가 각 성립하고 실체적 경합관계가 성립한다(대판2008도8527).

(범죄)행위는 위조 또는 변조하는 것이다. '위조'란 정당한 작성권한 없는 자가 타인명의의 문서를 작성하는 것을 말한다. 말하자면 문서에 표시되어 있는 명의인은 진정한 작성자가 아닌데도 불구하고, 마치 진정한 작성권자가 그의 의사를 표시한 것처럼 문서(즉, 작성자와 명의인이 불일치한 문서)를 작성하는 것을 말한다. 예컨대 갑이 함부로 을 명의의 차용증서를 작성하여 이를 병에게 교부하면 문서위조죄와 동행사죄가 성립할 것이다(제213조, 제234조). 작성권한 없이 타인명의의 문서를 작성하는 이상, 그 내용이 진실하더라도 문서위조죄로 된다(형식주의). 또한 타인으로부터 위탁된

---

6) "주민등록증발급신청서와 인감증명교부신청서는 각 권리행사에 관한 문서로서 형법 제231조 소정의 권리에 관한 문서이다"(대판74도2916).

권한을 초월하여 위탁자 명의의 문서를 작성하거나 타인의 서명날인이 정당하게 성립한 때라 하더라도 그 서명날인자의 의사에 반하는 문서를 작성하는 경우에는 사문서위조가 성립한다(대판82도2023).

'변조'란 권한 없는 자가, 이미 진정하게 성립된 타인명의의 문서내용에 대하여 그 동일성을 해하지 아니할 정도로 변경을 가하는 것을 말한다. 예컨대 타인명의의 차용증서의 기간 또는 금액에 변경을 가하여 그 문서의 증명력을 고치는 경우, 증명서의 사진을 떼어내고 자신의 사진을 붙이는 경우, 인감증명서의 사용용도란의 기재를 변경한 경우 등이다. 그러나 기성문서에 변경을 가하는 경우라도 그 본질적 부분에 변경을 가하여 변경전의 문서와 사회통념상 전혀 별개의 문서가 작성되었다고 볼 수 있는 경우에는 변조가 아니고 위조이다. 예컨대 이미 실효된 통용기간 경과후의 정기승차권의 일자를 변경하여 이를 유효하게 하는 경우는 변조가 아니라 위조이다. 피고인이 권한 없이 갑 은행 발행의 피고인 명의의 예금통장 기장내용 중 특정 일지에 을 주식회사로부터 지급받은 월급여의 입금자 부분을 화이트테이프로 지우고 복사하여 통장 1매를 변조하여 그 사본을 법원에 증거로 제출한 경우에 … 통장 명의자인 갑 은행장이 당연히 승낙하였다고 추정할 수는 없다(대판2010도14587).

3. 자격모용에 의한 사문서작성죄

본죄(형법 제232조)는 대리권 또는 대표권 없는 자가 타인의 대리자격 또는 대표자격이 있는 것처럼 가장하여 문서를 작성함으로써 성립하는 범죄이다. '자격모용에 의한 문서의 작성'이란 정당한 대리권 또는 대표권 없는 자가 마치 대리권 또는 대표권이 있는 것처럼 가장하여 타인의 자격(대리 또는 대표명의)을 부당하게 사용하여 문서를 작성하는 것을 말한다. 이와 관련하여 대리권·대표권이 있다 하더라도 그 권한 이외의 사항에 관하여 대리권자·대표권자 명의로 문서를 작성한 경우에도 자격모용에 의한 문서작성에 해당한다.

위조와 자격모용에 의한 사문서작성은 양자 모두 작성권한 없는 자가 문서를 작성하였다는 점에서 동일하다. 그러나 위조의 경우에는 타인명의 그 자체를 사용하지만, 자격모용의 경우에는 자기의 명의로 하더라도 타인의 자격만을 모용冒用하는 것이다. 예컨대 대리권 없는 갑이 을의 대리인 자격을 사칭해서 '을의 대리인 갑'의 문서를 작성하는 경우이다.

문서 작성권한의 위임이 있는 경우라도 그 위임을 받은 자가 위임받은 권한을 초월하여 문서를 적성한 경우에는 사문서위조죄가 성립하고, 단지 위임받은 권한의 범위내에서 이를 남용하여 문서를 적성한 것에 불과하다면 사문서위조죄가 성립하지 아니한다(대판2010도690).

주관적 구성요건요소로는 고의와 행사할 목적이 있어야 한다.

4. 사전자기록 위작·변작죄

본죄(형법 제232조의2)는 사무처리를 그르치게 할 목적으로 권리·의무 또는 사실 증명에 관한 타인의 전자기록 등 특수매체기록을 위작 또는 변작한 자는 5년 이하의 징역 또는 1천만원 이하의 벌금에 처한다. 본죄의 미수범은 처벌한다.

객체인 전자기록이란 일정한 매체에 전기적·자기적 방식으로 저장된 기록을 말한다. 특수매체기록에는 전자기록 이외에 광기술이나 레이저기술을 이용한 기록을 포함한다. 위작·변작은 문서위조죄의 위조·변조에 대응하는 개념이다. 즉 위작偽作이란 권한 없는 자가 전자기록을 작성하는 것을 말하며, 변작變作이란 권한 없는 자가 전자기록을 변경하는 것을 말한다.

본죄의 주관적 구성요건요소로 고의와 사무를 그르치게 할 목적이 있어야 한다.

5. 공문서 등의 위조·변조죄

본죄(형법 제225조)는 행사할 목적으로 공무원 또는 공무소의 문서 또는 도화를 위조 또는 변조한 자는 10년 이하의 징역에 처한다. 10년 이하의 자격정지를 병과할 수 있다(동 제237조). 본죄의 미수범은 처벌한다.

본조는 공문서의 유형위조를 처벌하는 규정이다. 통상 비공무원이 주체가 되겠지만, 공무원인 경우에도 자기의 직무권한 이외의 문서를 위조·변조하면 본죄가 성립된다. 또한 본죄는 목적범이며, 행사의 목적은 타인으로 하여금 위조문서를 진정한 문서인 것처럼 오신케 하는 데 있다. 행사의 목적은 위조행위 당시에 있으면 족하고, 이를 행사할 때까지 그 목적이 지속되어야 하는 것은 아니다.

위조죄의 경우 위조된 문서가 일반인으로 하여금 진정한 문서로 오신케 할 정도에 이르게 되거나, 변조죄의 경우 문서의 비본질적 부분이 불법하게 변경되어 일반인으로 하여금 이전과 다른 새로운 증명력을 가지는 문서로 오신케 할 정도에 이르게 될 때 기수가 된다.

6. 자격모용에 의한 공문서 등의 작성죄

본죄(형법 제226조)는 행사할 목적으로 공무원 또는 공무소의 자격을 모용하여 문서 또는 도화를 작성한 자는 10년 이하의 징역에 처한다. 10년 이하의 자격정지를 병과할 수 있다(동 제237조). 본죄의 미수범은 처벌한다(동 제235조).

본죄는 행사할 목적으로 공무원 또는 공무소를 대표할 자격이 없는 자가 그 자격을 모용하여 문서 또는 도화를 작성하는 행위를 처벌하려는 것이다. 위조와 자격모용에 의한 공문서작성은 양자 모두 작성권한 없는 자가 문서를 작성하였다는 점에서 동일하다. 그러나 위조의 경우에는 타인명의 그 자체를 사용하지만, 자격모용의 경우에는 자기를 명의로 하되 타인의 자격만을 모용하는 것이다. 예컨대 행위자 갑이 자기의 명의로 서울지법판사라는 자격·지위를 사칭하여 공무선인 구속영장을 작성하는 경우에는 자격모용에 의한 공문서작성죄를 구성한다. 그러나 서울지법 김아무개 판사라는 자격 및 명의를 모두 모용하였을 경우에는 본죄가 아니라 공문서위조죄에 해당한다.

7. 공전자기록 위작·변작죄

본죄(형법 제227조의2)는 사무처리를 그르치게 할 목적으로 공무원 또는 공무소의 전자기록 등 특수매체기록을 위작 또는 변작한 자는 10년 하의 징역에 처한다. 10년 이하의 자격정지를 병과할 수 있다(동 제237조). 본죄의 미수범은 처벌한다(동 제235조).

8. 허위진단서 등의 작성죄

본죄(형법 제233조)는 사문서의 허위작성(무형위조)을 처벌하는 유일한 예외규정이다. 본죄는 진정신분범이다. 즉, 의사·한의사·치과의사·조산사의 신분을 가진 사람만이 본죄의 행위주체가 될 수 있다.

객체는 진단서·검안서 또는 생사에 관한 증명서이다. 이들 문서에 자기(본죄의 주체)의 인식이나 판단의 결과와 불일치하는 기재를 함으로써 성립한다. 본죄는 행사할 목적을 요구하지 않는 점에서 목적범은 아니다.

(범죄)행위인 '허위문서의 작성'이란 문서의 작성명의는 진정하나(작성자와 명의인이 일치한 문서), 다만 그 내용이 사실과 부합하지 아니하는 문서를 작성하는 것을 말한다. 예컨대 의사가 자기의 명의로써 환자의 병상에 관한 허위의 진단서를 작성하여 관청에 제출하였을 경우에는 사문서허위작성죄 및 동행사죄가 성립할 것이다(형법 제233조, 동 제234조). 따라서 문서의 위조(유형위조)와 허위문서작성(무형위조)의 구별은 단지 문서의 작성권한의 유무라는 형식적 기준에 의하여 결정된다. 따라서 작성권한 없는 자가 허위내용의 문서를 작성하였거나, 작성권한 있는 자의 의사에 합치하는

문서를 작성하였더라도 위조(유형위조)에 해당한다.

형법상 허위문서작성에는 두 가지 유형이 있다. 하나는 이른바 직접 허위문서작성으로서, 작성권한 있는 자가 직접 자기명의로 허위내용의 문서를 작성하는 경우이고(예컨대 형법 제227조의 공무원의 허위공문서작성죄, 동 제233조의 의사 등의 허위진단서작성죄), 다른 하나는 간접허위문서작성으로서, 타인에 대하여 일정한 허위의 사실을 신고하여 타인으로 하여금 그 타인명의로써 허위문서를 작성하게 하는 경우이다(예컨대 형법 제288조의 공정증서원본등의부실기재죄).

9. 허위공문서 등의 작성죄

본죄(형법 제227조)는 공무원이 행사할 목적으로 그 직무에 관하여 문서 또는 도화를 허위로 작성하거나 변개한 때에는 7년 이하의 징역 또는 2천만원 이하의 벌금에 처한다. 10년 이하의 자격정지를 병과할 수 있다(동 제237조). 본죄의 미수범은 처벌한다(동 제235조).

무형위조를 처벌하는 규정으로서 본죄의 주체는 공무원이다(진정신분범). 작성권한 있는 공무원이 허위의 문서를 작성한 경우를 처벌하는 것이다.[7] 그러나 명의인이 아니라도 전결권이 위임되어 있는 자는 본죄의 주체가 된다(대판76도3884). 만일 작성권한 없는 공무원이 공문서를 허위로 작성하였다면 이는 본죄가 아니라 공문서위조죄 내지 자격모용에 의한 공문서작성죄가 성립될 것이다.

객체인 직무에 관한 문서란 공무원이 그 직무권한 내에서 작성하는 문서를 말하며, 이 직무권한이라는 것은 반드시 법률상에 근거가 있음을 필요로 하는 것이 아니고 널리 명령·내규 또는 관례에 의한 직무집행의 권한으로 작성하는 경우를 포함한다(대판74도2855).

작성권한 있는 공무원의 문서작성을 보조하는 공무원에 대하여도 본죄가 성립하는가에 대하여, 판례는 허위공문서작성죄의 주체는 그 문서를 작성할 권한 있는 명의인인 공무원에 한하고, 그를 보조하는 직무에 종사하는 공무원은 본죄의 주체가 될 수 없는 것이 원칙이라고 하면서, 다만 문서작성의 보조자가 상사의 결재를 얻어 문서를 기안하여 허위인 사정을 모르는 작성권자에게 제출하고 그로 하여금 그 내용이 진실한 것으로 오신케 하여 서명 또는 기명날인케 함으로써 공문서를 완성한 때

---

7) "허위공문서작성죄의 주체는 그 문서를 작성할 직무권한이 있는 명의인인 공무원이라 할 것이며, 그 작성권한 있는 자가 진실에 부합되지 않는 것을 알면서 진실에 반하여 기재를 하는 때에는 허위공문서작성죄가 성립된다"(대판73도1854).

에는 허위공문서작성죄의 간접정범이 된다고 한다(대판90도1912). 그리고 이와 공모한
자도 간접정범의 공범이 되며, 그 공범은 공무원이 아니라도 상관없다고 한다(대판91
도2837). 한편 문서작성보조자가 결재절차를 거치지 않고 임의로 작성권자의 기명이
나 직인 등을 부정사용하여 허위내용의 문서에 찍음으로써 공문서를 완성한 때에는
공문서위조죄가 성립하며, 본죄 및 본죄의 간접정범은 성립할 여지가 없다고 한다(대
판90도1790). 위의 두 번째와 같은 특별한 경우를 제외하고 공무원 아닌 자가 허위공
문서작성죄의 간접정범인 경우에는 형법 제228조(공정증서원본 등의 부실기재죄)의 경우
이외에는 처벌하지 못한다.[8]

'변개'란 당해 공문서의 작성권자인 공무원이 그의 직무와 관련하여 이미 작성된
문서·도화에 대하여 다시 내용상 허위인 기재를 하거나 가필하는 것을 말한다. 기존
문서를 전제로 하는 점에서 변조와 유사하나, 변조가 작성권한 없는 자의 행위이고
변작이 작성권한 있는 자의 행위라는 점에서 구별된다. 공증담당 변호사가 법무사의
직원으로부터 인증촉탁서류를 제출받았을 뿐 법무사가 공증사무실에 출석하여 사서
증서의 날인이 당사자 본인의 것임을 확인한 바 없음에도 마치 그러한 확인을 한 것
처럼 인정서에 기재한 경우에 허위공문서작성죄가 성립한다(대판2006도3844). 신청인
에게 농업경영능력이나 영농의사가 없음을 알거나 이를 제대로 알지 못하면서도 농
지취득자격에 아무런 문제가 없다는 내용으로 농지취득자격증명통지서를 작성하였
다면 허위공문서작성죄가 성립된다(대판2006도3996).

10. 공정증서원본 등의 부실기재죄

본죄(형법 제228조 제1항)는 공무원에 대하여 허위신고를 하여 공정증서원본 또는
이와 동일한 전자기록 등 특수매체기록에 부실의 사실을 기재 또는 기록하게 한 자
는 5년 이하의 징역 또는 1천만원 이하의 벌금에 처한다. 공무원에 대하여 허위신고
를 하여 면허증, 허가증, 등록증 또는 여권에 부실의 사실을 기재하게 한 자는 3년
이하의 징역 또는 7백만원 이하의 벌금에 처한다(동 제228조 제2항). 본죄의 미수범은
처벌한다(동 제235조).

본죄는 비공무원이 공무원에 대하여 허위의 신고를 함으로써 이러한 사실을 알지
못하는 공무원을 이용하여 공정증서 등 특수한 공문서에 허위사실을 기재하게 하는

---

8) "공무원 아닌 자가 허위공문서작성의 간접정범인 때에는 형법 제228조(공정증서원본 등의 불실기재)의
경우 이외에는 이를 처벌하지 않는다"(대판70도1044).

범죄이다. 즉, 공문서의 간접적 무형위조를 독립한 범죄로서 규정한 것이다. 만일 공무원이 정을 알면서 부실기재를 하였을 경우에는 허위공문서작성죄가 성립할 것이다.

객체는 공정증서원본, 이와 동일한 특수매체기록, 면허증·허가증·등록증·여권에 한한다. '공정증서원본'이란 공무원이 그 직무상 작성하는 문서로서 권리의무(재산상 또는 신분상의 권리의무)에 관한 특정한 사실을 증명하는 효력을 가지는 문서를 의미한다. 판례도 "공정증서란 권리의무에 관한 증서를 가리키는 것이고 사실증명에 관한 것은 포함하지 아니한다."(대판69도2716)고 하고 있다. 예컨대 상업등기부·부동산등기부·호적부 등이 여기에 해당한다. 그러나 토지대장·가옥대장·주민등록부·인감대장 등은 권리의무에 관한 증서가 아니기 때문에 공정증서원본에 해당하지 않는다. 또한 본죄의 객체는 공정증서의 원본에 한하므로 등본·초본·사본 등은 제외된다. 공정증서원본과 동일한 전자기록 등 특수매체기록은 공정증서원본에 상당하는 권리·의무에 관한 일정한 사실을 공적으로 증명하는 효력을 가진 전자기록 등을 말한다. '면허증'이란 특정인에 대하여 특정한 행위를 실행할 수 있는 권리를 부여하는 행정관청의 증명서를 말한다. 예컨대 의사면허증·자동차운전면허증·수렵면허증 등이다. 그러나 합격증서·교사자격증과 같이 일정한 자격의 존재를 표시하는 데 불과한 것은 면허증이 아니다. '허가증'이란 특정인에게 일정한 영업이나 사업을 허가하였다는 사실을 증명하는 공문서를 말한다. 예컨대 주류판매영업허가증, 자동차의 영업허가증 등이다. '등록증'이란 일정한 자격을 취득한 자에게 그 활동에 상응한 권능을 부여하기 위하여 공무원 또는 공무소가 작성하는 증서를 말한다. '여권'이란 공무소가 여행자에게 발행하는 허가증을 말한다. 실제로는 채권·채무관계가 존재하지 아니함에도 공증인에게 허위로 신고하여 가장된 금전채권에 대하여 집행력이 있는 공정증서원본을 작성하고 이를 비치하게 한 것이라면 공정증서원본부실기재죄 및 부실기재공정증서원본행사죄의 죄책을 면할 수 없다(대판2008도7836). 자동차운전면허증 재교부신청서의 사진란에 타인의 사진을 붙여 제출함으로써 담당공무원으로 하여금 자동차운전면허대장에 부실의 사실을 기재하게 한 경우에는 자동차운전면허증대장은 사실증명에 관한 것으로 공정증서원본부실기재죄가 성립하지 않는다(대판2010도1125). 법원에 허위 내용의 조정신청서를 제출하여 판사로 하여금 조정조서에 부실의 사실을 기재하게 한 경우에는 그 조정절차에서 작성되는 조정조서는 그 성질상 허위신고에 의해 부실한 사실이 그대로 기재될 수 있는 공문서로 볼 수 없어서 공정증서원본에 해당되지 않는다(대판2010도3232). 실제로는 채권·채무관계가 존재하지 아니함에도 허위의 채무를 가장하고 담보한다는 명목으로 허위의 근저당권설정등기를 마친 것이라면 공정증서원본 등 부실기재죄 및 부실기재공정증서원본 등의 행사죄가 성립한다(대판2014도2415).

11. 기타 관련 범죄

위조·변조 등의 사문서행사죄(형법 제234조)는 형법 제231조 내지 형법 제233조의 죄(사문서위조·변조죄, 자격모용에 의한 사문서작성죄, 사전자기록위작·변작죄, 허위진단서 등 작성죄)에 의하여 만들어진 문서, 도화 또는 전자기록 등 특수매체기록을 행사한 자는 그 각 죄에 정한 형에 처한다. 본죄의 미수범은 처벌한다(동 제235조). '위조 등 문서의 행사'란 타인에 대하여 위조 등으로 만들어진 문서 등을 진정한 문서로서 사용하는 것을 말한다.

위조·변조 등의 공문서행사죄(형법 제229조)는 형법 제225조 내지 동 제228조(공문서위조·변조죄, 자격모용에 의한 공문서작성죄, 허위공문서작성, 공전자기록위작·변작죄, 공정증서원본 등 부실기재죄)에 의하여 만들어진 문서, 도화, 전자기록 등 특수매체기록, 공정증서원본, 면허증, 허가증, 등록증 또는 여권을 행사한 자는 그 각 죄에 정한 형에 처한다. 본죄의 미수범은 처벌한다(형법 제235조). 10년 이하의 자격정지를 병과할 수 있다(형법 제237조). 본죄의 주체에는 제한이 없고, 공무원의 신분 있는 자에 한하지 않는다. 그리고 행사의 객체인 문서는 반드시 그 범인이 직접 위조 또는 허위 작성한 것일 필요가 없음은 물론이다.

사문서의 부정행사죄(형법 제236조)는 권리·의무 또는 사실증명에 관한 타인의 문서 또는 도화를 부정행사한 자는 1년 이하의 징역이나 금고 또는 3백만원 이하의 벌금에 처한다.

공문서 등의 부정행사죄(형법 제230조)는 공무원 또는 공무소의 문서 또는 도화를 부정행사한 자는 2년 이하의 징역이나 금고 또는 5백만원 이하의 벌금에 처한다. 본죄의 미수범은 처벌한다(형법 제235조).

행위로서의 '부정행사'란 진정한 공문서 또는 공도화를 행사할 권한 없이 행사하거나, 또는 행사할 권한이 있더라도 그 정당한 용법에 반하여 행사하는 일체의 행위를 말한다. 예컨대 공무소의 명의로 작성되어 타인에게 발급된 면허장을 행위자가 본인인 것처럼 가장하여 행사하는 경우이다.

제 3 절 공중의 건강에 관한 죄

공중의 건강생활은 문화사회의 기본적 요건이며 중요한 사회적 이익이다. 형법은 개인의 생명·신체의 안전을 개인적 법익으로서 보호하고 있지만, 공중의 건강생활을 위태롭게 하는 행위를 처벌하여 이러한 사회적 법익을 독립하여 보호하고 있다.

형법이 공중위생에 대한 죄로서 특히 규정하고 있는 범죄로서는 '먹는 물에 관한 죄'와 '아편에 관한 죄'이다.

제 1 항 먹는 물에 관한 죄 〈개정 2020. 12. 8.〉

1. 의 의

먹는 물에 관한 죄는 공중이 일상적으로 마시는 정수 또는 그 수원에 오물·독물 기타 건강상의 유해물을 혼입하거나, 먹는물을 공급하는 수도 기타 시설을 손괴 또는 기타 방법으로 불통하게 하여 공중의 먹는물 이용과 그 위생에 대한 안전을 위태롭게 하는 행위를 처벌하는 범죄이다.

먹는 물에 관한 죄는 공중의 위생에 대한 죄로서 공중의 건강을 그 보호법익으로 하는 공공위험범이며 보호정도는 추상적 위험범으로서의 보호이다.

구성요건 체계로는 먹는물사용방해죄(형법 제192조 제1항)를 기본적으로 하여 먹는물유해물혼입죄(동 제192조 제2항), 수도먹는물사용방해죄(동 제193조 제1항), 수도먹는물유해물혼입죄(동 제193조 제2항), 수도불통죄(동 제195조)를 가중적 구성요건으로하고, 먹는물혼독치사상죄(동 제194조)를 결과적 가중범으로, 미수범 처벌(동 제196조), 예비죄 처벌(동 제197조) 규정이 있다.

2. 개별범죄 고찰

1) 먹는 물의 사용방해죄

본죄(형법 제192조 제1항)는 일상 먹는 물에 공하는 정수에 오물을 혼입하여 먹지 못하게 한 자는 1년 이하의 징역 또는 5백만원 이하의 벌금에 처한다.

객체인 '일상 먹는 물에 공하는 정수'란 불특정 또는 다수인이 반복·계속하여 음료수에 이용하는 정수를 말한다. 샘물과 같은 자연수이건, 수돗물과 같은 인공수이건 불문한다. 또 먹는 자의 범위도 불문하므로, 일가족의 먹는 데에 제공되는 정수도 본죄의 객체로 될 수 있다. 그러나 본죄는 공공위험범의 성질을 가진 것이기 때문에 특정인이 마실 목적으로 컵에 부은 정수는 본죄의 객체로 될 수 없다.

행위인 '오물을 혼입하여 먹지 못하게 한다.'는 것은 그 색깔·냄새·생김새 등으로 인하여 사람으로 하여금 불결한 감정을 느끼게 할 물건을 섞어서 마실 수 없게 하는 것을 말한다. 보통인의 감정에 비추어 이를 마시고 싶지 않을 정도에 이르면 기수로 된다. 그리고 마실 수 없게 된 이유는 물리적인 것이건 심리적인 것이건 불문한다. 생리적으로는 마실 수 있더라도 일반인이 단지 감정적으로 불결감을 느끼어 먹는 물로서 이용할 수 없게 되어도 본죄는 성립한다(예컨대 먹는 데에 제공되는 정수에 방뇨한 경우). 또 본죄는 일종의 위험범이므로 오물의 혼입으로 인하여 음료수의 사용을 불가능하게 하면 족하고, 다른 결과의 발생을 필요로 하지 아니한다.

2) 먹는 물의 유해물 혼입죄

본죄(형법 제192조 제2항)는 전항의 먹는 물에 독물 기타 건강을 해할 물건을 혼입한 자는 10년 이하의 징역에 처한다. 본죄의 미수범은 처벌한다(동 제196조). 본죄를 범할 목적으로 예비 또는 음모한 자는 2년 이하의 징역에 처한다(동 제197조).

3) 수도 먹는 물의 사용방해죄

본죄(형법 제193조 제1항)는 수도에 의하여 공중의 음용에 공하는 정수 또는 그 수원에 오물을 혼입하여 음용하지 못하게 한 자는 1년 이상 10년 이하의 징역에 처한다.

'수원'이란 직접 공중에게 공급하기 위한 수로에 들어오기 전의 물을 말한다. 예컨대 저수지의 물이라든가 저수장에 흘러 들어가는 수류 등이다.

4) 수도먹는 물·수원의 독물혼입죄

본죄(형법 제193조 제2항)는 전항의 먹는 물 또는 수원에 독물 기타 건강을 해할 물건을 혼입한 자는 2년 이상의 유기징역에 처한다. 본죄의 미수범은 처벌한다(동 제196조). 본죄를 범할 목적으로 예비 또는 음모한 자는 2년 이하의 징역에 처한다(동 제197조).

5) 먹늘 물 혼독치사상죄

본죄(형법 제194조)는 동 제192조 제2항 또는 동 제193조 제2항의 죄를 범하여 사람을 상해에 이르게 한 때에는 무기 또는 3년 이상의 징역에 처한다. 사망에 이르게 한 때에는 무기 또는 5년 이상의 징역에 처한다.

6) 수도불통죄

본죄(형법 제195조)는 공중의 먹는 물을 공급하는 수도 기타 시설을 손괴 기타 방법으로 불통하게 한 자는 1년 이상 10년 이하의 징역에 처한다. 먹는 물사용방해죄보다 불법이 가중된 가중적 구성요건이다. 본죄의 미수범은 처벌한다(형법 제196조). 본죄를 범할 목적으로 예비 또는 음모한 자는 2년 이하의 징역에 처한다(동 제197조).

제 2 항 아편에 관한 죄

1. 의 의

아편에 관한 죄는 아편을 흡식하거나 아편 또는 아편흡식기구의 제조·수입 또는 판매 등의 행위를 내용으로 하는 범죄이다. 공중의 건강을 보호법익으로 하는 추상적 위험범이다. 아편에 관한 죄와 관련하여서는 본장의 죄 이외에 마약류 관리에 관한 법률(이하 '마약류관리법') 등이 제정되어 있으며, 마약류관리법에 대해서는 특정범죄가중처벌법에 가중처벌규정을 두고 있다(제11조).

구성요건체계는 아편흡식죄(형법 제201조 제1항)가 기본적 구성요건이며 아편소지죄(동 제205조)가 감경적으로, 아편 등의 제조·수입·판매 또는 판매목적소지죄(동 제199조), 아편흡식기구의 제조·수입·판매·소지죄(동 제202조), 세관공무원의 아편 등 수입·수입허용죄(동 제200조), 상습범(동 제203조)이 가중적 구성요건으로, 아편흡식 등 장소제공죄(동 제201조 제2항)가 독립적 구성요건으로 규정되어 있다. 물론 미수범 처벌(동 제202조) 규정도 있다.

2. 개별범죄 고찰

1) 아편 등의 제조·수입·판매·판매목적소지죄

본죄(형법 제198조)는 아편, 몰핀 또는 그 화합물을 제조, 수입 또는 판매하거나 판매할 목적으로 소지한 자는 10년 이하의 징역에 처한다. 10년 이하의 자격정지 또는 2천만원 이하의 벌금을 병과할 수 있다(형법 제204조). 본죄의 미수범은 처벌한다(형법 제202조). 본죄를 상습으로 범한 때에는 본죄의 법정형의 2분의 1까지 가중한다(형법 제203조).

행위인 '소지'란 목적물을 사실상의 지배 내에 두는 것을 말한다. 다만, 본죄의 구성요건으로서의 소지는 판매의 목적이 있어야 한다. 따라서 이 목적을 결여하면 후술하는 아편 등의 소지죄(형법 제205조)로 된다.

2) 아편흡식기구의 제조·수입·판매·판매목적소지죄

본죄(형법 제199조)는 아편을 흡식하는 기구를 제조, 수입 또는 판매하거나 판매할 목적으로 소지한 자는 5년 이하의 징역에 처한다. 10년 이하의 자격정지 또는 2천만원 이하의 벌금을 병과할 수 있다(동 제204조). 본죄의 미수범은 처벌한다(동 제202조). 본죄를 상습으로 범한 때에는 본죄의 법정형의 2분의 1까지 가중한다(동 제203조).

3) 세관공무원의 아편 등 수입·수입허용죄

본죄(형법 제200조)는 세관의 공무원이 아편·몰핀이나 그 화합물 또는 아편흡식기구를 수입하거나, 그 수입을 허용한 때에는 1년 이상의 징역에 처한다. 10년 이하의 자격정지 또는 2천만원 이하의 벌금을 병과할 수 있다(동 제204조). 본죄의 미수범은 처벌한다(동 제202조). 본죄를 상습으로 범한 때에는 본죄의 법정형의 2분의 1까지 가중한다(동 제203조).

아편, 몰핀이나 그 화합물 또는 아편흡식기구는 몰수한다. 이를 몰수할 수 없을 때에는 그 가액을 추징한다(동 제206조).

본죄는 일반인의 수입죄에 대하여 세관공무원의 신분으로 책임이 가중되는 부진정신분범이다.

4) 아편흡식 등 장소제공죄

아편을 흡식하거나 몰핀을 주사한 자는 5년 이하의 징역에 처한다(형법 제201조 제1항). 아편흡식 또는 몰핀주사의 장소를 제공하여 이익을 취한 자도 전항의 형과 같다(동 제201조 제2항). 10년 이하의 자격정지 또는 2천만원 이하의 벌금을 병과할 수 있다(동 제204조). 본죄의 미수범은 처벌한다(동 제202조). 본죄를 상습으로 범한 때에는 본죄의 법정형의 2분의 1까지 가중한다(동 제203조). 아편, 몰핀이나 그 화합물 또는 아편흡식기구는 몰수한다. 이를 몰수할 수 없을 때에는 그 가액을 추징한다(동 제206조).

5) 아편 등의 소지죄

본죄(형법 제205조)는 아편, 몰핀이나 그 화화물 또는 아편흡식기구를 소지한 자는 1년 이하의 징역 또는 5백만원 이하의 벌금에 처한다. 아편, 몰핀이나 그 화합물 또는 아편흡식기구는 몰수한다. 이를 몰수할 수 없을 때에는 그 가액을 추징한다(동 제206조).

제 4 절 사회의 도덕에 관한 죄

제 1 항 성풍속에 관한 죄

1. 의 의

성풍속에 관한 죄란 성도덕 내지 건전한 성풍속을 보호법익으로 하는 죄를 말한다. 강간죄나 강제추행죄도 성생활과 관련을 맺고 있으나, 이들은 풍속의 죄라기보다는 개인의 성적 자기결정의 자유를 침해하는 죄로서의 성격을 가지기 때문에, 형법은 이에 대해 정조에 관한 죄로 별도로 규정하고 있다.

풍속을 해하는 죄는 음행매개, 음화 등의 반포·제조 및 공연음란 등의 행위를 내용으로 하는 범죄이고, 성생활에 관한 선량한 풍속의 보호를 목적으로 한다. 그러나 성풍속에 관한 죄의 보호법익은 일률적으로 설명할 수는 없다.

2. 개별범죄 고찰

1) 음행매개죄

본죄(형법 제242조)는 영리의 목적으로 사람을 매개하여 간음하게 한 자는 3년 이하의 징역 또는 1천 5백만원이하의 벌금에 처한다.

본죄의 보호법익은 사회의 성도덕·성풍속이며, 부차적으로 성적 자기결정의 자유도 보호한다. 본죄 이외에 18세 미만의 아동에게 음행을 시키거나 음란한 행위를 시키거나 이를 매개한 때에는 아동복지법에 의해 처벌된다(아동복지법 제17조 제2호). 성매매를 강요하거나 알선한 자는 성매매알선 등 행위의 처벌에 관한 법률에 의하여 처벌되고(동법 제18조와 제19조), 만 19세 미만의 아동·청소년의 성을 사거나 이들에게 성매매를 강요하거나 알선한 자는 청소년성보호법에 따라 처벌된다(청소년성보호법 제13조와 제14조).

본죄의 주체에는 제한이 없고 객체는 '사람'이다. 따라서 성별을 불문하고 성년이든 미성년이든 불문한다. 13세 미만의 사람에 대하여는 '미성년자에 대한 간음·추행죄'(형법 제305조)가 성립하기 때문에 제외된다. 음행의 상습성 유무는 불문한다.[9] '음행의 상습 없는 사람'이란 매춘부나 기타 불특정의 사람을 상대로 성생활을 하고

---

9) "형법 제242조 소정 미성년자에 대한 음행매개죄의 성립에는 그 미성년자가 음행의 상습이 있거나 그 음행에 자진 동의한 사실은 하등 영향을 미치는 것이 아니다"(대판4288형상37).

있는 사람이외의 사람을 말한다. 따라서 유부녀·유부남은 물론이고 첩 등이라도 특정개인을 상대로 하여 성생활을 하고 있는 사람은 본죄의 객체로 될 수 있다. 그리고 피매개자가 음행에 동의했는가도 본죄의 성립에는 영향이 없다(대판4288형상37).

본죄의 행위는 사람을 매개하여 간음을 하게 하는 것이다. '매개'란 간음을 권유하는 일체의 행위를 말한다. 간음하게 할 것을 요하므로 단지 추행케 하는 것으로는 족하지 않다. 본죄는 이른바 목적범으로서 행위자에게 영리의 목적(주관적 구성요건요소)이 있어야 한다.

2) 음화 등의 반포·판매·임대·공연전시죄

본죄(형법 제243조)는 음란한 문서·도화·필름 기타 물건을 반포·판매 또는 임대하거나 공연히 전시 또는 상영한 자는 1년 이하의 징역 또는 5백만원 이하의 벌금에 처한다.

본죄의 보호법익은 선량한 성풍속의 보호이다. 본죄는 표현의 자유와 관련하여 그 음란성의 개념과 처벌의 범위가 크게 문제되고 있다. 보호정도는 추상적 위험범이다.

행위객체는 음란한 문서·도화·필름 기타 물건이다. '음란한 문서·도화·필름 기타의 물건'이란 "성욕을 자극하거나 흥분 또는 만족하게 하는 물품으로서 일반인의 정상적인 성적 수치심을 해치고 선량한 성적 도의관념에 반하는 것을 가리킨다"(대판91도1550). 음란성은 규범적 개념이므로 그 시대의 문화관에 따라 판단하지 않을 수 없다.

(범죄)행위는 반포·판매·임대 또는 공연전시·상영이다. '반포'란 불특정 또는 다수인에 대하여 무상으로 교부하는 것을 말한다. 유상이면 판매로 된다. 직접 여러명의 특정인에 교부하는 경우라도 그것이 순차적으로 불특정 또는 다수인에게 교부될 것을 예견하고 교부하면 반포가 된다. 또한 여기서의 교부는 현실적으로 상대방에게 교부되었음을 요하므로, 예컨대 우송하였으나 상대방에게 도달되지 아니하면 반포죄를 구성하지 않는다. '공연전시·상영'이란 불특정 또는 다수인이 관람할 수 있는 상태에 두는 것을 말한다(대판73도409).

3) 음화 등 제조·소지·수입·수출죄

형법 제243조의 행위를 공할 목적으로 음란한 물건을 제조·소지·수입 또는 수출한 자는 1년 이하의 징역 또는 5백만원 이하의 벌금에 처한다(형법 제244조).

본죄는 반포·판매·임대 또는 공연전시·상영할 목적으로 음란한 물건을 제조·

소지·수입 또는 수출함으로써 성립하는 범죄이다. 행위의 객체는 음란한 물건이다. 판례는 성기확대기는 음란물건이 아니라고 한 바 있다(대판78도2327).

4) 공연음란죄

본죄(형법 제245조)는 공연히 음란한 행위를 한 자는 1년 이하의 징역, 5백만원 이하의 벌금, 구류 또는 과료에 처한다.

'공연히'란 불특정 또는 다수인이 알 수 있는 상태를 말한다. '음란한 행위'란 성욕을 흥분 또는 자극케 하여 보통인의 성적 수치심과 성도덕을 침해하는 행위를 말한다.[10] 음란행위는 성행위일 것을 요한다는 견해도 있으나 반드시 여기에 국한시켜야 할 이유는 없다고 본다. 과다노출 정도인 경우에는 경범죄 처벌법 제3조 제33호에 해당할 것이다. 나이트클럽 무용수인 피고인이 무대에서 공연하면서 겉옷을 모두 벗고 성행위와 유사한 동작을 연출하거나 속옷에 부착되어 있던 모조 성기를 수차례 노출한 경우에는 … 풍속영업의 규제에 관한 법률 제3조 제1호의2에서 정한 음란행위에 해당한다(대판2010도10171). 유흥주점 여종업원들이 웃옷을 벗고 브래지어만 착용하거나 치마를 허벅지가 다 드러나도록 걷어 올리고 가슴이 보일 정도로 어깨끈을 밑으로 내린 채 손님을 접대한 경우에는 … 구 풍속영업의 규제에 관한 법률 제3조 제1호에 정한 음란행위에 해당한다고 판단한 원심판결을 파기한 사례가 있다(대판2006도3119).

제 2 항 도박과 복표에 관한 죄

도박과 복표에 관한 죄는 도박하거나 도박을 개장하거나 복표를 발매·중개 또는 취득함으로써 성립하는 범죄이다. 이러한 범죄는 사람의 사행심을 조장하여 건전한 근로생활을 퇴폐하게 할 뿐만 아니라, 폭행·협박·상해·절도·강도 등의 다른 범죄를 유발하는 원인이 되기 때문에 이를 처벌하거나 통제하는 것이다. 이들 범죄의 보호법익은 건전한 근로관념과 공공의 미풍양속 내지 경제에 관한 건전한 도덕법칙이라고 할 수 있다. 보호정도는 추상적 위험범이다.

1. 도 박 죄

본죄(형법 제246조 제1항)의 주체에는 제한이 없다. 도박은 2인 이상의 사이에서

---

10) 고속도로에서 옷을 벗어 성기를 노출한 경우(대판2000도4372), 전라(全裸)의 누드모델이 몸을 완전히 드러낸 채 음부 및 유방이 노출된 상태에서 무대를 돌며 관람객에게 요구르트를 던진 행위(대판2005도1264)는 음란행위에 해당한다.

행하여지므로 본죄는 필요적 공범에 해당한다. 본죄의 행위는 도박하는 것이다. 여기서의 대상은 재물과 재산상의 이익을 말한다. '도박'이란 당사자 상호간에 재물이나 재산상 이익을 걸고 우연한 승부에 의하여 대상의 득실을 결정하는 것을 말한다. 승패의 우연성은 단지 당사자에게 주관적으로 불확실하면 족하고, 객관적으로 불확실할 필요는 없다. 재물과 재산상 이익을 거는 합의가 있는 이상 현실로 재물의 제출을 필요로 하지 않는다. 또 승패의 결정이 다소라도 우연성이 인정되고 있는 한 당사자의 기능이 승패의 결정에 상당한 영향을 주는 경우에도 도박이라고 할 수 있다(대판 2013도13231).

승패의 우연성은 당사자의 쌍방에 존재함을 요하는가의 문제가 있다. 이는 어느 한편에게 이미 승부가 결정되어 있는 경우, 즉 사기도박을 도박죄로 볼 것인가의 문제이다. 통설은 당사자의 일방이 사기수단으로써 승패를 지배하는 경우 이른바 사기도박에 있어서는 도박죄의 성립을 부정하고, 단지 사기행위자에 대한 사기죄의 성립만을 인정한다. 판례도 사기도박의 경우에는 우연성이 결여되어 있기 때문에 어느 쪽에도 도박죄는 성립하지 않고 오직 사기행위자의 사기죄만이 성립된다고 판시하고 있다(대판4293형상743). 본죄는 추상적 위험범이다. 따라서 본죄는 도박행위에 착수하면 기수에 이르며(예컨대 화투장을 돌릴 때 기수가 된다), 재물이 오가거나 승패가 결정될 필요는 없다.

'일시 오락의 정도에 불과한 때'에는 본죄는 성립하지 않는다. 즉 일시 오락의 정도는 도박죄의 위법성조각사유가 된다(대판2003도6351). 일시오락의 정도에 불과한 것인가 여부는 '도박의 시간과 장소, 도박자의 사회적 지위 및 재산정도, 재물의 근소성, 도박에 이르게 된 경위 등 모든 사정을 참작하여 구체적으로 판단'하여야 한다(대판85도2096). 따라서 간단한 술과 안주 값을 마련하기 위한 경우,[11] 1,000원 내지 7,000원을 판돈으로 내놓고 한 점에 100원짜리 고스톱을 한 것은 일시 오락의 정도에 불과하다(대판89도1992).

2. 상습도박죄

본죄(형법 제246조 제2항)의 상습성이란 반복하여 도박행위를 하는 습벽으로서 행위자의 속성을 말하는 것이므로, 이러한 습벽의 유무를 판단할 때에는 도박의 전과

---

11) "생선회 3인분과 소주 2병 등 음식값을 마련하기 위하여 한 피고인들의 행위는 그들의 연령, 재산정도, 친교관계, 이 건에 이르게 된 경위와 그 방법, 그 횟수와 장소 및 건 돈의 액수 등을 합쳐 검토하여 볼 때 단순한 오락 정도에 불과하다"(대판83도68).

나 전력 유무 또는 도박 횟수 등이 중요한 판단자료가 된다(대판90도2250). 전과가 없는 경우에도 상습성을 인정할 수 있다(대판95도955). 상습도박죄는 집합범이므로 수회에 걸쳐 도박행위를 한 때에도 포괄일죄가 된다고 한다(통설).

3. 도박개장죄

본죄(형법 제247조)는 영리를 목적으로 도박하는 장소나 공간을 개설한 사람은 5년 이하의 징역 또는 3천만원 이하의 벌금에 처한다. 본죄에 대하여 1천만원 이하의 벌금을 병과할 수 있다(형법 제249조).

'도박하는 장소나 공간을 개장한다'란 스스로 주재자가 되어 그 지배 하에 도박을 할 수 있는 장소나 공간을 개설하는 것을 말한다(제247조). 도박의 주재자가 되지 않고 단순히 도박장소를 제공하는 것만으로는 설령 영리의 목적이 있더라도 도박의 방조에 불과하다(도박죄의 종범).

본죄는 영리의 목적이 있음을 요하는 이른바 목적범이다. 따라서 영리의 목적이 없이 도박장 등을 개장하면 도박죄의 종범으로 되는 데 불과하다. '영리의 목적'이라 함은, 예컨대 입장료·수수료 등의 명목으로 도박개장의 대가로서 재산상 이득을 보려는 의사를 말한다. 그러나 현실적으로 이득을 얻었는가의 여부는 불문한다. 성인 PC방 운영자가 손님들로 하여금 컴퓨터에 접속하여 인터넷 도박게임을 하고 게임머니의 충전과 환전을 하도록 하면서 게임머니의 일정 금액을 수수료 명목으로 받은 행위는 도박개장죄가 된다(대판2008도3970; 유사판례 대판2008도1667).

4. 복표발매·중개·취득죄

본죄(형법 제248조)의 행위객체는 법령에 의하지 않는 복표이다. '복표'란 특정한 표찰을 발매하여 다수인으로부터 금품을 모아 추첨 등의 방법에 의해 당첨자에게 재산상의 이익을 제공하고 다른 참가자에게 손실을 가져오게 하는 것을 말한다.

도박과 복표는 다음과 같은 점에서 구별된다. 도박은 도박에 관여한 전원이 재물손실의 위험을 부담하는 데 대하여, 복표에서는 발매자는 그 위험을 부담하지 않고 구매자만이 그 위험을 부담한다. 도박에서는 추첨의 방법에 의하지 않고 우연한 승부에 의하여 재물득실을 결정하는데, 복표에서는 추첨 및 이에 준하는 방법에 의해 그 손익을 결정한다. 도박의 경우에는 그 제공된 재물은 승부가 결정될 때까지는 당사자의 소유에 속하는데, 복표의 경우에는 재물의 제공에 의해 소유권이 곧 발매자에게 이전된다.

제 3 항   신앙에 관한 죄

1. 의 의

신앙에 관한 죄는 종교생활의 평온과 종교감정을 침해하는 것을 내용으로 하는 범죄이다. 본죄의 보호법익은 종교생활의 평온과 종교감정이라 할 수 있다. 다만, 변사체검시방해죄는 공무방해죄로서의 성격을 갖는다.

2. 장례식·제사·예배·설교방해죄

본죄(형법 제158조)의 객체는 장례식·제사·예배 또는 설교이다. 이는 형법상 보호할 가치가 있는 것이어야 한다. 방해한다는 것은 장례식 등의 평온한 수행에 지장을 주는 일체의 행위를 말한다(대판71도1465). 장례식방해죄는 장례식의 평온과 공중의 추모감정을 보호법익으로 하는 추상적 위험범으로 적어도 객관적으로 보아 장례식의 평온한 수행에 지장을 줄 만한 행위를 함으로써 장례식의 절차와 평온에 저해할 위험이 초래될 수 있을 정도는 되어야 비로소 방해행위가 있다고 보아 장례식방해죄가 성립한다(대판2010도13450).

3. 시체 등의 오욕죄

본죄(형법 제159조)는 시체, 유골 또는 유발(遺髮)을 오욕한 자는 2년 이하의 징역 또는 500만원 이하의 벌금에 처한다.

본죄의 행위인 '오욕'이란 폭행 기타 유형력의 행사에 의하여 모욕적인 의사를 표현하는 것을 말한다.

4. 분묘발굴죄

분묘를 발굴한 자는 5년 이하의 징역에 처한다(형법 제160조). 미수범은 처벌한다(동 제162조). 본죄의 객체인 분묘는 사람의 사체·유골·유발 등을 매장하여 제사나 예배 또는 기념의 대상으로 하는 장소를 말한다. 사체나 유골이 토괴화 되었을 때에도 상관없으며, 그 사자가 누구인지 분명치 않다고 하더라도 현재 제사·숭경하고 종교적 예의의 대상으로 되어 있고 이를 수호봉사하는 자가 있으면 분묘에 해당한다(대판89도2061).

5. 시체 등의 유기 등 죄

본죄(형법 제161조)는 시체, 유골, 유발 또는 관 속에 넣어 둔 물건을 손괴(損壞), 유기, 은닉 또는 영득(領得)한 자는 7년 이하의 징역에 처한다(동 제161조 제1항). 분묘를 발굴하여 전항의 죄를 범한 자는 10년 이하의 징역에 처한다(동 제161조 제2항). 미수범은 처벌한다(동 제162조).

본죄의 '손괴'란 사자에 대한 숭경의 감정을 해하는 위법한 물질적 손괴를 말한다. 전체유골에서 일부를 분리하는 것도 손괴에 해당한다. '유기'란 시체를 종교적·사회적으로 매장이라고 인정되는 방법에 의하지 않고 방기하는 것을 말한다. 사람을 살해한 후 그 범죄흔적을 은폐하기 위하여 그 시체를 다른 장소로 옮겨 유기하였을 때에는 살인죄와 시체유기죄의 경합범이 성립한다. 그 시체유기를 불가벌적 사후행위라 할 수 없다(대판84도2263). '은닉'이란 발견을 불가능 또는 심히 곤란하게 하는 것을 말한다. 인적이 드문 곳으로 유인하여 사람을 살해한 후 시체를 그대로 방치한 것만으로는 은닉이라 할 수 없다(대판86도891).

6. 변사체검시방해죄

본죄(형법 제163조)는 변사자의 시체 또는 변사(變死)로 의심되는 시체를 은닉하거나 변경하거나 그 밖의 방법으로 검시(檢視)를 방해한 자는 700만원 이하의 벌금에 처한다. 변사자는 부자연한 사망으로서 그 사인이 분명하지 않은 자를 의미한다.[12] 변사자라 함은 부자연한 사망으로서 그 사인이 분명하지 않는 자를 의미하고 그 사인이 명백한 경우는 변사자라 할 수 없으므로, 범죄로 인하여 사망한 것이 명백한 자의 시체는 같은 법조소정의 변사체검시방해죄의 객체가 될 수 없다(대판2003도1331).

---

12) "형법 제163조의 변사자는 부자연한 사망으로서 그 사인이 분명하지 않은 자를 의미하고, 그 사인이 명백한 것은 변사자라 할 수 없다"(대판69도2272).

제 4 장   개인적 법익(인격)에 대한 죄

제 1 절 생명·신체에 관한 죄

제 1 항   살인의 죄

1. 의   의

살인의 죄는 고의로 타인을 살해하는 행위를 내용으로 하는 범죄로 사람의 생명을 보호법익으로 하는 침해범이다. 형법각칙 제24장 '살인의 죄'는 기본적 구성요건으로 살인죄(형법 제250조 제1항)와 가중적 구성요건으로 존속살해죄(동 제250조 제2항; 신분에 의하여 책임가중), 감경적 구성요건으로 영아살해죄(동 제251조; 동기로 책임감경), 촉탁·승낙에 의한 살인죄(동 제252조 제1항; 피해자의 의사에 의한 불법감경), 자살관여(교사·방조)죄(동 제254조; 피해자의사에 의한 불법감경), 미수범 처벌(동 제254조), 예비·음모를 처벌하는 규정(동 제255조)과 자격정지를 병과하는 규정(동 제256조)이 있으며, 특별형법으로 특정범죄가중처벌법(제5조의9)과 특정강력범죄의 처벌에 관한 특례법(이하 '특강법')(제3조, 제5조, 제10조, 제13조) 규정들이 있다.

존속살해죄는 형이 가중되는 유형이고, 영아살해죄와 촉탁·승낙에 의한 살인죄, 자살관여죄는 형이 감경되는 유형이며, 위계·위력에 의한 살인죄는 살인죄·존속살해죄와 법정형이 같다. 내란목적살인죄에 대해서는 별도의 구성요건이 마련되어 있다(형법 제88조). 또한 특별형법인 군형법에서는 상관살해와 그 예비·음모(동법 제53조), 초병살해와 그 예비·음모(동 제59조)에 관한 규정이 있고, 그 법정형은 형법보다 매우 무겁다.

2. 살 인 죄
1) 구성요건

살인죄의 주체에는 제한이 없다. 피해자 이외의 모든 자연인(自然人)이다. 법인(권리능력 없는 법인 포함)은 원칙으로 범죄능력이 없으므로 본죄의 주체가 될 수 없다. 살인죄의 객체는 사람, 즉 생명 있는 자연인이다. 범행당시 살아 있는 사람이기만 하면 살인죄의 객체가 된다. 그러므로 빈사상태에 있는 환자, 기형아, 불구자, 생육의 가망이 없는 영아, 실종선고를 받은 자, 사형의 확정판결을 받은 자, 자살을 결심하고 실행중인 자도 본죄의 객체가 된다. 또한 살인죄의 객체인 '사람'은 행위자 이외의 타인을 의미한다. 사람이란 태어나서 죽을 때까지만 사람이다. 하지만 구체적으로 어느 시점을 출생으로 할 것인가에 대하여 진통설은 태아가 모체로부터 분리되기 시작하여 주기적인 진통이 시작된 때, 즉 분만이 개시된 때(형법상 통설·판례), 일부노출설은 태아의 일부분이 모체로부터 완전히 분리된 때, 전부노출설은 태아가 모체로부터 완전히 분리된 때(민법상의 통설), 독립호흡설은 태아가 자신의 폐로 독립하여 호흡할 때를 각각 사람의 시기로 본다.

사람의 시기(始期)를 파악하는 시점이 가장 빠른 것은 진통설이다. 민법상으로는 전부노출설이 통설이다. 민법상 사람의 시기는 권리능력의 시기를 결정짓는 의미를 갖는다. 따라서 민법상으로는 그 시기를 쉽고 정확하게 확인할 수 있는 전부노출설이 타당하다고 할 수 있다. 그러나 형법상 사람의 시기를 결정짓는 문제는 '사람의 생명'이라는 법익을 언제부터 보호할 것인가의 문제이며, 생명에 대한 보호는 빠를수록 좋다. 그러한 의미에서 진통설이 타당하다. 또한 형법의 해석상으로도 같은 결론에 도달하게 된다. 살인의 죄의 한 유형인 영아살해죄(형법 제251조)는 '분만중'의 영아를 객체로 하여 특별히 따로 규정하고 있다. 그리고 제왕절개수술에 의한 분만의 경우에는 의사의 수술시(자궁절개시)에 사람이 된다(통설).

사람의 종기(終期)는 사망이다. 사체는 살인죄의 객체가 될 수 없다. 사망을 판정하는 기준에 관해서는 호흡이 영구적으로 그쳤을 때를 기준으로 하는 호흡종지설, 심장의 박동이 영구적으로 정지한 때를 기준으로 하는 맥박종지설이 대립하고 있었고, 맥박종지설이 통설이었다. 그러나 근래에 들어 뇌사설을 취하는 학자가 늘고 있다. 뇌사설은 뇌사를 사망으로 보는 견해이며, 뇌사란 '뇌간을 포함한 뇌전체의 기능이 불가역적으로 정지'된 상태라고 일반적으로 정의한다. 우리나라의 경우 뇌사에 빠진 사람의 장기를 다른 환자에게 이식수술을 하는 행위에 대하여 살인죄로 공소제기한 예가 없다는 점에서 적어도 검찰은 사실상 뇌사를 사망으로 보고 있는 것 같다.[1]

---

[1] 장기 등 이식에 관한 법률 제4조 제5호는 "'살아있는 사람'이란 사람 중에서 뇌사자를 제외한 사람을 말하며"라고 규정하고 있는데, 같은 법이 뇌사설을 입법화한 것인가에 대해서는 긍정설이 있으나 같은 법은 뇌사자의 장기이식을 법적으로 허용해주는 위법성조각사유(정당행위)를 규정하였다는 부정설이 더 타당하다(신호진, 2018년판master형법각론, 문형사, 2018, 7면).

행위인 '살해'란 사람의 생명을 고의로 단절시키는 것이다. 사망의 결과를 초래하는 행위인 한 그 수단·방법에는 아무런 제한이 없다. 행위자가 살인의 고의를 가지고 타인의 생명을 위태롭게 하는 행위를 직접개시한 때에 실행의 착수가 인정되며 (대판85도2773), 살해행위로 사망의 결과발생에 의해 기수가 된다.

살인죄가 성립하기 위해서는 살해의 고의가 있어야 한다. 그 고의의 내용으로서는 객체에 관하여는 사람이라는 인식이 있는 것으로 충분하며, 행위에 관하여는 그 행위로 인하여 사망의 결과가 발생할 수 있다는 인식 또는 그 결과발생의 인용이 있으면 족하다. 그리고 미필적 고의만으로도 족하다(대판2000도5590).

2) 위 법 성

살인행위의 위법성과 관련하여 특히 논의되는 것이 안락사(安樂死)이다. 안락사도 여러 의미를 지니지만, 그 중에서도 일반적으로는 생명을 단축시키는 안락사가 문제된다. 생명을 단축시키지 않고 오로지 고통을 제거하거나 감경시킬 뿐인 안락사는 적법한 치료행위로서 기타 사회상규에 위배되지 않는 행위로 위법성이 조각된다.

생명을 단축시키는 안락사를 인정할 것인가에 관하여는 학설이 대립하고 있으나, 다음과 같은 전제조건 하에서는 생명을 단축시키는 안락사도 정당행위로서 위법성이 조각된다고 보는 것이 다수설이다. 그 요건으로는 현대의학의 견지에서 보아 불치의 병으로 사기가 임박하였을 것, 육체적 고통이 극심할 것, 본인 및 보호자의 명시적이고도 진지한 촉탁·승낙이 있을 것, 그 목적이 환자의 고통을 제거 또는 완화하는 데 있을 것, 그 시행방법이 윤리적으로 상당할 것, 원칙적으로 의사에 의해 시행될 것이 요구된다.

그러나 고통제거의 부수적 결과로서 생명단축이 발생한 간접적 안락사는 허용이 가능하지만, 고통제거를 위하여 직접 사람을 살해하는 직접적 안락사는 허용될 수 없다고 생각한다(다수설). 이러한 사회적 부담을 덜기 위하여 연명의료결정법의 시행을 가져왔다.

연명의료결정법은 회생 가능성이 없는 환자가 자기의 결정이나 가족의 동의로 연명치료를 받지 않을 수 있도록 하는 법으로 2016년 1월 8일 국회 본회의를 통과했다. 이후 호스피스 분야는 2017년 8월 4일, 연명의료 분야는 2018년 2월 4일부터 시행에 들어갔다.

이 법은 호스피스·완화의료와 임종과정에 있는 환자의 연명의료와 연명의료중단등결정 및 그 이행에 필요한 사항을 규정함으로써 환자의 최선의 이익을 보장하고 자기결정을 존중하여 인간으로서의 존엄과 가치를 보호하는 것을 목적으로 한다(제1조).

연명의료 중단은 회생 가능성이 없고, 치료해도 회복되지 않으며, 급속도로 증상이 악화되어 사망에 임박해 임종 과정에 있는 환자를 대상으로 심폐소생술, 혈액 투석, 항암제 투여, 인공호흡기 착용 등 네 가지 연명의료를 중단하여 존엄하게 죽음을 맞이할 수 있도록 하는 내용을 골자로 한다. 다만 연명의료를 중단하더라도 통증 완화를 위한 의료 행위나 영양분 공급, 물 공급, 산소의 단순 공급은 중단할 수 없다.

3) 죄 수

생명은 전속적인 법익이므로 본죄의 죄수는 피해자의 수에 따라 결정되어야 한다. 따라서 하나의 행위로 수인을 살해한 경우에는 수개의 살인죄가 성립되는 상상적 경합의 관계가 된다. 또한 동일한 장소에서 동일한 방법에 의하여 시간적으로 접착되어 수인을 살해한 경우에는 수개의 살인죄의 경합범이 된다.

3. 존속살해죄

1) 의의 및 위헌성의 문제

존속살해죄는 살인의 죄의 한 유형으로서, 행위의 객체가 자기 또는 배우자의 직계존속이라는 특수한 신분관계로 인하여 형이 가중되는 구성요건이다. 부진정신분범에 속한다.

본죄는 살인죄에 비하여 그 형량이 무겁다. 직계비속이라는 이유로 형을 가중하는 것이 헌법 제11조(평등권)에 천명되어 있는 평등원칙에 위반되지 않는가 하는 문제에 대하여 논란이 있다.

합헌설은 존속살해죄의 규정이 평등원칙에 위반하지 않는다는 견해로서 다음과 같은 논거를 제시한다. 헌법상의 평등원칙이란 어떠한 경우에도 차별대우해서는 안된다는 절대적 평등을 의미하는 것이 아니다. 즉, 합리적인 근거 있는 차등까지 금하는 것은 아니므로 가중처벌에 합리적 근거가 있으면 위헌이 아니다. 존속에 대한 범죄를 중하게 벌하는 것은 부모에 대한 도덕적 의무를 특히 중요시한 것이며, 이 도덕은 인륜의 대본으로 고금동서를 불문하고 승인되고 있는 인류보편의 원리이다.

위헌설은 도덕적 의무라는 명목 하에 존속친에 대해 가중규정을 두는 것은 봉건적·가족주의적 도덕의 산물이며, 근대의 자연법사상은 친자관계도 평등한 개인 대 개인의 관계로 고찰할 것을 요구한다는 점, 인간은 자기의 자유를 초월하는 어떤 이유로 제약을 받는 것은 인정될 수 없는데, 인간은 출생케 할 자유는 가지지만 출생할 자유는 가지지 않으므로 자유로이 취득하지 않은 직계비속이라는 신분을 근거로 차별대우하는 것은 위헌이라는 점이다.

폐지설에 의하면 존속살해죄의 규정이 반드시 헌법에 위배되는 것은 아니라고 하더라도 각국의 입법례에 이와 같은 처벌례가 거의 없고, 비속의 패륜성을 비난하는 경우에는 살인죄의 규정으로도 충분히 그 취지를 살릴 수 있다.

2) 주체와 객체

행위주체는 객체(피해자)에 대하여 직계비속의 신분을 갖는 자 또는 그(직계비속)의 배우자이다. 본죄의 객체는 자기의 직계존속 또는 배우자의 직계존속이다. 자기란 범인 자신을 말하고, 직계존속의 개념은 법률상의 것으로서 행위당시의 민법에 따라 정하여진다. 민법에 따르면 직계존속이란 본인을 출산하도록 한 친족을 의미한다. 즉, 부모·조부모·증조부모뿐만 아니라 외조부모·외증조부모 등이 직계존속에 해당한다.

직계존속은 법률상의 개념이므로 사실상 혈족관계가 있는 부모관계일지라도 법적으로 인지認知절차를 완료하지 않는 한 직계존속이라 볼 수 없고, 아무 특별한 관계가 없는 타인 사이라도 일반 합법절차에 의해 입양관계가 성립하면 직계존속이 된다(대판2007도8333). 따라서 혼인 외 출생자가 그 생모를 살해한 경우에는 존속살해에 해당하고,[2] 혼인 외 출생자가 그 생부를 살해한 경우에는 존속살해죄가 성립하지 않는다.

양자가 양친을 살해한 경우에는 존속살해죄가 성립한다. 또한 직계존속의 개념이 법률상의 개념이라고 해서 호적의 기재가 그 기준이 되는 것은 아니다. 즉 호적상 친권자로 등재되어 있다 하더라도 사실이 다르다면 법률상 친자관계가 생길 수 없다(대판83도996). 따라서 버려진 아이를 주어다 기르고 그 부부 사이에서 태어난 친생자인 것처럼 출생신고를 하였으나 입양요건을 갖추지 않았다면 직계존속이라 할 수 없다(대판81도2466). 입양에 의하여 타인의 양자가 된 자가 자기의 실부모를 살해한 경우 존속살해죄가 성립되는가에 대해서, 판례는 다른 집에 입양되었다 하더라도 실부모와의 친자관계는 그대로 존속하므로 존속살해죄가 성립한다고 보고 있다(대판66도1483).

존속살해죄는 배우자의 직계존속에 대하여도 성립하는데, 여기서 '배우자'란 민

---

2) "혼인외 출생자와 생모간에는 그 생모의 인지나 출생신고를 기다리지 않고 자의 출생으로 당연히 법률상의 친족관계가 생긴다"(대판80도1731).

법상 적법한 혼인절차(법률혼)를 거친 자만을 의미하며 사실혼관계는 포함하지 않는다. 먼저 배우자가 사망한 경우 그 배우자의 부모를 살해하는 것이 존속살해에 해당하는가이다. 이 경우에는 배우자가 사망한 이상 실질적인 혼인관계는 소멸되었다고 볼 수 있고, 문언상으로도 '배우자'와 '배우자였던 자'는 구별되므로 살인죄에 해당한다고 본다. 이혼이 합의에 달하고 실질적으로 완전히 이혼하고 있는 상태에 있어서 법적 절차만 남아 있는 경우에도 법률상 신분관계가 존재하므로 본죄의 배우자에 해당한다고 본다. 이와 같은 신분관계는 살해행위의 착수시에 존재하고 있으면 충분하다. 그러므로 동일기회에 배우자를 살해하고 계속해서 그의 직계존속을 살해하면 존속살해죄가 성립한다.[3]

3) 고 의

본죄가 성립하기 위해서는 자기 또는 배우자의 직계존속을 살해한다는 점에 대한 인식·인용(의사)이 있어야 한다. 따라서 그러한 인식·인용(의사)이 없을 경우에는 살인죄(제250조 제1항)로 처벌될 뿐이다(제15조 제1항 참조).

4) 공범문제

피해자인 직계존속에 대하여 직계비속의 신분관계가 있는 자의 행위에 신분없는 자가 가담한 경우 비신분자에 대해서는 형법 제33조(공범과 신분) 단서에 의해 해결한다. 예컨대 A가 그의 친구 B에게 A의 부친인 X를 살해할 것을 교사하였다면 B는 살인죄의 정범, A는 존속살해죄의 교사범으로 처벌한다.

4. 영아살해죄

본죄(형법 제251조)는 직계존속이 치욕을 은폐하기 위하거나 양육할 수 없음을 예상하거나, 특히 참작할 만한 동기로 인하여 분만 중 또는 분만직후의 영아를 살해함으로써 성립하는 범죄이며, 형법은 이를 살인죄의 감경유형으로 규정하고 있다. 취지는 영아의 생명을 경시하는 것이 아니라 직계존속인 산모의 범행동기에 특히 참작할 만한 사유가 있기 때문에 형을 감경하는 것이다.

행위주체는 '직계존속'이다. 여기서의 직계존속은 법률상의 직계존속만을 의미하는 것이 아니라 사실상의 직계존속을 포함한다고 보는 것이 타당하다. 다만 직계존속의 구체적 범위에 관하여 직계존속의 산모에만 국한되어야 한다는 문제가 제기되고 있다. 즉, 본조의 규정은 출산으로 인하여 생길 수 있는 산모의 정신이상에 의한

---

3) 김일수/서보학 22면; 이재상/장영민/강동범 27면.

영아살해를 살인죄와 구별해서 이를 가볍게 벌하는 것이므로 '직계존속'이라 규정한 것은 입법상 용어선택의 잘못이고 사실은 모친(생모)에 국한하여야 한다는 것이다. 독일형법이나 스위스형법은 본죄의 주체를 어머니에 국한하고 있다. 특별히 영아살해죄를 규정하여 형을 감경하고 있는 이유는 '산모'가 출산으로 인하여 비정상적인 정신상태에서 범행하였다는 점을 특별히 관대하게 취급하려는 것이라 볼 수 있고, '분만직후'의 의미를 '분만으로 인한 흥분상태가 계속되는 동안'으로 해석하는 것도 같은 취지라 할 수 있다. 그러므로 본죄의 주체는 산모에 국한시키는 것이 타당하다.[4] 그러나 판례는 생부가 영아를 살해한 경우에는 살인죄의 죄책을 진다고 한다(대판69도2285).

본죄의 객체는 '분만 중 또는 분만직후의 영아'이다. '분만 중'이란 태아의 출산을 위한 주기적인 압박진통이 시작된 이후부터 분만이 완료된 때까지를 의미하며(진통설 입각), '분만직후'란 분만으로 인하여 생긴 흥분상태가 계속하는 동안을 의미한다.

주관적 구성요건요소로는 고의와 초과 주관적 동기를 필요로 하며 대표적인 동기의 예시로 '치욕을 은폐하기 위한 경우'와 '양육할 수 없음을 예상한 경우', 기타 '특히 참작할 만한 동기로 인한 경우'를 들고 있다.

5. 촉탁·승낙에 의한 살인죄

본죄(형법 제252조)는 사람의 촉탁 또는 승낙을 받아 그를 살해하는 것으로 살인죄에 비하여 위법성이 감경된 경우에 해당하며, 형법 제24조(피해자의 승낙)의 '법률에 특별한 규정'이 있는 경우에 해당한다. 개인의 법익이라 하더라도 인간의 생명은 국가 또는 사회와 무관하다고 할 수 없고, 생명의 존엄성과 중요성에 비추어 타인의 촉탁·승낙을 받아 그를 살해하는 행위를 벌하는 것이다.

(범죄)행위로는 촉탁 또는 승낙을 받아 살해하는 것이다. 피해자의 촉탁을 받는다는 것은 죽음을 결의한 피해자로부터 그 실행을 의뢰받는 것이다. 가해자는 피해자의 촉탁을 받아 비로소 살해의 결의를 했어야 한다. 따라서 촉탁 이전에 이미 살해의 결의를 하고 있을 때에는 촉탁은 성립되지 않는다. 승낙을 받는다는 것은 이미 살인의 고의를 가진 자가 피해자의 동의를 얻는 것을 말한다. 반드시 명시적일 필요는

---

4) 이재상/장영민/강동범 29면; 그러나 직계존속 모두가 본죄의 주체가 된다는 견해가 다수설이다(신호진 819면).

없으나 자유로운 상태에서 행해졌어야 한다. 기망에 의하여 승낙한 경우에는 본조에 해당하지 않는다(형법 제253조).

촉탁·승낙은 피해자 자신에 의한 것이라야 하며 피해자의 진지한 마음에 의한 것이어야 한다. 단순한 일시적 기분이나 농담으로 인한 것은 촉탁·승낙에 해당하지 않는다. 또한 피해자는 촉탁·승낙을 할 당시에 죽음의 의미를 이해할 수 있는 정신 능력을 가지고 있어야 한다. 이러한 능력이 없는 연소자나 정신병자의 촉탁·승낙은 아무런 효력이 없고, 명정상태·중독상태나 우울상태 또는 일시적 흥분상태에서 한 촉탁·승낙도 본죄에서 말하는 촉탁·승낙이라 할 수 없다.

고의에는 행위자가 촉탁 또는 승낙을 받은 사실에 대한 인식이 포함되어야 한다. 만일 촉탁 또는 승낙을 받은 것으로 착각하고 살해하였으나 사실은 촉탁이나 승낙이 없었을 경우에는 형법 제15조 제1항에 의해 본죄의 책임을 진다. 그러나 반대로 살인의 고의로 살해하였으나 사실은 피해자가 사전에 촉탁 또는 승낙을 하고 있었던 경우에는 학설의 대립이 있다. 즉 살인죄의 책임을 진다는 견해, 본죄에 해당한다는 견해, 살인미수가 된다는 견해로 나뉜다. 본죄가 성립하기 위해서는 촉탁·승낙을 받은 사실에 대한 인식이 필요하다는 점을 염두에 둔다면 이러한 인식이 없는 경우에는 살인죄가 성립한다고 본다.[5]

6. 자살교사·방조죄

본죄(형법 제252조 제2항)는 사람을 교사 또는 방조하여 자살하게 하는 것이다. 자살은 구성요건해당성이 없는 행위이다. 따라서 총칙상의 공범규정으로는 자살의 교사·방조를 처벌할 수 없다(공범종속성설). 그러나 자살이 범죄를 구성하지 않는다고 해서 타인의 자살에 관여하는 행위까지도 처벌하지 말아야 한다는 것은 아니기 때문에, 형법은 자살의 교사·방조를 처벌하기 위한 특별규정을 마련하였다. 그러므로 본죄는 정범에 종속된 공범이 아니고 법률이 규정한 독립된 범죄유형이다. 자살은 죽음의 의미를 이해할 능력이 있는 자가 자신의 자유로운 의사결정에 의하여 스스로 생명을 끊는 것을 말한다. 예컨대 자유로운 의사 결정의 능력이 없는 자를 교사하여 자살하게 하는 행위는 살인죄를 구성한다.

(범죄)행위는 자살을 교사 또는 방조하는 것이다. 자살의 교사는 자살의 의사가 없는 자에게 그러한 의사를 갖게 하는 것을 말하며, 그 수단이나 방법에는 제한이 없

---

5) 이재상/장영민/강동범 30면.

다. 자살의 방조는 자살하려는 사람의 자살행위를 도와 용이하게 실행하도록 하는 것이다. 그 방법에는 자살도구인 총·칼 등을 빌려주거나 물질적·정신적 방법이 모두 포함된다. 분신자살의 의도를 가진 사람의 그 실행을 용이하게 도와주겠다는 의도로 유서를 작성하여 주는 것도 자살방조에 해당한다고 한다(대판92도1148; 이 사건은 재심절차에서 증거불충분으로 무죄판결이 확정되었다; 대판2014도2946). 촉탁살인은 피해자가 자살의 의도를 가지고 있으나 '스스로 실행할 의사가 없는 경우'에 그의 촉탁을 받아 그 의도를 실현시켜 주는 것인데, 자살방조는 자살의 의도를 가진 자의 그 실행을 용이하게 해주는 점에서 양자는 구별된다(대판2005도1373). 방조의 상대방의 구체적인 자살실행을 원조하여 이를 용이하게 하는 행위의 존재와 그 점에 대한 행위자의 인식이 요구된다(대판2010도2328).

합의에 의한 공동자살 내지 정사를 기도한 자 중 한 사람이 살아났을 경우 그 생존자를 형법상 어떻게 취급하여야 하는가의 문제에서는, 정사하는 자 중의 1인이 진정으로 죽을 마음이 없이 타인을 유혹하여 사망케 하는 경우에는 위계에 의한 살인죄(형법 제253조)에 해당하며, 또한 진정한 의사로 같이 죽자고 약속을 한 후 자살행위를 하다가 그 중 한 사람이 살아난 경우에는 구체적인 사실관계에 따라 자살교사 또는 자살방조의 책임을 진다. 그러나 순전히 두 사람이 동시에 자살한 사실만 있을 뿐 타인의 자살을 방조한 사실이 없는 때에는 당연히 불가벌이다.

본죄는 미수범을 처벌한다(형법 제254조). 자살을 교사·방조하고 피교사자·피방조자가 자살행위를 하였으나 그 자살이 실패한 경우에 교사자·방조자가 본죄의 미수범이 된다는 점에는 의문이 없다. 그러나 교사·방조 행위가 있었으나 애당초 자살행위가 없었던 경우 본죄의 미수범이 성립하는가에 대해서는 견해가 대립되고 있다. 본죄는 총칙상의 공범규정(예컨대 형법 제31조 제2항, 제3항)과 관계없이 독립적으로 규정된 범죄이고, 따라서 본죄의 실행행위, 즉 구성요건에 해당하는 행위는 피교사자·피방조자의 자살행위가 아니라 바로 교사·방조행위라는 점에서 자살의 교사·방조행위가 있는 이상 자살행위나 자살의 결과발생이 없더라도 미수범이 성립한다고 보아야 할 것이다.

7. 위계·위력에 의한 살인죄

본죄(형법 제253조)는 위계 또는 위력에 의하여 타인으로 하여금 살인의 촉탁·승낙을 하도록 하거나 자살을 결의하게 함으로써 성립하는 범죄이다.

'위계'란 목적 또는 수단을 상대방에게 알리지 않고 그의 부지·착오를 이용하여 그 목적을 달성하는 것이다. 예컨대 합의정사의 의사가 없음에도 불구하고 있는 것처럼 속여 상대방으로 하여금 자살하게 하는 경우이다. '위력'이란 사람의 의사를 제압할 수 있는 유형·무형의 모든 힘을 말한다. 따라서 폭행·협박은 물론이고, 자기가 가지고 있는 사회적·경제적 지위를 이용하는 것도 포함한다.

본죄는 형법 제250조의 예에 의하여 처벌된다. 그러므로 살인죄 및 존속살해죄와 동일하게 취급한다. 따라서 본죄의 객체가 일반인인 경우에는 형법 제250조 제1항에 의해서, 자기 또는 배우자의 직계존속인 경우에는 동 제250조 제2항에 의하여 처벌된다.

8. 살인예비·음모죄 등

예비란 범죄를 실현하기 위한 준비행위로서 실행의 착수에 이르지 않은 일체의 행위를 말하며, 음모란 2인 이상의 자가 일정한 범죄를 실현하기 위해 모의하는 것을 말한다. 예비·음모죄가 성립하기 위해서는 기본적 구성요건에 관한 고의와 목적이 있어야 하며, 범죄실현을 위한 물적 또는 심적 형태의 준비행위가 있어야 하고, 준비행위가 실행의 착수에 이르지 않아야 한다(대판2009도7150).

형법 제250조, 동 제253조의 경우에 유기징역에 처할 때에는 10년 이하의 자격정지를 병과할 수 있다.

제 2 항 상해와 폭행의 죄

1. 의 의

상해와 폭행의 죄는 개인적 법익 가운데서 생명 다음으로 중요한 사람의 신체를 보호하고자 하는 것이다. 상해의 죄의 기본적 구성요건은 상해죄(형법 제257조 제1항)이며, 가중적 구성요건으로서 존속상해죄(동 제259조) 및 상습상해죄(동 제257조 제2항), 중상해죄·존속중상해죄(동 제258조), 상해치사죄(동 제259조) 및 상습상해죄(동 제264조)가 있다.

폭행의 죄의 기본적 구성요건은 폭행죄(형법 제260조 제1항)이며, 가중적 구성요건으로서 존속폭행죄(동 제260조 제2항), 상습폭행죄(동 제264조), 특수폭행죄(동 제261조) 및 폭행치사상죄(동 제262조)가 있다. 특별형법인 폭력행위처벌법과 특가법, 가정폭력방지 및 피해자보호 등에 관한 법률(약칭 '가정폭력방지법')은 상해죄와 폭행죄 등에 대한 특별규정을 두고 있다.

2. 상해의 죄

상해의 죄는 타인의 신체를 침해하는 범죄이다. 사람의 신체의 건강을 보호법익으로 하는 침해범이다.

1) 상 해 죄

상해죄의 행위객체는 사람의 신체 엄밀히 말하면 타인의 신체이다. 자기의 신체에 대한 상해는 원칙적으로 죄가 되지 않기 때문이다. 다만 병역법[6]이나 군형법(제41조 제1항)[7]에는 자상自傷행위를 처벌하는 규정이 있다. 태아胎兒는 본죄의 객체에 해당하지 않는다. 태아에 대한 침해는 모체에 대한 상해 또는 낙태죄에 해당할 것이다.

(범죄)행위는 '상해'이다. 상해의 의의에 대해서는 신체의 완전성에 대한 침해라고 보는 견해(신체의 완전성 침해설)가 있다. 이에 의하면 신체의 생리적 기능에 손상을 주는 것은 물론이고, 신체의 외관을 변경시키는 것도 상해라고 보게 된다. 예컨대 모발을 절단하는 행위, 손톱·발톱을 깎는 행위까지도 상해에 해당하게 된다. 신체의 생리적 기능을 훼손하는 것이 상해라고 보는 견해(생리적 기능훼손설; 다수설)가 있다. 신체의 생리적 기능을 훼손한다는 것은 건강을 침해하는 것, 즉 육체적·정신적인 병적 상태를 야기하거나 기존의 병적 상태를 더욱 악화시키는 것을 말한다. 따라서 상해에는 반드시 외상이 존재할 필요가 없고 보통과 같은 내과적 질병을 야기 또는 악화시키는 것도 상해에 해당한다. 그리고 완전성 침해설을 수정한 절충적 견해(결합설)가 있다. 생리적 기능을 훼손하는 경우는 물론이지만, 신체의 완전성과 관련하여서는 신체의 외관에 중대한 변경을 초래하는 경우에도 상해에 해당한다고 본다. 따라서 여자의 머리를 삭발하는 경우는 외관에 중대한 변경을 초래한 것이므로 상해에 해당하겠지만, 약간의 머리카락이나 손톱·발톱을 잘라내는 행위는 상해라고 볼 수 없고 폭행에 해당한다고 본다.

판례는 신체의 완전성설을 취하는 경우도 있고(대판82도2588), 성병감염·처녀막파열(대판72도855)을 상해에 해당한다고 하고, 또한 "타인의 신체에 폭행을 가하여 보행불능, 수면장애, 식욕감퇴 등 기능의 장애를 일으킨 때에는 외관상 상처가 없더라

---

6) "병역의무를 기피하거나 감면받을 목적으로 도망가거나 행방을 감춘 경우 또는 신체를 손상하거나 속임수를 쓴 사람은 1년 이상 5년 이하의 징역에 처한다"(제86조).

7) "근무를 기피할 목적으로 신체를 상해한 사람은 다음 각 호의 구분에 따라 처벌한다. 1. 적전인 경우: 사형, 무기 또는 5년 이상의 징역 2. 그 밖의 경우: 1년 이하의 징역."

도 상해를 입힌 경우에 해당한다"(대판69도161)고 판시한 것으로 보아, 생리적 기능훼손설에 입각한 판시가 주류를 이루는 것으로 보인다(대판99도3099). 또한 양설을 포괄하는 입장(대판96도2673)도 보인다. 태아를 사망에 이른 행위는 상해가 아니라고 판시(대판2009도1025)하고 있다.

상해행위의 수단과 방법에는 아무런 제한이 없다. 유형·무형적인 어떠한 방법에 의해서도 가능하며, 부작위에 의해서도 가능하다. 또 범인이 직접 실행에 옮기거나 (직접정범), 간접적으로 자연력·기계·동물을 이용하거나 혹은 피해자 자신의 행위를 이용(간접정범)하더라도 아무 상관이 없다.

상해죄가 성립하기 위해서는 상해의 고의가 있어야 한다(대판99도4341). 폭행의 의사로 상해의 결과를 발생시킨 경우에는 결과적 가중범인 폭행치상죄(형법 제262조)가 성립하며, 미필적 고의로도 족하다.

피해자의 승낙이 있는 경우에는 원칙적으로 위법성이 조각되지만, 그 승낙이 사회상규나 공서양속에 위배되는 경우에는 위법성이 조각되지 않는다. 의사의 치료행위, 특히 수술의 경우에 관하여는 견해가 나뉜다. ① 상해의 구성요건에는 해당이 되지만 형법 제20조의 정당행위로서 위법성이 조각된다는 견해, ② 치료행위가 성공한 경우에는 상해가 아니고 실패한 경우에는 상해에 해당한다는 견해, ③ 상해행위는 건강을 훼손하는 행위이고, 치료행위는 질병 등을 제거하기 위한 행위이기 때문에 치료행위는 상해와 본질적으로 다르다는 점에서 치료행위는 구성요건해당성 자체가 조각된다고 보는 견해 등이다.

그리고 징계권자의 징계행위는 객관적으로 징계의 목적달성상 불가피하고, 주관적으로도 이에 봉사할 목적으로 행한 때에 한하여 위법성이 조각되며, 징계권을 남용한 경우에는 위법성을 조각하지 않는다.[8] 위법성조각과 관련된 판례로, "피고인과 피해자 사이에 서로 시비가 벌어져 싸움을 하는 경우에는 그 투쟁행위는 상대방에 대하여 방어행위인 동시에 공격행위를 구성하며, 상대방의 행위를 부당한 침해라고 하고 피고인의 행위만을 방어행위라고는 할 수 없다"(대판83도3020), "싸움을 하는 중에 이루어진 구타행위는 서로 상대방의 폭력행위를 유발한 것이므로 정당방위 또는 과잉방위는 성립되지 않는다."(대판86도1491). 그러나 "강제추행범의 혀를 깨물어 절단

---

[8] "피고인이 피해자를 엎드리게 한 후 몽둥이와 당구큐대로 그의 둔부를 때려 3주간의 치료를 요하는 우둔부심부혈종좌이부자상을 입혔다면, 비록 피고인이 학생주임을 맡고 있는 교사로서 제자인 피해자를 훈계하기 위한 것이었다 하더라도 이는 징계의 범위를 넘는 것으로서 형법 제20조의 정당행위에 해당하지 않는다"(대판91도513).

시킨 행위는 정당방위에 해당한다."(대판89도358)고 하였다. "골프경기를 하던 중에 골프공을 쳐서 아무도 예상하지 못한 자신의 등 뒤편으로 보내어 뒤에 있던 경기보조원에게 상해를 입힌 경우에는 주의의무를 현저히 위반하여 사회적 상당성의 범위를 벗어난 행위로서 과실치상죄가 성립한다(대판2008도6940)."

2) 존속상해죄

존속상해죄(형법 제257조)는 행위의 객체가 자기 또는 배우자의 직계존속이다. 존속살해죄와 마찬가지로 부진정신분범이며, 신분관계로 인하여 형이 가중된 경우이다. 배우자와 직계존속의 의미는 존속살해죄의 경우와 같다.

3) 중상해·존속중상해죄

본죄(형법 제258조)는 상해에 의하여 특히 중한 결과를 발생케 한 경우에 상해죄보다 형을 가중하는 것이다. 본죄가 성립하기 위해서는 상해 또는 존속상해로 인하여 생명에 대한 위험발생, 불구, 불치나 난치의 질병이라는 중한 결과가 발생하여야 한다.

'불구'란 신체의 중요부분이 절단된 경우 또는 그 고유한 기능이 상실된 것을 말한다. 따라서 팔·다리를 절단한 경우, 실명케 한 경우(대판4292형상395), 혀를 물어 끊어 발음의 곤란을 초래한 경우에는 불구라고 할 수 있지만, 이빨 한두 개를 부러뜨린 정도로는 불구라고 할 수 없다(대판4292형상413). 한편 '불치 또는 난치의 질병'은 의학적인 치료의 가능성이 없거나 현저히 곤란한 질병을 말한다(대판2005도7527).

4) 상해치사죄·존속상해치사죄

본죄(형법 제259조)는 사람의 신체를 상해하여 사망에 이르게 함으로써 성립하는 상해죄와 존속상해죄의 결과적 가중범이다. 본죄가 성립하기 위해서는 상해에 대한 고의가 있어야 하고 더불어 사망의 결과에 대한 예견가능성 또는 과실이 있어야 하며, 상해와 그 결과 간에 인과관계가 있어야 한다.

5) 상해죄의 동시범 특례(형법 제263조)

동시범(독립행위의 경합)이란 2인 이상이 의사의 연락없이(공범이 아님) 개별적으로 동시 또는 이시에 범죄를 실행한 것을 말한다. 이러한 경우와 관련하여 형법 제19조(독립행위의 경합)는 "동시 또는 이시의 독립행위가 경합한 경우에 그 결과발생의 원인된 행위가 판명되지 아니한 때에는 각 행위를 미수범으로 처벌한다"고 규정한다. 원인된 행위가 판명되지 않았으니 누구도 기수범으로 처벌할 수는 없고, 실행의 착수는 있었으므로 모두 다 적어도 미수에는 해당하기 때문이다.

그러나 상해죄의 동시범 특례규정은 형법 제19조에 대한 예외를 인정한 것이다. 2인 이상이 폭행을 가하여 상해의 결과를 발생시킨 경우 과연 누구의 행위에 의하여 상해의 결과가 발생되었는지를 입증하는 것이 곤란하기 때문에 이 곤란을 구제하기 위해서 정책적으로 예외규정을 둔 것이다.

상해의 결과를 발생시킨 경우에 적용되므로 상해죄와 폭행치상죄에는 당연히 적용된다. 상해치사죄와 폭행치사죄에도 적용되는가에 관해서는 견해가 대립되는데, 판례는 상해치사죄와 폭행치사에 대해서도 동시범 특례를 적용한다(대판84도2118). 그러나 상해죄 · 폭행죄와 그 보호법익을 달리하는 강간치상죄는 적용이 없다.[9]

3. 폭행죄 · 존속폭행죄

폭행죄의 객체는 사람의 신체이다. 사람은 자연인으로서의 타인의 신체이며 특별히 예외적인 경우(외국원수나 외교사절 등)는 이 범죄에 해당하지 않는다. 존속폭행죄의 경우는 자기 또는 배우자의 직계존속의 신체이다.

본죄의 행위는 '폭행'을 가하는 것이다. 형법상 폭행이란 일반적으로 유형력, 즉 물리력을 행사하는 것을 의미한다. 형법전에는 폭행이라는 용어가 여러 곳에서 발견되는데, 그 폭행의 의미가 언제나 똑같은 것은 아니다. 형법상 폭행을 네 가지 유형으로 구분하여 설명하는 것이 통설적 견해이다.[10]

① 최광의의 폭행은 그 대상에 제한이 없다. 사람에 대한 유형력의 행사이거나 물건에 대한 유형력의 행사이거나 불문하고 일체의 유형력의 행사를 의미한다. 소요죄(형법 제115조), 다중불해산죄(동 제116조)상의 폭행은 이러한 최광의의 개념으로 쓰인 것이다.

② 광의의 폭행은 사람에 대하여 가해진 직접 또는 간접의 유형력을 의미한다. 공무집행방해죄(형법 제136조), 특수도주죄(동 제146조), 강요죄(동 제324조)상의 폭행은 광의의 개념으로 사용한 것이다. 공무집행방해죄는 직무를 집행하는 공무원에 대하여 폭행 또는 협박을 함으로써 성립하는 것인데, 폭행이라 함은 공무원에 대하여 직접적인 유형력의 행사뿐만 아니라 간접적인 유형력의 행사를 포함하는 것이고, 음향으로 상대방의 청각기관을 직접적으로 자극하여 육체적 · 정신적 고통을 주는 행위도 유형력의 행사로 폭행이 될 수가 있다(대판2007도3584).

---

9) "형법 제263조의 동시범은 상해와 폭행죄에 관한 특별규정으로서, 동 규정은 그 보호법익을 달리하는 강간치상죄에는 적용할 수 없다"(대판84도372).

10) 이재상/장영민/강동범 60면.

③ 협의의 폭행은 '사람의 신체'에 대한 유형력의 행사로서 본죄의 폭행이 여기에 해당한다.

④ 최협의의 폭행은 상대방의 반항을 불가능하게 하거나 또는 반항을 현저히 곤란하게 할 정도로 강도 높은 유형력의 행사를 의미한다. 강간죄(형법 제297조), 강도죄(동 제333조)의 폭행이 여기에 해당한다.

그러나 ①②③의 구분은 폭행의 대상을 기준으로 나눈 것인 데 비해 ④의 것은 그 정도를 기준으로 한 것이다. ③④의 개념은 대상은 같고 정도에만 차이가 있는 것으로 보면 무방하다.

폭행죄에서의 폭행은 사람의 신체에 대한 유형력의 행사를 의미하는 것이지만, "그 성질상 반드시 신체상 가해의 결과를 야기함에 족한 완력행사가 있을 것을 요하는 것도 아니고, 육체상의 고통을 수반하는 것도 요하지 않는다"(대판4289형상297). 따라서 폭언을 수차례 반복하는 것도 폭행에 해당하며, 뺨을 때리거나 침을 뱉는 행위, 모발이나 수염을 자르는 행위, 사람의 신체에 돌을 던졌으나 명중되지 않은 경우도 폭행에 해당한다. 그러나 폭행의 대상은 사람의 신체이므로 비닐봉지에 넣어둔 인분을 사람의 신체에 대해서가 아니라 남의 집 앞마당에 던진 경우는 폭행에 해당하지 않는다(대판75도2673). 같은 이유에서, 잠겨 있는 방문을 발로 찬 행위는 폭행에 해당하지 않는다(대판90도2153). 또한 상대방의 시비를 만류하면서 조용히 이야기나 하자며 팔을 2~3회 끌어당긴 것만으로는 사람의 신체에 대한 불법한 공격이라 볼 수 없으므로 폭행죄에 해당한다고 볼 수 없다(대판86도1796). 단순히 눈을 부릅뜨고 "이 십팔놈아, 가면될 것 아니냐."라고 욕설을 한 것만으로는 피해자에게 불쾌감을 주는 데 그칠 뿐 피해자의 신체에 대한 유형력의 행사라고 보기 어려워 폭행죄를 구성한다고 할 수가 없다(대판2001도277).

본죄는 피해자의 명시한 의사에 반하여 공소를 제기할 수 없다(반의사불벌죄). 그러므로 피해자가 아무런 의사표시를 하지 않는 경우 소추할 수 있으나, 피해자가 처벌을 희망하지 않는다는 의사표시를 하거나 희망하는 의사표시를 철회한 경우에는 공소를 제기할 수 없다.

처벌불원의 의사표시는 의사능력이 있는 피해자가 단독으로 할 수 있고(대판2009도6058), 피해자가 사망한 후에 그 상속인이 피해자를 대신하여 의사표시를 할 수 없다고 보아야 한다(대판2010도2680).

4. 특수폭행죄

본죄(형법 제261조)는 집단의 위력에 의하거나 위험한 물건을 가지고 사람의 신체에 폭행을 가함으로써 성립하는 범죄이다. 행위방법의 위험성 때문에 불법이 가중되는 구성요건유형이다.

본죄의 행위방법은 첫째로 단체 또는 다중의 위력을 보이는 것이다. '단체'란 공동목적을 가진 다수의 자연인이 계속적으로 결합한 조직체로서 그 목적의 합법·불법 여부를 묻지 않는다. 그 구성원의 수는 단체로서의 위력을 가질 수 있을 정도의 다수여야 한다. 위력을 보일 수 있는 한 그 단체의 구성원이 현실적으로 동일한 장소에 집결할 필요는 없고 연락에 의해 집합할 가능성이 있으면 충분하다.

그리고 '다중'이란 단체를 이루지 못한 다수의 자연인이 단순히 집합한 것을 말한다. 즉, 이는 조직체가 아닌 다수인의 일시적 결합이다. '다중의 위력'이란 일정한 목적을 위하여 집결한 다수인원으로서 사람의 의사를 제압하기에 족한 세력을 지칭한다(대판71도1930). 다중은 그 인원수에 의하여 결정할 것이 아니고, 구체적인 경우에 따라서는 모인 인원이 불과 수명인 경우에도 집단적 세력을 배경으로 한 것이면 다중이라 할 수 있다(대판4293형상896).

'위력을 보인다는 것'은 사람의 의사를 제압할 만한 세력을 상대방에게 인식시키는 것으로 족하고, 상대방의 의사가 현실적으로 제압되어야 하는 것은 아니다. 위력을 보이기 위하여 단체와 다중이 현장에 있어야 하는가가 문제된다. 단체의 경우는 그 구성원이 현실적으로 동일한 장소에 집결할 필요는 없고 연락에 의해 집합할 가능성이 있으면 충분하다. 다중의 경우에도 그 다중이 현장에 있어야 할 필요는 없다고 보는 견해가 다수설이다. 그 논거로서, 본죄는 단체 또는 다중의 위력을 보이는 것이지 단체나 다중을 보일 것을 요하는 것은 아니라는 점, 또한 본죄는 단체 또는 다중이 합동하여 폭행해야만 성립하는 범죄는 아니라는 점을 든다(대판2005도174). 다만 단체 또는 다중은 실제로 존재해야 하며, 단체나 다중을 가장하는 것은 본죄에 해당하지 않는다고 본다.

둘째로, 위험한 물건을 휴대하는 경우이다. '위험한 물건'이란 사람의 생명·신체에 해를 가하는 데 이용될 수 있는 일체의 물건으로서 그 본래의 성질이 살상을 위한 것뿐만 아니라, 구체적인 경우에 사용하기에 따라서는 일반인이 위험을 느낄 수 있는 물건을 모두 포함한다. 따라서 무기나 폭발물과 같이 강력한 파괴력을 지닌 물건만 뜻하는 것이 아니라(대판78도2332), 면도칼(대판78도2027), 유리병(대판4293형상896), 드라이버(대판83도3165), 쪽가위(대판83도2900), 농약과 당구큐대(대판2002도2812), 야전삽(대판2001도5268), 최루탄과 최루분말(대판2014도1894) 등도 위험한 물건에 해당한다. 경륜장 사무실에서 술에 취해 소란을 피우면서 '소화기'를 집어던졌지만 특정인을 겨냥하여 던진 것이 아닌 점 등을 종합하여, 위 '소화기'는 형법 제261조의 위험한 물건에 해당되지 않는다(대판2010도930). 다만 위험한 물건을 '휴대'라고 규정한 바에 의하면 여기서의 휴대는 손에 들거나 몸에 지니는 소지 이외에 행위자가 위험한 물건을 지배하여 사용·이용하는 것까지 포함된다(다수설). 판례도 같은 입장이다(대판2008도2794).[11] 이 경우 그 휴대를 상대방에게 인식시킬 필요는 없다(대판84도353). 폭력행위처벌법 제3조 제1항 중 '흉기 기타 위험한 물건을 휴대하여 형법 제260조 제1항(폭행)의 죄를 범한 자'에 관한 부분은 형벌체계상의 정당성과 균형을 잃어 평등원칙에 위배된다는 이유로 위헌결정을 받았고(헌재2014헌바154). 2016. 1. 6. 개정에 의하여 삭제되었다. 따라서 흉기 기타 위험한 물건을 휴대하고 폭행죄를 범한 경우에는 형법 제261조의 특수폭행죄에 관한 규정이 적용된다.

5. 폭행치사·상죄

본죄(형법 제262조)는 형법 제260조와 동 제261조의 죄를 지어 사람을 사망이나 상해에 이르게 한 경우에는 형법 제257조부터 제259조까지의 예에 따른다. 즉, 폭행·존속폭행 또는 특수폭행의 죄를 범하여 사람을 사상에 이르게 하는 결과적 가중범이다. 폭행의 고의와 치사상의 결과에 대한 예견가능성, 즉 과실과 인과관계가 있어야 한다.

6. 상습 상해·폭행죄

본죄(형법 제264조)는 상습으로 상해죄·존속상해죄·존속중상해죄, 폭행죄·존속폭행죄·특수폭행죄를 범한 때에 성립한다. 상습이란 일정한 행위를 반복하여 행하는 버릇을 말한다. 본 규정은 이러한 버릇을 이유로 책임을 가중한 것으로 해석된다. 다만, 상습성을 이유로 책임을 가중한 것은 책임과 운명을 혼동한 것으로서 책임주의에 위배된다는 비판도 있다.

상습범은 집합범에 해당하므로 본죄에 해당하는 때에는 포괄일죄의 관계가 된다

---

11) 자동차를 이용하여 다른 자동차를 충격한 사안에서는 위험한 물건에 해당하지 않는 판례(대판2007도3520)와 위험한 물건이라는 판례(대판2010도10256)가 대립하고 있다.

는 것이 통설[12])과 판례의 태도이다(대판2008도3657; 대판2012도6815). 형법 제264조는 상습특수상해죄를 범한 때에 형법 제258조의2 제1항에서 정한 법정형의 단기와 장기를 모두 가중하여 1년 6개월 이상 15년 이하의 징역에 처한다는 의미로 새겨야 한다(대판2016도18194).

7. 자격정지의 병과

형법 제257조 제2항(존속상해), 동 제258조(중상해·존속중상해), 동 제260조 제2항(존속폭행), 동 제261조(특수폭행) 또는 전조(상습범)의 경우에는 10년 이하의 자격정지를 병과할 수 있다(형법 제265조).

제 3 항 과실치사상의 죄

1. 의 의

과실치사상의 죄는 과실로 인하여 사람을 사망에 이르게 하거나 사람의 신체를 상해하는 것을 내용으로 하는 범죄이다. 보호법익은 사람의 생명과 신체의 건강이다. 보호정도는 침해범이며 살인죄·상해죄가 고의범인 데 대하여 본죄의 주관적 구성요건요소는 과실이라는 점에서 구별된다. 구성요건체계로는 기본적 구성요건으로 과실치상죄(형법 제266조)와 과실치사죄(동 제267조)가 있고, 가중적 구성요건으로서 업무상 과실·중과실치사상죄(동 제268조)가 있다.

교통사고처리특례법 제2조 제2호는 '교통사고'란 차의 교통으로 인하여 사람을 사상하거나 물건을 손괴하는 것을 말한다고 규정하고 있는데, 여기서 '차의 교통'은 차량을 운전하는 행위 및 그와 동일하게 평가할 수 있을 정도로 밀접하게 관련된 행위를 모두 포함한다(대판2016도21034).

2. 과실치상죄

본죄(형법 제266조)는 과실로 인하여 사람을 상해에 이르게 함으로써 성립하는 범죄이다. 행위에 대해서는 민사상의 손해배상에 의하여 피해자의 구제를 도모하는 것으로 충분한 경우가 있으므로 형이 가볍고, 또 반의사불벌죄로 하였다.

상해의 결과는 과실로 인한 것이어야 한다. 즉, 행위자에게 결과회피를 위한 주의의무가 있고 또한 그것을 준수할 수 있었음에도 불구하고 이를 태만히 한 과실이

---

12) 김일수/서보학 72면; 배종대 128면; 이재상/장영민/강동범 70면.

있음으로써 성립한다. 일반적으로 위험성 있는 행동을 하는 자는 그에 수반되는 위험을 방지하기 위해 적절한 조치를 취해야 할 주의의무가 있다(대판2008도6940). 또 일정한 장소의 관리자나 점유자는 비록 자기의 적극적 행위에 의하지 않더라도 자기의 관리·지배를 받고 있는 영역에서 위험이 발생하거나 발생할 염려가 있는 때에는 이를 방지할 주의의무를 진다. 또한 직접 위험한 일을 담당하는 자를 지휘·감독할 지위에 있는 자도 피감독자의 행위에 의해서 위험이 발생하거나 염려가 있는 때에는 이를 방지할 주의의무를 진다.

3. 과실치사죄

본죄(형법 제267조)는 과실로 인하여 사람을 사망에 이르게 함으로써 성립하는 범죄이다. 판례는 임대차목적물상의 하자의 정도가 그 목적물을 사용할 수 없을 정도의 파손상태라고 볼 수 없는 경우에는 임대인의 과실을 부정한다(대판93도196). 따라서 방바닥의 균열, 문틈이 벌어진 것에 대해서는 임대인에게 그 수선의무가 없다고 하여 과실 없음을 판시하고 있다. 한편 담임교사가 교실 안쪽에서 닦을 수 있는 유리창만 닦도록 지시하였는데도 피해자가 바깥쪽 유리창을 닦기 위해 베란다로 넘어가 밑으로 떨어진 경우 담임교사에게 과실이 없다고 한 사례가 있다(대판89도108).

과실치사죄는 사망의 결과에 관해서 고의가 없이 단지 과실이 있는 데 그치는 경우이다. 따라서 만일 사망의 원인된 신체상해나 폭행에 관한 인식·인용이 있다면 상해치사죄 또는 폭행치사죄가 성립한다.

4. 업무상 과실·중과실치사·상죄

업무상 과실·중과실치사·상죄(형법 제268조)는 자동차사고에서 가장 많이 발견된다. 교통사고처리 특례법에는 자동차사고와 관련하여 본죄 중 치상의 경우에는 반의사불벌죄로 하는 등 특별규정을 두고 있다.

1) 업무상 과실치사·상죄

업무상 과실치사·상죄는 업무자라는 신분관계로 인하여 형법 제266조의 과실상해죄와 동 제267조의 과실치사죄보다 형이 가중되는 구성요건으로 부진정신분범이다. 그 가중처벌의 이유에 대하여 업무자는 일반인과 동일한 정도의 주위를 하더라도 일반인보다 풍부한 지식·경험을 가지고 있으므로 결과발생에 대한 예견가능의 범위가 크고 확실하며, 따라서 결과발생에 대한 비난가능성이 크기 때문이라는 책임가중설, 행위주체가 업무자이므로 특히 고도의 주의의무가 과하여지기 때문이라는 불법가중설, 이론상으로 주의의무는 일반인이나 업무자나 동일하지만 예견의무가 다른 데에 불과하므로 사실상의 의무의 경중이 생기는 것뿐이고, 법이 형을 가중하는 것은 업무자를 경고하기 위한 일반예방적 목적에서 나온 것이라는 불법·책임가중설이 있다. 일반적으로 업무자에게 결과에 대한 예견가능성과 회피가능성이 크기 때문에 형을 가중한 것이라고 보는 제3설이 무난할 것이다.

형법상 총칙(제20조)과 각칙의 여러 곳에서 '업무'라는 개념이 사용되고 있다. 그러나 그 성격과 내용이 반드시 같지는 않다. 각칙상의 업무사이에서도 행위주체와 관련된 업무(형법 제356조의 업무상 횡령죄)가 있는가 하면, 보호객체로서의 업무(동 제314조의 업무방해죄)가 있고, 또한 행위상황으로서의 업무(동 제274조의 아동혹사죄의 업무)도 있다. 따라서 각칙상의 업무개념 사이에도 그 규정에 따른 보호법익, 체계적 지위 또는 특수한 성격으로 인하여 서로 상이한 내용을 갖게 된다. 그러나 일반적으로 업무란 '널리 그 사회생활상의 지위에 기하여 계속적으로 종사하는 사무나 사업'이라고 정의할 수 있다.

업무의 요건으로는 행위자의 사회생활상의 지위에 기한 것이어야 한다. 따라서 식사·수면·산책 등 누구에게나 공통되는 자연적인 생활현상은 사회생활상의 지위에 기한 것이 아니므로 업무라 할 수 없다. 그리고 반복적·계속적으로 행하여져야 한다(대판2009도1040). 따라서 평소 운전에 호기심을 가지고 있던 차에 단 1회 운전한 경우에는 업무라 할 수 없다(대판66도536). 그러나 의사가 개업 첫날 의료사고를 낸 경우와 같이, 계속·반복의 의사가 있는 이상 첫 회의 행위라도 업무에 해당한다. 끝으로 사무여야 한다. 사무는 반드시 영리를 목적으로 할 필요는 없다. 따라서 생활수단으로서의 사회적 활동이 아니라도 사회생활을 유지하면서 계속·반복되는 사무는 업무에 해당한다. 또한 업무는 그것이 행위자의 본래적 사무이건 부차적 사무이건 불문한다. 면허가 있거나 적법한 사무일 필요도 없다.

본죄의 업무도 위에 기술한 업무의 일반적 요건을 구비하여야 한다. 나아가 본죄의 업무의 의의에 관하여 판례는 "사람의 사회생활면에 있어서의 하나의 지위로서 계속적으로 종사하는 사무를 말하고, 반복·계속의 의사 또는 사실이 있는 한 그 사무에 대한 각별한 경험이나 법규상의 면허를 필요로 하지 아니한다."(대판84도2527)고 판시하고 있으므로, 본죄의 업무는 공무인가 사무인가도 따지지 않으며, 부적법 또는 위법한 업무도 포함될 수 있고,[13] 오락을 위한 운전이나 수렵 등도 업무에 포함된다. 예컨대 자동차를 계속·반복하여 운전하는 한 그것이 오락으로 운전하는 것이라도 업무에 해당하며, 운전면허가 없는 자의 운전도 운전업무에 해당하고(대판70도820), 기술자면허가 없거나(대판79도1250) 법정자격을 갖추지 못한 경우[14]라 할지라도 업무로 인정된다. 그러나 유의할 것은 본죄의 업무는 생명·신체에 대한 침해를 초래할 수 있는 업무에 국한된다는 점이다(대판2006도3493).

업무상 요구되는 주의의무의 범위는 구체적 사정을 고려하여 업무의 종류와 성질에 따라 결정해야 한다. 가장 대표적인 것이 자동차운전사고와 의료사고의 경우이다. 자동차운전자의 주의의무는 자동차운전자에게는 자동차의 운전으로 인한 사고를 방지할 주의의무가 있다. 택시운전자인 피고인이 심야에 밀집된 주택 사이의 좁은 골목길이자 직각으로 구부러져 가파른 비탈길의 내리막에 누워 있던 피해자의 몸통 부위를 택시 바퀴로 역과하여 그 자리에서 사망에 이르게 하고 도주한 경우에 피고인에게 업무상 주의의무를 위반한 잘못이 있다(대판2010도17506).

편도 5차선 도로의 1차로를 신호에 따라 진행하던 자동차운전자에게 도로의 오른쪽에 연결된 소방도로에서 오토바이가 나와 맞은편 쪽으로 가기 위해서 편도 5차선 도로를 대각선 방향으로 가로 질러 진행하는 경우까지 예상하여 진행할 주의의무는 없다(대판2006도9216).

한편 현대사회에 있어서 교통기관의 사회적 의의를 고려할 때 자동차운전자의 주의의무를 결정함에 있어서도 신뢰의 원칙이 적용되어야 함은 당연하다. 신뢰의 원칙이란 스스로 교통규칙을 준수한 운전자는 다른 교통관여자가 교통규칙을 준수할 것을 신뢰하면 족하고, 그가 교통규칙을 위반할 것까지 예견하여 이에 대한 방어조치까지 취할 의무는 없다는 원칙이다. 판례는 현재 자동차와 자동차, 자동차와 자전거의 충돌사고에 대하여 신뢰의 원칙을 엄격하게 적용하고 있다. 반면에 보행자에 대한 사고에 관하여는 아직도 횡단보도가 아닌 곳에서 일어난 사고에 대하여도 운전자의 과실을 인정하고 있다는 점에서 신뢰의 원칙을 적용하고 있다고는 할 수가 없다.

의사 등의 치료행위에는 중대한 결과가 뒤따를 수 있고 환자로서는 치료의 당부를 판단할 수 없다는 점에 비추어 보면 의사에 대하여 엄격한 주의의무가 주어진다고 하겠다. 따라서 의사 등이 적절한 진단방법을 행하지 않거나 오진이 있는 때에는 원칙적으로 과실을 인정해야 한다. 치료수단의 선택은 의학적으로 인정된 일반원칙

---

13) "골재채취허가여부는 골재채취업무가 업무상 과실치사상죄에 있어서의 업무에 해당하는 사실에 아무런 영향을 미치지 않는다"(대판84도2527).
14) "법정자격을 갖추지 못한 자라 할지라도 현실적으로 광산보안 관리책임자의 지위에서 그 업무를 수행한 이상, 광산보안 관리책임자로서의 업무상 주의의무 있음을 면할 수 없다"(대판70도738).

에 따르지 않으면 안 된다. 피고인이 제왕절개수술 후 대량출혈이 있었던 피해자를 전원 조치하였으나 전원 받은 병원의료진의 조치가 다소 미흡하여 도착 후 약 1시간 20분이 지나 수혈이 시작된 경우에 피고인의 전원조치지체 등의 과실로 신속한 수혈 조치가 지연된 이상 피해자의 사망과 피고인의 과실 사이에 인과관계가 인정된다(대판2009도7070). 또한 공사관리자가 관계 법령과 계약에 따른 감리업무를 소홀히 하여 건축물 붕괴 등으로 인하여 사상의 결과가 발생한 경우에, 업무상과실치사상의 죄책이 인정된다(대판2010도2615).

반면에 30대 중반의 산모가 제왕절개 수술 후 폐색전증으로 사망한 경우에 … 산모에게 발열·호흡곤란과 같이 비특이적인 증상·징후가 나타났다는 사정만으로 담당 의사가 폐색전증을 예견하지 못한 것에 형법 제268조의 업무상 과실이 있다고 볼 수 없다(대판2004도486). 그리고 술을 마시고 찜질방에 들어온 갑이 찜질방 직원 몰래 후문으로 나가 술을 더 마신 다음 후문으로 다시 들어와 발한실에서 잠을 자다가 사망한 경우에 직원 및 영업주의 업무상 주의의무가 있다고 보기 어렵다(대판2009도9807).

2) 중과실치사상죄

본죄(형법 제268조)는 중대한 과실로 인하여 사람을 사상에 이르게 함으로써 성립한다. 중대한 과실이라 함은 주의의무위반의 정도가 현저한 경우, 즉 조금만 주의하였다면 결과의 발생을 회피할 수 있었음에도 불구하고 이를 게을리한 경우를 말한다. 중대한 과실의 여부는 구체적 상황에 따라 건전한 사회의식에 비추어서 판단하여야 한다.[15]

제 4 항 낙태의 죄

헌법재판소가 2019년 4월 11일 낙태를 처벌하도록 한 형법 규정(제27장 낙태의 죄 제269조 및 제270조)에 대해 헌법불합치 결정을 내리면서, 2020년 12월 31일까지 관련 법이 개정되지 않을 경우 낙태죄 규정은 전면 폐지된다.

제 5 항 유기와 학대의 죄

1. 의 의

유기의 죄는 일정한 사정(노유·질병 등)으로 인하여 부조를 요하는 자를 보호할

---

15) 이재상/장영민/강동범 83면.

의무 있는 자가 유기함으로써 성립하는 범죄이다. 유기의 죄는 피유기자의 생명·신체의 안전을 보호법익으로 하는 위험범으로 보는 것이 통설이다.

학대의 죄는 사람의 생명, 신체의 안전 및 인격을 보호법익으로 하고(다수설), 보호정도는 추상적 위험범이다.

구성요건체계는 유기죄(형법 제271조 제1항)를 기본적 구성요건으로 하고, 존속유기죄(동 제271조 제2항)를 가중적 구성요건으로 규정한다. 그리고 중유기죄(동 제271조 제3항, 제4항)와 결과적 가중범인 유기치사상죄와 존속유기치사상죄(동 제275조)를 두고 있으며, 또한 유기와 같이 생명·신체의 안전에 위험을 미치는 행위, 즉 학대죄(동 제273조)와 아동혹사죄(동 제274조)의 규정을 유기의 죄와 같은 장에 두고 있다.

2. 유 기 죄

유기죄는 피유기자의 생명·신체를 보호법익으로 하는 위험범으로 보는 것이 통설이다. 그러나 유기죄(형법 제271조 제1항) 및 존속유기죄(동 제271조 제2항)가 구체적 위험범인가, 추상적 위험범인가에 대해서는 학설이 대립하고 있다.

구체적 위험범(소수설)이라고 보는 경우에는 유기죄가 성립하지 않는다고 보는 것이 타당하고, 구체적 위험을 초래하지 않는 행위는 벌할 근거가 없다는 것을 이유로 든다. 그러나 추상적 위험범(통설)은 형법이 유기의 결과 사람의 생명에 대한 구체적 위험이 발생한 경우에 형을 가중하는 규정(동 제271조 제3항, 제4항)을 별도로 두고 있는 점에 비추어 볼 때 유기죄 등은 추상적 위험범으로 보는 것이 타당하다고 한다. 유기죄 및 존속유기죄(동 제271조 제1항, 제2항)에도 그대로 타당하다. 따라서 통설에 의하면 사례는 유기죄가 된다.

행위주체는 '부조를 요하는 자를 보호할 법률상 또는 계약상 의무 있는 자'(보호의무자)이다. 따라서 진정신분범에 해당한다. '법률상의 보호의무'란 그 의무의 근거가 법령의 규정에 의하는 경우로서 공법이건 사법이건 불문한다. 예컨대 경찰관의 보호조치의무(경찰관 직무집행법 제4조), 민법상 부양의무(민법 제974조) 등이다. '계약상의 보호의무'는 그 계약이 유기자와 피유기자 사이의 것이든 유기자와 제3자 사이의 것이든 상관이 없으며, 또한 반드시 명시적일 필요도 없다. 예컨대 간호사나 보모를 그 사무의 성질상 당연히 보호의무를 지게 된다. 피고인이 자신이 운영하는 주점에 손님으로 와서 수일동안 식사는 한 끼도 하지 않은 채 계속하여 술을 마시고 만취한 피해자를 주점 내에 그대로 방치하여 저체온증 등으로 사망에 이르게 한 경우에는 경찰에 연락하는 등 필요한 조치를 강구해야 할 계약상의 부조의무를 다하지 못하여 유기치사죄의 죄책을 진다(대판2011도12302).

보호의무의 근거에 관하여 학설 · 판례는 법률상 · 계약상의 의무 외에 사무관리 · 관습 · 조리 등을 광범위하게 인정하고 있었다. 그러나 형법은 보호의무의 근거를 법률상 · 계약상의 의무에 한정하여 규정하고 있는데, 그럼에도 불구하고 해석상으로는 형법이 규정한 법률 · 계약은 예시적인 것이고 따라서 관습 · 조리 · 사무관리 등에 의한 보호의무를 인정하고자 하는 견해가 다수설이다. 그러나 민법상의 원리를 형법상의 근거도 없이 형법에 그대로 적용하는 것은 무리가 있다고 하지 않을 수 없고, 또한 형법이 법률상 · 계약상의 의무로 한정하고 있음에도 불구하고 이를 확대해석하는 것은 죄형법정주의 원칙에 어긋나는 것으로 보아야 할 것이다. 판례도 법률상 · 계약상의 보호의무 있는 자만을 유기죄의 주체로 한정지어야 한다는 견해를 취하고 있다.[16]

행위객체는 '나이가 많거나 어림(노유) · 질병 기타 사정으로 인하여 부조를 요하는 자'(요부조자)이다. '부조를 요하는 자'란 정신적 · 육체적 결함으로 인하여 타인의 도움을 받지 않고서는 일상생활에 필요한 동작을 할 수 없어서 자기의 생명 · 신체에 대한 위험을 스스로 극복할 수 없는 자를 말한다. 즉, 이는 신체적인 일상생활의 동작이 가능한가의 여부를 기준으로 판단한다. 따라서 그러한 동작이 가능한 한, 생계를 유지할 수 없는 경제적 요부조자는 여기에 해당되지 않는 것으로 해석한다. 그리고 부조를 요하는 사정으로는 나이가 많거나 어림(노유) · 질병 외에 기타 사정이라는 일반규정을 두어 그 범위를 확대시키고 있다. 늙거나 어림에 의한 부조의 요부는 그 연령에 따라 획일적으로 정해지는 것이 아니라 구체적 사정에 따라 정해져야 한다. 질병은 육체적 · 정신적 질환을 의미하며 그 원인, 치유기간의 장단이나 가능성의 여부는 묻지 않는다. 기타 사정이란 예컨대 분만중인 경우, 명정, 불구, 부상 등과 같은 경우이다.

(범죄)행위인 유기란 요부조자를 보호 없는 상태에 둠으로써 그의 생명 · 신체의 위험을 야기하는 것을 말한다. 요부조자를 현재 보호받는 상태에서 보호받지 못하는 상태로 옮기는 행위(협의의 유기)와 생존에 필요한 보호를 계속하지 않고 요부조자를 놔둔 채 떠나버리는 행위(광의의 유기)를 포함한다. 요부조자의 생명 · 신체에 대한 추

---

16) "형법은 법률상 또는 계약상의 보호의무 있는 자만을 유기죄의 주체로 규정하고 있으니 명문상 사회상규상의 보호책임은 생각할 수 없고, 유기죄의 죄책을 인정하려면 보호책임이 있게 된 경위, 사정관계 등에 의하여 법률상 또는 계약상 보호의무를 밝혀야 될 것이다"(대판76도3419).

상적 위험이 발생한 때 기수가 된다.

고의는 행위자가 피해자에 대하여 자기에게 보호의무가 존재한다는 것과, 자기의 행위가 이러한 의무를 위반하는 것이라는 인식을 하여야 한다(대판86도225).

3. 존속유기죄

본죄(형법 제271조 제2항)는 자기 또는 배우자의 직계존속을 유기함으로써 성립한다. 이는 유기죄에 대한 신분적 가중유형이며(부진정신분범), 주체는 보호의무 있는 직계비속이다. 실제의 경우 직계비속은 직계존속에 대하여 보호의무를 지는 경우가 대부분일 것이다.

4. 중유기죄·존속중유기죄

본죄(형법 제271조 제3항)는 유기 또는 존속유기의 죄를 범하여 피해자의 생명에 대한 구체적 위험을 발생하게 한 때 성립한다. 구체적 위험이 발생할 때 기수가 되며 중한 결과의 발생은 과실에 의한 경우뿐만 아니라 고의에 의한 경우도 포함한다(이른바 부진정 결과적 가중범).

5. 학대죄·존속학대죄

본죄(형법 제273조)는 자기의 보호 또는 감독을 받는 사람을 학대함으로써 성립한다. 사람의 생명·신체의 안전을 보호법익으로 한다. 행위주체는 타인을 보호 또는 감독하는 자이다(진정신분범). 그 보호·감독의 근거는 유기죄의 경우와 달리 법령·계약뿐만 아니라 사무관리·관습·조리도 포함한다(통설). 행위자의 보호·감독을 받는 자이면 모두 객체가 되며, 별다른 제한은 없다. 다만 18세 미만의 아동인 경우에는 아동복지법이 적용된다(특별법우선).

(범죄)행위는 학대이다. 학대의 개념에 관하여는 육체적인 고통을 주는 행위만을 의미한다는 설과, 육체적 고통뿐 아니라 정신적인 고통을 주는 가혹한 행위도 포함한다는 설이 대립한다. 후자가 통설과 판례(대판2000도223)의 입장이다. 자기 또는 배우자의 직계존속에 대해 학대행위를 한 경우에는 존속학대죄로 신분에 의하여 형이 가중된다(형법 제273조 제2항).

주관적 구성요건으로는 학대죄는 고의범이므로 피보호자·피감독자를 학대한다는 점에 대한 고의가 있어야 한다. 또한 본죄는 경향범이므로 초과 주관적 요소로서 학대성향이 있어야 한다.

6. 아동혹사죄

본죄(형법 제274조)의 보호법익은 아동의 복지권이고, 보호정도는 추상적 위험범으로 보며 진정신분범의 일종이며 대향범으로 필요적 공범에 속한다. 그 행위객체는 16세 미만인 자이다. 본인의 동의가 있어도 위법성을 조각하지 않는다.

7. 유기 등 치사상죄

본죄(형법 제275조)는 유기·존속유기·학대·존속학대의 죄를 범하여 사람을 사상에 이르게 한 경우에 성립하는 범죄로서 진정 결과적 가중범이다. 예컨대 종교적 신념에 따라 수혈거부로 치료를 요하는 딸을 치사케 한 경우 유기치사죄가 성립된다.[17]

---

17) "피고인이 믿는 종교인 '여호와의 증인'의 교리에 어긋난다는 이유로 최선의 치료방법인 수혈을 거부함으로써 딸을 사망케 하였다면 유기치사죄를 구성한다"(대판79도1387).

제 2 절 자유에 관한 죄

제 1 항   협박과 강요의 죄

1. 의   의

협박의 죄는 해악을 고지하여 상대방을 겁먹게 함으로써 성립하는 범죄이다. 개인의 자유로운 활동의 전제가 되는 의사의 자유, 즉 개인의 의사결정의 자유를 그 보호법익으로 한다(대판2010도1017). 그러므로 본죄는 의사결정의 자유뿐만 아니라 행동의 자유까지도 보호하는 강요죄(형법 제324조)와 구별되며, 재산상의 이익을 목적으로 하는 공갈죄와도 구별된다. 일반적으로 협박은 강도죄 등 다른 범죄의 수단으로 이용되는 경우가 많은데, 이 경우에 협박행위는 그 범죄에 흡수되어 별도로 협박죄를 구성하지 않는다. 협박의 죄는 다른 범죄의 구성요건의 일부로 되어 있지 않고 독립된 협박인 경우에 성립한다. 보호의 정도는 침해범으로 보는 것이 통설[18]이다. 판례는 위험범으로 보고 있다(대판2007도606 전원합의체).

강요의 죄는 폭행 또는 협박에 의하여 개인의 의사결정의 자유뿐만 아니라 의사활동의 자유를 침해함으로써 권리행사를 방해하거나 의무없는 일을 하게 하는 범죄이다.

협박의 죄는 협박죄(형법 제283조 제1항)가 기본적 구성요건이며 가중적 구성요건으로서 존속협박죄(형법 제283조 제2항), 특수협박죄(형법 제284조), 상습협박죄(형법 제285조)가 있다.

강요의 죄는 강요죄(형법 제324조)를 기본적 구성요건으로 하고, 인질강요죄(동 제324조의2), 인질상해·치상죄(동 제324조의3), 인질살해·치사죄(동 제324조의4)와 중강요죄(동 제326조)가 있다. 강요의 죄가 형법각칙 제37장 '권리행사를 방해하는 죄'에 규정된 것은 입법상 오류라고 여겨진다. 그 이유는 권리행사방해죄는 재산죄에 속하는 것이고 강요의 죄는 자유를 침해하는 범죄의 하나로서, 이 두 가지 범죄는 보호법익을 서로 달리하기 때문이다.

2. 협 박 죄

협박죄(형법 제283조 제1항)의 객체는 사람이다. 존속협박죄의 경우는 자기 또는

---

18) 김일수/서보학 96면; 박상기 103면; 이재상/장영민/강동범 115면; 정성근/박광민 127면.

배우자의 직계존속이다. 본죄는 의사결정의 자유를 침해하는 범죄이므로 자연인 중에서도 의사결정의 자유를 가진 자연인이므로 법인은 포함되지 않는다(대판2010도1017). 즉 의사능력자만이 이에 해당한다고 본다. 그러므로 영아·만취자·심신장애자·숙면자 등은 본죄의 객체에서 제외된다. 외국의 원수 또는 외교사절에 대해 협박을 한 경우에는 별도의 죄를 구성한다(형법 제107조 제1항, 동 제108조 제1항).

(범죄)행위인 협박은 겁먹게 할 목적으로 좋지 않은 일이 있을 것이라는 것(해악을 가하겠다는 것)을 알리는 것을 말한다(대판2010도1017). 협박이 있었는지 여부는 행위의 유형뿐만 아니라 그러한 행위에 이르게 된 과정, 피해자와의 관계 등 주위상황을 종합적으로 고려하여 판단해야 할 것이다(대판90도2102). 해악의 발생시기는 반드시 현재적일 필요는 없으며, 장래에 발생하거나 혹은 조건부 해악의 통고인 경우라도 상관없다. 그러나 해악의 발생여부는 통고자의 의사에 달려 있다는 취지로 통고되어야 한다. 행위자의 지배력을 초월해서 발생할 해악을 단순히 전해 주는 것에 불과한 경우, 예컨대 천재지변·길흉화복 등의 도래를 고지하는 것은 경고이다. 경고는 협박에 해당하지 않는다.

협박이란 용어도 형법의 여러 구성요건에 산재되어 있으며, 각 구성요건마다 그 의미하는 바도 다르다. 협박의 정도와 내용에 따라 협박의 개념을 다음과 같이 구분하는 것이 일반적이다.[19]

① 광의의 협박

일반적으로 두려움을 느끼게 할 목적으로 상대방에게 해를 미치겠다고 알려주는 것으로서, 현실적으로 상대방이 공포심을 느꼈는가의 여부는 불문한다(대판2004도8984). 소요죄(형법 제115조), 다중불해산죄(동 제116조), 공무집행방해죄(동 제136조), 특수도주죄(동 제146조) 등의 협박이 이에 해당한다.

② 협의의 협박

현실적으로 상대방이 두려움을 느끼고 일정한 작위·부작위를 강요당할 정도의 협박을 말한다. 본죄와 강요죄(형법 제324조)의 협박이 이에 해당한다.

③ 최협의의 협박

상대방의 반항을 억압하거나 현저히 곤란하게 할 정도로 두려움을 일으키게 할 만한 해악을 알리는 것이다. 강간죄(형법 제297조), 강도죄(동 제333조)의 협박이 이에

---

19) 김일수/서보학 97면; 박상기 102면; 이재상/장영민/강동범 118면; 정성근/박광민 129면.

해당한다.

협박의 내용인 해악은 사람에게 공포심을 일으키게 할 만한 것이면 충분하고, 특별한 제한이 있는 것은 아니다. 따라서 정조·업무·신용에 대한 해악도 협박의 내용이 될 수 있다. 해악을 알리는 방법에는 제한이 없다. 언어·문서뿐만 아니라 거동이나 태도에 의해서도 가능하다.[20] 또한 그 발생이 확실할 필요도 없고, 행위자에게 해악을 가할 의도가 진실로 있을 필요도 없다. 다만 상대방에게 해악을 고지하여 공포심을 일으키게 한다는 의사는 있어야 하고, 상대방에 대해 그러한 의사가 있다는 것과 사실상 해악이 일어날 가능성이 있음을 인식시키면 족하다(대판2010도14316).

본죄는 해악의 고지로 말미암아 상대방이 공포심을 느꼈을 때 기수가 된다(대판2008도8922). 해악의 고지가 상대방에 도달하지 않았거나, 도달하였더라도 상대방이 공포심을 느끼지 않았을 때에는 미수범이 된다. 협박의 죄는 미수범을 처벌한다(형법 제286조).

권리행사의 한 수단으로 협박이 행해진 경우 위법성조각이 문제된다. 정당한 권리행사의 경우 다소 위협적인 말을 하였다 하더라도 사회통념상 용인될 정도의 것이면 협박으로 볼 수 없다.[21] 그러나 외견상으로는 권리행사처럼 보이더라도 실질적으로 권리의 남용에 해당하는 경우에는 협박죄를 구성한다(대판2007도606 전원합의체). 고소권의 행사가 권리남용에 해당하는 경우에도 마찬가지이다. 본죄는 피해자의 명시한 의사에 반하여 공소를 제기할 수 없다.

3. 기타 범죄

가중적 구성요건으로는 존속협박죄(형법 제283조 제2항), 특수협박죄(동 제284조)와 상습범(동 제285조)이 있고, 미수범 처벌규정(동 286조)도 있다.

4. 강 요 죄

강요죄(형법 제324조)의 객체는 협박죄와 마찬가지로 의사의 자유를 가진 사람에 한정된다. 본죄의 행위는 폭행 또는 협박으로 사람의 권리행사를 방해하거나 의무없는 일을 하게 하는 것이다. 보호법익은 사람의 의사결정의 자유와 의사활동의 자

---

20) "협박죄에서 해악을 가할 것을 고지하는 행위는 통상 언어에 의한 것이지만, 한마디 말도 없이 거동에 의하여서도 고지할 수 있는 것이므로, 가위로 찌를 듯이 하였다면 신체에 대하여 위해를 가할 고지로 못 볼 바 아니므로 이를 협박죄로 단정한 원판결은 정당하다"(대판74도2727).

21) "부동산매수인이 매도인 측에 그 부동산을 명도해 주지 않으면 고소하여 구속시키겠다고 말한 경우, 매수인이 명도를 요구한 것은 정당한 권리행사이고 위와 같은 다소 협박적인 말을 하였다고 하여도 이는 사회통념상 용인될 정도의 것으로서 협박으로 볼 수 없다"(대판84도648).

유이며 보호정도는 침해범이다.

행위에 있어서 '폭행'은 사람에 대한 유형력의 행사로서 반드시 사람의 신체에 대하여 가하여질 필요는 없다(광의의 폭행). 또한 협박은 해악의 고지에 의하여 현실적으로 상대방이 공포심을 일으킬 것을 요한다(협의의 협박). 다만 본죄의 폭행·협박은 상대방의 반항을 억압하거나 현저히 곤란케 할 정도의 것일 필요는 없다.

'권리행사를 방해한다.'는 것은 법률상 허용된 행위를 하지 못하게 하는 것이다. 예컨대 협박으로써 피해자의 여권을 강제회수하여 해외여행할 권리를 침해한 경우(대판93도901)가 이에 해당한다. '의무 없는 일을 하게 한다'는 것은 자기에게 아무런 권리도 없고 상대방에게 의무가 없음에도 불구하고 일정한 작위·부작위를 강요하는 것을 말한다(대판2003도763). 예컨대 법률상 의무 없는 진술서를 강제로 작성케 하거나[22] 폭행·협박으로 계약포기서와 소청취하서에 날인하게 하는 경우 등이다. 그리고 기수가 되려면 폭행·협박에 의하여 권리행사방해 또는 의무 없는 일을 하게 한 결과가 현실적으로 발생되어야 한다. 또한 폭행·협박과 강요의 결과 사이에는 인과관계가 있어야 한다.

5. 가중적 구성요건 및 미수범·감경규정

1) 중강요죄

본죄(형법 제326조)는 제324조와 제325조의 죄를 범하여 사람의 생명에 대한 위험을 발생하게 한 경우에 형이 가중되는 부진정 결과적 가중범이다. '사람의 생명에 대한 위험을 발생하게 한다'는 것은 생명에 대한 구체적인 위험의 발생을 의미한다.

2) 인질강요죄

본죄(형법 제324조의2)는 체포·감금죄 및 약취·유인죄와 강요죄의 결합범이다. 따라서 체포·감금·약취·유인의 의미에 대해서는 체포·감금죄와 약취·유인죄에서 설명한 바가 그대로 타당하다. 강요죄보다 불법이 가중된 가중적 구성요건이다.

행위객체는 두 가지 부류가 있다. 즉, 체포·감금·약취·유인하여 인질로 삼는 객체와 이를 인질로 삼아 강요행위의 상대방이 되는 객체가 있다. 이 중 강요행위의 객체는 강요죄와 마찬가지로 의사의 자유를 가진 자라야 한다. 체포·감금·약취·유인 및 강요의 의미에 대해서는 체포·감금죄와 약취·유인죄에서 설명한 바로 대신한

---

22) "피고인이 피해자를 협박하여 그로 하여금 법률상 의무 없는 진술서를 작성하게 한 행위는 사람의 자유권행사를 방해한 것이므로 형법 제324조의 강요죄를 구성한다"(대판73도2578).

다. 인질로 삼는다는 것은 체포·감금·약취·유인된 자의 생명·신체 등의 안전에 관한 제3자의 우려를 이용하여 그의 석방이나 생명·신체에 대한 안전을 보장하는 대가로 제3자가 강요할 목적으로 피체포·감금자 또는 피인취자의 자유를 구속하는 것을 말한다.

3) 기타 범죄유형

인질상해·치상죄(형법 제324조의3)와 인질살해·치사죄(동 제324조의4) 및 미수범 처벌 규정(동 제324조의5) 그리고 형을 감경할 수 있는 규정(동 제324조의6)이 있다.

제 2 항 체포와 감금의 죄

1. 의 의

체포와 감금의 죄는 불법하게 사람을 체포 또는 감금하여 개인의 신체적 활동의 자유를 침해하는 것을 내용으로 하는 범죄이다. 사람의 신체적 활동의 자유, 특히 이전의 자유(장소선택의 자유)를 보호법익으로 한다. 보호정도는 침해범이다. 그리고 이는 피해자가 현실적으로 이전하려 했는가를 따지지 않고, 행위시에 이전하려 했다면 이전할 수 있었겠는가를 기준으로 판단한다. 따라서 이 자유는 현실적인 자유가 아니라 잠재적 이전의 자유를 의미한다(통설). 본죄의 체포·감금행위는 어느 정도 시간적 계속을 필요로 한다(계속범).

구성요건체계는 기본적 구성요건으로 체포·감금죄(형법 제276조 제2항)이며, 가중적으로는 중체포·감금죄(동 제277조), 특수체포·감금죄(동 제278조), 상습체포·감금죄(동 제279조), 결과적 가중범으로 체포·감금치사상죄(동 제281조), 미수범 처벌규정(동 제280조)이 있다.

2. 체포·감금죄

체포·감금죄의 주체는 '피해자 이외의 모든 자연인'이다. 특히 불법체포·감금죄(형법 제124조)의 주체로는 재판·검찰·경찰 기타 인신구속에 관한 직무를 행하는 자 및 그 보조자이다.

행위의 객체는 신체적 활동의 자유를 가지는 자연인이다. 자연인의 범위에 관한 학설로는 ① 모든 자연인이 객체가 된다는 견해가 있다. 이에 의하면 수면 중인 자, 술에 만취해 있는 사람, 정신병자(대판2002도4315), 심지어 전혀 나다닐 수 없는 유아에 대해서도 본죄가 성립된다고 한다. ② 신체활동의 자유를 가지는 자연인만 객체가 된다고 하는 견해도 있다. 단 일시적으로 활동의 자유를 상실한 상태에 빠졌다고 하더라도 조만간 그 상태에서 벗어나 활동가능성(잠재적 자유)이 있으면 객체에 포함시킨다. 따라서 이에 의하면 수면 중에 있는 자, 술에 만취된 자, 정신병자[23]는 객체가 되지만, 활동의 자유가 아예 없는 유아의 경우에는 객체가 되지 못한다. ③ 현실적으로 활동의 자유를 가지는 사람만이 객체가 된다고 보는 견해에 의하면 유아는 물론이고 수면 중인 자, 만취된 자 등은 객체가 될 수 없다.

결국 행동의 자유는 구체적인 자유뿐 아니라 행동의 잠재적 가능성이 있는 경우에도 포함된다고 보아야 할 것이기 때문에 ②설(광의설; 통설)이 타당하다.

주관적 구성요건요소로는 피해자가 자신의 활동의 자유가 침해되고 있다는 사실을 현실적으로 인식하고 있어야 하는가에 대해서도 견해가 나뉘나, 본죄의 보호법익이 현실적인 자유만이 아니라 잠재적 이전의 자유를 포함한다는 점에서, 피해자가 스스로 체포·감금되었다는 사실을 인식할 필요는 없다.

(범죄)행위인 체포란 사람의 신체에 대하여 직접적이고도 현실적인 구속을 가하여 그의 활동의 자유를 침해하는 것을 말한다. 그 수단·방법에는 제한이 없다. 그러므로 손발을 묶거나 몸을 붙잡은 등의 유형적 방법이건, 경찰관을 사칭하거나 협박하는 등의 무형적 방법이건, 작위나 부작위 또는 제3자의 행위에 의하건 불문한다.

감금은 사람으로 하여금 일정한 장소 밖으로 나가는 것을 불가능하게 하거나, 현저히 곤란하게 하여 신체적 활동의 자유를 장소적으로 제한하는 것을 말한다. 역시 감금의 수단과 방법에는 제한이 없다. 그러므로 유형·무형의 강제력 행사나 기망의 수단 등에 의해서도 가능하다(대판84도2424). 예컨대 출입문을 봉쇄하는 것(대판80도277), 자동차에 태워 질주하는 경우(대판83도323)와 같이 생명·신체에 심한 해를 당할지도 모른다는 공포감을 이용한 경우(대판91도1604), 사람의 수치심을 이용하는 경우도 감금의 수단·방법이 된다. 정신건강의학과 전문의인 피고인 갑, 을이 피해자의 아들 피고인 병의 진술뿐만 아니라 피해자를 직접 대면하여 진찰한 결과를 토대로 피해자에게 피해사고나 망상장애의 의심이 있다고 판단하여 입원이 필요하다는 진단을 한 후 피해자를 응급이송차량에 강제로 태워 병원으로 데려가 입원시킨 경우에는 피해자를 정확히 진단하여 치료할 의사로 입원시켰다고 볼 여지 또한 충분하여 피고

---

23) 일정한 경우 정신병자에 대한 감금행위에 대하여 위법성을 부정한 사례가 있다. "정신병자의 어머니의 의뢰 및 승낙하에 그 감호를 위하여 그 보호창문을 야간에 한해서 3일간 열쇠를 채워 출입을 못하게 한 감금행위는 그 병자의 신체의 안전과 보호를 위하여 사회통념상 부득이한 조처로서 수긍될 수 있는 것이면 위법성이 없다"(대판79도1345).

인 갑, 을에게 감금죄의 고의가 있었다거나 이들의 행위가 형법상 감금행위에 해당한다고 보기 어렵다(대판2015도8429).

기수시기에 대해서는 ① 기수가 되기 위해서는 '행위의 시간적 계속성'과 피해자가 '자유박탈에 대한 인식'을 하여야 한다는 견해와, ② 피해자의 잠재적 활동의 자유가 침해된 사실이 계속된 때에는 피해자의 자유박탈에 대한 인식유무를 따지지 않고 기수가 된다는 견해가 있다. ②설에 의한다면 연구에 몰두하여 외출의사가 없는 사람의 연구실 문을 잠근 후 그가 모르는 사이에 문을 열어준 때에도 감금죄를 인정한다.

본죄의 위법성이 조각되는 경우로는 검사 또는 사법경찰관의 구속영장에 의한 피의자구속(형사소송법 제201조 제1항), 현행범인의 체포(형사소송법 제212조), 경찰관에 의한 주취자 등의 보호조치(경찰관 직무집행법 제4조 제1항) 등은 법령에 의한 정당행위에 해당하며, 의사가 정신병자를 치료하기 위해 병실에 감금하는 것은 업무로 인한 정당행위에 해당되어 위법성이 조각된다.

3. 존속체포 · 감금죄

자기 또는 배우자의 직계존속에 대하여 제1항의 죄를 범한 때에는 10년 이하의 징역 또는 1천5백만원 이하의 벌금에 처한다(형법 제276조 제2항). 신분으로 책임이 가중되는 부진정신분범이다.

4. 중체포 · 감금죄, 존속중체포 · 감금죄

본죄(형법 제277조)는 사람을 체포 또는 감금하여 가혹한 행위를 가한 자는 7년 이하의 징역에 처한다(동조 제1항). 자기 또는 배우자의 직계존속에 대하여 전항의 죄를 범한 때에는 2년 이상의 유기징역에 처한다(동조 제2항).

본죄는 체포 · 감금행위 중에 다시 가혹한 행위를 함으로써 성립하는 범죄이다. 가혹한 행위란 육체적 · 정신적인 고통을 주는 일체의 행위를 말한다. 폭행을 가하거나, 발가벗겨 수치심을 일으키게 하거나, 일상생활에 필요한 의식주를 공급하지 않거나, 적당한 수면을 허용하지 않는 것 등이 이에 해당한다.

5. 특수체포 · 감금죄

본죄(형법 제278조)는 단체 또는 다중의 위력을 보이거나 위험한 물건을 휴대하여 전 2조의 죄를 범한 때에는 그 죄에 정한 형의 2분의 1까지 가중한다.

본죄는 체포 · 감금죄의 행위방법으로 불법이 가중되는 유형이다. '특수폭행죄'에 관한 설명이 여기에 그대로 해당된다.

6. 기타 범죄

상습범(형법 제279조)과 미수범 처벌규정(동 제280조)이 있고 결과적 가중범으로 체포·감금치사상죄(동 제281조), 자격정지를 병과할 수 있도록 하였다(동 제282조).

제 3 항   약취와 유인의 죄

1. 의   의

약취와 유인의 죄는 사람을 약취·유인하여 자기 또는 제3자의 실력적 지배 하에 옮김으로써 개인의 자유를 침해하는 것을 내용으로 하는 범죄이다. 피인취자의 자유를 주된 보호법익으로 하고, 피인취자가 미성년자이거나 정신병자 등인 때에는 친권자나 기타 보호감독자의 감호권도 부차적인 보호법익이 된다고 보는 것이 통설·판례의 입장이다(대판2002도7115). 따라서 미성년자가 유인에 의해 스스로 가출한 경우 미성년자의 동의가 있다고 하더라도 보호감독자의 동의가 없는 한 미성년자유인죄(형법 제287조)가 성립한다(대판82도186).

약취·유인의 죄는 미성년자약취·유인죄(동 제287조), 추행·간음·결혼·영리·노동력착취·성매매와 성적 착취·장기적출 및 국외이송 목적 약취·유인(동 제288조), 인신매매죄(동 제289조), 약취, 유인, 매매, 이송 등 상해·치상(동 제290조), 약취, 유인, 매매, 이송 등 살인·치사(동 제291조), 약취, 유인, 매매, 이송된 사람의 수수·은닉 등(동 제292조), 이상의 모든 범죄는 미수범을 처벌한다(동 제294조). 국외이송목적약취유인죄(동 제289조)에 대해서는 예비·음모를 처벌하는 규정을 두고 있으며(동 제296조), 동 제296조의2(세계주의)에서 동 제287조부터 동 제292조까지 및 동 제294조는 대한민국 영역 밖에서 죄를 범한 외국인에게도 적용한다고 하여 세계주의를 취하고 있다. 벌금의 병과(동 제295조)와 형의 감경(동 제295조의2)규정이 있다.

2. 미성년자약취·유인죄

본죄(형법 제287조)의 행위주체에는 제한이 없다. 미성년자의 보호감독자가 수인인 경우에는 일방의 타방에 대한 관계에서 본죄의 주체가 될 수 있다(대판2007도8011). 본죄의 객체는 미성년자이다. 여기의 미성년자는 민법상의 미성년자인 만 19세 미만의 자를 의미한다(민법 제4조). 민법의 성년의제제도(민법 제826조의2)는 형법상 적용과 무관하므로 미성년자가 혼인한 경우에도 본죄의 객체가 된다고 하는 다수설이 타당하다. 친권자가 외조부가 맡아서 양육해 오던 미성년자인 자를 자의 의사에 반하여 사실상 자신의 지배하에 옮긴 경우에는 미성년자약취·유인죄가 성립한다(대판2007도8011).

행위인 약취·유인이란 사람을 자유로운 생활관계 내지 보호관계로부터 자기 또는 제3자의 실력적 지배 하로 옮기는 것을 말한다. '약취'는 폭행 또는 협박을 그 수단으로 한다. 약취행위의 수단인 폭행·협박의 정도는 상대방을 실력적 지배 하에 둘 수 있을 정도이면 족하고, 반드시 상대방의 반항을 억압할 정도의 것임을 요하지는 않는다(대판91도1184). '유인'은 기망이나 감언 또는 유혹을 수단[24]으로 하며, 따라서 피해자의 하자 있는 의사로 자유롭게 승낙하였더라도 유인죄의 성립에 지장이 없다(대판82도186).

'실력적 지배 하에 둔다'는 것은 본래의 생활환경이나 보호상태에서 이탈 또는 배제시켜 사실상 지배 하에 두는 것을 말한다. 본죄가 성립하기 위해서는 장소적 이전이 반드시 있어야만 하는가에 관하여 학설은 대립하고 있다. ① 약취·유인죄에 있어서는 장소적 이전이 그 본질적 요소이며, 그에 의하여 피해자의 귀환을 곤란하게 하고 보호감독권의 행사를 방해하는 것이므로 장소적 이전이 필요하다고 보는 설이 있다. 그러나 ② 보호감독자에 대한 폭행·기망·협박 등에 의하여 그를 다른 곳으로 가게 함으로써 피해자를 자기의 지배 하에 두는 경우도 있을 수 있으므로 반드시 장소적 이전을 요하지는 않는다고 보는 것이 타당하다(대판2007도8485).

본죄의 법적 성질을 상태범으로 파악하여, 사람을 자기 또는 제3자의 사실적 지배 하에 옮김으로써 기수가 된다는 견해도 있으나, 피인취자를 자기 또는 제3자의 사실적 지배 하에 두고 있는 동안 그 침해는 존속되는 것으로 보아야 하고 그동안 범죄의 실행은 계속 행해지고 있는 것이라는 계속범설이 다수설이다. 피인취자의 자유를 침해하는 것이며, 그를 위해서는 어느 정도의 시간적 계속이 필요하다고 보아야 할 것이므로 계속범설이 타당하다. 따라서 다소의 시간적 계속성이 인정될 때 기수가 된다. 다만, 약취·유인한 자가 그를 계속하여 불법하게 감금한 경우에는 약취·유인죄 외에 감금죄를 구성한다(대판4294형상455).

---

24) "미성년자 유인죄란 기망·유혹과 같은 달콤한 말을 수단으로 하여 미성년자를 꾀어 현재의 보호상태로부터 이탈케 하여 자기 또는 제3자의 사실적 지배 하에 옮기는 것이다"(대판76도2072).

3. 추행·간음·결혼·영리목적 약취·유인죄

본죄(형법 제288조 제1항)와 그 미수범(동 제294조)에는 5천만원 이하의 벌금을 병과할 수 있다(형법 제295조).

본죄의 객체에는 사람이다. 미성년자라도 위와 같은 목적으로 약취·유인한 경우에는 본죄가 성립한다.

주관적 구성요건요소로 고의 외에 추행·간음·결혼·영리의 목적이 있어야 한다(목적범). 본죄는 이러한 목적으로 사람을 약취·유인하면 기수에 이르며 그 목적을 달성하여야 기수가 되는 것은 아니다.

4. 노동력 착취, 성매매와 성적 착취, 장기적출목적 약취·유인죄

본죄(형법 제288조 제2항)와 그 미수범(동 제294조)에는 5천만원 이하의 벌금을 병과할 수 있다(동 제295조).

본죄의 객체는 사람이며 주관적 구성요건요소로는 고의 외에 소정의 목적이 있어야 한다(목적범). 본죄는 이러한 목적으로 사람을 약취·유인하면 기수에 이르며 그 목적을 달성하여야 기수가 되는 것은 아니다.

5. 국외이송목적 약취·유인죄

본죄(형법 제288조 제3항)와 그 미수범(동 제294조)에는 5천만원 이하의 벌금을 병과할 수 있다(동 제295조).

본죄의 객체는 사람이며 행위는 약취·유인이다. 주관적 구성요건으로는 고의 외에 소정의 목적이 있어야 한다(목적범). 본죄는 이러한 목적으로 사람을 약취·유인하면 기수에 이르며 그 목적을 달성하여야 기수가 되는 것은 아니다.

6. 인신매매죄

본죄(형뻐 제289조 제1항)는 사람을 매매하는 범죄이다. 본죄는 사람의 자유를 보호할 뿐 아니라 널리 인도적·풍속적 견지에서 국내·외에서 범해지는 인신매매를 단속하고자 하는 것이다. 미수범은 처벌(동 제294조)하고 본죄와 미수범에 대하여는 5천만원 이하의 벌금을 병과할 수 있다(동 제295조)

행위주체에는 아무런 제한이 없다. 친권자 등의 보호자만이 본죄의 주체가 되는 것은 아니다(대판91도1402). 그리고 본죄는 필요적 공범으로서 매도인이나 매수인 모두가 처벌된다.

행위객체는 사람이다. 남성·여성·성년·미성년·기혼·미혼 등을 불문한다. 종래의 판례는 "정신적 지각이 있고 법질서의 보호를 호소할 수 있는 능력을 가진 부녀의 경우에는 매매의 대상이 될 수 없다"고 하였다(대판71도27). 이러한 정도의 부녀라면 팔려갔다 하더라도 얼마든지 경찰 등의 도움을 받아 도주하는 것이 가능하고, 그렇다면 이를 매매라고 할 수 없다는 취지이었던 것 같다. 이 판례로 말미암아 그동안 수많은 인신매매행위를 본죄로 처벌하는 것이 불가능하였다. 이러한 판례에 대해서는 추업영업소 및 여기에 종사하는 부녀의 실태를 제대로 이해하지 못한 것이라는 비판이 가능하다. 그러나 대법원은 1992년 전원합의체 판결(대판91도1402)로써 종전의 판례를 뒤집어 위와 같은 문제점을 해소하였다.

행위인 매매란 사람의 신체를 물건과 같이 유상으로 상대방에게 교부하고 상대방은 이에 대하여 사실상의 지배를 취득하는 것을 말한다. 그러므로 사실상의 지배의 이전이 있어야 기수가 된다. 계약의 체결만으로는 미수에 불과하다. 민법상 교환도 포함한다고 해석한다.[25]

7. 추행·간음·결혼·영리목적 인신매매죄, 노동력 착취, 성매매와 성적 착취·장기적출목적 인신매매죄, 국외이송목적 인신매매죄, 피인신매매자 국외이송죄

추행·간음·결혼·영리목적 인신매매죄(형법 제289조 제2항), 노동력 착취, 성매매와 성적 착취·장기적출목적 인신매매죄(동 제289조 제3항), 국외이송목적 인신매매죄, 피인신매매자 국외이송죄(동 제289조 제4항)와 그 미수범 처벌(동 제294조)에는 5천만원 이하의 벌금을 병과할 수 있다(동 제295조).

본죄의 객체는 사람이며 행위는 인신매매와 국외이송이다. 주관적 구성요건으로는 고의 외에 소정의 목적이 있어야 한다(목적범). 본죄는 이러한 목적으로 사람을 구성요건적 행위를 하면 기수에 이르며 그 목적을 달성하여야 기수가 되는 것은 아니다.

8. 약취·유인·매매·이송 등 상해·치상죄, 동 살인·치사죄

1) 약취, 유인, 매매, 이송 등 상해·치상(형법 제290조)

① 형법 제287조부터 동 제289조까지의 죄를 범하여 약취, 유인, 매매 또는 이송된 사람을 상해한 때에는 3년 이상 25년 이하의 징역에 처한다. ② 형법 제287조부

---

25) 이재상/장영민/강동범 145면.

터 동 제289조까지의 죄를 범하여 약취, 유인, 매매 또는 이송된 사람을 상해에 이르
게 한 때에는 2년 이상 20년 이하의 징역에 처한다.

2) 약취, 유인, 매매, 이송 등 살인·치사(형법 제291조)

① 형법 제287조부터 동 제289조까지의 죄를 범하여 약취, 유인, 매매 또는 이송
된 사람을 살해한 때에는 사형, 무기 또는 7년 이상의 징역에 처한다.

② 형법 제287조부터 동 제289조까지의 죄를 범하여 약취, 유인, 매매 또는 이송
된 사람을 사망에 이르게 한 때에는 무기 또는 5년 이상의 징역에 처한다.

3) 상해죄와 살인죄는 결합범의 형태에 의한 가중적 구성요건임에 반하여 동 치
상죄와 치사죄는 결과적 가중범에 관한 규정이다.

9. 약취·유인·매매·이송된 사람의 수수·은닉 등 죄

1) 약취, 유인, 매매, 이송된 사람의 수수·은닉 등(형법 제292조)

① 형법 제287조부터 동 제289조까지의 죄로 약취, 유인, 매매 또는 이송된 사람
을 수수 또는 은닉한 사람은 7년 이하의 징역에 처한다.

② 형법 제287조부터 동 제289조까지의 죄를 범할 목적으로 사람을 모집, 운송,
전달한 사람도 제1항과 동일한 형으로 처벌한다.

2) 미수범처벌(형법 제294조)

형법 제287조부터 동 제289조까지, 동 제290조 제1항, 동 제291조 제1항과 동
제292조 제1항의 미수범은 처벌한다.

3) 벌금의 병과(형법 제295조)

5천만원 이하의 벌금을 병과할 수 있다.

10. 예비·음모죄, 형의 감경, 세계주의

1) 형법 제296조(예비, 음모)

형법 제287조부터 동 제289조까지, 동 제290조 제1항, 동 제291조 제1항과 동
제292조 제1항의 죄를 범할 목적으로 예비 또는 음모한 사람은 3년 이하의 징역에
처한다.

2) 형법 제295조의2(형의 감경)

형법 제287조부터 동 제290조까지, 동 제292조와 동 제294조의 죄를 범한 사람
이 약취, 유인, 매매 또는 이송된 사람을 안전한 장소로 풀어준 때에는 그 형을 감경
할 수 있다.

3) 형법 제296조의2(세계주의)

형법 제287조부터 동 제292조까지 및 동 제294조는 대한민국 영역 밖에서 죄를 범한 외국인에게도 적용한다.

제 4 항 강간과 추행의 죄

1. 의 의

강간과 추행의 죄는 개인의 인격적 법익을 침해하는 범죄로서 성적 자유, 즉 성적 자기결정의 자유를 침해하는 범죄이며 보호의 정도는 침해범이다(다수설).

구성요건체계로는 기본적 구성요건은 강제추행죄(형법 제298조)이며,[26] 강간죄(동 제297조), 유사강간죄(동 제297조의2), 강간 등 상해·치상죄(동 제301조), 강간 등 살인·치사죄(동 제301조의2)는 가중적 구성요건이다. 준강간·준강제추행죄(동 제299조) 및 13세 미만자 의제강간·유사강간·강제추행죄(동 제305조)는 강간죄·강제추행죄에 준하여 처벌하는 독립된 구성요건이며, 미성년자·심신미약자 간음·추행죄(동 제302조), 업무상 위력 등에 의한 간음죄(동 제303조 제1항), 피구금자간음죄(동 제303조 제2항)는 그 객체와 침해방법 및 부차적 보호법익 등을 고려하여 독립적으로 마련한 구성요건이다. 상습강간·강제추행죄, 상습준강간·준강제추행등죄(동 제305조의2)가 있다. 강간과 추행의 죄에 대하여 각종 특별형법[27]에서 처벌규정을 두고 있다.

2. 강 간 죄

강간죄의 실체인 간음행위는 종전에는 생리구조상 남자만이 가능하기 때문에 본죄의 주체는 남자인 것이 보통이었으나 형법의 개정으로 남녀 모두 주체가 되도록 하였다. 따라서 객체는 사람이다. 기혼·미혼·성년·미성년을 불문하며, 음행의 상습 유무도 묻지 않으므로 매춘부나 매춘남도 객체가 된다.

자기의 처(妻)도 강간죄의 객체가 되느냐에 대하여 종전에는 부부간의 특수성을 고려하여 이를 부정하는 견해가 판례·다수설의 입장이었다. 그러나 부부간의 특수성을 고려한다 하더라도 상대편에 대해 배우자의 성적 자기결정의 자유는 보호받을 가치가 없다거나 포기된 것이라고 보는 것은 곤란하다. 즉, 자기의 처라고 해서 폭행·협박으로 강간한 행위를 언제나 불가벌로 한다는 것은 남성위주의 사고방식이라 할

---

26) 성적 자기결정권의 자유를 침해하는 고유한 형태의 범죄가 강제추행죄이기 때문이다(이재상/장영민/강동범 159면).
27) 성폭력처벌법, 청소년성보호법, 특강법이 있다.

수 있다. 남편의 처에 대한 강간도 구체적인 경우에 따라서는 본죄가 성립한다고 보아야 할 것이다(대판2008도8601; 대판2012도14788 전원합의체).

한편 종전에 문제되었던 성전환수술을 받고 여자가 된 사람이 본죄의 객체가 될 수 있는가에 대하여는 형법의 개정으로 논란의 여지가 없게 되었다.

(범죄)행위는 폭행 또는 협박의 수단에 의하여 사람을 간음하는 것이다. 강간죄의 폭행·협박은 피해자의 반항을 불가능하게 하거나 현저히 곤란하게 할 정도로 최협의의 것이어야 한다. 폭행·협박이 피해자의 항거를 불가능하게 하거나 현저히 곤란하게 할 정도의 것이었는지 여부는 그 폭행·협박의 내용과 정도는 물론이고 유형력을 행사하게 된 경위, 피해자와의 관계, 성관계 당시의 정황 등 제반사정을 종합하여 판단하여야 한다(대판2012도4031).

강간의 수단인 폭행이나 협박이 개시되었을 때 실행의 착수가 있다(대판90도607). 기수시기에 관하여는 삽입설과 만족설로 나뉜 적이 있었으나, 현재에는 성기가 상대편의 성기에 들어가기 시작하는 순간에 기수가 된다는 데에 견해가 일치한다. 강간죄의 본질은 사람의 성적 자기결정의 자유에 대한 침해를 처벌하는 데 있기 때문이다.

형법의 개정으로 비친고죄로 됨으로써 고소 없이도 강간죄를 공소제기하여 처벌할 수 있게 되었다. 특별형법인 성폭력처벌법은 특수강간(제4조), 친족관계에 의한 강간죄(제5조)는 이미 종전부터 비친고죄로 처벌하고 있다.

3. 유사강간죄

본죄(형법 제297조의2)는 실행행위의 특수성으로 종전에는 강제추행죄로 벌하던 행위, 즉 성기와 성기의 결합 이외의 성기와 성기이외의 신체나 물건에 대한 결합행위(일반적으로 구강성교나 항문성교)를 가중처벌하기 위하여 신설된 범죄이다.

본죄의 주체는 제한이 없으며 남자는 물론 여자도 단독정범이나 간접정범 및 공동정범이 될 수 있으며 동성 간에도 성립할 수가 있다. 객체는 사람이다. 남녀, 기혼·미혼, 성년·미성년을 불문하나 13세 미만은 성폭력처벌법에 의하여, 13세에서 19세 미만은 청소년성보호법에 의해서 가중처벌된다.

본죄의 행위는 '폭행·협박으로 유사강간행위를 하는 것'으로, 유형으로는 구강, 항문 등에 대한 성기삽입행위와 성기, 항문 등에 대한 신체일부나 도구의 삽입을 행위유형으로 예시하고 있다. 본죄도 역시 비친고죄이며 미수범 처벌규정이 있다(형법 제300조).

유사강간행위도 신체의 내부에 성기를 넣거나 성기나 항문에 성기이외의 물건을 넣을 때 기수가 된다.

4. 강제추행죄

본죄의 주체·객체에는 아무런 제한이 없다. 따라서 여자도 본죄의 주체가 될 수 있고, 남녀사이에서만이 아니라 동성 간에도 범할 수 있다. 행위는 폭행 또는 협박으로 사람에 대하여 추행하는 것이다. 본죄의 '폭행 또는 협박'은 상대방에 대하여 폭행·협박을 가하여 그 항거를 곤란하게 한 뒤에 추행행위를 하는 경우만을 말하는 것이 아니고 폭행행위 자체가 추행행위라고 인정되는 경우도 포함하는 것이며, 이 경우의 폭행은 반드시 상대방의 의사를 억압할 정도의 것임을 요하지 않고 상대방의 의사에 반하는 유형력의 행사가 있는 이상 그 힘의 대소강약을 불문한다(대판94도 630). 즉 본죄의 폭행·협박의 개념은 그 정도에 있어서 강간죄보다는 넓게 인정한다. 즉 폭행 또는 협박이 항거를 곤란하게 할 정도일 것을 요한다(대판2011도8805).

'추행'이란 일반인에게 성적 수치심이나 혐오감을 일으키는 일련의 음란행위를 말한다. 따라서 추행은 성적 수치감 내지 성적 도덕감정을 현저히 침해하는 것이어야 한다.

피고인이 밤에 술을 마시고 배회하던 중 버스에서 내려 혼자 걸어가는 피해자 A(여, 17세)를 발견하고 마스크를 착용한 채 뒤따라가다가 인적이 없는 외진 곳에서 가까이 접근하여 껴안으려 하였으나, A가 뒤돌아보면서 소리를 치자 그 상태로 몇 초 동안 쳐다보다가 다시 오던 길로 되돌아 간 사안에서 피고인의 행위는 아동·청소년에 대한 강제추행미수죄에 해당한다(대판2015도6980). 그리고 피고인이 공터에서 피해자들이 놀고 있는 것을 발견하고 다가가 피해자들을 끌어안고 손으로 피해자들의 음부부위를 갑자기 1회 만진 행위는 강제추행죄가 성립한다(대판2012도3893).

주관적 구성요건요소로는 고의가 있으면 족하다. 성욕을 자극 또는 만족한다는 경향이나 목적이 있을 것은 요하지 아니한다(대판2013도5856).

5. 준강간·준강제추행죄

본죄(형법 제299조)는 사람의 심신상실 또는 항거불능의 상태를 이용하여 간음 또는 추행함으로써 성립하는 범죄이다.

본죄의 객체는 심신상실 또는 항거불능의 상태에 있는 사람이다. (범죄)행위는 사람의 심신상실 또는 항거불능의 상태를 이용하여 간음 또는 추행하는 것이다. 심신상실이란 정신기능의 장애로 말미암아 정상적인 판단능력을 잃고 있는 상태를 말한다. 무의식 내지 인사불성 상태뿐만 아니라 수면 중[28]이거나 주취 중인 경우를 포함한다. 백치인 사람의 사실상의 동의를 얻어 간음·추행하더라도 본죄에 해당한다. 항거불능의 상태란 심신상실 이외의 원인으로 심리적·물리적으로 반항이 불가능한 경우를 말한다. 예컨대 의사를 신뢰한 환자에 대하여 치료를 가장하여 간음·추행하는 경우, 누군가에 의해 꽁꽁 묶여 있는 상태의 사람을 간음·추행하는 경우는 본죄에 해당한다.

행위는 간음행위과 추행행위이다.

6. 13세 미만자 의제강간·유사강간·강제추행죄

형법은 13세 이상이 되는 사람의 화간(和姦)에 대해서는 간섭하지 않는다. 그러나 13세 미만의 사람에 대해서는 그의 동의를 얻어 간음한 경우도 처벌한다(형법 제305조).[29] 13세 미만의 사람은 간음에 대한, 즉 성적 자기결정에 대한 동의능력이 없다고 본다.

형법 제305조의 미성년자의제강제추행죄는 '13세 미만의 아동이 외부로부터의 부적절한 성적 자극이나 물리력의 행사가 없는 상태에서 심리적 장애 없이 성적 정체성 및 가치관을 형성할 권익'을 보호법익으로 하는 것이다(대판2005도6791).

주관적 구성요건요소로 행위자는 피해자가 13세 미만의 사람임을 인식하여야 한다. 만일 13세 미만으로 인식하였지만 실제로 13세 이상인 경우는 본죄에 해당하지 않는다.

7. 강간 등 상해·치상죄, 강간 등 살인·치사죄

본죄(형법 제301조, 동 제301조의2)는 강간죄, 유사강간죄, 강제추행죄, 준강간(강제추행)죄, 13세 미만자 의제강간(유사강간·강제추행)죄를 범한 자가 사람을 상해·살해하거나 상해·사망에 이르게 한 때에 성립할 뿐만 아니라, 그 미수범이 사람을 상해·살해하거나 상해·사망에 이르게 한 때에도 성립한다. 따라서 강간이 미수에 그친 경우라도 그 수단이 된 폭행에 의하여 피해자가 상해를 입었으면 강간치상죄가 성립하

---

28) "깊은 잠에 빠져 있는 상태는 심신상실의 상태라 할 것이므로, 타인의 이러한 상태를 이용하여 간음하면 준강간에 해당한다"(대판76도3673).

29) "형법 제305조에 규정된 13세 미만 부녀에 대한 의제강간·추행죄는 그 성립에 있어 위계 또는 위력이나 폭행 또는 협박의 방법에 의함을 요하지 않으며, 피해자의 동의가 있었다고 하여도 성립하는 것이다"(대판82도2183).

며, 미수에 그친 것이 피고인의 자의로 실행에 착수한 행위를 중지한 경우이든 실행에 착수하여 행위를 종료하지 못한 경우이든 가리지 않는다(대판88도1628).

사상(死傷)의 결과와 원인이 되는 범죄의 폭행·협박·간음·추행 사이에는 인과관계가 인정되어야 한다. 예컨대 폭행·협박을 가하여 간음하려는 행위와 이에 극도의 흥분을 느끼고 공포심에 사로잡혀 이를 피하려다가 사망에 이르게 된 사실 사이에는 인과관계가 인정된다(대판78도1331). 한편 강간을 당한 피해자가 집에 돌아가 음독자살하게 된 원인이, 강간당함으로 인하여 생긴 수치심과 장래에 대한 절망감 등에 있었다고 하더라도 그 자살행위가 강간행위로 인한 당연한 결과라고 볼 수는 없다(대판82도1446)고 하여 인과관계를 부정한 경우도 있다.

수면제와 같은 약물을 투약하여 피해자를 일시적으로 수면 또는 의식불명 상태에 이르게 한 경우에도 약물로 인하여 피해자의 건강상태가 불량하게 변경되고 생활기능에 장애가 초래되었다면 자연적으로 의식을 회복하거나 외부적으로 드러난 상처가 없더라도 이는 강간치상죄나 강제추행치상죄에서 말하는 상해에 해당된다(대판2017도3196).

8. 미성년자·심신미약자 간음·추행죄

본조(형법 제302조)의 미성년자는 동 제305조와 대비하여 볼 때 19세 미만 13세 이상의 자를 말한다. 심신미약자란 정신기능의 장애로 인하여 사물변별능력이나 의사결정능력이 미약한 자를 의미한다. 위계란 사람을 기망 또는 유혹하여 그 착오 또는 부지를 이용하는 것을 말한다. 위력이란 사람의 자유의사를 제압할 만한 힘을 말하며, 폭행·협박이나 행위자의 지위·권세 등도 포함한다.

본죄의 행위는 위계 또는 위력에 의하여 간음 또는 추행하는 것이다. 피해자가 미성년자라 할지라도 강간에서 요구되는 정도의 폭행으로 간음한 때는 강간죄가 성립한다.[30]

체구가 큰 만 27세 남자가 만 15세인 피해자의 거부의사에도 불구하고 성교를 위하여 피해자의 몸 위로 올라간 것 외에 별다른 유형력을 행사하지 않은 경우에도 청소년성보호법상 '위력에 의한 강간죄'가 성립한다(대판2008도4069).

9. 업무상 위력 등에 의한 간음죄 및 피구금자간음죄

업무상 위력 등에 의한 간음죄(형법 제303조 제1항)는 업무·고용 기타 관계로 인하

---

30) 이재상/장영민/강동범 178면.

여 자기의 보호 또는 감독을 받는 사람을 위계 또는 위력에 의하여 간음함으로써 성립한다.[31] 또한 피구금자간음죄(동 제303조 제2항)의 보호법익은 일차적으로 피구금자의 성적 자기결정권이지만, 피구금자에 대한 평등처우와 감호자의 청렴성도 부차적인 보호법익으로 한다.

10. 상습강간·강제추행죄, 상습준강간·준강제추행죄

본죄(형법 제305조의2)는 상습으로 동 제297조, 동 제297조의2, 동 제298조부터 동 제300조까지, 동 제302조, 동 제303조 또는 동 제305조의 죄를 범한 자는 그 죄에 정한 형의 2분의 1까지 가중한다.

---

31) 범죄의 객체가 13세 미만인 경우에는 성폭력처벌법 제7조 제5항에 해당되고, 13세 이상인 미성년자인 경우에는 청소년성보호법 제7조 제5항이 적용된다.

제 3 절 명예와 신용·업무·경매에 관한 죄

제 1 항   명예에 관한 죄

1. 의   의

명예에 관한 죄는 공연히 사실을 적시하여 사람의 명예를 훼손하거나 사람을 모욕하는 것을 내용으로 하는 범죄이다. 보호법익은 명예이다. '명예'란 사람의 가치에 대한 사회적 평가이다(외적 명예).[32) 따라서 형법이 보호하려고 하는 명예는 반드시 진실과 합치할 필요는 없다. 명예에 관한 죄가 성립하기 위해서는 피해자의 명예가 실제로 침해받아 저하될 필요는 없다. 따라서 명예에 관한 죄는 위험범이라 할 수 있다.

기본적 구성요건은 명예훼손죄(형법 제307조 제1항)이고, 허위의 사실을 적시하였을 경우(동 제307조 제2항)와 출판물에 의한 명예훼손죄(동 제309조)에는 형을 가중하는 가중적 구성요건이며, 사자명예훼손죄(동 제308조)와 모욕죄(동 제311조)는 독립된 구성요건이다. 형법 제307조 제1항의 명예훼손죄에 대해서는 특수한 위법성조각사유규정(동 제310조)이 있다. 사자(死者)명예훼손죄와 모욕죄는 친고죄, 명예훼손죄와 출판물에 의한 명예훼손죄는 반의사불벌죄이다.

2. 명예훼손죄

본죄(형법 제307조)의 객체는 사람의 명예이다. 명예의 주체인 사람에는 자연인뿐만 아니라 법인도 포함된다. 판례는 법인격을 가진 단체에 한정하는 취지로 판시하였으나(대판4291형상539), 사회적으로 독립한 실체로서 활동하고 있는 이상 법인격이 없는 단체라도 명예의 주체가 된다고 생각한다(대판99도5407). 명예의 주체는 특정되어야 한다. 단순히 '서울시민' 또는 '경기도민'이라는 식으로 막연하게 표시해서는 본죄는 성립하지 않는다(대판4293형상244). 그렇다고 해서 피해자의 이름을 명시해야 하는 것은 아니고, 그 표현의 내용을 주위사정과 종합 판단하여 어느 특정인을 지목하는 것인가를 알아차릴 수 있으면 충분하다(대판82도1256).

---

32) "명예훼손죄와 모욕죄의 보호법익은 다 같이 사람의 가치에 대한 사회적 평가인 이른바 외부적 명예인 점에서 차이가 없다. 다만 명예훼손은 사람의 사회적 평가를 저하시킬 만한 구체적 사실을 적시하여 명예를 침해함을 요하는 것이지만, 모욕죄는 구체적 사실이 아닌 단순한 추상적 판단이나 경멸적 감정의 표현으로서 사회적 평가를 저하시키는 것이라는 점에서 구별된다"(대판87도739).

국가나 지방자치단체는 국민에 대한 관계에서 형벌의 수단을 통해 보호되는 외부적 명예의 주체가 될 수 없고, 따라서 명예훼손죄나 모욕죄의 피해자가 될 수 없다(대판2014도15290).

명예의 내용은 사회생활에서 인정되는 모든 가치를 포함한다. 다만 사람의 지불능력 및 지불의사에 대한 경제적 평가도 명예의 내용이 되지만 이는 신용훼손죄의 보호법익으로 따로 규정하고 있으므로 본죄의 명예에서는 제외시켜야 한다. 그리고 명예는 진가(眞價)와 일치할 필요는 없으므로 현실적 가치가 아닌 가정적 명예도 본죄의 명예에 포함된다. 그러나 명예는 적극적 가치이어야 한다.

본죄의 행위는 '공연히 사실을 적시'하거나 '공연히 허위의 사실을 적시'하는 것이다. '공연성'이란 불특정 또는 다수인이 인식할 수 있는 상태를 뜻한다(통설·판례; 대판90도1167). 불특정인이란 상대방이 행위자와의 특정한 관계에 의해서 한정된 자가 아니라는 뜻이다. 행위시에 상대방이 누구인지 구체적으로 특정되어 있지 않다는 의미가 아니다. 다수인이란 숫자적으로 몇 명 이상이라고 한정할 수는 없으나 상당한 인원수임을 요한다고 본다. 불특정 또는 다수인이 '인식할 수 있는 상태'의 의미에 관하여, 판례는 이른바 전파성(傳播性)의 이론을 취하고 있다. 즉 명예훼손죄의 공연성은 불특정 또는 다수인이 인식할 수 있는 상태를 의미하므로, 비록 개별적으로 한사람에 대하여 사실을 유포하였다 해도 이로부터 불특정 또는 다수인에게 전파될 가능성이 있다면 공연성의 요건을 충족한다고 한다(대판89도886).[33] 따라서 세 사람이 있는 자리에서 또는 한 사람에게 전화로 사실을 말하였다 하더라도 그 사람들에 의하여 외부에 전파될 가능성이 있는 이상 공연성은 충족된다.[34] 이와 달리 비밀이 보장되거나 전파될 가능성이 없는 경우라면 특정한 사람에 대한 사실의 유포는 공연성을 결한 것으로 본다(대판90도1167).

전파성이론은 공연성의 범위를 확대하여 표현의 자유를 지나치게 제한하고 있고, 이에 의하면 본죄의 성립여부가 상대방의 전파의사에 따라 좌우될 수 있으므로 불합리하며, 본죄가 위험범이라는 점과 공연성이 본죄의 행위의 태양이라는 점을 서로 혼동하여 공연성에 전파가능성을 요구하고 있다는 비판을 받는다. 공연성은 불특정 또는 다수인이 직접 인식할 수 있는 상태를 의미한다고 보는 것이 타당하다.

---

33) 같은 취지의 판례로 대판99도4579; 대판99도5622.
34) "명예훼손죄에 있어서의 공연성은 불특정 또는 다수인이 인식할 수 있는 상태를 의미하므로, 비록 두 세 사람이 있는 자리에서 허위사실을 유포하였다고 하더라도 그 사람들에 의하여 외부에 전파될 가능성이 있다면 명예훼손죄의 성립에 아무런 영향이 없다"(대판94도1880).

개인 블로그의 비공개 대화방에서 상대방으로부터 비밀을 지키겠다는 말을 듣고 일대일로 대화한 경우에도 전파할 가능성이 없다고 할 수는 없다(대판2007도8155). 반면에 피고인이 평소 을이 자신의 일에 간섭하는 것에 기분이 나쁘다는 이유로 갑으로부터 취득한 을의 범죄경력기록을 같은 아파트에 거주하는 병에게 보여주면서 '전과자이고 나쁜 년'이라고 사실을 적시한 경우에는 전파될 가능성이 없다(대판2010도8265).

'사실의 적시'란 사람의 사회적 평가를 저하시키는 데 충분한 구체적 사실을 가리키는 것을 말한다. 이를 적시하지 않고 단지 모멸적인 언사를 사용하여 타인의 사회적 평가를 경멸하거나 자기의 추상적 판단을 표시하는 것은 사람을 모욕한 경우에 해당할 뿐이다(대판81도2280). 적시되는 사실은 피해자의 사회적 지위 또는 가치를 침해할 수 있을 만한 성질의 것이면 무엇이든지 상관이 없으나 구체성을 담아야 한다(대판2008도6728). 적시의 방법은 반드시 직접적일 필요는 없고 간접적·우회적 표현으로도 가능하다(대판91도420). 장래의 사실도 현재나 과거사실에 대한 주장을 포함할 경우에는 사실에 포함되며(대판2002도7420), 가치중립적 표현을 사용하는 경우에도 가능하다(대판2008도6728). 허위의 사실을 적시하는 경우에는 제2항에 의하여 형이 가중된다.

명예훼손죄에서의 사실의 적시란 가치판단이나 평가를 내용으로 하는 의견표현에 대치되는 개념으로서 시간과 공간적으로 구체적인 과거 또는 현재의 사실관계에 관한 보고 내지 진술을 의미하며 그 표현내용이 증거에 의한 입증이 가능한 것을 말하고 판단한 진술이 사실인가 또는 의견인가를 구별할 때에는 언어의 통상적 의미와 용법, 입증가능성, 문제된 말이 사용된 문맥, 그 표현이 행해진 사회적 상황 등 전체적 정황을 고려하여 판단하여야 한다(대판2016도19255).

주관적 구성요건요소로는 행위자에게 미필적으로라도 사람의 명예를 훼손하게 되리라는 인식·예견이 있으면 족하며(대판2004도340), 사람의 명예를 훼손할 목적이나 기타의 동기는 묻지 않는다.

허위사실 적시에 의한 명예훼손죄 역시 미필적 고의에 의하여도 성립하고, 위와 같은 법리는 형법 제308조의 사자명예훼손죄의 판단에도 마찬가지로 적용된다(대판2013도12430). 특히 적시된 사실이 허위의 사실이라고 하더라도 행위자에게 허위성에 대한 인식이 없는 경우에는 형법 제307조 제2항의 명예훼손죄가 아니고 동 제307조 제1항의 명예훼손죄가 성립한다(대판2016도18024).

명예훼손죄에 관하여는 총칙의 일반적인 위법성조각사유의 적용 외에도 형법 제 310조의 특별규정이 있다. 형법 제310조는 "제307조 제1항의 행위가 진실한 사실로 서 오로지 공공의 이익에 관한 때에는 벌하지 아니한다."고 규정하고 있다. 대상이 되는 것은 '제307조 제1항의 행위', 즉 공연히 사실을 적시하여 사람의 명예를 훼손 하는 행위이다. 그러므로 제307조 제2항의 '허위사실'을 적시하는 명예훼손행위, 형 법 제308조의 허위사실을 적시한 사자의 명예훼손행위, 동 제309조의 출판물 등에 의한 명예훼손행위에는 본조는 적용이 안 된다. 허위사실 적시에 의한 명예훼손죄에 해당하는 행위에 대하여는 위법성조각에 관한 형법 제310조는 적용될 여지가 없다 (대판2013도4786; 대판2010도2690).

적시된 것이 '진실한 사실'이거나 적어도 행위자가 그 사실을 진실한 것으로 믿 었고 또 그렇게 믿을 만한 상당한 이유가 있어야 한다(대판94도237). 여기서의 진실한 사실이란 중요한 부분이 진실과 합치하는 사실이면 되고 세부에 이르기까지 합치할 필요는 없다. 다소 과장된 표현이 있더라도 전체로 보아 진실과 합치되면 무방하 다.[35]

또한 그 사실의 적시가 '오로지 공공의 이익에 관한' 것이어야 한다. 공공의 이익 이란 국가·사회 기타 일반 다수인의 이익에 관한 것뿐만 아니라 특정한 사회집단이 나 그 구성원 전체의 이익에 관한 것도 포함된다(대판93도1035). 객관적으로 적시된 사 실이 공공의 이익에 관한 것임을 요하며, 주관적으로도 사실적시의 동기가 공익을 위한 것이어야 한다. 법문에는 '오로지'라고 표현되어 있지만, 주요한 동기가 공공의 이익을 위한 것이면 족하고 다소 사익의 요구가 내포되어 있더라도 상관없다(대판 2004도3912).

교장이 여성 기간제 교사에게 차 접대요구와 부당한 대우를 하였다는 인상을 주 는 내용의 글을 게재한 경우에는 공공의 이익에 관한 것으로서 위법성이 조각된다(대 판2007도9885). 반면 피고인이 자신과 관련된 선거범죄 사건의 제보자를 전파가능성이 있는 같은 당 당원들에게 알리는 행위는 … 선거범죄의 처벌을 통하여 공명정대한 선 거문화를 정착하려는 공공의 이익에 반하는 행위이다(대판2005도2049).

본조에서 '처벌하지 아니한다.'라는 의미는 위법성이 조각되는 것으로 보는 것이

---

35) "신문사의 지사장이 지방행정당국의 불합리한 처사를 취재보도하면서 다소 과장된 표현이 있다하여 곧 허위보도라 할 수 없고, 이는 공공의 이익에 관한 것으로 봄이 타당하므로 명예훼손죄로서 처단할 수 없는 것이다"(대판4291형상323).

타당할 것이다(통설·판례; 대판92도3160). 다수설은 제310조를 진실성의 증명을 피고인의 부담으로 한 거증책임의 전환에 관한 규정으로 파악한다(긍정설). 그러나 위법성조각사유의 부존재에 대한 거증책임은 검사에게 있고, 이에 대한 예외규정이 없는 한 그것이 진실이 아니라는 것에 대한 증명은 검사가 하여야 한다. 판례는 긍정설의 입장이다(대판2004도1632).

3. 사자명예훼손죄

본죄(형법 제308조)의 보호법익은 사자(死者)의 명예이다(통설·판례; 대판83도1520). 본죄는 사자에 관하여 '허위'의 사실을 적시한 경우에만 성립한다(대판2007도8411). 만일 사자에 대한 진실한 평가도 범죄가 된다면 역사적 인물에 대한 객관적이고도 공정한 비판은 불가능하게 될 것이기 때문이다. 본죄는 친고죄이고 고소권자는 사자의 친족 또는 자손이다(형사소송법 제227조).

4. 출판물 등에 의한 명예훼손죄

본죄(형법 제309조)는 주관적 구성요건요소로 고의만이 아니라 비방할 목적을 가지고 행위하였다는 점, 명예를 훼손하는 방법이 신문·잡지·라디오 기타 출판물에 의함으로써 그 위험성이 더욱 증대되었다는 점에서 위법성이 가중된 것이다. 그러므로 비위사실을 신문지상에 게재하여도 비방의 목적이 없는 한 본죄는 성립하지 않는다(대판2003도6036). 그러나 정을 모르는 기자에게 허위기사를 신문에 보도케 한 경우에는 본죄의 간접정범이 성립된다(대판2000도3045). 출판물은 적어도 인쇄한 물건의 정도에는 이르러야 하고(대판97도158), 단순히 프린트하거나 손으로 쓴 것은 이에 해당하지 않는다.

형법 제309조 제2항의 죄가 성립하려면 위와 같은 주관적 요건 및 방법 외에 그 적시하는 사실이 허위이어야 하며, 범인이 그와 같은 사실이 허위라고 인식하여야 한다.[36]

5. 모 욕 죄

'모욕'이란 구체적인 사실을 적시하지 않고 단순히 사람의 외부적인 명예를 훼손할 만한 추상적인 판단을 표시하는 것이다(형법 제311조). 수단과 방법에는 제한이 없

---

36) "제309조 제2항의 죄가 성립하려면 그 적시하는 사실이 허위이여야 할 뿐만 아니라 범인이 그와 같은 사실이 허위라고 인식하여야만 된다 할 것이고, 만일 범인이 그와 같은 사실이 허위라는 인식을 하지 못했다면 형법 제309조 제1항의 죄로서 벌하는 것은 별론으로 하고 형법 제309조 2항의 죄로서 벌할 수는 없다"(대판94도2186).

으므로 언어·서면·거동을 불문하나 사람을 경멸하는 내용의 설명가치를 가져야 한다 (대판2006도8915; 대판2008도8917). 피해자의 외부적 명예가 현실적으로 침해되거나 구체적·현실적으로 침해될 위험이 발생하여야 하는 것도 아니다(대판2016도9674). 피고인이 자신의 인터넷 블로그에 '듣보잡', '함량미달', '싼 맛에 갖다 쓰는 거죠' 등의 경멸적인 감정표현을 하는 것은 모욕죄가 된다(대판2010도10130). 반면에 어떤 표현이 상대방의 인격적 가치에 대한 사회적 평가를 저하시킬 만한 것이 아니라면 설령 그 표현이 다소 무례하고 저속한 방법으로 표시되었다 하더라도 모욕죄의 구성요건에 해당한다고 볼 수 없다(대판2015도6622).

제 2 항   신용·업무와 경매에 관한 죄

1. 의 의

신용·업무와 경매에 관한 죄는 사람의 신용을 훼손하거나 업무를 방해하거나 또는 경매·입찰의 공정성을 침해하는 것을 내용으로 하는 범죄이다. 보호정도는 모두 추상적 위험범이며 구성요건체계는 신용훼손죄(형법 제313조), 업무방해죄(동 제314조 제1항), 컴퓨터이용 등 특수업무방해죄(동 제314조 제2항) 및 경매·입찰방해죄(동 제315조)로 구성되어 있다.

2. 신용훼손죄

본죄(형법 제313조)의 보호법익은 신용, 즉 경제적 측면에서 본 사람에 대한 사회적 평가이다. 범죄객체는 사람의 신용이다. 사람에는 자연인 외에 법인과 법인격 없는 단체를 포함한다. 신용이란 사람의 경제적 지위에 대한 사회적 평가, 즉 사람의 지급능력 또는 지급의사에 대한 사회적 신뢰를 말한다(대판2009도5549).

허위의 사실을 유포한다는 것은 객관적 사실과 서로 다른 사항을 내용으로 하는 사실을 불특정 또는 다수인에게 전파시키는 것을 말한다(대판93도1278). 단순한 의견이나 가치판단을 표시하는 것은 이에 해당하지 않는다(대판82도2486). '위계'란 사람을 착오에 빠지게 하여 그 판단을 그릇되게 하는 일체의 수단을 의미한다(대판2006도3400).

신용을 훼손한다는 것은 사람의 지급능력 또는 지급의사에 관한 사회적 신뢰를 저하케 하는 상태를 야기시키는 것을 말한다. 그러나 본죄는 일종의 위험범이므로 현실로 신용훼손의 결과가 발생하여야 기수가 되는 것은 아니다.

3. 업무방해죄

본죄(형법 제314조)는 업무활동의 자유를 보호법익으로 한다. 여기의 업무란 직업 또는 사회생활상의 지위에 기하여 계속적으로 종사하는 사무나 사업을 말한다(통설·판례). 업무는 경제적인 것에 한하지 않고[37] 주된 업무만이 아니라 부수적인 업무도 포함되지만, 계속하여 행하는 사무가 아닌 일회적인 사무는 여기의 업무에 해당되지 않는다.[38] 또한 타인의 위법한 침해로부터 보호할 가치 있는 것이면 되고(대판2006도3687), 그 업무의 기초가 된 계약 또는 행정행위 등이 반드시 적법하여야 하는 것은 아니다(대판91도944). 공무도 포함된다는 견해가 다수설이며 판례의 입장이다(대판2009도4166 전원합의체). 허위사실의 유포는 위계의 한 예이다. 허위사실의 유포와 위계의 개념은 신용훼손죄(형법 제313조)에서와 같고 위력이란 사람의 의사를 제압하기에 족한 경우를 말한다(대판2006도1580).

업무(業務)를 방해한다는 것은 업무활동의 자유에 제약을 초래하는 것이라 할 수 있다. 판례는 업무방해의 결과가 실제로 발생함을 요하지 않고 업무 방해의 결과를 초래할 위험이 발생하는 것이면 족하다고 판시한다(대판92도1645).

파업 등 쟁의행위가 위력에 의한 업무방해죄에 해당한다고 보는 것이 통설이다. 그러나 파업은 업무방해죄와 무관하며, 정당한 파업은 애당초 형벌법규의 적용대상이 아니다. 어떠한 형태의 파업이든, 또한 정당성을 갖추었느냐 여부와 상관없이, 파업의 내용인 근로제공거부는 업무방해죄의 구성요건해당성이 없다. 근로거부를 처벌한다는 것은 형벌로써 노동을 강제하는 것이기 때문이다(강제노동금지원칙 위반). 만일 파업과 관련하여 개개인의 구체적인 행위인 폭행·협박·손괴·강요 등이 수반되었다면 이에 대해서는 형법을 적용할 수 있지만, 그 행위가 범죄로 성립한다 할지라도 그 각각의 행위자만이 자기의 행위에 따라 처벌받을 수 있을 뿐이다.

4. 컴퓨터이용 특수업무방해죄

본죄(형법 제314조 제2항)의 객체는 컴퓨터 등 정보처리장치와 전자기록 등 특수매체기록이다. 정보처리장치란 컴퓨터시스템을 의미하며 하드웨어와 소프트웨어를 포함하고, 특수매체기록에는 전자기록 이외에 전기적 기록이나 광기술을 이용한 기록

---

37) 유림총회개최업무(대판90도2501), 사립대학의 입시감독업무(대판91도2211), 대학원의 합격자사정업무(대판93도2669) 등. 반면에 초등학생들이 학교에 등교하여 교실에서 수업을 듣는 것(대판2013도3829), 주주로서 주주총회에서 의결권을 행사하는 것(대판2004도1256)은 업무에 해당되지 않는다.

38) 공장의 이전(대판88도1752), 건물 앞 조경공사(대판92도2929) 등.

을 포함한다.

행위로서의 손괴란 물리적인 파괴나 멸실뿐만 아니라 전자기록을 지워 없애는 것을 포함한다. 허위의 정보나 부정한 명령을 입력하는 것은 진실에 반하는 정보나 예상하지 않은 프로그램을 입력하는 것을 말하며, 컴퓨터바이러스가 그 대표적인 예이다(대판2011도7943). 전원의 절단이나 온실의 조작 등은 기타 방법으로 정보처리장치에 장애를 발생케 하는 경우에 해당한다(대판2009도12238).

5. 경매·입찰방해죄

본죄(형법 제315조)의 보호법익은 경매와 입찰의 공정성이다. 객체는 경매와 입찰이다. '경매'란 매도인이 다수인에 대하여 구두 등으로 매수인의 청약을 촉진케 하여 최고가격의 청약자에게 승낙을 하여 매매를 성립시키는 것을 말하며, '입찰'이란 경쟁계약에서 경쟁에 참가한 다수인에 대하여 문서로 계약의 내용을 표시하게 하여 가장 유리한 청약자를 상대방으로 하여 계약을 체결하는 것을 말한다.

(범죄)행위는 위계와 위력 기타의 방법으로 경매 또는 입찰의 공정을 방해하는 것이다. 공정을 해한다는 것은 경매 또는 입찰이 공정한 자유경쟁 하에서 행하여지는 데에 부당한 영향을 줄 상태를 발생시키는 것을 의미한다.

담합행위가 본죄를 구성하는가가 문제된다. '담합행위'란 경매·입찰의 경쟁에 참가하는 자가 서로 통모하여 그 중의 특정한 자를 경락자·낙찰자로 하기 위하여 기타의 자는 일정한 가격 이하 또는 이상으로는 경매·입찰하지 않을 것을 협정하는 것이다(대판81도824). 가장경쟁자를 조작하는 경우(대판67도1195), 실질적인 단독입찰을 경쟁입찰인 것처럼 가장하여 그 입찰가격으로 입찰되게 한 경우(대판81도824; 대판94도2142)에는 본죄가 성립한다. 그러나 자유로운 경쟁과 동일한 결과로 되는 경우(대판81도824), 또는 적정한 기업이윤을 확보하고 무모한 출혈경쟁을 방지하기 위하여 일반거래통념상 인정되는 범위 내에서 입찰자 상호간에 의사의 타진과 절충을 한 것에 불과한 경우(대판81도537), 담합의 목적이 주문자의 예정가격 내에서 무모한 출혈경쟁을 방지하기 위한 경우(대판65도1166)에는 입찰공정을 해할 위험성이 없다고 하겠다.

본죄는 위험범으로서 입찰의 공정을 해할 행위를 하면 족하고, 현실적으로 입찰의 공정을 해한 결과가 발행할 필요는 없다(대판94도600).

제 4 절 사생활의 평온에 관한 죄

제 1 항 비밀침해의 죄

1. 의 의

비밀침해의 죄는 개인의 비밀을 침해하는 것을 내용으로 하는 범죄이다. 보호법익은 개인의 비밀이다.

여기에는 비밀침해죄(형법 제316조)와 업무상 비밀누설죄(동 제317조)의 두 종류가 있고, 모두 친고죄로 규정하고 있다(동 제318조).

2. 비밀침해죄

본죄(형법 제316조)의 객체는 봉함이나 비밀장치한 편지·문서·도화이다. 편지는 특정인으로부터 다른 특정인에게 의사를 전달하는 문서를 말하며, 반드시 우편물일 필요는 없다. 문서는 편지 이외의 것으로서 문자 기타의 발음부호로 특정인의 의사를 표시한 것이고, 도화는 그림에 의하여 사람의 의사가 표시되어 있는 것을 말한다.

'봉함(封緘)'이란 예컨대 봉투를 풀로 붙인 것과 같이 그 겉껍질을 훼손하지 않고는 쉽사리 그 내용을 알 수 없게 한 것을 말하며, '비밀장치'란 봉함 외의 외표를 만들어 쉽사리 그 내용을 알 수 없게 만든 일체의 장치를 말한다. 이와 같은 봉함 또는 비밀장치가 없는 것에 대해서는 본죄가 성립하지 않는다.

피해자가 2단 서랍의 아랫칸에 잠금장치를 하였다면 아랫칸은 윗칸에 잠금장치가 되어 있는지 여부에 관계없이 비밀장치에 해당한다(대판2008도9071).

특수매체기록에는 전자기록 이외에 전기적 기록이나 광기술을 이용한 기록을 포함한다. 녹음테이프·녹화필름·컴퓨터디스크 등에 수록된 비밀에 대해서도 형법의 보호가 미치도록 형법이 도입한 객체이다.

종전에서는 본죄의 행위유형으로서 개봉하는 것만을 규정하였으나, 형법은 기술적 수단을 이용하여 내용을 알아내는 것을 포함시켰다. '개봉'이란 봉함 기타 비밀장치를 훼손하여 편지·문서 또는 도화의 내용이 공개될 수 있는 상태에 두는 것을 말한다. 그리고 투시와 같은 방법으로 내용을 알아내는 것도 본조의 적용대상으로 기술적 수단을 이용하는 것에 해당한다.

본죄는 친고죄이기 때문에 누가 고소권자가 되는가의 문제에 대하여 편지가 수신인에게 도달하기 전에는 발신인, 도달한 후에는 수신인이 된다는 견해, 도달의 전후를 불문하고 발신인·수신인이 모두 된다는 견해(다수설), 발신인은 도달전후를 불문하고, 수신인은 도달 후에만 된다는 견해가 있다. 편지의 비밀은 발신인·수신인에게 공통적인 것이므로 도달전후를 불문하고 양자는 다 같이 피해자로서 고소권을 가진다고 보는 다수설이 타당하다.

3. 업무상 비밀누설죄

본죄의 주체는 형법 제317조 본문에 열거되어 있는 자에 한하고 일반인에 대하여는 범죄가 성립하지 않는다(진정신분범). 다만 공무원 또는 공무원이었던 자가 법령에 의한 직무상의 비밀을 누설한 때에는 공무상 비밀누설죄(제127조)에 해당된다.

범죄객체는 업무처리상 지득한 사람의 비밀이다. 일정한 사항이 비밀로 인정되기 위해서는 본인이 비밀로 할 것을 원할 뿐만 아니라 객관적으로도 비밀로 할 이익이 있어야 한다. 비밀은 그 업무처리 중 또는 업무상 지득한 것이어야 한다. 업무와 관계없이 알게 된 것에 대해서는 범죄가 성립하지 않는다.

(범죄)행위는 비밀을 누설하는 것이다. '누설'이란 그 비밀사항을 타인에게 알게 하는 것이다. 비밀의 누설은 상대방에게 도달한 때에 기수가 된다. 상대방이 그 내용을 알아야만 기수가 되는 것은 아니다.

주관적 구성요건요소로는 고의가 있어야 한다. 고의의 내용으로는 신분에 대한 인식과 자기가 지득한 비밀을 누설한다는 인식이 있어야 한다. 최소한 미필적 고의만 있어도 된다. 그리고 정당한 이유가 있는 때에는 위법성이 조각된다. 그러나 피해자의 동의가 있으면 위법성이 조각되는 것이 아니라 구성요건해당성이 조각된다.[39]

제 2 항   주거침입의 죄

1. 의   의

주거침입의 죄는 사람의 주거 또는 관리하는 건조물, 선박이나 항공기 등 일정한 장소의 평온과 안전을 침해 내지 위협하는 행위를 내용으로 하는 범죄이다. 본죄의 보호법익에 관하여는 두 가지 입장이 있다. 하나는 본죄의 보호법익을 주거권으로 보는 견해(주거권설)이다. '주거권'이란 사람이 주거의 평온을 확보하고 권한 없는 타인의 침입에 의하여 이를 방해받지 않는 권리다. 다른 하나는 본죄의 보호법익을

---

39) 이재상/장영민/강동범 232면.

권리로서의 주거권이 아니라 사실상의 주거의 평온이라고 하는 견해(사실상 평온설)이다. 즉, 주거에 대한 공동생활자 모두의 사실상의 평온이라고 본다. 판례도 "형법상 주거침입죄의 보호법익은 주거권이라는 법적 개념이 아니고 사적 생활관계에 있어서의 사실상 주거의 자유와 평온으로서, 그 주거에게 공동생활하고 있는 전원이 평온을 누릴 권리가 있다고 할 것"이라고 하여 사실상 평온설에 입각하고 있다(대판2007도11322).[40] 보호의 정도는 위험범이다.

구성요건체계로는 기본적으로 주거침입죄(형법 제319조 제1항)·퇴거불응죄(동 제319조 제2항)와 가중적 구성요건으로서 특수주거침입죄(동 제320조), 독립된 구성요건으로 주거·신체수색죄(동 제321조)를 규정하고 있으며 미수범 처벌규정(동 제322조)도 있다.

주거침입·퇴거불응죄(동 제319조)와 관련하여 폭력행위처벌법은 이 죄를 상습적으로 범하는 경우에는 특별가중처벌규정을 두고 있다.

2. 주거침입죄

본죄(형법 제319조 제1항)의 객체는 사람의 주거, 관리하는 건조물, 선박이나 항공기 또는 점유하는 방실이다. 사람의 주거란 사람이 일상생활을 영위하기 위하여 점거하는 장소를 말한다. 주거는 그 설비·구조의 여하를 불문하므로 천막·판잣집·토굴이라도 사람이 일상생활의 영위를 위해 거주하는 경우에는 주거에 해당한다.

주거에는 주거자가 반드시 현존하고 있을 필요도 없다. 주거침입죄는 주거의 사실상의 평온을 보호법익으로 하므로 주거의 소유관계는 문제가 되지 않는다.[41] '관리'란 사실상 지배하는 것을 의미한다. 함부로 타인이 침입하는 것을 방지할 만한 인적·물적 설비를 갖추어둔 것이라야 한다. '건조물'이란 주거 또는 저택을 제외한 일체의 건물로서 그 주위를 둘러싼 지역을 포함한다(대판82도1363). 물탱크는 건조물이 아니다(대판2007도7247). '점유하는 방실'이란 건조물 내에서 사실상 지배·관리하는 일구획, 예컨대 건물 내의 사무실이나 여관방 등을 의미한다.

다가구용 단독주택인 빌라의 잠기지 않는 대문을 열고 들어가 공용계단으로 빌라 3층까지 올라갔다가 1층으로 내려온 경우에 주거인 공용계단에 들어간 행위가 거

---

40) 이밖에도 같은 취지의 판례로 대판87도1760; 대판2001도1092 등이 있다.
41) "점유할 권리 없는 자의 점유라 하더라도 그 주거의 평온은 보호되어야 할 것이므로 권리자가 그 권리를 실현함에 있어 법에 정하여진 절차에 의하지 않고 그 주거 또는 건조물에 침입하는 경우에는 주거침입죄가 된다"(대판89도889).

주자의 의사에 반한 것이라면 주거에 침입한 것으로 보아야 한다(대판2009도3452).

(범죄)행위는 침입하는 것이다. '침입'이란 주거자(관리자 또는 점유자)의 의사에 반해서 주거 등에 들어가는 행위를 말한다. 주거자의 의사는 반드시 명시적일 필요는 없고, 묵시적인 경우에도 주위사정으로 미루어 인식될 수 있으면 충분하다. 침입은 주거자 등의 의사에 반하여 들어가는 것이므로 주거자 등의 승낙 또는 추정적 승낙이 있는 경우에는 행위의 위법성이 조각되어 범죄는 성립하지 않는다. 그러나 승낙 또는 추정적 승낙은 적법한 것임을 요하므로, 범죄의 목적을 가지고 들어가는 경우에는 본죄가 성립한다. 예컨대 절도의 목적으로 구청 정원에 침입하거나(대판67도1439), 출입이 허용된 자라 하더라도 범죄의 목적으로 들어간 것이면 주거자의 의사에 반한 것으로서 주거침입죄가 된다(대판79도1882). 또한 일반적으로 출입이 허가된 건물이라도 비정상적인 방법으로 들어간 경우에는 그 침입방법 자체가 일반적인 허가에 해당되지 않는 것이 분명하게 나타난 것이므로 건조물침입죄가 성립한다(대판90도173). 남편의 부재중 간통의 목적으로 처의 승낙 하에 주거에 들어간 경우에 판례는 "복수의 주거권자가 있는 경우 한 사람의 승낙이 다른 거주자의 의사에 직접·간접으로 반하는 경우에는 그에 의한 주거에의 출입은 그 의사에 반한 사람의 주거의 평온, 즉 주거의 지배·관리의 평온을 해치는 결과가 된다"고 하여 주거침입죄를 인정한다(대판83도685).

평소에 그 건조물에 출입이 허락된 사람이라 하더라도 주거에 들어간 행위가 거주자나 관리자의 명시적 또는 추정적 의사에 반함에도 불구하고 감행된 것이라면 주거침입이 된다(대판2007도2595). 피고인이 피해자가 사용중인 공중화장실의 용변칸에 노크하여 남편으로 오인한 피해자가 용변칸 문을 열자 강간할 의도로 용변칸에 들어간 경우에는 주거침입이 된다(대판2003도1256).

본죄의 기수시기에 관하여 주거의 평온을 해할 수 있는 정도에 이르면 신체의 일부만 주거 안으로 들어갔더라도 기수가 된다.

출입문이 열려 있으면 안으로 들어가겠다는 의사 아래 출입문을 당겨 보는 행위는 바로 주거의 사실상 평온을 침해할 객관적 위험성을 포함하는 행위로 볼 수 있어서 주거침입의 실행의 착수가 있었다고 볼 수 있다(대판2006도2824).

3. 퇴거불응죄

주거침입죄의 경우 거주자 등의 의사에 반해서 들어가는 것 자체가 위법인 데 반하여, 퇴거불응죄(제319조 제2항)는 일단 적법하게 주거에 들어간 자가 퇴거요구를 받고도 나가지 않는 경우에 성립한다. 진정부작위범이다. 주거자의 의사에 반하여 들어온 사람이 퇴거요구를 받고도 나가지 않는 경우에는 주거침입죄만 성립한다. 퇴거요구는 공법상·사법상의 권리에 의하여 제한되는 경우가 있다. 예컨대 음식점에 들어와서 식사하고 있는 사람은 식사를 마칠 때까지 퇴거요구에 응할 필요가 없다.

적법하게 직장폐쇄를 단행한 사용자로부터 퇴거요구를 받고도 불응한 채 직장점거를 계속한 행위는 퇴거불응죄가 된다(대판91도2309). 반면에 정당한 퇴거요구를 받고 건물에서 나가면서 가재도구 등을 남겨둔 경우에는 퇴거불응죄가 되지 않는다(대판2007도6990). 그리고 노동조합이 파업을 시작한 지 불과 4시간 만에 사용자가 바로 직장폐쇄조치를 취한 것은 정당한 쟁의행위가 아니므로, 사용자 측 시설을 정당하게 점거한 조합원들이 사용자로부터 퇴거요구를 받고 이에 불응하였더라도 퇴거불응죄가 성립되지 않는다(대판2007도5204).

본죄에 대해서도 미수범 처벌규정(제322조)이 있으나, 본죄는 퇴거요구[42]에 응하지 않으면 즉시 기수가 되므로 본죄의 미수는 성립할 여지가 없다.

4. 특수주거침입죄

본죄(형법 제320조)는 주거침입죄와 퇴거불응죄에 대하여 행위실행의 방법 때문에 불법이 가중되는 가중적 구성요건이다.

5. 신체·주거수색죄

본죄(형법 제321조)는 일단 적법하게 주거 등에 들어간 자가 불법하게 본죄의 객체(사람의 신체나 일정한 장소)를 수색하는 경우에 성립한다. 처음부터 위법한 침입인 때에는 본죄와 주거침입죄의 경합범이 된다.

---

42) 퇴거의 요구는 1회로도 족하며 반드시 명시적으로 행해져야 하는 것은 아니다(이재상/장영민/강동범 245면).

제 5 장   개인적 법익(재산)에 대한 죄

제 1 절   재산죄의 기초개념

제 1 항   재산죄의 분류

재산죄는 재산권을 침해하는 범죄이다. 형법은 재산죄로서 절도와 강도의 죄(제38장), 사기와 공갈의 죄(제39장), 횡령과 배임의 죄(제40장), 장물에 관한 죄(제41장), 손괴의 죄(제42장)를 규정하고 있다. 그리고 광의의 재산죄는 권리행사를 방해하는 죄(제37장)도 포함한다.

1. 재물죄와 이익죄

범죄객체인 재산의 종류를 기준으로 분류하면 재물죄는 재물을 침해하는 범죄, 즉 재물을 그 객체로 하는 범죄이다. 절도죄·횡령죄·장물죄·손괴죄가 재물죄에 해당한다. 이익죄(이득죄)는 재산상의 이익을 침해하는 범죄, 즉 재물 이외의 재산상의 이익을 그 객체로 하는 범죄이다. 컴퓨터 등 사용사기죄와 배임죄가 이에 해당한다. 강도죄·사기죄·공갈죄는 재물·재산상의 이익을 모두 객체로 하므로 재물죄인 동시에 이익죄이다.

2. 영득죄와 손괴죄

행위자에게 영득의사(=이득의사)가 있는가의 여부에 따른 것으로 영득죄는 주관적 구성요건요소로서의 고의 외에 불법영득의사(초과 주관적 요소)를 필요로 하는 것으로 절도죄·강도죄·사기죄·공갈죄·횡령죄가 이에 속한다. 반면에 불법영득의사를 요하지 않고 타인의 재물의 효용가치를 멸실·감소시키는 범죄를 손괴죄라 한다.

3. 탈취죄와 편취죄

영득죄를 침해방법에 따라 구별한 것으로 탈취죄란 타인의 의사에 의하지 않고 재물을 취득하는 것이며 절도죄, 강도죄, 장물죄, 횡령죄가 있고, 편취죄는 타인의 하자있는 의사에 의하여 재물을 취득하는 것으로 사기죄와 공갈죄가 있다.

제 2 항 형법상 재물

1. 유체성설과 관리가능성설

형법상 재물의 개념에 관해서는 우선 그것이 유체물에 한정되는가 혹은 무체물인 에너지 등을 포함하는가에 관하여 견해가 대립되고 있다. 다만 형법은 "관리할 수 있는 동력은 재물로 간주한다."고 규정(제346조)하고 있는데, 학설에 따라 이 동력규정의 성격을 파악하는 입장도 달라진다.

유체성설은 형법상의 재물은 유체물에 한한다는 견해이다. 이 견해에 입각하면 제346조(동력)를 예외적인 특별규정이라고 보게 된다. 그리고 관리가능성설은 사람이 관리가능한 것이라야 하므로 관리가 가능한 것이면 유체물·무체물 모두 재물이라고 보는 견해이다(다수설). 이 견해에 따르면 형법 제346조(동력)는 단순한 주의규정으로서의 의미를 가질 뿐이라고 한다.

2. 재산적 가치의 유무

재물은 재산죄의 객체인 이상 어떠한 재산적 가치를 지녀야 하는가가 문제된다. 판례는 "강도죄의 객체는 소유권의 대상이 될 수 있는 재물이면 족한 것이고, 그것이 상당한 금전적 가치가 있어야 함을 요하는 것은 아니다"라고 하여 재물에는 금전적 가치가 있을 필요가 없다고 해석한다. 또한 "재산죄의 객체인 재물은 반드시 객관적인 금전적 교환가치를 가질 필요는 없고 소유자·점유자가 주관적인 가치를 가지고 있음으로써 족하다고 할 것이고, 이 경우 주관적·경제적 가치의 유무를 판별함에 있어서는 그것이 타인에 의하여 이용되지 않는다고 하는 소극적 관계에 있어서 그 가치가 성립하더라도 관계없다 할 것"(대판95도3057)이라 한다. 따라서 피고인이 절취한 백지의 자동차출고의뢰서 용지도 그것이 어떠한 권리도 표창하고 있지 않다 하더라도 경제적 가치가 없다고는 할 수 없어 이는 절도죄의 객체가 되는 재물에 해당한다고 판시하며(대판95도3057), 휴지로서 소각될 운명에 있는 도시계획구조변경계획서나 발행자가 회수한 약속어음을 세 조각으로 찢어버림으로써 폐지로 되어버린 종이조각(대판74도3442), 주민등록증(대판69도1627), 주주명부복사본(대판2004도5183)도 재물이라고 판시한다. 사실상 퇴사하면서 회사의 승낙없이 가지고 간 부동산매매계약서 사본들은 절도죄의 객체인 재물이 된다(대판2007도2595).

3. 부동산의 객체성

동산이나 부동산은 유체성을 가진 재물이므로 사기죄·공갈죄·횡령죄의 객체가 된다는 점에 대해서는 이설이 없다. 그러나 부동산이 절도죄·강도죄의 객체가 될 수 있는가에 관해서 견해가 대립되고 있다. 적극설(인정설)은 절취행위의 본질은 재물에 대한 지배의 이전에 있지만 반드시 재물의 장소적 이전을 필요로 하는 것은 아니므로, 절도죄의 객체를 가동성 있는 것에 한정할 필요가 없다고 하여 부동산도 객체에 포함시킨다. 소극설(부정설)은 부동산은 그 점유가 침해된 경우에도 소재 자체가 변경되는 것이 아니므로 피해자의 점유가 배제되었다고 보기 어렵고, 절취·강취의 관념에는 재물의 장소적 이전을 포함하는 것이라는 이유로 절도·강도의 객체에서 부동산을 제외시킨다.

입목을 절취하기 위해서 이를 캐낸 때에는 그 시점에서 … 범인이 그 점유를 취득하게 되는 것이므로, 이때 절도죄는 기수에 이르렀다고 할 것이고, 이를 운반하거나 반출하는 등의 행위는 필요로 하지 않는다(대판2008도6080).

결국 부동산은 유체물이고 따라서 재물임에 틀림이 없으므로, 이론상 절도죄·강도죄의 객체인 재물에서 부동산을 특별히 제외시킬 이유는 없다고 본다. 그러나 실제로 부동산을 절취한다거나 부동산을 강취한다는 것은 상상하기 어렵다. 부동산절도·부동산강도에 관한 판례를 찾아볼 수 없는 것도 이러한 이유일 것이다. 예컨대 부동산에 대한 절도는 그 권리를 절취하거나, 경계를 침범하거나, 이에 침입하여 점거하는 경우를 생각할 수 있다. 그러나 권리는 재물이 아니므로 이는 절취의 객체가 될 수 없다. 그리고 경계를 침범하거나 타인의 건물에 침입하였다고 해서 그 토지나 건물을 취득한 것이라 할 수 없다. 각각의 경우에 대해서는 경계침범죄(형법 제370조)와 주거침입죄(형법 제319조)가 성립될 뿐이다.

4. 금 제 품

법률에 의해서 일반적으로 소유 또는 소지가 금지되어 있는 물건을 금제품이라고 한다. 금제품이 재물에 포함되는가의 여부에 관해서도 견해의 대립이 있다. 적극설(인정설)은 금제품이라 할지라도 절차에 따라 몰수되기까지는 그 점유를 보호해야 하므로 재물죄의 객체가 된다고 보는 견해이다. 금제품의 소지를 범죄로 한다고 해서 그 점유에 대한 침해를 벌할 수 없도록 할 이유는 없다는 것이다. 반면에 소극설(부정설)은 형법이 소지를 법익으로서 보호하는 것은 재물의 경제적 이용가능성을 보호하려는 것이다. 그런데 금제품은 그 경제적 이용가능성이 부정되는 물건이므로 그 점유를 보호할 가치가 없고, 따라서 절취죄의 대상이 되지 않는다는 견해이다. 그리고 이분설은 금제품을 두 가지로 분류하여 불법소지무기와 같이 단지 그 점유가 금지되어 있는 물건은 재물로서 재산죄의 객체가 될 수 있으나, 위조통화·아편흡식기와 같이 소유권의 목적이 될 수 없는 물건은 재물죄의 객체가 될 수 없다고 보는 견해이다.

결국 절도죄의 보호법익은 점유권이 아니라 소유권이며, 재물죄는 재물의 경제적 이용가능성을 보호하려는 것이 아니다. 즉, 교환가치 없는 물건을 절취하는 것도 절도죄에 해당한다. 따라서 금제품의 재물성은 그것이 소유권의 목적이 될 수 있는가에 달려 있다고 볼 것이다. 소유가 금지되어 있는 물건은 재물죄의 객체가 될 수 없지만, 단지 점유를 금지하는 물건에 대해서는 재물성을 인정해야 할 것이다.[1]

5. 인체일부와 사체

인격절대의 원칙상 사람은 물권 등의 객체가 될 수 없으므로 인체는 법률상 재물이 될 수 없고 인체의 일부도 재물이 아니다. 인위적으로 인체에 부착된 의수·의족 등도 신체에 고착하고 있는 한 신체의 일부이며 재물이 아니다. 그러나 인체의 일부라도 생체에서 분리된 것, 예컨대 모발·치아·혈액 등은 재물이며 분리당한 사람의 소유에 속한다. 사체는 민법상 물건으로 인정되고 특수한 소유권의 객체로 될 수 있다고 보고 있다. 그러나 그 소유권의 내용은 보통의 소유권과 같이 사용·수익·처분할 수 있는 것이 아니고 오로지 매장·제사 등 종교의식을 위한 것이므로, 형법상으로도 신앙에 관한 죄(형법 제161조 이하)의 객체가 되고 재산죄의 객체는 될 수 없다. 다만 사람의 사체가 유해로서의 성질을 잃은 때, 예컨대 의학실험용으로 보관하는 사체와 같은 경우에는 재산죄의 객체인 재물이 될 수 있다.

제 3 항 재산상의 이익

재산상의 이익이란 재물 이외의 재산적 가치·이익을 말한다. 재산의 증가(적극적 이익)와 부채의 감소(소극적 이익), 또 영구적 이익과 일시적인 이익을 모두 포함한다. 그리고 재산적 이익은 피해자의 유효한 법률상 처분행위를 통하여 얻은 것일 필요는 없다. 그 처분행위가 법률상 무효이거나 취소할 수 있는 경우라도 재산상의 이익이 된다. 판례도 "재산상의 이익취득은 그 재산상의 이익을 법률상 유효하게 취득함을 필요로 하지 않고, 그 이익취득이 법률상 무효라 하여도 외형상 취득한 것이면 충분

---

1) 배종대 348면; 이재상/장영민/강동범 259면.

하다"(대판75도760)고 판시한다.

이익죄가 성립하기 위해서는 재산적 이득으로 인하여 상대방에게 재산상의 손해가 발생하여야 하는가가 문제된다. 사기죄와 관련하여 판례는 "사기죄는 타인을 기망하여 그로 인한 하자 있는 의사에 기하여 재물의 교부를 받거나 재산상의 이익을 취득함으로써 성립되는 범죄로서, 그 본질은 기망행위에 의한 재물이나 재산상 이익의 취득에 있는 것이고 상대방에게 현실적으로 재산상 손해가 발생함을 요건으로 하지 않는 것"(대판85도490)이라고 한다.

1. 의 의

재산죄 중에서 절도·강도·사기·공갈·횡령 등의 죄를 영득죄라고 하는데, 이러한 범죄의 주관적 구성요건요소로서 고의 이외에 다시 불법영득의사가 필요한지 문제되고 있다. 불법영득의사의 법적 성격에 관하여 이를 고의의 내용에 불과하다고 보는 견해도 있으나, 불법영득의사는 고의 외에 초과 주관적 구성요건요소로 이해하고, 영득죄에는 불법영득의사를 필요로 한다는 견해가 통설[2]과 판례(대판2002도3465)의 입장이다.

2. 불법영득(이득)의사의 필요성

불법영득(이득)의 의사가 필요한가의 여부는 특히 절도죄와 관련하여 논란의 대상이 되고 있다. 불법영득(이득)의사가 필요하지 않다는 견해(소극설; 불요설)와 필요하다는 견해(적극설; 필요설)가 대립한다. 소극설은 절도죄의 보호법익은 소유권이 아니라 소지로서의 점유이므로 영득(이득)의사는 불필요하다는 등의 논거를 제시한다. 그러나 점유는 절도죄의 행위객체로서 기능할 뿐이고, 절도죄의 보호법익은 소유권이라고 해야 할 것이며, 또한 절도죄의 성립에는 불법영득(이득)의사를 필요로 한다고 보아야 할 것이다. 즉 절도죄는 '타인이 점유하는 재물'이 아니라 '타인의 재물'이라고 규정하고 있고, 자기의 물건에 대한 범죄를 따로 공무상 보관물 무효죄(제142조)와 권리행사방해죄(제323조)에서 다루고 있다. 따라서 절도죄의 보호법익은 소유권이라고 해석해야 하며, 절도죄의 성립에는 소유권을 침해한다는 의사로서의 불법영득(이득)의사가 있어야 한다고 보는 것이 타당하다.

또한 만일 절도죄의 보호법익을 점유라고 한다면 손괴죄와 관련하여 모순되는 현상이 발생한다. 점유를 침해한다는 점에서 보면 손괴죄는 절도죄보다 그 불법이

---

2) 김일수/서보학 238면; 박상기 260면; 배종대 368면; 이재상/장영민/강동범 259면.

더 중하다고 할 수 있다. 절도죄의 경우에는 피해자가 점유를 회복할 가능성이라도 있지만 손괴죄의 경우에는 그러한 가능성도 없기 때문이다. 그럼에도 불구하고 형법은 절도죄를 손괴죄보다 중한 형으로 벌하고 있다. 그 이유는 절도죄의 보호법익은 소유권이고 행위자가 불법영득의 의사로 점유를 침해하였기 때문이라고 볼 수 있다.

3. 불법영득의사의 내용

불법영득의사의 내용에 관해서도 학설은 대립하고 있다. 판례는 "형법상 절도죄의 성립에 필요한 불법영득의사란 권리자를 배제하고 타인의 물건을 자기의 소유물과 같이 그 경제적 용법에 따라서 이를 이용하고 또는 처분할 의사를 말하는 것이다"(대판2005도8081)라고 한다.

한편 다수설은 재물의 경제적 용법에 따라 이용·처분하는 것은 중요하게 여기지 않고 주로 재물에 대한 소유자로서의 의사를 강조하는 견해(소유자 의사설)가 있다. 즉 이 견해는 단순한 사용의사 또는 점유의사만으로는 영득의사라고 할 수 없고, 불법영득의사는 '소유자로서 지배하고자 하는 의사'라고 한다.

4. 소위 '사용절도' 문제

'사용절도'란 임의로 타인의 재물을 일시적으로 사용한 후에 반환하는 것을 말한다. 사용절도의 본질은 반환의사에 있다. 절도죄의 성립에는 불법영득의사를 필요로 하므로 권리자를 배제하고 자기가 소유자인 것처럼 이용·처분할 의사가 없는 '사용절도'는 원칙적으로 절도죄로 처벌할 수 없다.

반환의사가 있다고 해서 언제나 사용절도가 되는 것은 아니다. 따라서 사용절도의 한계를 정하기 위해 그 요건을 검토할 필요가 있다. ① 재물의 가치가 감소되지 않아야 한다. 재물의 사용으로 인하여 재물의 가치가 소멸되었거나 현저히 감소된 경우에는 사용절도의 범위를 벗어난 것이 된다. 예컨대 임의로 남의 배터리를 사용하여 소진시킨 후 반환하는 것은 사용절도에 해당하지 않는다. ② 재물을 본래의 소유자(또는 점유자)의 지배범위에 되돌려 놓아야 한다. 재물을 사용한 후 엉뚱한 곳에 방치해 놓으면 사용절도가 아니라 절도라고 할 것이다.[3]

또한 판례는 "타인의 재물을 점유자의 승낙 없이 무단사용하는 경우에 있어서 그 사용으로 물건 자체가 가지는 경제적 가치가 상당한 정도로 소모되거나 또는 사

---

3) 영업점내에 있는 휴대전화를 허락없이 가지고 나와 통화와 문자메시지를 주고받은 다음 약 1~2시간 후에 영업점 정문 옆 화단에 놓고 간 경우에 불법영득의사를 인정하였다(대판2012도1132).

용 후 본래의 장소가 아닌 다른 곳에 버리거나 곧 반환하지 아니하고 장시간 점유하고 있는 것과 같은 때에는 그 소유권 또는 본권을 침해할 의사가 있다고 보아 불법영득의사를 인정할 수 있을 것이나, 그렇지 아니하고 그 사용으로 인한 가치의 소모가 무시할 정도로 경미하고 또 사용 후 곧 반환한 것과 같은 때에는 그 소유권 또는 본권을 침해할 의사가 있다고 할 수 없어 불법영득의 의사를 인정할 수 없다고 봄이 상당하다"고 한다(대판92도118). 그 외 판례가 사용절도를 인정한 경우로는 '일시적 사용 목적으로 자전거를 타고 간 경우'(대판83도2218), '동네 선배로부터 차량을 빌렸다가 반환하지 아니한 보조열쇠를 이용하여 그 후 3차례에 걸쳐 위 차량을 2~3시간 정도 운행한 후 원래 주차된 곳에 갖다 놓아 반환한 경우'(대판92도118)이고, 사용절도를 부정한 사례로는 '해변에 매어 놓은 전마선을 그 소유자의 승낙 없이 사용하고 그것을 다른 장소에 방치한 경우'(대판4294형상179), '피고인이 길가에 세워져 있는 오토바이를 소유자의 승낙 없이 타고 가서 용무를 마친 약 1시간 50분 후 본래 있던 곳에서 약 7~8미터 되는 장소에 방치한 경우'(대판81도2394) 등이 있으며, 이는 불법영득의사가 있었다고 한다.

갑(甲) 주식회사 감사인 피고인이 회사 경영진과의 불화로 한 달 가까이 결근하다가 회사 감사실에 침입하여 자신이 사용하던 컴퓨터에서 하드디스크를 떼어간 후 4개월 가까이 지난 시점에 반환한 경우에는 불법영득의사를 인정할 수가 있다(대판2010도9570).

제 4 항 친족상도예

형법은 권리행사를 방해하는 죄의 장(제37장)에서 일정한 재산범죄에 관하여 근친 간에는 그 형을 면제하고 원친 간에는 친고죄로 하고 있으며, 이 규정은 친족이 아닌 공범자에게는 적용하지 않는다고 규정하고 있다(형법 제328조). 이처럼 재산죄의 경우 친족이라는 특수한 신분관계를 고려하여 특별취급하는 것을 친족상도예라 한다. 그리고 이 규정은 권리행사방해죄 외에 절도죄·사기죄·공갈죄·횡령죄·배임죄·장물죄에 준용되며, 강도죄와 손괴죄에는 준용되지 않는다. 예컨대 아들이 아버지의 카메라를 훔친 경우에는 처벌하지 않으나, 조카가 작은아버지의 시계를 훔친 경우에는 작은아버지의 고소가 있어야 공소를 제기할 수 있다.

친족상도예 규정의 취지는 친족 간의 정을 고려하여 일정한 친족 간의 내부적 사실에 대해서는 법이 간섭하지 않는 것이 타당하다는 데에 있다. 이 규정의 법적 성질에 관하여는 인적 처벌조각사유설, 범죄불성립설(위법성조각사유설, 책임조각사유설) 등이 있다. 본 규정의 입법취지에 비추어 볼 때 범죄 자체는 성립하지만, 단지 형벌권이 발생하지 않는 것으로 보는 인적 처벌조각사유설이 통설이다.

직계혈족 및 배우자는 동거자이거나 별거자이거나를 불문하며 동거친족이란 동일한 주거에서 일상생활을 함께 하는 친족을 말한다.[4] 그 밖에 친족 또는 가족 등의 개념·범위는 민법에 의하여 정한다. 친족상도예가 적용되는 친족관계는 행위시에 존재하면 충분하고 그 후에 소멸되어도 상관없다. 그러나 혼인외 출생자에 대한 인지가 범행 후에 행해진 경우에는 인지의 소급효에 의하여 친족상도례가 적용된다.

재물의 소유자와 점유자가 다른 경우, 친족상도예가 적용되는 친족관계는 범인과 누구 사이에 존재해야 하는가에 관하여 학설은 나뉘어져 있다. 친족상도예가 적용되기 위해서는 행위자와 소유자 사이에 친족관계가 존재해야 한다는 견해(소유자 관계설), 행위자와 점유자 사이에 존재해야 한다는 견해(점유자 관계설), 그리고 행위자와 소유자·점유자 전부와의 사이에 존재하여야 한다는 견해(소유자·점유자 관계설; 통설)가 있다. 판례는 소유자·점유자 관계설의 입장이다(대판80도131). 예컨대 어머니가 이웃집에 빌려준 라디오를 훔친 경우, 또는 아버지가 친구로부터 빌려온 낚싯대를 훔친 경우에는 친족상도예가 적용되지 않는다.

사기죄를 범한 자가 금원을 편취하기 위한 수단으로 피해자와 혼인신고를 한 것이어서 그 혼인이 무효인 경우라면 그러한 피해자에 대한 사기죄에는 친족상도예를 적용할 수가 없다(대판2014도11533). 피고인의 딸과 피해자의 아들이 혼인하여 피고인과 피해자가 사돈지간이라 하더라도 민법상 친족으로 볼 수 없으므로 친족상도예가 적용되는 친고죄라 할 수 없다(대판2011도2170).

피고인 등이 공모하여 피해자 갑, 을 등을 기망하여 갑(甲), 을(乙) 및 병(丙)과 부동산 매매계약을 체결하고 소유권을 이전받은 다음 잔금을 지급하지 않아서 같은 금액 상당의 재산상 이익을 편취한 경우에 갑(甲)은 피고인의 8촌 혈족, 병(丙)은 피고인의 부친이나, 위 부동산이 갑(甲), 을(乙), 병(丙)의 합유로 등기되어 있어 피고인에게 형법상 친족상도예 규정이 적용되지 않는다(대판2015도3160).

---

4) 판례는 피고인이 피해자의 고종사촌 형수(대판79도2874), 피고인이 피해자의 외사촌동생(대판91도1077), 피고인이 피해자의 직계혈족의 배우자(대판2011도1765)는 친족상도례가 적용되나, 피고인과 피해자가 사돈지간인 경우는 친족상도례가 적용되지 않는다(대판2011도2170)고 하였다.

손자가 할아버지 소유 농협예금통장을 절취하여 이를 현금자동지급기에 넣고 조작하는 방법으로 예금잔고를 자신의 거래 은행계좌로 이체한 경우에는 위 농업협동조합이 컴퓨터 등 사용사기죄의 피해자이므로 친족상도예는 적용되지 않는다(대판 2006도2704).

제 5 항   불가벌적 사후행위

1. 의 의

불가벌적 사후행위란 영득죄가 기수가 된 후 행위자가 그 (범죄)행위로 인하여 영득한 재물을 사후적으로 일정한 범위 내에서 이용·처분하는 행위가 다른 구성요건에 해당하는 경우라도 이를 별도로 처벌하지 않는 행위를 말한다. 예컨대 상점에서 시계를 훔친 절도범이 그 시계를 손괴하는 행위이다. 이 손괴행위는 절도죄 외에 별도로 손괴죄의 구성요건에 해당하지만 절도죄의 가벌성에서 포괄적으로 평가되었기 때문에 별도로 다시 처벌하지 않는다. 그러나 사후행위가 별도의 새로운 법익을 침해한 경우(칼을 철물점에서 훔쳐서 다른 한 사람을 살해하는 경우)에는 불가벌적 사후행위로 될 수 없다.

2. 판 례

판례는 절취한 자기앞수표를 현금 대신 교부한 행위는 절도행위에 대한 가벌적 평가에 당연히 포함되는 것이라 하여 별도의 사기죄 성립을 부정하며(대판86도1782), "열차승차권을 절취한 자가 역직원으로부터 그 대금의 환불을 받음에 있어서 비록 기망행위가 수반되었다고 하더라도 따로 사기죄로 평가할 만한 새로운 법익의 침해가 있다고 할 실질을 가지지 못한다."고 판시하여 절도죄의 불가벌적 사후행위가 됨을 인정한다(대판75도1996). 그러나 "은행예금통장을 절취한 후 이를 사용하여 마치 진실한 예금명의인이 예금을 찾는 것처럼 은행원을 기망·오신시켜 예금을 인출한 행위에 대해서는 절도죄 외에 새로운 법익을 침해한 것이므로 별도로 사기죄를 구성하며, 위 예금인출행위가 절도행위의 연장이라든가 또는 그에 흡수되는 것이라고는 볼 수 없다"(대판74도2817)고 하여 불가벌적 사후행위를 부정한다. 같은 취지에서, 신용카드를 절취한 후 이를 사용한 경우 신용카드의 부정사용행위는 새로운 법익의 침해로 보아야 하고, 그 법익침해가 절도행위보다 큰 것이 대부분이므로 위와 같은 부정사용행위가 절도행위의 불가벌적 사후행위가 되는 것은 아니라고 한다(대판96도1181).

제 2 절 절도의 죄

제 1 항 의 의

절도의 죄는 타인의 재물을 그의 의사에 반하여 절취함으로써 성립하는 범죄이다. 본죄는 타인이 점유하는 타인의 재물을 객체로 한다는 점에서 자기가 점유하는 타인의 재물에 관하여 성립하는 횡령의 죄와 구별된다. 또 절도의 죄와 강도의 죄는 타인이 점유하는 타인의 재물을 객체로 하고 상대방의 의사에 반하여 재물을 탈취한다는 점에서 공통적이지만, 강도의 죄는 폭행·협박을 수단으로 하고 재물죄 외에 이득죄를 포함하며 친족상도례의 적용이 없다는 점에서 절도의 죄와 구별된다.

보호법익에 대해서는 소유권이라고 하는 견해, 점유라고 하는 견해, 소유권과 함께 점유도 보호법익이 된다는 견해로 나뉜다. 그러나 재산죄의 기초개념에서 설명한 바와 같이 절도의 죄의 보호법익은 타인의 소유권이라고 보는 것이 타당하고 행위의 객체가 점유로 보아야 한다.[5]

보호정도는 본죄가 침해범인가 위험범인가에 대해서도 '침해'라는 말의 개념과 관련하여 학설이 대립되고 있다. 절도의 죄에서 행위자는 외관상의 소유자 지위는 취득할 수 있어도 피해자는 소유권을 잃는 것은 아니라는 점, 즉 재물의 절취로 인해 민법상의 소유권이 상실되는 것은 아니기 때문에 소유권에 대한 '침해'는 있을 수 없고 따라서 절도죄는 위험범이라는 견해가 있다. 그러나 민법상 소유권의 침해가 반드시 민법상의 소유권의 상실만을 의미한다고 볼 필요는 없다. 점유의 침탈에 의해 소유권의 내용인 사용·수익·처분의 권능이 방해받은 경우에도 소유권이 사실상 '침해'가 되었다고 할 수 있으므로 절도죄를 침해범으로 파악하여도 될 것이다.

구성요건체계로는 기본적인 구성요건인 절도죄(형법 제329조)와 이에 대한 가중적 구성요건인 야간주거침입절도죄(동 제330조), 특수절도죄(동 제331조) 및 상습절도죄(동 제332조)가 있으며, 독립된 구성요건으로 자동차 등 불법사용죄(동 제331조의2)가 있다. 각 죄의 미수범은 처벌하며(동 제342조), 자격정지를 병과할 수 있도록 하였고(동 제345조), 동력규정(동 제346조)이 적용되며 친족상도예(동 제344조)의 규정이 적용된다.

---

5) 이재상/장영민/강동범 250면.

제 2 항   절 도 죄

1. 객   체

본죄의 행위객체는 '타인이 점유하는 타인의 재물'이다. '타인'이란 자기 이외의 자를 말한다. 자연인이나 법인 또는 법인격 없는 단체를 포함한다. 자기와 타인과의 공유물도 타인의 재물에 포함된다.[6] 그리고 범인 단독으로 소유하는 재물, 무주물(無主物), 소유가 금지된 금제품(禁制品) 이상 세 가지 경우는 절도죄의 객체가 되지 않는다.

'점유(占有)'란 재물에 대한 사실상의 지배상태를 말한다. 형법상의 점유는 순수한 사실상의 재물지배관계를 의미하며, 따라서 민법상의 점유와 구별된다. 예컨대 형법상의 점유에는 상속에 의한 점유(민법 제193조)나 간접점유(민법 제194조)는 인정되지 않는다(대판2010도6334). 또한 민법에서는 점유가 인정되지 않는 점유보조자도 형법상으로는 점유자가 될 수 있다.[7] 또한 민법은 법인의 점유도 인정하지만 형법상으로는 법인은 점유의 주체가 될 수 없다. 법인은 소유의 주체가 될 수 있을 뿐이다.

점유가 있다고 하기 위해서는 점유의사와 점유사실이 있어야 한다. 점유의사란 재물을 지배하려는 의사를 말한다. 이는 재물에 대한 구체적·특정적 의사가 아니라 자기가 지배하는 장소 내에 존재하는 재물에 대해서 포괄적·추상적인 관리·지배의 의사가 있으면 충분하다. 따라서 유아나 정신병자도 점유자가 된다. 사실상의 지배를 가지는 한 점유보조자도 형법상 점유자에 해당한다(대판81도3396). 점유사실이란 재물에 대해 사실상 지배하고 있는 상태를 말한다. 사실적 지배는 반드시 재물에 손에 쥐고 있거나 주머니에 넣고 있어야 하는 것은 아니다. 이는 사회통념에 의하여 결정되어야 하는데, 일반적으로 재물이 점유자의 사실상 지배력이 미치는 장소에 존재하는 것이면 사회적 지배가 있다고 볼 수 있다. 예컨대 강간당한 피해자가 도피하면서 현장에 놓아둔 손가방은 피해자의 점유 하에 있다(대판83도38).

점유는 그 사실상의 상태 자체를 보호의 대상으로 하는 것이기 때문에 점유가 반드시 정당한 근원에 의한 적법한 점유가 아니더라도 상관없다. 이러한 점유라도 불법한 방법으로 이를 침해하는 것은 절도죄에 해당한다. 예컨대 절도범이 절취하여

---

[6] 조합원의 1인이 조합원의 공동점유에 속하는 합유물을 다른 조합원의 승낙 없이 단독으로 취거한 경우에는 절도죄가 성립한다(대판81도2956); 동업자의 공동점유에 속하는 동업재산을 다른 동업자의 승낙 없이 그 점유를 배제하고 단독으로 자기의 지배로 옮겼다면 절도죄가 성립한다(대판87도1831).

[7] 이재상/장영민/강동범 260면.

보관하고 있는 물건을 제3자가 또 다시 절취한 경우에도 절도죄는 성립한다(대판66도1437).

자기의 배타적 관리·지배하에 있는 장소 내에서는 일시적으로 재물을 잊고 있는 경우에도 그의 점유에 속한다. 예컨대 야간에 자전거를 2미터 떨어진 길가에 세워둔 경우에도 점유상태에서 이탈된 것이 아니다(대판62도149). 그러나 물건을 잘못 두고 오거나 잃어버린 재물의 소재를 모르는 때에는 점유를 이탈하였다고 보아야 한다. 다만, 그 물건이 다른 사람의 지배범위 내에 있는 경우에는 새로운 점유가 개시될 수 있다. 예컨대 물건을 잃어버린 장소가 당구장인 경우에는 그 물건은 당구장 관리자의 점유에 속한다(대판88도409). 그러나 고속버스 내에 승객이 두고 내린 물건은 고속버스 운전자의 점유에 속하는 것이 아니라 점유이탈물이 된다(대판92도3170).

재물을 일시적으로 갖고 있더라도 점유가 부정되는 경우가 있다. 예컨대 피해자의 책을 잠깐 보겠다고 하여 범인이 손에 쥐고 있는 책(대판82도3115), 물건을 살 것처럼 가장하여 피해자로부터 건네받은 목걸이(대판94도1487) 등은 여전히 피해자의 점유하에 있는 것이다. 음식점에서 손님이 사용하고 있는 수저나 그릇도 주인만이 점유를 갖는다. 그러나 피해자의 의사에 기하여 교부받은 재물은 피해자의 점유에 속하지 않음은 물론이다(대판86도1093).

사자(死者)는 점유의사와 점유사실이 없으므로 사자의 점유는 인정될 수 없다. 그러나 통설·판례는 일정한 한도 내에서 피해자의 생전의 점유가 사망 후에도 계속되는 것으로 본다. 탈취의사를 가지고 사람을 살해한 후 그의 재물을 영득하는 경우는 살해·탈취 등 일련의 행위를 전체적으로 고찰하여 피해자의 생전점유를 침해한 것으로 본다. 판례는 "채무면탈의 목적으로 채권자를 살해하고 동인의 반항능력이 완전히 상실된 것을 이용하여 즉석에서 동인이 소지하고 있던 재물까지 탈취하였다면 살인행위와 재물탈취행위는 서로 밀접하게 관련되어 살인행위를 이용한 재물탈취행위라고 볼 것이므로 이는 강도살인죄에 해당한다"(대판85도1527)고 한다. 그리고 살해 또는 치사하게 한 후 탈취의사가 생겨서 피해자의 재물을 영득한 경우로 판례는 "피해자를 살해한 방에서 사망한 피해자의 곁에 4시간 30분쯤 있다가 그 곳 피해자의 자취방 벽에 걸려 있던 피해자가 소지하는 물건들을 영득의 의사로 가지고 나온 경우 피해자가 생전에 가진 점유는 사망 후에도 여전히 계속되는 것으로 보아야 한다."고 판시하여(대판93도2143) 살인죄 외에 절도죄의 성립을 인정한다.

'공동점유(共同占有)'란 다수인이 재물에 대하여 사실적 지배를 갖는 것을 말한다.

동업관계에 있는 자 사이의 공동점유나 부부의 공동점유(대판83도3027)의 경우에는 재물의 타인성이 인정되어 절도죄가 성립한다. 즉 조합원의 1인이 조합원의 공동점유에 속하는 합유(合有)물을 다른 조합원의 승낙 없이 단독으로 취거한 경우에는 절도죄가 성립하며(대판81도2956), 동업자의 공동점유에 속하는 동업 재산을 다른 동업자의 승낙 없이 그 점유를 배제하고 단독으로 자기의 지배로 옮겼다면 절도죄가 성립된다(대판87도1831). 상하관계에 의한 공동점유의 경우에는 하위점유자의 점유는 상위점유자에 대한 관계에서 보호받지 못한다. 재물의 운반을 위탁한 경우 운반자와 위탁자 사이에 공동점유를 인정할 수 있느냐 또는 운반자의 단독점유에 속하느냐의 문제가 있다. 사환에게 단독으로 은행에 입금시키도록 한 경우(대판68도1222), 지게꾼에게 단독으로 물건을 운반할 것을 위탁한 때에는 운반자의 단독점유에 속한다. 또한 화물차의 운전자와 고용주 사이에도, 화물자동차의 운전자인 운반자에게 점유를 인정한다(대판4290형상281). 그러나 철도공무원이 운반중인 화물을 처분한 때에는 절도죄가 성립한다(대판65도798). 봉함된 포장물을 위탁받은 경우에 그 내용물이 누구의 점유에 속하는가에 대해서도, 판례는 포장물 전체에 대해서는 수탁자가 점유를 가지지만 그 내용물에 관하여는 위탁자에게 점유가 있다고 한다.

2. 행 위

본죄의 행위인 '절취'란 타인이 점유하고 있는 재물을 그의 의사에 반해서 그 점유를 배제하고 자기 또는 제3자의 점유로 옮기는 것을 말한다. 그 수단·방법은 묻지 않으며, 반드시 비밀리에 행해질 필요도 없다. 절취행위에 기망이 수단으로 사용되었어도 피해자의 점유하의 재물을 자기의 점유로 옮긴 경우에는 절도죄가 된다. 예컨대 피해자의 책을 잠깐 보겠다고 하여 건네받은 뒤 보는 척하다가 가져간 경우(대판82도3115), 물건을 살 것처럼 가장하여 건네받은 물건을 가지고 화장실에 갔다 오겠다는 핑계로 도주한 경우(대판94도1487)에는 절도죄가 성립한다.

'절취의 착수(着手)시기'에 관해서 판례는 "절도죄의 착수시기는 재물에 대한 타인의 사실상의 지배를 침해하는 데 밀접한 행위가 개시된 때라 할 것인바, 피해자 소유의 자동차 안에 들어 있는 밍크코트를 발견하고 이를 절취할 생각으로 공범이 이 차 옆에서 망을 보는 사이 이 차 오른쪽 앞문을 열려고 앞문 손잡이를 잡아당기다가 피해자에게 발각되었다면 절도의 실행에 착수하였다고 봄이 상당하다"고 한다(대판86도2256).[8] 절도죄의 실행의 착수시기에 관한 이 견해를 밀접행위설이라고 한다. 예컨대 스웨터를 훔치려고 빨래줄 밑에까지 접근한 때(대판65도427), 라디오를 훔치려고 라디오선을 건드린 때(대판66도383), 금품을 절취하기 위하여 고속버스 선반위에 놓여진 손가방의 한쪽 걸쇠만 연 때(대판83도2432), 소매치기가 피해자의 양복상의 주머니로부터 금품을 절취하려고 그 주머니에 손을 뻗쳐 그 겉을 더듬은 때(대판84도2524), 주거에 침입하여 훔칠 금품을 물색한 때(대판86도2199)에는 절도죄의 실행의 착수가 있다고 한다. 그러나 가방으로 돈이 들어 있는 피해자의 하의 왼쪽 주머니를 스치면서 지나간 행위(대판86도1109), 부엌문에 시정된 열쇠고리의 장식을 뜯는 행위(대판88도1165) 정도로는 실행의 착수가 있다고 할 수 없다.

'기수(旣遂)시기'는 '타인의 점유를 침해하여 재물을 자기의 점유로 이동한 때, 즉 자기의 사실적 지배 밑에 둔 때'에 성립한다(취득설).[9] 예컨대 물건을 창고 밖으로 운반한 때, 훔친 물건을 떨어뜨리거나 내던지고 달아난 때에는 절도죄의 기수라 할 수 있다. 그러나 자동차를 절취할 생각으로 자동차의 조수석 문을 열고 들어가 시동을 걸려고 시도하는 등 차안의 기기를 이것저것 만지다가 핸드브레이크를 풀게 되었는데 그 장소가 내리막길인 관계로 시동이 걸리지 않은 상태에서 약 10미터 전진하다가 가로수를 들이받는 바람에 멈추게 되었다면 절도의 기수에 해당한다고 볼 수 없다(대판94도1522). 타인소유의 입목을 벌채한 경우에는 벌채행위의 종료와 동시에 절도기수가 된다(대판2008도6080).

3. 주관적 구성요건요소

절도죄의 성립에는 주관적 요소로 타인이 점유하는 타인의 재물을 절취한다는 인식과 의사, 즉 고의 외에 초과(超過) 주관적 요소로 불법영득의 의사를 필요로 한다. 고의는 미필적으로도 가능하다.

제 3 항 기타 유형의 절도죄

1. 야간주거침입절도죄

본죄(형법 제330조)는 야간이라는 시간적 제약을 받는 주거침입죄와 절도죄의 결

---

8) 같은 취지의 판례로는 '야간에 도로에 주차된 차량의 문을 열고 현금 등을 훔치기로 마음먹고 차량의 문이 잠겨있는지 확인하기 위해서 양손으로 운전석 문의 손잡이를 잡고 열려고 하던 중 경찰관에게 발각된 경우에는 절도죄의 실행의 착수가 있었다고 본다'(대판2009도5595).

9) 취득설이 통설이다(김일수/서보학 235면; 박상기 259면; 배종대 364면; 이재상/장영민/강동범 260면; 정성근/박광민 293면).

합범이라고 보는 것이 옳을 것이다. 따라서 야간에 주거에 침입한 상태에 있으면 절취가 야간에 행해지든 주간에 행해지든 상관없다. 따라서 주간에 침입하여 야간에 절취한 경우에도 본죄에 해당한다.

야간주거침입절도죄를 보통의 절도죄에 비하여 중하게 처벌하도록 한 입법취지는 야간의 불안상태의 이용과 야간의 휴식과 평정을 깨뜨리게 한다는 점 등에 있다(대판4294형상516). '야간'이란 행위지의 일몰 후부터 다음날 일출 전까지를 말하는 천문학적 해석설이 통설·판례(대판72도1273; 대판2015도5381)의 입장이다. 본죄의 착수시기는 절도의사로 야간에 사람의 주거에 침입하기 시작하는 때이다(대판84도433). 기수시기는 절취행위가 완료된 때이다. 즉 피해자의 재물에 대한 점유를 침해하고 피고인 자신의 지배 내로 옮겼을 때 기수가 된다(대판91도476). 그러나 야간에 아파트에 침입하여 물건을 훔칠 의도 하에 베란다 철제난간까지 올라가 유리창문을 열려고 시도하였다면 본죄의 미수에 해당한다고 한다(대판2003도4117). 주거침입과 절취행위 모두가 야간에 이루어져야 한다(대판2011도300).

2. 특수절도죄

본죄(형법 제331조)는 야간주거침입절도 및 절도죄의 방법적 가중유형이다. 즉 야간주거침입의 방법으로 건조물 일부를 손괴하는 경우 및 범인이 흉기를 휴대하거나 2인 이상이 합동하여 절도죄를 범한 경우에 그 강폭성과 집단성에 대처하기 위하여 형을 가중한 것이다. 위의 사항을 구체적으로 보면,

먼저 야간에 문이나 담, 그 밖의 건조물의 일부를 손괴하고 형법 제330조의 장소에 침입하여 절도죄를 범하는 경우이다(형법 제331조 제1항). '손괴(損壞)'란 물질적으로 문호 등의 일부를 훼손하여 그 효용을 상실시키는 행위를 말한다. 예컨대 벽에 구멍을 뚫는다거나, 창문유리를 깨뜨리는 경우 또는 방문고리를 파괴하는 경우가 이에 해당한다(대판79도1736). 착수시기는 건조물의 일부를 손괴하기 시작한 때이며, 기수시기는 절취가 완성된 때이다.

갑(甲)이 야간에 을(乙)이 운영하는 식당의 창문과 방충망을 창틀에 분리하고 침입하여 현금을 절취한 경우에는 피고인은 창문과 방충망을 창틀에서 분리하였을 뿐 물리적으로 훼손하여 효용을 상실하게 한 것은 아니라는 이유로 무죄를 인정하였다(대판2015도7559).

그리고 흉기휴대 및 합동으로 절도죄를 범하는 경우이다(형법 제331조 제2항). '흉

기'란 그 구조상 또는 성질상 사람의 생명·신체에 위해를 가할 수 있는 물건을 말한다. 본래 살상용으로 사용하기 위해 제작된 것에 국한되지 않고 그 용법에 따라 살상을 행할 수 있는 물건도 포함하지만, 적어도 사회통념상 일반인이 그 용법에 대하여 위험감을 느낄 만한 것이어야 한다(대판2012도4175). '휴대'란 몸 가까이 지니는 것을 말한다.

또한 합동범이다(동 제331조 제2항). 형법상 2인 이상이 합동하여 죄를 범하도록 규정하는 경우는 본조를 비롯하여 특수강도(동 제334조 제1항), 특수도주(형법 제146조) 세 가지가 있다. 합동범의 성질에 대한 통설과 판례의 입장은 "합동범의 합동이란 시간적·장소적 협동을 의미한다."는 현장설이다(대판88도1197). 합동범은 공동정범에 대한 특별규정이므로 시간적·장소적으로 협동한 자만이 합동범의 정범이 될 수 있고, 합동범에 대해서는 공동정범의 규정이 적용될 수 없다. 판례도 합동범의 공동정범은 인정하지 않는다.[10] 그러나 합동범에 대해서도 교사 또는 방조는 가능하다(대판91도542).

2인 이상이 합동하여 야간이 아닌 주간에 절도의 목적으로 타인의 주거에 침입하였다 하여도 아직 절취할 물건의 물색행위를 시작하기 전이라면 특수절도죄의 실행에는 착수한 것으로 볼 수 없는 것이어서 그 미수죄가 성립하지 않는다(대판2009도9667).

3. 자동차 등 불법사용죄

본죄(형법 제331조의2)는 자동차·선박·항공기 또는 원동기장치자전거의 사용절도에 관한 규정이다. 절도죄의 성립에는 불법영득의 의사가 있어야 한다는 것이 통설·판례의 태도이고, 사용절도는 불법영득의 의사가 없어서 절도죄로 처벌되지 않는 것이었다. 그러나 이 조항으로 위의 객체에 대한 사용절도는 처벌되게 된다. 다만, 피해가 경미한 경우도 있을 수 있음을 고려하여 구류 또는 과료로도 처벌할 수 있도록 하였다.

본죄의 객체는 자동차·선박·항공기 또는 원동기장치자전거이다. 원동기장치자전거는 반드시 2륜 자전거에 제한되지 않는다. 행위는 권리자의 동의없이 일시 사용

---

10) "합동절도에는 주관적 요건으로서 공모 외에 객관적 요건으로 합동관계가 있는 실행행위분담이 있어야 하므로, 갑이 공모내용대로 국도상에서 을·병이 절취하여 온 소를 트럭에 싣고 운반한 것은 시간적·장소적으로 절취행위와 합동관계가 없으니 갑은 합동절도죄는 되지 않고 일반절도의 공동정범 또는 합동절도방조로서 죄책을 면할 수 없다"(대판76도2725).

하는 것이다. 주관적 요소로는 고의가 있어야 한다. 미필적으로라도 가능하다.

상습절도 등의 범행을 한 자가 추가로 자동차 등 불법사용의 범행을 한 경우에는 그것이 절도습벽의 발현이라고 보이는 이상 자동차 등 불법사용의 범행은 상습절도 등의 죄에 흡수되어 1죄만이 성립한다(대판2002도429).

4. 상 습 범

본죄(형법 제332조)는 절도죄, 야간주거침입절도죄, 특수절도죄 및 자동차등 불법사용죄를 범한 경우에 성립한다. '상습'이란 반복된 행위로 인하여 얻어진 행위자의 습성 내지 경향 때문에 죄를 범하는 것이다.

상습으로 범한 수개의 절도는 포괄일죄가 된다는 것이 통설과 판례(대판77도3564 전원합의체)의 입장이다.

제3절 강도의 죄

제1항 의 의

강도의 죄는 폭행 또는 협박으로 타인의 재물을 강취하거나 재산상의 이익을 취득하거나 이를 제3자로 하여금 취득케 함으로써 성립하는 범죄이다.

본죄는 재산권을 주된 보호법익으로 하지만, 폭행·협박을 수단으로 한다는 점에서 신체의 완전성 및 개인의 자유권도 부차적인 보호법익이 된다. 따라서 절도죄와 폭행죄·협박죄의 결합범으로 이해되고 있다. 강도의 죄는 재물죄이자 이득죄이다.

기본적 구성요건으로 강도죄(형법 제333조)이다. 이에 대한 가중적 구성요건으로 특수강도죄(동 제334조), 강도상해·치상죄(동 제337조), 강도살인·치사죄(동 제338조), 강도강간죄(동 제339조) 및 해상강도죄(동 제340조), 상습강도죄(동 제341조)가 있다. 준강도죄(동 제335조)와 인질강도죄(동 제336조)는 독립된 구성요건이다. 강도의 죄는 미수범(동 제342조)과 예비·음모(동 제343조)를 처벌하며, 자격정지를 병과할 수 있다(동 제345조). 특별형법에서 가중처벌하고 있다.

제2항 강 도 죄

본죄(형법 제333조)의 객체는 타인의 재물 또는 재산상의 이익이다. 타인의 재물은 절도죄에서 설명한 바와 같다. 재산상의 이익은 재물 이외의 재산적 가치가 있는 일체의 이익을 말한다. 부동산은 재물이 아니라 재산적 이익으로 본죄의 객체가 된다.

(범죄)행위는 폭행 또는 협박으로 재물을 강취하거나 재산상의 이익을 취득하는 것이다. 폭행과 협박은 폭행죄·협박죄의 기술한 내용과 같다. 다만, 강도죄의 폭행·협박은 사람의 반항을 억압할 수 있을 정도의 것이어야 한다(최협의의 폭행; 대판2004도4437). 폭행·협박을 받은 자와 재물의 소유자·점유자가 일치할 필요는 없다(대판67도610; 대판2010도9630). 폭행·협박을 가하여 재물을 탈취한 경우에는 그 폭행·협박이 사회통념상 일반적으로 피해자의 반항을 억압할 수 있는 정도의 것인가 여부를 기준으로 강도죄와 공갈죄를 정한다(대판4289형상50). 따라서 반항을 억압할 정도가 되지 못한 경우에는 공갈죄가 성립한다. '반항을 억압할 정도'인가를 결정하는 표준에 관

하여는 피해자의 주관을 표준으로 하여야 한다는 견해(주관설), 사회통념상 객관적으로 반항이 억압되었는가에 따라 판단해야 한다는 견해(객관설)가 있으나, 피해자의 성별·연령·장소·시간 등 구체적인 사정을 고려하되 사회적 통념에 입각하여 결정하여야 할 것이다(대판76도1932). 등을 발로 세게 차서 상해를 입힌 경우(대판71도2114), 수면제(대판4294형상700) 등 약을 먹여 졸음에 빠지게 한 경우(대판79도1735), 얼굴에 칼을 들이대는 경우(대판67도1283)에는 강도죄의 폭행·협박에 해당한다.

날치기 수법으로 피해자가 들고 있던 가방을 탈취하면서 가방을 놓지 않고 버티는 피해자를 5m 가량 끌고 감으로써 피해자의 무릎 등에 상해를 입힌 경우(대판2007도7601)에는 강도치상죄가 성립한다.

강도죄는 폭행·협박에 의한 재물강취 및 강제이득이 있어야 성립한다. 재물강취란 폭행·협박에 의하여 상대방의 의사에 반하여 타인의 재물을 자기 또는 제3자의 점유로 옮기는 것이고, 강제이득이란 폭행·협박에 의하여 재산상의 이익을 취득하거나 제3자로 하여금 이를 취득하게 하는 것이다. 상대방이 재물을 교부한 것과 같은 형식을 취하더라도 피해자의 억압된 의사에 의한 것이면 역시 강취가 된다.

피고인이 강도의 고의없이 공범들과 함께 피해자의 반항을 억압함에 충분한 정도로 피해자를 폭행하던 중 공범들이 피해자를 계속하여 폭행하는 사이에 피해자의 재물을 취거한 경우에는 강도죄의 성립을 인정할 수 있고 그 과정에서 피해자가 상해를 입었다면 강도상해죄가 성립한다(대판2013도11899).

'재산상의 이익을 취득'한다는 것은 반드시 사법상 유효한 재산상의 취득만을 의미하는 것이 아니라 외견상 재산상의 이득을 얻을 것이라고 인정할 수 있는 사실관계만 있으면 된다(대판93도428). 재산상의 이익을 취득하는 경우에 그 이익의 취득이 피해자 측의 일정한 의사표시 또는 처분행위에 의한 것이어야 하는가는 피해자 측의 의사표시나 처분행위를 수반하는 것이겠지만, 사실상 반항을 못하게 하고 재산상의 이익을 취득하는 경우도 생각할 수 있으므로 폭행·협박과 재산상의 이익과의 사이에 인과관계만 있으면 되고 피해자의 처분행위 또는 의사표시는 필요하지 않다.

폭행·협박과 재물의 탈취 및 재산상의 이익의 취득 사이에는 인과관계가 있어야 한다.[11] 그러므로 객관적으로 상대방의 반항을 억압할 만한 폭행·협박을 가하였

---

11) 인과관계가 있기 이전에, 폭행·협박과 재물의 탈취 및 재산상의 이익의 취득은 수단과 목적의 관계에 있어야 한다는 주장이 있다. 그러나 판례는 강도의 고의 없이 단지 복수할 목적으로 사람을 살해한 후 그 피해자의 재물을 영득한 경우 강도죄를 구성하는 것이고, 살인죄와 점유이탈물횡령죄를 구성하는 것은 아니라고 판시한다(대판4282형상61).

더라도 상대방이 두려움을 느끼지 않고 다른 이유로 재물을 교부한 경우에는 강도미
수가 된다.

강도죄의 실행의 착수시기는 재물강취(또는 재산상의 이익취득)의 의사로 피해자의
반항을 억압할 수 있는 정도의 폭행·협박을 개시한 때이다(대판91도2296). 기수시기는
재물 또는 재산상의 이익을 취득한 때이다. 강도죄의 경우에도 기수에 이른 후의 행
위는 불가벌적 사후행위로서 처벌되지 않는다(대판91도1722).

주관적 구성요건요소로는 고의 외에 초과 주관적 구성요건요소로 불법영득의 의
사가 있어야 한다(대판86도776). 강간과정에서 피해자들이 도망가지 못하게 하기 위해
서 손가방을 빼앗은 것에 불과하다면 불법영득의사가 있었다고 할 수 없다(대판85도
1170).

제3항 가중적 구성요건

특수강도죄(형법 제334조)에 대해서는 강도죄의 설명과 함께, 본조 제1항은 야간
주거침입절도죄의 설명을 참조하고, 제2항은 특수절도죄 중 흉기휴대 및 합동절도에
관한 설명으로 대체한다.

형법 제334조 제1항 특수강도죄는 '주거침입'이라는 요건을 포함하고 있으므로
형법 제334조 제1항의 특수강도죄가 성립할 경우에는 주거침입죄가 별도로 처벌되
지 않고, 형법 제334조 제1항 특수강도에 의한 강도상해가 성립할 경우에도 별도로
주거침입죄를 처벌할 수가 없다(대판2012도12777).

강도상해·치상죄(형법 제337조)는 강도죄와 상해죄 및 과실상해죄의 결합범이다.
강도가 범행할 때 잔혹한 행위를 수반하는 경우가 많다는 점을 고려하여 가중유형으
로 규정해 놓은 것이다. 본죄의 주체는 강도범인이다. 본죄의 주체인 강도는 강도 뿐
만 아니라 특수강도, 준강도, 인질강도 등을 모두 포함한다(대판83도3043). 그 강도행
위가 실행에 착수하면 충분하다. 따라서 강도행위가 기수에 이를 것을 요하지 않는
다.[12] 상해는 그에 대한 인식, 즉 고의가 있는 경우이며, 치상은 상해의 고의 없이 상
해의 결과를 발생하게 한 결과적 가중범이다. 이와 같은 상해 또는 치상의 결과는 반
드시 강도의 수단으로서 행사된 폭행으로 인한 것일 필요가 없으며, 적어도 강도의
기회에 범인의 행위를 원인으로 하여 발생한 것이면 충분하다(대판84도970). 예컨대

---

12) "강도상해죄의 성립은 강도죄가 기수이거나 미수임을 구별하지 않는다"(대판63도214).

피고인이 택시를 타고 가다가 요금지급을 면할 목적으로 소지한 과도로 운전수를 협박하자 이에 놀란 운전수가 택시를 급우회전하면서 그 충격으로 피고인을 겨누고 있던 과도에 어깨부분이 찔려 상처를 입은 경우 강도치상죄가 성립한다(대판84도2397).

강도범행 후에도 피해자를 계속 끌고 다니거나 차량에 태우고 함께 이동하는 등 강도범행으로 인한 피해자의 심리적 저항불능 상태가 해소되지 않은 상태에서 강도범인의 상해가 있었다면 다소 시·공간적인 간격이 있었더라도 강도상해죄의 성립에는 영향이 없다(대판2014도9567).

강도살인·치사죄(형법 제338조)는 강도살인죄와 강도치사죄를 같이 규정한 것이다. 강도살인죄는 고의범이고, 강도치사죄는 결과적 가중범이다. 주체는 강도의 실행에 착수한 강도이다. 강도의 수단으로 사람을 살해한 이상 그 살해행위는 강취행위 전에 있었거나 후에 있었거나를 불문한다. 강도살인죄의 미수는 살인의 기수·미수에 따라 결정된다. 따라서 살해행위가 미수에 그쳤으면 강도의 기수·미수를 불문하고 강도살인미수죄가 성립한다(대판73도847).

피고인이 피해자 소유의 돈과 신용카드에 대하여 불법영득의사를 갖게 된 것이 살해 후 상당한 시간이 지난 후로서 살인의 (범죄)행위가 이미 종료된 후의 일이라면 강도살인죄로 처벌할 수가 없다(대판2004도1098).

강도강간죄(형법 제339조)는 강도가 사람을 강간하는 행위를 일반강도나 강간보다 가중처벌하는 규정으로서 강도죄와 강간죄의 결합범이다. 주체는 강도이다. 강도의 실행에 착수한 이상 재물강취의 기수·미수를 묻지 않고 본죄의 주체에 해당한다. 주체는 강도범인이므로 강도범인이 강간하는 것을 의미하며, 강간범인이 강도하는 것을 의미하지는 않는다. 따라서 강간범이 행위 후에 재물탈취의 범의가 생겨 피해자의 공포상태를 이용하여 재물을 강취한 경우는 강도강간죄가 아니라 강간죄와 강도죄의 경합범이 될 뿐이다(대판77도1350). 그러나 강간 종료전에 강도행위를 한 때에는 본죄가 성립한다(대판88도1240).

특수강간범이 강간행위 종료 전에 특수강도의 행위를 한 이후에 그 자리에서 강간행위를 계속하는 때에도 특수강도가 부녀를 강간한 때에 해당하여 구 성폭력범죄의 처벌 및 피해자보호 등에 관한 법률 제5조 제2항에 정한 특수강도강간죄가 성립한다(대판2010도3594).

야간에 을(乙)의 주거에 침입하여 드라이버를 들이대며 협박하여 을(乙)의 반항을 억압한 상태에서 강간행위의 실행도중 범행현장에 있던 병(丙) 소유의 핸드백을 가져간 피고인의 행위는 포괄하여 구 성폭력범죄의 처벌 및 피해자보호 등에 관한 법률 제5조 제2항의 특수강도강간 등 죄에 해당한다(대판2010도9630).

피고인이 강도하기로 모의한 후에 피해자 갑(甲)남으로부터 금품을 빼앗고 이어서 피해자 을(乙)녀를 강간하였다면 강도강간죄를 구성한다(대판91도2241).

강도 피해자에게 상해를 입혔으나 재물의 강취에는 이르지 못하고 그 자리에서 항거불능상태에 빠진 피해자를 간음한 경우에는 강도상해죄와 강간죄만 성립(상상적 경합)하고, 그 실행행위의 일부인 강도미수행위는 위 각 죄에 흡수되어 별개의 죄를 구성하지 않는다(대판2010도1099).

해상강도죄(형법 제340조)는 이른바 해적죄로서 특수강도의 일종이며, 위법성이 가중되어 다른 특수강도보다 더 무겁게 처벌된다. 그 이유는 본조의 행위가 해상에서 선박을 강취하거나 선박내의 사람을 상대로 강도행위를 하는 것이므로 그 위험성이 크기 때문이다. 본죄는 다중의 위력으로 강도 등의 행위를 함으로써 성립한다. 다중이란 다수인의 집단을 말하며 그 인원수에는 제한이 없으나 사람에게 집단적 위력을 보일 수 있는 정도여야 하며, 위력이란 사람의 의사를 제압할 수 있는 세력으로 유형·무형의 것을 모두 포함한다. 해상이란 영해 또는 공해를 모두 포함하나, 성질상 육지에서 쉽게 지배할 수 있는 항만, 하천, 호수는 제외된다.

소말리아 해적인 피고인들 등이 공모하여 아라비아해 인근 공해상에서 대한민국 해운회사 선박 '삼호주얼리호'를 납치하여 선원 등에게 해상강도 등 범행을 저질렀다는 내용으로 국내법원에 기소된 사안에서 피고인 갑이 선장을 살해할 의도로 선장에게 총격을 가하여 미수에 그친 사실을 충분히 인정할 수 있다고 본 다음, 자신의 생존을 위하여 피신하였던 나머지 피고인들로서는 피고인 갑이 선장에게 총격을 가하여 살해하려고 할 것이라는 점까지 예상할 수 없었다고 하여 해상강도살인미수의 공동정범은 성립하지 않는다고 하였다(대판2011도12927).

상습강도죄(형법 제341조)는 상습으로 동 제333조, 동 제334조, 동 제336조 또는 동 제340조 제1항의 죄를 범한 자는 책임이 가중되어 무기 또는 10년 이상의 징역에 처한다(형법 제341조). 강도상해·치상죄, 강도살인·치사죄, 강도강간죄에 대해서는 상습범 가중규정이 없으므로 상습강도죄와 경합범 관계에 있다. 미수범처벌(동 제342조)과 유기징역에 처할 경우에는 10년 이하의 자격정지의 병과를 할 수 있다(동 제345조).

제 4 항   준강도죄 및 인질강도죄

1. 준강도죄

본죄(형법 제335조)는 재물탈취의 방법으로 폭행·협박을 가하는 일반강도와 그 행위의 순서에 차이가 있을 뿐 그 실질적 위법성은 동일한 것이므로 강도에 준하여 처벌하는 것이다. 주체는 절도범인이다(일종의 신분범; 대판2014도2521). 따라서 사후강도죄라고도 한다.

본죄의 절도죄에는 절도죄(형법 제329조) 뿐만 아니라 야간주거침입절도죄(동 제330조)와 특수절도죄(동 제331조)를 포함한다. 또한 절도죄의 실행에 착수한 이상 기수와 미수를 모두 포함한다(대판2003도4417). 따라서 절취의 의사로 야간에 주거에 침입하였다가 발각되어 폭행·협박을 가하면 본죄가 성립된다(대판67도334). 그러나 실행착수 이전의 예비단계에서는 폭행·협박을 가하였더라도 본죄는 성립하지 않는다. 예컨대 주간에 타인의 주거에 침입하였다가 발각되어 폭행·협박을 가한 경우에는 절도죄의 착수가 없으므로 주거침입죄와 폭행죄의 경합범이 된다.

피고인이 술집 운영자 갑(甲)으로부터 술값지급요구를 받자 갑(甲)을 유인·폭행하고 도주한 경우에 원심(原審)이 인정한 범죄사실에는 그 자체로 절도의 실행에 착수하였다는 내용이 포함되어 있지 않음에도 준강도죄를 적용하여 유죄로 인정한 원심판결에 준강도죄의 주체에 관한 법리오해의 잘못이 있다(대판2014도2521).

본죄는 일정한 목적을 가지고 폭행·협박을 가함으로써 성립하는 목적범이다. 본죄의 폭행이나 협박은 상대방의 반항을 억압하는 수단으로서 일반적·객관적으로 가능하다고 인정하는 정도의 것이면 되고, 반드시 현실적으로 반항을 누를 수 있는 것이라든가 현실적으로 반항을 억압하였음을 필요로 하는 것은 아니다(대판81도409). 그러나 잡은 손을 뿌리치거나(대판85도619), 범인이 체포하려는 피해자의 공격을 오로지 방어하는 것(대판90도193)은 본죄의 폭행에 해당하지 않는다.

폭행·협박은 절도의 기회에 행해져야 한다. 즉, 폭행·협박은 절도와 가까운 시간적·장소적 관계에서 일어날 것이 필요하다(대판2001도4142).[13] 예컨대 추적이 계속되는 경우(대판82도1352) 또는 범행장소로부터 야경원에 의해 파출소로 연행하는 도중인 때(대판66도1501)에는 절도의 기회에 해당된다고 한다.

---

13) "절도가 절도행위의 기회계속중이라고 볼 수 있는 그 실행중 또는 실행직후에 체포를 면탈할 목적으로 폭행을 가한 때에는 준강도죄가 성립되고, 이로써 상해를 입혔을 때는 강도상해죄가 성립된다"(대판87도1662).

절도가 체포를 면탈할 목적으로 자기의 멱살을 잡은 피해자의 얼굴을 주먹으로 때리고 뒤로 넘어뜨려 상해를 입게 한 폭행(대판85도2115; 대판85감도301), 피고인이 오토바이를 절취하여 끌고 가다가 추격하여온 피해자에게 멱살을 잡히게 되자 체포를 면탈할 목적으로 피해자의 얼굴을 주먹으로 때리고 놓아주지 않으면 죽여 버리겠다고 협박한 경우(대판82도2838)는 모두 준강도죄를 구성한다.

절도범인이 일단 체포되었으나 아직 신병확보가 확실하지 않은 단계에서 체포상태를 면하기 위해 상해를 가한 경우에 그 행위는 절도의 기회에 체포를 면탈할 목적으로 폭행하여 상해를 가한 것으로 강도상해죄에 해당한다(대판2001도4142).

본죄는 목적범이다. 따라서 주관적 요소로 고의 외에 일정한 목적을 가져야 한다. 그러나 그 목적의 달성여부는 본죄의 성립에 영향을 미치지 않는다. 그 목적으로는 ① 재물탈환을 항거한다는 것은 탈취한 재물을 피해자 측에 탈환당하지 않기 위해 대항하는 것으로서 절도가 기수가 된 것을 전제로 한다. ② 체포의 면탈이란 체포당하는 것을 방지하는 것으로 자기뿐 아니라 공범자의 체포를 면탈케 하는 경우도 포함한다. 예컨대 절도피해자가 잠을 자다가 이마를 맞고 잠이 깨어 비로소 맞은 것을 알았다고 진술할 뿐이어서, 피고인이 체포를 면탈하기 위하여 피해자를 때린 것이라고 인정할 수 없다면 피고인에게는 준강도상해죄의 죄책을 지울 수 없다(대판84도460). ③ 범죄의 흔적(죄적)인멸이란 모든 인적·물적 증거를 인멸하거나 죄증을 무효로 하는 것이다. 체포면탈 죄적인멸의 목적의 경우는 절도의 기수·미수를 불문한다.

절도범이 체포를 면탈할 목적으로 경찰관을 폭행·협박한 경우에는 준강도죄와 공무집행방해죄의 상상적 경합관계가 성립한다(대판92도917).

본죄의 미수범은 처벌한다(형법 제343조). 본죄의 미수가 어느 때에 성립하는가에 관하여, 절도의 기수·미수에 따라 정해진다고 보는 견해, 폭행·협박의 기수·미수에 의해 결정하여야 한다는 견해로 나뉘나, 판례는 후자의 입장을 취하고 있다.[14] 그러나 준강도죄는 재산범이므로 재산범인 절도를 기준으로 하는 것이 옳고, 폭행·협박을 수단으로 재물을 탈취하려다 미완성에 그친 자가 강도미수로 처벌되는 것과 마찬가지로 절도미수범이 폭행·협박을 가한 경우도 강도미수로 논하는 것이 옳다고 본

---

14) "본조에서 말하는 절도가 체포를 면탈하기 위하여 폭행을 가한 때란 절도미수범의 그와 같은 경우에도 해당한다 할 것이요, 이러한 경우에 준강도미수로 볼 수 없다 할 것이고, 또 폭행을 가하여 상해를 가한 때에는 강도상해가 된다"(대판64도504).

다. 따라서 절도의 기수·미수를 기준으로 본죄의 기수·미수를 결정해야 할 것이다.

준강도죄에 있어서의 '재물탈환을 항거할 목적'이라 함은 일단 절도가 재물을 자기의 배타적 지배하에 옮긴 뒤 탈취한 재물을 피해자 측으로부터 탈환당하지 않기 위하여 대항하는 것을 말한다(대판2003도2316).

절도의 공범 가운데 한 사람이 본죄를 범한 경우에 다른 공범자에게도 본죄의 성립을 인정할 수 있겠는가의 문제에 관해 판례는 폭행·협박에 가담하지 않은 공범자도 그 폭행·협박을 예견할 수 있었다고 하면 본죄에 해당하고(대판88도2291), 그렇지 않다면 본죄의 성립을 부정한다(대판83도3321).

처벌에 있어서 형법은 제335조에서 "제333조 및 제334조의 예에 따른다."라고 하고 있다(2020.12.8. 개정). 따라서 절도가 절도행위의 실행 중 또는 실행직후에 체포를 면탈할 목적으로 폭행을 가한 때에는 준강도죄가 성립되고, 이로써 상해를 입혔을 때는 강도상해죄가 성립된다(대판87도1662).

절도범인이 체포를 면탈할 목적으로 체포하려는 여러 명의 피해자에게 같은 기회에 폭행을 가하여 그 중 1인에게만 상해를 가한 경우에는 포괄하여 하나의 강도상해죄가 성립한다(대판2001도3447).

2. 인질강도죄

본죄(형법 제336조)는 체포·감금죄 및 약취·유인죄와 공갈죄의 결합범이다. 본죄의 객체는 사람이며 미성년자에 제한되지 않는다. 본조는 체포·감금죄(동 제276조 내지 제278조) 또는 약취·유인죄(동 제287조, 동 제288조)와 법조경합의 관계에 있다. 그리고 13세 미만의 미성년자를 약취·유인하고 재물이나 재산상의 이익을 취득하고 요구한 때에는 특가법 제5조의2 제2항 1호에 의하여 가중처벌된다.

제 5 항 강도예비·음모죄

본죄(형법 제343조)는 강도의 결의(대판2004도6432)를 하고 실행착수에 이르지 않는 경우다. 강도의 목적으로 실행을 준비하거나 모의하는 것을 말한다. 예컨대 강도의 목적으로 주거에 침입한 때에 여기에 해당한다.

강도예비·음모죄가 성립하기 위해서는 예비·음모 행위자에게 미필적으로라도 강도를 할 목적이 있음이 인정되어야 하고 그에 이르지 않고 단순히 준강도할 목적이 있음에 그치는 경우에는 강도예비·음모죄로 처벌할 수 없다(대판2004도6432).

제 4 절 사기의 죄

제 1 항   의   의

사기의 죄는 사람을 기망하여 재물을 편취 또는 재산상의 불법한 이익을 취득하거나 제3자로 하여금 이를 얻게 하는 행위 및 이에 준하는 행위를 처벌하는 범죄이다. 따라서 사기의 죄는 재물죄인 동시에 이득죄이다. 사기의 죄는 상대방의 하자 있는 의사에 의한 처분행위를 통해서 객체를 얻는다는 점에서 상대방의 의사에 반하여 그 객체를 탈취하는 절도·강도의 죄와 구별되며, 타인이 점유하는 재물을 취득한다는 점에서 자기가 점유하는 재물을 영득하는 횡령의 죄와도 구별된다.[15] 또 상대방의 하자 있는 의사에 의하여 재물의 처분행위가 있다는 점에서는 공갈의 죄와 같은 성질을 갖지만, 그 처분행위가 사기의 죄에 있어서는 기망에 의한 것이라는 점에서 공갈을 수단으로 하는 공갈죄와 다르다.

본죄의 보호법익이 전체로서의 재산이라는 데는 이론이 없다. 그러나 재산권만을 보호하는 것인지, 아니면 이와 함께 재산거래에 있어서의 신의성실의 유지도 포함되는지에 관해서는 견해를 달리한다. 사기행위를 처벌함으로써 거래의 안전과 신의성실이 보호되는 것은 사실이다. 그러나 행위태양인 기망이 폭행이나 협박 등과는 달리 형법상 독립적인 법익침해로 인정되지 않는 점을 고려할 때, 기망행위에 포함되어 있는 신의성실위반 그 자체에 독자적인 의미를 인정할 필요는 없다고 하겠다.[16]

주유소 운영자가 농·어민 등에게 조세제한특례법에 정한 면세유를 공급한 것처럼 위조한 면세유류공급확인서로 정유회사를 기망하여 면세유를 공급받음으로써 면세유와 정상유의 가격 차이 상당의 이익을 취득한 경우에는 정유회사에 대하여 사기죄를 구성한다(대판2008도7303).

보호정도는 사기의 죄의 보호법익을 순수하게 개인적 재산권으로 보는 한 이 죄는 재산범으로서 침해범이 되므로 재산상의 손해가 발생하여야 성립한다(통설). 본죄의 객체는 재물이나 재산상의 이익이다.[17]

---

15) 판례는 사기죄의 성립에는 현실적인 재산상의 손해발생을 요건으로 하지 않는다고 한다(대판2003도7828; 대판2014도9099).
16) 부정설(이재상/장영민/강동범 326면), 긍정설(배종대 435면; 임웅 341면).

구성요건체계에는 사기죄(형법 제347조), 준사기죄(동 제348조), 부당이득죄(동 제349조)가 있고, 가중적 구성요건으로는 이상의 죄에 대한 상습범 규정(동 제351조)이 있다. 형법은 이외에 신종범죄에 대처하기 위하여 컴퓨터 등 사용사기죄(동 제347조의2)와 편의시설부정이용죄(동 제348조의2)를 신설하였다. 부당이득죄를 제외한 죄의 미수범은 처벌되고(동 제352조), 모든 사기죄에 대해 자격정지를 병과할 수 있다(동 제353조). 사기의 죄에도 동력에 관한 규정(동 제346조)과 친족상도례의 규정이 준용된다(동 제354조). 특정경제범죄 가중처벌 등에 관한 법률(이하 '특정경제범죄법')에는 사기죄에 관한 가중처벌규정(동법 제3조)을 두고 있다.

제 2 항   사 기 죄

1. 객관적 구성요건

사기죄(형법 제347조)에는 사기취재죄와 사기이득죄가 있다. 사기취재죄의 객체는 재물이며 타인이 점유하는 타인의 재물을 말한다. 따라서 타인의 점유에 속하더라도 그것이 자기소유의 재물이거나 공무소의 명령에 의하여 타인이 관리하는 물건은 기망에 의해서 취거하더라도 권리행사방해죄(형법 제323조)나 공무상보관물무효죄(형법 제142조)가 성립할 수는 있어도 사기죄는 성립하지 않는다. 재물에는 동산뿐만 아니라 부동산과 관리할 수 있는 동력(동 제354조)도 포함된다. 사기이득죄의 객체는 재산상의 이익이다. 재산의 이익은 적극적인 것과 소극적인 것, 일시적인 것과 영구적인 것을 모두 포함한다. 그것이 사법상 유효할 필요도 없다.[18] 외관상 재산상의 이익을 취득하였다고 볼 수 있는 사실관계로 족하다. 그리고 구체적인 이익이어야 한다. 판례에 의하면 채권을 취득하거나 채무를 면제받는 것(대판2012도1301), 채무이행을 연기받는 것(대판96도2904), 경제적 이익을 기대할 수 있는 자금운용의 권한 내지 지위의 획득(대판2011도282) 등은 재산상의 이익에 해당한다.

인감증명서는 다른 특별한 사정이 없는 한 재산적 가치를 가지는 것이어서 형법상의 재물에 해당한다고 할 것이므로 그 소지인에 대한 관계에서 사기죄가 성립한다(대판2011도9919).

---

17) 판례는 금품 등을 받는 것을 전제로 성행위를 하는 부녀를 기망하여 성행위 대가의 지급을 하지 아니한 경우에도 사기죄의 성립을 인정하였다(대판2001도2991).
18) "형법 제347조 소정의 재산상 이익취득은 그 재산상의 이익을 법률상 유효하게 취득함을 필요로 하지 아니하고 그 이익취득이 법률상 무효라 하여도 취득한 것이면 족하다"(대판75도760).

피고인이 자신이 개발한 주식운용프로그램을 이용하면 상당한 수익을 낼 수 있고 만일 손해가 발생하더라도 원금과 은행 정기예금 이자 상당의 반환은 보장하겠다는 취지로 피해자 갑을 기망하여 갑의 자금이 예치된 갑 명의 주식계좌에 대한 사용권한을 부여받은 경우에는 사기죄의 객체인 재산상 이익을 취득한 것으로 볼 수 있다(대판2011도282).

본죄의 행위는 타인을 기망하여 그로 인한 하자 있는 의사에 기하여 재물의 교부를 받거나 재산상의 이익을 취득함으로써 성립되는 것이다. '기망'이란 널리 재산상의 거래관계에서 서로 지켜야 할 신의와 성실의 의무를 저버리는 모든 적극적 및 소극적 행위를 말한다(대판82도3139). 상대방을 속여서 착오를 일으키게 하는 것이라 할 수 있다(대판2005도1991). 기망행위에 해당하는가 여부는 거래의 상황, 상대방의 지식 · 성격 · 경험 · 직업 등 행위당시의 구체적 사정을 고려하여 일반적 · 객관적으로 결정하여야 한다(대판87도1872).

비의료인이 개설한 의료기관이 마치 의료법에 의하여 적법하게 개설된 요양기관인 것처럼 국민건강보험공단에 요양급여비용의 지급을 청구하는 것은 사기죄의 기망행위에 해당한다(대판2014도11843).

보험계약자가 보험계약체결 당시에 보험금액이 목적물의 가액을 현저하게 초과하는 초과보험상태를 의도적으로 유발한 후 보험사고가 발생하자 초과보험사실을 알지 못하는 보험자에게 목적물의 가액을 묵비한 채 보험금을 청구하여 받은 경우에는 사기죄가 성립한다(대판2015도6905).

피고인 등이 피해자 갑 등에게 자동차를 매도하겠다고 거짓말하고 자동차를 양도하면서 매매대금을 받은 다음, 자동차에 미리 부착해 놓은 GPS로 위치를 추적하여 자동차를 절취하였다고 하여 사기죄 및 특수절도죄로 기소된 사건에서 피고인에게는 자동차를 매도할 당시에 기망행위가 없었으므로 사기죄를 인정한 원심판결에 법리상 오해가 있었다(대판2015도17452).

기망행위의 대상이 사실에 한정되는지, 아니면 가치판단이나 기타 의사표시도 기망행위의 대상이 될 수 있는지가 문제된다. 통설은 사실뿐만 아니라 가치판단에 대해서도 기망이 가능하다고 보고 있다.[19] 판례도 기망의 대상을 사실에 한정짓지는 않으며(대판83도2995), 반드시 법률행위의 중요부분에 관한 허위표시임을 요하지도 않

---

19) 오영근 305면; 정성근/박광민 358면.

는다고 한다(대판95도2828).[20]

기망(欺罔)의 수단·방법에는 제한이 없다. 착오를 일으킬 수 있는 모든 행위면 명시적이든[21] 묵시적이든 부작위든 작위든 불문한다. 묵시적 기망행위란 언어가 아니라 행동을 통한 기망행위를 말한다. 예컨대 음식점에서 음식을 주문한 자는 대금 지불의 의사와 능력이 있음을 묵시적으로 표현했다고 보아야 하고, 재물을 처분하는 자는 그 재물이 자기의 소유이거나 이를 처분할 권한이 있음을 역시 표현한 것으로 보아야 한다. 또 은행에서 예금을 청구하는 자는 자기가 정당한 권리자임을 묵시적으로 설명한 것으로 보아야 한다. 따라서 절취한 예금통장으로 예금을 청구하여 인출한 행위는 사기죄에 해당한다.

부작위에 의한 기망행위는 상대방이 행위자와 관계없이 스스로 착오에 빠져 있을 것을 요건으로 한다.[22] 즉, 부작위에 의한 기망은 법률상 고지의무 있는 자가 일정한 사실에 관하여 상대방이 착오에 빠져 있음을 알면서도 이를 고지하지 않는 것이다. 법률상 고지의무는 거래의 경험칙상 상대방이 그 사실을 알았더라면 당해 법률행위를 하지 않았을 것이 명백한 경우 신의칙에 비추어 요구되는 의무라 할 것이다(대판83도823). 그리고 행위자는 상대방의 착오를 제거해야 할 보증인 지위에 있어야 한다. 보증인임에도 불구하고 상대방의 착오를 제거하지 않았을 때 비로소 부작위에 의한 기망행위인지가 문제되는 것이다. 예컨대 은행원이 청구금액을 초과하는 돈을 내어주는 것을 받거나, 음식을 먹는 도중에 지불능력이 없어졌음에도 불구하고 계속 가져오는 음식을 먹은 경우 등이 부작위에 의한 기망행위가 될 수 있을 것이다.

보험사고가 이미 발생하였음에도 이를 묵비한 채 보험계약을 체결하거나 보험사고 발생의 개연성이 농후함을 인식하면서 보험계약을 체결하는 경우 또는 보험사고를 임의로 조작하려는 의도를 가지고 보험계약을 체결하는 경우와 같이 보험사고의 우연성이라는 보험의 본질을 해할 정도에 이르러야 비로소 보험금 편취를 위한 고의의 기망행위에 해당한다(대판2017도1405).

예금주인 피고인이 제3자에게 편취당한 송금의뢰인으로부터 자신의 은행계좌에 계좌송금된 돈을 출금한 경우에 피고인은 예금주로서 은행에 대하여 예금반환을 청

---

20) 따라서 판례는 어느 정도 추상적인 과장광고는 허용되지만(대판2004도45), 한도를 초과하여 구체적으로 증명할 수 있는 사실을 허위로 하는 것은 기망행위(대판81도2531), 사회적 상술을 넘는 기망행위(대판2001도1429)라고 하고 있다.
21) 기망행위의 가장 전형적인 형태로 허위의 주장이 문서화된 경우도 포함된다(대판2014도11843).
22) 특정시술을 받으면 아들을 낳을 수 있다는 착오에 빠진 피해자들에게 사실대로 고지하지 않고 아들을 낳을 수 있는 것처럼 시술과 처방을 행한 경우(대판99도2884).

구할 수 있는 권한을 가진 자이므로 위 은행을 피해자로 한 사기죄가 성립되지 않는다(대판2010도3498).

기망의 상대방은 반드시 재물의 소유자 또는 점유자일 필요는 없다. 또한 피기망자와 재산상의 피해자가 동일인이 아니라도 상관없다.

기망행위란 사람을 착오에 빠뜨리는 것이지만 단순히 착오를 발생시킨 것만 가지고 기망행위가 있었다고 할 수는 없고, 그것이 거래에 있어서 신의칙에 반하는 정도에 이르러야 한다. 따라서 착오가 있었다고 할지라도 거래의 목적을 달성하는 데 지장이 없었다면 기망행위가 있었다고 할 수 없다. 과장광고와 관련하여서도 보통의 경우 상품매매시 어느 정도 과장된 광고나 선전을 하는 것은 상관행상 시인되고 있으므로, 모든 과장광고가 사기죄에 해당되지는 않고 거래에 있어서의 신의성실의 원칙에 위배되는 정도에 이른 때에만 문제가 된다. 판례도 거래상의 신의성실의무에 비추어 비난받을 정도로 허위 고지한 경우는 과장광고의 한계를 넘은 사기죄의 기망에 해당한다고 하고 있다(대판91도2994).

신생 수입브랜드의 시계를 마치 오랜 전통을 지닌 브랜드의 제품인 것처럼 허위광고함으로써 그 품질과 명성을 오인한 구매자들에게 고가로 판매한 행위는 사기죄가 된다(대판2008도1664).

부동산 관련 업체가 지방자치단체의 특정 용역보고서만을 근거로 확정되지도 않은 개발계획이 마치 확정된 것처럼 허위 또는 과장된 정보를 제공하여 매수인들과 토지매매계약을 체결한 경우는 사기죄가 된다(대판2008도6549).

인터넷사이트의 초기화면에 성인 동영상물에 대한 광고용 선전문구 및 영상을 게재하고 이를 통해 접속한 사람들을 유료회원으로 가입시킨 경우에는 다소 차이가 있더라도 기망행위는 되지 않는다(대판2008도76).

사기죄는 기망행위로 상대방을 착오에 빠지게 함으로써 성립한다. 착오란 관념과 현실이 일치하지 않는 것을 말한다. 기망과 착오 사이에는 인과관계가 있어야 한다. 따라서 기망이 있어도 상대방이 착오에 빠지지 않거나 기망과 착오 사이에 인과관계가 없을 때에는 사기죄의 미수가 된다. 그러나 기망행위가 착오의 유일한 원인일 것을 요하는 것은 아니고, 착오에 대하여 피해자에게 과실이 있는 경우에도 언제나 인과관계가 부정되는 것은 아니다.

사기죄가 성립하기 위해서는 기망행위와 상대방의 착오 및 재물교부 또는 재산상의 이익공여와의 사이에 순차적인 인과관계가 있어야 하지만, 착오에 빠진 원인

중에 피기망자 측에 과실이 있는 경우에도 사기죄가 성립한다(대판2008도1697; 대판 2011도8829). 따라서 사기죄가 성립하기 위해서는 행위자의 기망에 의하여 피기망자가 착오에 빠지고 그 착오로 말미암아 피기망자가 재산에 대한 처분행위를 하여야 한 다. 처분행위란 재산적 처분행위를 의미하고, 그것은 주관적으로 피기망자가 처분의 사, 즉 처분결과를 인식하고 객관적으로는 이러한 의사에 지배된 행위가 있을 것을 요한다(대판87도1042).

창업자금대출금 중 일부를 개인적인 용도로 사용할 생각이었음에도 불구하고 이 를 속이고 위 대출금을 학원 운전자금 용도로 사용하겠다면서 보증을 신청한 행위는 사기죄의 기망행위에 해당한다(대판2003도4450).

처분행위자는 피기망자와 동일한 사람이어야 한다. 그러나 피기망자가 재산상의 피해자와 같을 필요는 없다. 피기망자와 재산상의 피해자가 같은 사람이 아닌 경우 에는 피기망자가 피해자를 위하여 그 재산을 처분할 수 있는 권능을 갖거나 그 지위 에 있어야 한다. 피해자를 위하여 재산을 처분할 수 있는 권능이나 지위란 반드시 사 법상의 위임이나 대리권의 범위와 일치하여야 하는 것은 아니다. 예컨대 피해자의 의사에 기하여 재산을 처분할 수 있는 서류 등이 교부된 경우에는 피기망자의 처분 행위가 설사 피해자의 진정한 의도와 어긋나는 경우라고 할지라도 위와 같은 권능을 갖거나 그 지위에 있는 것으로 보아야 한다(대판94도1575).

재산적 처분행위가 사람이 아닌 기계에 의해 이루어진 경우 사기죄의 성립여부 가 문제된다. 예컨대 신용카드대금을 지급할 의사와 능력이 없음에도 불구하고 현금 자동지급기에 신용카드를 투입하여 현금을 인출한 행위가 사기죄로 성립되는가이다. 판례는 "사람에 대한 기망행위 및 그에 따른 처분행위에 의하여 현금을 편취한 것이 라 볼 수 없으므로 피고인으로부터 기망당한 신용카드회사의 신용공여에 편승하여 이루어진 것이므로 사기죄를 구성한다."고 판시하였다(대판96도908). 처분행위에는 부 작위도 포함된다. 따라서 재물을 교부하는 것 외에 재물을 가져가는 것을 묵인하는 것도 처분행위이다. 재산상의 이익에 대한 처분행위는 계약의 체결, 노무의 제공, 채 무면제의 의사표시 등이 해당된다. 처분행위는 민법상의 개념이 아니며 사실상의 의 미를 갖는 것으로 보아야 한다. 그러므로 처분행위에는 법률행위뿐만 아니라 사실행 위도 포함된다.[23] 나아가 재물편취의 경우뿐만 아니라 모든 사기죄의 경우에 재산상

---

23) "각종 세금이나 채무를 면하는 재산상 이익을 취득하는 명의대여자의 행위는 재산적 처분행위가 있었 다고 보기 어렵다"(대판2012도4773).

의 손해를 요건으로 하지 않는다는 취지로 판시하고 있다.[24] 기망으로 불법원인급여 (민법 제746조)를 하게 한 경우도 사기죄가 성립한다(대판2006도6795).[25]

피기망자의 착오와 처분행위 사이에는 인과관계(因果關係)가 있어야 한다(대판2013 도9669).[26] 즉, 처분행위는 착오로 인한 것이어야 한다. 처분행위가 다른 원인에 의한 것일 때, 예컨대 피기망자가 착오에 빠지지 않고 동정심에서 재물을 교부한 때에는 사기죄의 미수에 그치게 된다.

2. 주관적 구성요건

본죄의 주관적 구성요건으로 고의와 자기 또는 제3자에게 불법한 재산상의 이익 을 취득하게 하는 것을 내용으로 하는 불법영득(이득)의사를 필요로 한다(대판83도2857).

사기의 죄는 고의범이므로 모든 객관적 구성요건요소에 대한 고의가 있어야 한 다. 그러므로 행위자는 기망행위, 피기망자의 착오와 처분행위, 손해의 발생과 그 사 이의 인과관계를 인식하여야 한다. 미필적 고의로도 족하다. 사기죄의 고의는 범행 전후의 피고인의 재력·환경, 범행의 경위와 내용, 거래의 이행과정 등과 같은 객관 적인 사정 등을 종합하여 판단하여야 할 것이다(대판96도481). 예컨대 대금을 지급하 기 어려운 사정을 알면서 물건을 납품받거나, 변제가능성이 없는 것을 알면서 돈을 차용한 때에는 사기의 고의를 인정할 수 있다(대판83도1048). 그러나 단순한 채무불이 행은 기망의 고의가 없으므로 사기죄가 성립하지 않는다. 기도·굿 등의 미신적 치료 행위에 대가를 받았다고 하더라도 행위자가 그 효과를 확신하고 있는 한 사기죄는 되지 않는다.

3. 관련문제

본죄의 실행의 착수시기는 기망행위를 개시한 때이며(대판87도2539), 기망을 위한 수단을 준비하는 것만으로는 실행의 착수가 있다고 하기 어렵다. 예컨대 보험금을 편취하기 위하여 자기 집에 방화하는 것만으로는 착수가 있다고 할 수 없고, 보험회 사에 보험금지급을 청구할 때에 비로소 착수가 있게 된다. 판례는 장애보상금 지급 청구권자에게 보상금을 찾아주겠다고 거짓말을 하여 보상금지급기관까지 유인한 것

---

24) "사기죄의 본질은 기망에 의한 재물이나 재산상 이익의 취득에 있고, 상대방에게 현실적으로 재산상 손해가 발생함을 그 요건으로 하지 아니한다"(대판82도3139). 같은 취지의 판례로는 대판87도2168; 대판91도2994; 대판94도1911; 대판94도2048.

25) 통설이고 타당하다(배종대465면; 이재상/장영민/강동범 353면; 정성근/박광민 378면).

26) "기망, 착오, 처분, 이득 사이에는 인과관계가 있어야 한다"(대판90도2180).

만으로는 아직 기망행위의 착수에 이르렀다고 보기 어렵다고 하고 있다(대판78도2259).

기수시기는 재산상의 손해가 발생한 때라고 보아야 할 것이다. 행위자가 불법한 이익을 취득하였을 것을 요하지는 않는다. 이미 취득한 재물 또는 재산상의 이득을 사후에 반환·변상했다 하더라도 이는 범죄의 성립에 영향을 미치지 않는다(대판85도2748). 기수가 되기 위해서는 기망행위, 착오, 처분행위, 재산상의 손해 등 사이에는 인과관계가 있어야 한다(대판2011도8829). 인과관계가 인정되지 않으면 사기죄는 미수에 그친다.

본죄에도 친족상도예의 규정이 준용된다(형법 제354조). 범인과의 피해자(재산상의 손해를 입은 자) 사이에 친족관계가 있어야 한다. 피기망자와 피해자가 다른 경우 피기망자와의 친족관계는 필요하지 않다.[27] 기망하여 직계혈족 관계에 있는 제3자로부터 재물을 편취한 경우 형을 면제한다(대판2014도8076). 기타 공무원이 직무에 관하여 타인을 기망하여 재물을 교부받았다면 사기죄와 수뢰죄의 상상적 경합이 된다. 또 위조통화를 행사하여 타인의 재물을 편취한 경우에 판례는 위조통화행사죄와 사기죄의 경합범으로 보고 있다(대판79도840). 사기도박의 경우에는 사기죄 이외에 도박죄가 성립하는지 문제된다. 그러나 이 경우에는 도박성, 즉 우연에 의하여 승패가 결정되는 성질이 없으므로 도박죄는 성립하지 않고 사기죄에만 해당될 뿐이다(대판4293형상743).

제 3 항   기타 수정된 사기죄

1. 컴퓨터 등 사용사기죄

본죄(형법 제347조의2)는 컴퓨터 등의 정보처리장치에 허위의 정보 또는 부정한 명령을 입력하여 정보처리를 하게 함으로써 재산상의 이익을 취득하거나 제3자로 하여금 취득하게 함으로써 성립하는 범죄이다. 컴퓨터 등 정보처리장치의 발달에 따라 은행업무를 비롯한 재산권의 득실·변경에 관한 여러 분야의 업무가 사람의 개입 없이 컴퓨터 등 정보처리장치에 의하여 자동적으로 처리되는 거래형태가 현저하게 증가하였음에도, 이러한 거래형태를 악용하여 불법한 이익을 취득하는 행위는 사람에 대한 기망행위가 없고 재물의 점유이전도 없으므로 사기죄나 절도죄로 처벌할 수 없었다. 이에 따라 독일이나 일본의 경우처럼 형법에서 이 조항을 규정하게 된 것이다.

---

27) 범죄자가 금원을 편취하기 위한 수단으로 피해자가 혼인신고를 한 것이어서 그 혼인이 무효인 경우라면 친족상도예가 적용되지 않는다(대판2014도11533).

이 죄는 기존의 사기죄와 행위태양만 다를 뿐이고, 범죄의 성질은 사기죄와 다르지 않다. 기계를 이용하여 불법한 이익을 취득한 경우에 성립하는 범죄란 점에서 편의시설부정이용죄(동 제348조의2)와 공통된 성질을 가진다. 편의시설부정이용죄가 자동판매기 등 유료자동설비를 이용한 경우임에 비하여 본죄는 컴퓨터를 이용한 경우라는 점에서 차이가 있을 뿐이다.

본죄의 보호법익은 재산상의 이익, 즉 재산권이다.

본죄의 주체에는 제한이 없다. 프로그래머나 오퍼레이터 등뿐만 아니라 기업의 외부인도 주체가 될 수 있다. 주체가 직접 정보를 입력해야 하는 것도 아니다. 선의의 제3자로 하여금 컴퓨터에 허위의 정보를 입력하게 한 자도 본죄의 정범이 될 수 있다.

행위의 객체는 재산상의 이익이다. 배임죄와 마찬가지로 순수한 이득죄이다.

(범죄)행위는 컴퓨터 등 정보처리장치에 허위의 정보 또는 부정한 명령을 입력하여 정보처리를 하게 하는 것이다. '정보처리장치'란 자동적으로 계산이나 정보처리를 행하는 전자장치를 말한다. 은행의 현금지급기도 여기에 포함된다.

'허위의 정보를 입력한다'는 것은 내용이 진실에 반하는 정보를 입력하는 것을 말한다. 예컨대 은행 컴퓨터에 허위의 입금정보를 입력하여 예금잔고를 증액시키는 것이 여기에 해당한다.

'부정한 명령을 입력한다'는 것은 해당시스템에 사무처리의 목적에 비추어 볼 때 줄 수 없는 명령을 주는 것을 말한다. 예컨대 프로그램을 조작하여 예금을 인출해도 잔고가 줄어들지 않게 하는 것이다. 그러나 타인의 현금카드로 예금을 인출하는 것과 같이 정당한 정보를 부정하게 사용한 경우는 여기에 해당되지 않고 절도죄가 성립하게 된다.

'정보처리를 하게 한다'는 것은 허위의 정보 또는 부정한 명령의 입력이 정보처리과정에 영향을 미친다는 것을 의미한다. 정보의 처리가 재산권의 득실변경에 영향을 미칠 수 있을 것임을 요하는 것은 물론이다. 정보처리를 하게 함으로써 재산상의 이익을 취득하거나 제3자에게 취득하게 하여야 한다. 재산상의 이익을 취득한다는 것은 재물 이외의 재산상 이익을 불법한 방법으로 얻는 것을 말한다.

본죄는 컴퓨터 등 정보처리장치에 허위의 정보 또는 부정한 명령을 입력할 때에 실행의 착수가 있고, 재산상의 이익을 취득함으로써 기수가 된다. 컴퓨터 등 정보처리장치에 허위의 정보를 여러 번 입력하여 재산상의 이익을 취득한 때에는 본죄의 포괄적 일죄가 된다. 또 본죄는 사기죄의 보충적 구성요건이므로 사기죄가 성립하는 경우에는 본죄는 문제가 되지 않는다. 본죄의 수단인 행위가 전자기록위작·변작죄(형법 제227조의2, 동 제232조의2) 또는 동행사죄(동 제229조, 동 제234조)에 해당할 때에는 본죄와 상상적 경합이 된다.

2. 준사기죄

본죄(형법 제348조)는 미성년자의 사리분별력 부족(지려천박) 또는 사람의 심신장애를 이용하여 재물의 교부를 받거나 재산상의 이익을 취득하거나, 또는 제3자로 하여금 재물의 교부를 받게 하거나 재산상의 이익을 취득하게 함으로써 성립하는 범죄이다. 미성년자의 사리분별력 부족(지려천박)이나 사람의 심신장애를 이용하는 행위는 기망을 수단으로 하지 않는 경우에도 기망행위를 한 사기죄와 유사한 성질을 가지므로 사기죄에 준하여 취급하고 있는 것이다. 그러나 피해자가 사리분별력 부족(지려천박)한 미성년자 또는 심신장애자라 할지라도 기망행위를 한 경우에는 사기죄가 성립한다. 이러한 점에서 본죄는 사기죄의 보충적 구성요건이라고 할 수 있다.

미성년자란 민법상의 미성년자로 19세 미만의 자를 말한다. 미성년자가 혼인한 때에는 성년으로 본다는 민법 성년의제규정(민법 제826조의2)은 이 경우에는 적용되지 않는다. 모든 미성년자가 여기에 해당하는 것은 아니고, 미성년자 중에서 지려천박한 자만 해당된다. '사리분별력 부족(지려천박)'이란 독립하여 사리를 판단할 수 없는 정도, 그래서 기망행위에 의하지 않아도 처분행위를 할 상태에 있는 것을 말한다.

'심신장애'란 정신기능의 장애를 의미한다. 그러나 본죄의 심신장애는 책임능력의 기초가 되는 그것(형법 제10조의 사물변별능력과 의사결정능력)과는 의미가 같지 않으며, 단지 재산상의 거래능력에 관한 것을 말한다. 즉 재산거래에 있어서 정신적 결함으로 인하여 보통인의 지능·판단능력이 없는 상태를 가리키는 것이다. 심신상실자라 할지라도 그 정도가 심하여 의사능력까지 없는 자나 유아의 경우에 대해서도 본죄가 성립할 수 있다는 견해가 있으나, 의사능력이 없는 자는 재물 또는 재산상의 이익에 대해서 처분행위의 능력을 가질 수 없을 것이므로 본죄가 성립하는 것이 아니라 절도죄가 성립할 뿐이다.

상대방의 이러한 상태를 이용하여 재물의 교부를 받거나 재산상의 이익을 취득하여야 한다. 이용한다는 것은 유혹에 빠지기 쉬운 상태를 이용한다는 의미로서 기망행위에는 해당하지 않아야 한다. 처음부터 기망적 수단을 사용한 경우에는 이 죄가 아니라 사기죄에 해당된다. 적극적으로 유혹행위를 하지 않고 지려천박한 미성년자가 임의로 재산의 처분행위를 하도록 일임하는 경우도 본죄에 포함된다. 단, 재물이나 재산상의 이익의 취득은 지려천박한 미성년자 또는 심신장애의 상태에 있는 자의 처분행위에 의한 것이라야 한다. 따라서 피해자의 심신장애 상태를 이용하여 그의 재물을 탈취한 경우에는 본죄가 아니라 절도죄가 성립한다.

3. 편의시설부정이용죄

본죄(형법 제348조의2)는 부정한 방법으로 대가를 지급하지 않고 자동판매기, 공중전화 기타 유료자동설비를 이용하여 재물 기타 재산상의 이익을 취득함으로써 성립하는 범죄이다. 공중전화의 경우와 같이 자동설비에 의하여 편익이나 재산상의 이익을 취득하는 경우에는 그 객체가 재물이 아니므로 절도죄에 해당하지 않으며, 사람을 기망한 것도 아니므로 사기죄에도 해당하지 않는다. 그러므로 이 경우에 이 조항은 사기죄의 보충적 구성요건의 역할을 한다고 할 수 있다. 이에 대해서 자동판매기의 경우에는 본래 절도죄에 해당한다. 다만, 자동판매기를 이용하여 재물을 절취한 경우에 통상의 절도죄로 처벌하는 것은 사안의 경미함에 비추어 다소 부적절한 감이 있다. 부정이용의 객체는 자동판매기나 공중전화와 같은 유료자동설비이다. 유료자동설비란 대가를 지불하는 경우에 기계 또는 전자장치가 작동을 개시하여 일정한 물건 또는 편익을 제공하는 일체의 기계를 말한다. 자동판매기나 공중전화는 그 대표적인 예시라고 할 수 있다. 이외에도 연극·영화관람이나 도서관, 박물관 등의 시설에 출입하거나 공중교통기관을 부정하게 이용하는 때에도 그것이 무인화·자동화되어 있는 경우에는 본죄에 해당할 수 있다.

본죄의 행위는 자동설비를 이용하여 재물 또는 재산상의 이익을 취득하는 것이다. 즉, 자동설비를 비정상적으로 조종함으로써 재물이나 재산상의 이익을 얻었을 것을 요한다. 자동설비의 작용을 필요로 하므로, 예컨대 자동판매기가 이미 고장이 나서 동전을 넣지 않아도 물건이 나오는 경우나 자동판매기를 손괴하고 물건을 가져간 경우에는 본죄에 해당하지 않는다. 자동설비를 통하여 재물 또는 재산상의 이익을 취득하였을 때에 기수가 된다. 주관적 구성요건요소로는 고의가 필요하며 미필적으로도 가능하다.

4. 부당이득죄

본죄(형법 제349조)는 사람의 곤궁하고 절박(궁박)한 상태를 이용하여 현저하게 부당한 이익을 취득하거나 제3자로 하여금 이를 취득하게 함으로써 성립하는 범죄이다. 본죄는 이른바 폭리행위를 처벌하는 것으로서, 엄밀하게 말하면 이는 사기죄라고 할 수는 없다. 그러나 타인의 곤궁하고 절박(궁박)한 상태를 이용하였다는 점에서 사기죄의 한 유형으로 처벌하는 것이다. 보호법익은 전체로서의 재산이다. 본죄가 완성되기 위해서는 피해자에게 재산상의 손해가 발생하였을 것을 요하지 않고 그러한 위험이 있으면 족하다. 따라서 본죄는 위험범이며, 이러한 점에서 사기죄와 달리 해석되고 있다. 또 본죄의 미수범은 벌하지 않는다.

구성요건으로는 먼저 상대방이 곤궁하고 절박(궁박)한 상태에 있어야 한다. '곤궁하고 절박(궁박)한 상태'란 경제적 곤궁상태뿐만 아니라 정신적, 육체적인 곤궁상태까지도 의미한다. 곤궁하고 절박(궁박)한 상태에 이른 원인은 묻지 않는다. 무경험이나 판단능력의 결함, 의사의 박약 등 어느 것에 의한 것이더라도 상관없다.

'현저하게 부당한 이익'의 여부는 추상적·일반적 기준에 의해서가 아니라 개별적 사정에 따라 구체적으로 결정해야 한다. 예컨대 위급환자에게 시가의 수배의 가격으로 의약품을 판매하는 경우나 입원료를 마련하기 위한 위급환자의 곤궁상태를 이용하여 그의 재산을 현저하게 저가로 매수한 경우 등과 같이 폭리매매·폭리대금, 기타 불리한 계약의 승인 등을 하게 한 경우에는 현저하게 부당한 이익을 취득한 것이 될 것이다.

판례는 채무액의 2배에 이르는 재산을 대물변제 받은 것만으로는 현저하게 부당한 이익이라 할 수 없다(대판72도1803), "아파트 건축사업이 수년 전부터 사업부지내 일부 부동산을 소유하여 온 피고인이 사업자의 매도 제안을 거부하다가 인근 토지시가의 40배가 넘는 대금을 받고 매도한 경우에 부당이득죄 성립을 부정"하였다(대판 2008도8577).

이익을 취득하기 위하여 상대방의 곤궁하고 절박(궁박)한 상태를 이용하였을 것을 요한다. 상대방의 곤궁하고 절박(궁박)한 상태를 이용한 것이 본죄의 특색이며, 따라서 이것은 구성요건요소가 된다.

5. 상습사기(준사기, 부당이득)죄

본죄(형법 제351조)는 상습이란 동종의 범행을 반복하는 습벽이 있는 것을 말하며, 반드시 전과를 요건으로 하는 것은 아니다. 따라서 전과가 있어도 긴 시간이 지난 후의 범행은 사기습벽의 발현이라고 할 수 없다(대판78도1429). 통설과 판례는 상습

사기를 포괄일죄로 보고 있다. 사기죄 또는 상습사기죄로 취득한 이득액이 5억원 이상인 때에는 특정경제범죄법 제3조에 의하여 가중처벌된다.

제 5 절 공갈의 죄

제 1 항 의 의

공갈의 죄는 사람을 공갈하여 상대방의 하자 있는 의사에 기하여 재물의 교부 또는 재산상의 이익을 얻거나 타인으로 하여금 이를 얻게 함으로써 성립하는 범죄이다.[28] 피해자의 하자 있는 의사에 기하여 재물 또는 재산상의 이익을 취득하는 범죄라는 점에서 사기죄와 공통점을 갖는다. 다만, 공갈죄는 공갈을 수단으로 하고 사기죄는 기망을 수단으로 한다는 점에서 구별된다.

행위객체가 재물과 재산상의 이익이고 행위가 폭행·협박을 수단으로 한다는 점에서 공갈죄는 강도죄와 유사하다. 그러나 강도죄는 폭행·협박에 의하여 상대방의 의사를 억압하고 재물 또는 재산상의 이익을 강취함으로써 성립하는 범죄이지만, 공갈죄는 상대방의 하자 있는 의사에 의한 처분행위에 의하여 재물 또는 재산상의 이익을 취득함으로써 성립하는 범죄라는 점에서 구별된다.

공갈의 죄의 보호법익은 원칙적으로 재산권 일반이지만, 공갈의 수단으로 하여 타인의 의사결정 또는 행동의 자유를 침해한다는 점에서 자유권도 부차적으로 보호법익이 된다. 공갈의 죄가 성립하기 위해서는 피해자가 하자 있는 의사에 의하여 재물 또는 재산을 처분할 것이 요구되므로 그 보호받는 정도는 사기죄와 같이 침해범이다.[29]

구성요건체계로는 기본적인 구성요건이 공갈죄(형법 제350조)이며 가중적 요건으로 특수공갈죄(동 제350조의2), 상습공갈죄(동 제351조)가 있다.

제 2 항 공 갈 죄

공갈죄의 객체는 타인의 재물과 재산상의 이익이다. 타인의 재물이란 타인이 점유하는 타인의 재물을 말하고, 여기에는 관리할 수 있는 동력(형법 제354조)이 포함된다. 부동산도 공갈에 의한 재산적 처분행위와 이에 의한 점유의 이전이 가능하므로 객체에 포함된다.[30]

---

28) "공갈죄의 본질은 피공갈자의 외포(공포심·겁먹음)로 인한 하자 있는 동의를 이용하는 재물 또는 재산상 이익의 취득이나 이득행위를 말한다"(대판79도1329).

29) 이재상/장영민/강동범 377면.

재산상의 이익은 적극적·소극적·일시적·영구적인 모든 것을 포함한다. 그러나 여자와 정교를 맺는 것은 재산상의 이익이라 할 수 없으므로, 여자를 공갈하여 정교를 맺었다 하더라도 공갈죄는 성립하지 않고 강간죄 또는 강요죄가 성립할 수 있을 뿐이다(대판82도2714). 이익의 취득은 반드시 사법상 유효한 법률행위에 의할 필요는 없고, 외견상 취득하였다고 볼 수 있는 사실관계만 있으면 족하다는 점은 강도죄·사기죄의 경우와 같다(대판75도760).

본죄의 행위는 공갈이다. '공갈'이란 재물을 교부받거나 재산상의 이익을 취득하기 위하여 '폭행 또는 협박으로 상대방에게 겁을 주는 것'을 말한다. 공갈죄는 공갈에 의거해서 상대방을 겁먹게 하고, 이러한 심리상태로 인해 재산적인 처분행위를 하게 한다는 2단계의 인과관계를 필요로 하는 범죄이다.

폭행·협박은 강도죄의 경우와 달리 상대방의 반항을 억압할 정도임을 요하지는 않는다. 오히려 사람의 의사와 행동의 자유를 제한하는 정도로 충분하다.[31] 그러나 가출자 가족에게 소재를 알려주는 조건으로 보험가입을 요구한 경우(대판75도2818), 피해자로부터 구타당하여 피해자에게 치료비를 요구하고 응하지 않으면 고소하겠다고 말한 경우(대판71도1629), 매도대금을 더 요구한 경우(대판69도1552), 자릿세를 지급받을 정당한 권원이 없으나 이를 알고 있는 피해자와의 약정에 의해 자릿세를 받은 경우(대판84도2289), 불매운동을 하겠다는 것(대판2010도13774), 다소 위협적인 말을 한 경우에는 공갈에 해당하지 않는다고 판시한다.

공갈의 대상·수단·방법에는 제한이 없다. 따라서 묵시적인 방법 또는 제3자를 통한 간접적인 방법으로도 가능하다(대판90도114). 공갈의 상대방도 재산상의 피해자와 동일인일 필요는 없고, 피공갈자에게 공갈의 목적으로 된 재물 또는 재산상의 이익에 대한 처분권이 있으면 충분하다. 공갈죄는 재산죄이므로 범죄가 성립하기 위해서는 피해자의 재산에 손해가 발생하여야 한다고 할 수 있으나, 그 손해가 구체적으로 어떤 것인가는 명확하지 않다. 다수설은 이에 관해서 우리 형법상 재산침해가 구성요건으로 되어 있지 않다거나 혹은 상대방이 진의에 반하는 재산적 처분행위를 하게 하는 것 자체가 하나의 재산적 손해라고 볼 수 있다는 점 등을 들어, 재물갈취·불법이득의 모든 경우에 재물의 교부 또는 재산상의 이득이 있으면 족하고 피해자의

---

30) 소유권이전등기를 경료받거나 인도받은 때에 기수가 된다는 점도 사기죄와 같다(대판92도1506).
31) "타인에 대하여 폭행 또는 협박을 가하여 재물을 탈취한 경우에 그것이 강도죄가 되느냐 공갈죄가 되느냐는 그 폭행 또는 협박이 사회통념상 일반적으로 피해자의 반항을 억압할 수 있는 정도의 것인가 아닌가를 기준으로 하여 정한다"(대판4289형상50).

전체재산에 손해가 생길 필요는 없다고 주장한다. 판례 또한 "재물교부 자체가 공갈죄에서의 재산손해에 해당하므로, 반드시 피해자의 전체 재산의 감소가 요구되는 것은 아니다"(대판2010도13774)라고 판시하고 있다. 그러나 재물의 경우에는 반드시 경제적 가치가 있을 것을 요하지 않으므로 전체재산상의 손해가 생길 필요는 없지만 불법이득죄의 경우에는 범인의 이득이 반드시 상대방의 손해를 수반한다고 볼 수 없고, 재산범의 경우 상대방에게 아무런 재산적 손실을 주지 않았는데 이를 처벌하는 것도 부당하다고 할 수 있으므로 전체재산상의 손실을 필요로 한다고 하는 것이 타당할 것이다.

본죄는 갈취의 의사로 공갈을 개시한 때에 실행의 착수가 있다.[32] 상대방이 실제로 겁먹었는가는 불문한다. 또한 본죄가 기수에 이르기 위해서는 공갈행위에 의해 상대방이 겁을 먹고 이러한 심리상태에 기한 재산적 처분행위에 의하여 재물 또는 재산상의 이익이 이전되어야 한다. 즉 공갈죄는 재물 또는 재산상의 이익을 범인이 자유롭게 처분할 수 있는 상태, 즉 취득이 완료되었을 때 기수가 된다(대판85도1687). 따라서 부동산의 경우에는 소유권이전등기를 경료받거나 또는 인도를 받은 때에 기수가 된다(대판92도1506).

공갈죄에 있어서 특히 문제가 되는 것은 타인으로부터 재물의 교부를 받거나 재산상의 이익을 취득할 수 있는 권리를 가지고 있는 자가, 그 타인을 공갈하여 재물의 교부를 받거나 재산상의 이익을 취득한 경우에, 즉 위법성조각에 관해서이다. 판례는 "정당한 권리가 있다 하더라도 그 권리행사를 빙자하여 사회통념상 허용되는 범위를 넘어 협박을 수단으로 상대방을 겁먹게 하여 재물의 교부 또는 재산상의 이익을 받는 경우와 같이, 그 행위가 정당한 권리행사라고 인정되지 아니하는 경우에는 공갈죄가 성립된다."고 판시한다(대판91도2127). 따라서 권리행사를 빙자한 협박수단에 의해 재물을 교부받은 경우(대판4294형상385), 교통사고 피해자가 사고차량 운전자 측으로부터 사회통념상 허용되는 범위를 넘어 금품을 받은 경우(대판89도2036)에는 권리행사의 범위를 벗어난 것으로서 공갈에 해당한다. 그러나 채권의 실행방법으로 고소하겠다고 말한 경우(대판4290형상26), 민사소송의 제기나 그 소송의 유지(대판87도690), 일조권 침해 등으로 인한 손해배상에 관한 합의금을 받은 경우(대판90도114), 채무변제를 독촉하는 과정에서 다소 위협적인 말을 한 경우(대판93도2339)에는 권리행사로서

---

[32] "피해자의 고용인을 통하여 피해자에게 피해자가 경영하는 기업체의 탈세사실을 국세청이나 정보부에 고발한다는 말을 전한 것은 공갈죄의 실행에 착수한 것이다"(대판69도984).

사회통념상 허용되는 범위 내에 속하는 것이라고 판시하였다.

공무원이 직무행위에 관하여 상대방을 공갈하여 재물을 교부받은 때에는 본죄와 수뢰죄의 관계가 문제된다. 공무원이 직무집행의 의사로 그 직무와 관련하여 타인을 공갈하여 재물의 교부를 받은 때에는 수뢰죄와 공갈죄의 상상적 경합이 되고, 직무 집행의 의사 없이 직무집행을 빙자하여 재물을 교부받은 경우에는 공갈죄만 성립한 다고 보는 것이 타당할 것이다. 판례도 "공무원이 직무집행을 빙자하여 타인을 공갈 하여 재물을 교부하게 한 경우에는 공갈죄만이 성립한다 할 것이고, 이러한 경우 공 무원의 협박의 정도가 피해자의 반항을 억압할 수 있는 정도의 것이 아니고 따라서 피해자의 의사결정의 자유가 완전히 박탈된 것이 아니라 할지라도 가해자의 해악의 고지로 인하여 외포의 결과 금품을 제공한 것이었다면, 그 금품제공자는 공갈죄의 피해자가 될 것이고 증뢰죄의 성립은 될 수 없다고 하여야 할 것"이라고 판시한다(대 판65도1166). 만일 수뢰죄와 공갈죄의 상상적 경합이 되는 경우에는 피공갈자의 의사 에 반한 것이라고 볼 수 없으므로 증뢰죄의 성립을 인정해야 할 것이다. 또한 도박행 위가 공갈죄의 수단이 된 경우는 도박죄와 공갈죄가 경합범이 된다.

제 3 항 특수공갈죄

본죄(형법 제350조의2)는 단체 또는 다중의 위력을 보이거나 위험한 물건을 휴대 하여 공갈죄를 범함으로써 성립하는 범죄로 행위방법의 위험성으로 가중된 구성요건 이다.

제 4 항 상습공갈죄

본죄(형법 제351조)는 상습으로 동 제350조(공갈죄)를 범한 자를 그 죄에 정한 형 의 2분의 1까지 가중처벌한다. 상습을 이유로 형을 가중한 것이다. 특정경제범죄법 제3조는 이득액이 5억원 이상일 때에는 가중처벌한다. 통설과 판례는 상습범을 포괄 일죄로 파악하고 있다.

제 6 절 횡령의 죄

제 1 항 의 의

횡령의 죄는 자기가 보관하는 타인의 재물을 불법하게 영득하거나 제3자로 하여금 영득하게 하는 것을 내용으로 하는 범죄이다. 횡령의 죄는 자기가 점유하는 재물을 영득한다는 점에서 타인이 점유하는 재물을 영득하는 절도·강도·사기·공갈죄와 구별된다. 또한 횡령죄와 배임죄는 타인에 대한 신임관계를 배반한다는 점에서 공통되지만, 횡령죄의 객체가 재물인 데 반해서 배임죄의 객체는 재산상의 이익이라는 점에서 차이가 난다. 본죄의 보호법익은 타인의 소유권이며 보호정도는 절도죄와 같이 위험범이다(대판75도123).

기본적 구성요건으로 횡령죄(형법 제355조 제1항)와 가중적 구성요건으로 업무상 횡령죄(동 제356조)가 있으며, 횡령죄와 성질을 달리하는 별개의 범죄인 점유이탈물횡령죄(동 제360조)가 있다.

본죄의 처벌에 관하여는 특별규정이 있다. 특정경제범죄법은 횡령(형법 제355조 제1항)과 업무상 횡령(형법 제356조)의 죄를 범하여 취득한 재물 또는 재산상 이익의 가액이 50억원 이상인 때에는 무기 또는 5년 이상의 징역에 처하고, 5억원 이상 50억원 미만인 때에는 3년 이상의 유기징역에 처한다고 규정한다(동법 제3조 제1항).

제 2 항 횡 령 죄

본죄(형법 제355조 제1항)의 행위주체는 위탁관계에 의하여 타인의 재물을 보관하는 자이다(진정신분범). '보관'이란 위탁관계에 기하여 행위자 자신이 재물을 지배하는 것을 말하는데, 이때의 지배는 사실상의 지배뿐만 아니라 법률상 지배를 포함한다. 따라서 민법상 점유보조자(점원)라고 할지라도 그 물건에 대하여 사실상 지배력을 행사하는 경우에는 형법상 보관의 주체로 볼 수 있을 뿐(대판81도3396) 아니라, 부동산명의수탁자의 상속인도 보관자의 지위를 승계하여 본죄의 주체가 된다(대판95도784). 그러나 원인무효인 소유권이전등기의 명의자는 보관자에 해당하지 않는다(대판88도1368). 화물상환증·창고증권·선하증권 등의 유가증권의 소지인도 본죄의 보관자가 되며, 타인의 돈을 위탁받아 은행에 예금한 경우에도 보관자가 된다(대판78도2100). 재물에 대한 사실상의 지배는 없더라도 임치물을 자유롭게 처분할 수 있는 지위에 있으므로 재물에 대한 법률상의 지배를 가지기 때문이다. 보관은 위탁관계에 의한 것이어야 한다(대판93도2404). 그 위탁관계는 사용대차·임대차·위임 등의 계약에 의해서뿐만 아니라 사무관리·관습·조리(대판96도410)·신의칙에 의해서도 성립된다(대판87도1778).

　　동산양도담보의 경우에는 목적물의 소유권은 여전히 채무자에게 남아 있으므로 그 목적물은 본죄의 객체가 될 수 없다(대판80도1545). 할부판매의 경우 매수인이 목적물의 인도를 받았다 하더라도 그 대금을 완납하기까지는 매도인에게 소유권이 있으므로 대금완납까지는 그 목적물은 본죄의 객체가 되며, 매수인의 처분행위가 있으면 본죄가 성립된다.

　　횡령죄에 관하여 특히 문제가 되는 것은 대체물, 즉 쌀이나 금전과 같이 물건의 성질상 같은 종류·품질·수량의 다른 물건과 대체될 수 있는 것도 횡령죄의 객체가 될 수 있는가 하는 것이다. 대체물이라도 그것이 특정물로서 위탁된 경우에는 일정한 재물이므로 횡령죄의 객체가 된다. 그러나 일정한 기한 또는 조건 하에 일정액의 금전을 반환할 의무를 가지고 금전을 위탁받은 경우에는 이미 금전의 개성은 사라지고 그것의 가치 또는 위탁에 따른 채무만이 문제되므로, 이때에는 배임죄의 문제로 다루는 것이 옳을 것이다. 판례도 "목적·용도를 정하여 위탁한 금전은 정해진 목적·용도에 사용할 때까지는 이에 대한 소유권이 위탁자에게 유보되어 있는 것으로서, 특히 그 금전의 특정성이 요구되지 않는 경우 수탁자가 위탁의 취지에 반하지 않고 필요한 시기에 다른 금전으로 대체시킬 수 있는 상태에 있는 한 이를 일시 사용하더라도 횡령죄를 구성한다고 할 수 없고, 수탁자가 그 위탁의 취지에 반하여 다른 용도에 소비할 때 비로소 횡령죄를 구성한다"고 판시한다(대판94도2076).

　　금전수수업무를 수반하는 사무처리를 위임받은 자가 제3자로부터 수령한 금전도 본죄의 객체가 된다(대판96도106).

　　횡령행위의 본질에 대하여 월권행위설과 영득행위설이 대립하고 있다. 월권행위설은 위탁된 물건에 대한 권한을 초월하는 행위를 함으로써 위탁에 의한 신임관계를 깨뜨리는 데 횡령의 본질이 있다고 한다. 따라서 신임관계를 침해하는 월권행위만 있으면 본죄는 성립하고, 불법영득의 의사는 필요하지 않다고 한다. 그러므로 이 설에 의하면 일시사용의 목적 또는 손괴 등의 목적으로 점유물을 불법처분하여도 횡령죄가 성립한다고 본다.

영득행위설은 횡령이란 자기가 보관하는 타인의 재물을 불법하게 영득하는 것으로서 불법영득의 의사를 실현하는 일체의 행위라고 본다. 통설과 판례의 견해이다. 월권행위설을 취한다면 자기가 점유하는 타인의 재물을 손괴한 때에도 횡령죄가 성립하여 타인이 점유하는 타인의 재물을 손괴할 때보다 오히려 형이 무겁게 되는 불합리가 있기 때문이라고 한다.

판례는 "횡령죄의 구성요건으로서의 횡령행위란 불법영득의사를 실현하는 일체의 행위"(대판92도2999)를 말하고, 불법영득의 의사란 타인의 재물을 보관하는 자가 위탁의 취지에 반하여 자기 또는 제3자의 이익을 위하여 권한 없이 그 재물을 자기의 소유인 것같이 처분하는 의사를 의미한다(대판89도382). 따라서 상계정산하기로 약정을 맺은 바 없음에도 불구하고 상계의 의사로 처분하는 경우(대판88도1992)에는 횡령죄가 성립하겠지만, 소유자를 위하여 보관물을 이용·소비하는 경우(대판81도3009) 또는 회사의 대표이사의 대부행위의 경우(대판84도2112)에는 불법영득의 의사는 인정되지 않는다. 그러나 단순한 내심의 의사만으로는 횡령행위가 있었다고 할 수 없고, 영득의 의사가 외부에 인식될 수 있는 객관적 행위가 있을 때 횡령죄가 성립한다(대판92도2999).

반환의 거부란 보관물에 대하여 소유자의 권리를 배제하는 의사표시를 하는 행위를 뜻한다. 따라서 타인의 재물을 보관하는 자가 단순히 반환을 거부한 사실만으로 횡령죄를 구성하는 것은 아니며, 반환거부행위의 이유 및 주관적인 의사 등을 종합하여 반환거부행위가 횡령행위와 같다고 볼 수 있을 정도라야 한다(대판93도874). 예컨대 단순한 채무불이행만으로는 사기죄나 횡령죄가 되지 않는다(대판71도1724).

횡령죄가 성립하기 위해서는 횡령의 결과 타인에게 재산상의 손해를 주거나 줄 위험을 야기시켜야 하는가에 대하여 견해가 대립된다. 타인의 신뢰를 위반하여 위탁물을 불법으로 처분하는 것이 횡령죄이므로 손해의 발생은 불필요하다는 설이 있고, 재산범죄인 횡령죄에서 전혀 재산적 손해의 위험조차 발생하지 않은 경우를 처벌하는 것은 부당하므로 재산상의 손해 또는 그 위험을 발생시켜야 한다고 보는 설이 있다. 판례는 피해자의 손해 유무는 본죄의 성립여부에 아무런 관계가 없는 것이라고 하여 재산상의 손해는 불필요하다는 입장을 취한다.[33]

---

33) "업무상 보관하고 있는 공금을 자의로 타에 체당 유용하면 그것으로써 업무상 횡령죄가 구성되는 것이고, 위 체당금이 단기간 내에 회수된 여부나 피해자의 손해유무는 죄의 성부에 아무런 관계가 없는 것이다"(대판4285형상127).

횡령죄의 경우에 행위자는 이미 재물을 점유하고 있기 때문에, 본죄는 행위자의 불법영득의 의사가 외부적으로 표현되었을 때 기수에 도달한다고 보아야 할 것이다. 판례도 불법영득의 의사가 객관적으로 외부에 표현되었을 때 횡령죄는 기수가 된다고 판시한다(대판81도673).

형법은 횡령죄의 미수를 처벌하는 규정(형법 제359조)을 두고 있다. 이 점에 대해서 불법영득의 의사가 외부적·객관적으로 표현되기만 하면 바로 기수가 되므로 횡령죄의 미수는 이론상으로는 가능할지 모르나 실제상 인정하기 어렵다는 견해, 실행의 착수와 기수 사이에 시간적 간격이 있고 불법영득의 의사가 실현되지 못한 경우에는 미수를 인정할 수 있다는 견해가 대립된다. 판례는 횡령죄의 미수를 인정하고 있다(대판2011도9113).

주관적 구성요건요소로는 고의 외에 불법영득(이득)의사가 있어야 한다. 예컨대 입목벌채사업 동업계약의 존속성 입목매도대금을 임의로 소비한 경우(대판90도903), 대표이사가 회삿돈으로 개인적 손해에 대한 보상금을 지급한 경우(대판89도2466), 동업으로 인한 수익금을 임의소비한 경우(대판89도17), 다른 명목으로 돈을 위탁받은 자가 임의로 자기의 채권과 상계처리한 경우(대판88도1992)에는 불법영득의 의사가 인정된다. 그러나 반환거부에 정당한 사유가 있는 경우(대판86도2), 본인의 이익을 위하여 보관금을 소비한 경우(대판4286형상110), 예산항목을 유용한 경우(대판4287형상151), 채권 확보를 위한 수단으로 은행에 예치보관한 경우(대판74도2678), 정산금을 분배받지 못하여 매도시설을 유치한 경우(대판89도1952)에는 불법영득의 의사가 없다.

횡령죄는 타인의 재물을 보관하는 자가 재물을 횡령하는 경우에 성립하는 범죄로서, 일단 횡령한 이후 재물을 처분하는 것은 불가벌적 사후행위에 해당하여 처벌할 수 없다(대판92도2999). 그러나 횡령 후 조세포탈과 같이 별도의 법익을 침해하는 경우에는 불가벌적 사후행위로 볼 수 없다(대판92도147).

제3항 업무상 횡령죄

본죄(형법 제356조)의 주체가 업무상 타인의 재물을 보관하는 자인 점에서 횡령죄에 대하여 책임이 가중되는 가중적 구성요건이다. 주체가 보관자인 동시에 업무자라는 이중의 신분이 요구되는 진정신분범이다. 업무란 직업 또는 직무와 같은 것으로서 법령·계약에 의한 것뿐만 아니라 관례에 따르거나 사실적이거나를 묻지 않으며,

타인의 재물을 보관하는 것을 주된 내용으로 하는 업무만이 아니라 본래의 업무수행
과 관련하여 타인의 재물을 보관하는 경우도 포함된다(대판84도1109).

제 4 항 점유이탈물횡령죄

본죄(형법 제360조)는 타인의 점유에 속하지 않는 타인의 재물을 영득하는 죄라는
점에서 다른 횡령죄와 공통점을 가지지만, 타인의 위탁관계를 전제로 하지 않는다는
점에서 구별된다. 신임관계를 배반하지 않는다는 점에서 형벌도 가볍다.

'점유이탈물'이란 점유자의 의사에 의하지 않고 그 점유를 떠난 물건을 말한다.
유실물·표류물·매장물은 그 예이다. 점유이탈물은 누구의 점유에도 속하지 않는 물
건뿐만 아니라 점유자의 착오에 의하여 또는 우연히 행위자의 점유에 들어온 물건을
포함한다. 예컨대 우편배달부가 잘못 배달한 우편물, 바람에 날아온 이웃집 세탁물도
점유이탈물에 해당된다. 무주물은 점유이탈물이 아니다.

점유이탈물은 타인의 소유인 것이 인정되면 족하고, 소유권의 귀속이 분명할 필
요는 없다. 객체에 대해서는 특별법이 존재한다. 유실물과 매장물에 관하여는 유실물
법, 표류물과 침몰품에 대해서는 수상에서의 수색·구조 등에 관한 법률이 각각 규정
하고 있다. 횡령이란 불법영득의 의사를 가지고 점유이탈물을 자기의 사실상 지배
하에 두는 것이다.

본죄의 행위는 역시 횡령이다. 주관적 구성요건요소로 고의와 불법영득의사가
필요하며 미수범은 벌하지 않으며 상태범으로 습득한 자기앞수표를 현금과 교환하여
도 불가벌적 사후행위로 별죄를 구성하지 않는다(대판79도2948).

제 7 절 배임의 죄

제 1 항 의 의

배임의 죄란 타인의 사무를 처리하는 자가 그 임무에 위배하는 행위로 재산상의 이익을 취득하거나 제3자로 하여금 이를 취득하게 하여 본인에게 손해를 가함으로써 성립되는 범죄이다. 재산죄 중에서 재물과는 별도로 재산적 이익만을 객체로 하는 순수한 이득죄이다. 따라서 재물만을 객체로 하는 절도죄 및 횡령죄로 구별되고, 재물과 재산적 이익 모두를 객체로 하는 강도죄, 사기죄, 공갈죄와 구별된다.

본죄의 보호법익은 재산권 일반이다. 따라서 제한물권, 채권, 무체재산권 등을 모두 포함한다. 배임죄의 특징은 그 행위유형이 본인과의 신임관계 내지 신의성실에 위배하여 본인의 재산을 침해하는 범죄이다. 배임죄는 기존의 신임관계를 전제로 하여 그를 침해하는 행위라는 점에서 횡령죄와 유사하고, 따라서 형법은 배임죄를 횡령죄와 같은 조문에서 규정하고 있다.

배임죄의 본질에 대해서는 권한남용설, 사무관리설 및 배신설이 대립되어 왔다. 권한남용설은 타인의 사무를 처리할 법적 권한을 가진 사람이 그 권한을 남용하여 타인에게 재산상의 손해를 가한다는 점이 본질이라는 견해이다. 여기서 말하는 권한이란 대리권으로 이해되고 있다. 이 이론에서는 배임죄의 성립범위가 법적 권한을 남용하는 경우에만 한정됨으로써 그 권한의 행사가 반드시 법률행위에 국한되게 된다. 이 이론에 의하면 배임과 횡령은 침해방법의 차이에 따라 구별된다. 즉 배임은 법률행위에 의해, 횡령은 사실행위에 의해 성립된다.

사무관리설은 배임죄의 본질을 타인의 재산을 관리하는 법률상의 임무에 위배하여 타인에게 재산상의 손실을 가하는 데 있다고 보는 견해이다. 권한남용설이 지나치게 배임죄의 성립을 제한하고 있는 것을 완화하기 위해서 주장된 이론이다. 이에 따르면 배임행위가 반드시 권한을 남용하는 법률행위일 필요가 없고, 적어도 민사상의 사무관리의무에 위반하는 행위이면 족하다.

배신설은 배임죄의 본질이 신의성실의 의무에 대한 위반 내지 신임관계의 위배에 있다고 보는 견해이다. 배임죄의 본질은 권한의 남용이 아니라 신임관계의 위배에 있다고 본다. 이 이론에 의하면 배임죄는 대리권의 존재나 법률행위에 국한될 필요가 없어지고 그 성립범위가 단순한 사실행위로까지 확대된다. 따라서 배임죄와 횡령죄의 관계에서 배임죄는 재산적 이익을 객체로 하는 범죄임에 비하여 횡령죄는 재물을 객체로 한다는 점에서, 즉 행위의 객체에 따라 구별되게 된다. 통설[34]과 판례(대판75도2245)가 취하는 입장이다.

결국 권한남용설과 사무관리설은 지나치게 배임죄의 성립범위를 제한하고 있다는 점에서, 그리고 배신설은 지나치게 배임죄의 성립범위가 확장될 수 있다는 점에서 모두 문제가 있는 이론이다. 그러나 형법은 분명히 '타인의 사무를 처리하는 자가 그 임무에 위배하는 행위로써'라고 규정하고 있기 때문에 배신설을 표현한 것으로 해석하지 않을 수 없다. 형벌 확장의 위험은 엄격한 해석을 통해 해결할 수밖에 없다.

형법 제40장은 횡령죄와 배임죄를 같은 조문에서 규정하고 있다. 그 중 배임의 죄는 형법 제355조 제2항의 배임죄와 동 제356조의 업무상 배임죄, 동 제357조의 배임수재죄 및 배임증재죄 등 4종으로 규정되어 있다. 업무상 배임죄는 업무자라는 신분에 의하여 형벌이 가중되는 가중적 구성요건이고, 배임수재죄 및 배임증재죄는 부정한 청탁을 받고 재물 또는 재산상의 이익을 주고받는 행위를 처벌하는 독자적 범죄이다.

제 2 항 배 임 죄

배임죄(형법 제355조 제2항)는 타인의 사무를 처리하는 자가 그 임무에 위배하는 행위로 재산상의 이익을 취득하거나 제3자로 하여금 취득하게 하여 본인에게 손해를 가함으로써 성립되는 범죄이다. 본죄는 사기죄, 횡령죄와 같은 지능범, 이욕범적 성격이 짙고 형사정책적으로는 경제범죄로 분류된다. 따라서 본죄는 취득한 재산적 이익의 가액이 5억원을 넘으면 특정경제범죄법에 의해 가중처벌되고 있다(동법 제3조).

본죄의 주체는 타인의 사무를 처리하는 자여야 한다. 따라서 배임죄는 진정신분범이다. 타인의 사무를 처리하는 자란 타인에 대한 대내적 관계에서 일정한 임무에 따라 그의 사무를 처리해야 할 법적 의무를 부담하는 자를 말한다. 제3자에 대한 대외적 관계에서는 반드시 대리권과 같은 법적 권한이 있음을 요하지 않지만, 대내적 관계에서는 반드시 일정한 주의를 기울여 사무처리를 해야 할 법적 성실의무가 존재하여야 한다.

---

34) 김일수/서보학 381면; 박상기 398면; 배종대 537면; 이재상/장영민/강동범 421면; 정성근/박광민 456면.

타인의 사무를 처리하는 자가 구체적으로 어떠한 의미를 가지는지 분설해 보면, '타인의 사무를 처리하는 자'이므로 자기의 사무를 처리하는 자는 배임죄의 주체가 될 수 없다. 타인의 사무처리에서 '타인'이란 행위자 이외의 자연인, 법인, 법인격 없는 단체를 모두 포함한다. 타인의 사무가 본질적 내용을 이루는 한 비록 자기사무로서의 성격을 동시에 갖추고 있더라도 타인의 사무로 볼 수 있다. 따라서 이중매매나 이중저당에 있어서 매도인이나 저당권설정자는 타인의 사무를 처리하는 자가 된다. 또한 1인회사의 경우 1인 주주 겸 대표이사인 자연인과 법인은 각각 독립된 인격체이므로 법인은 1인 주주에 대하여 타인이 되며, 따라서 1인회사의 대표이사의 업무처리는 법인인 사무처리가 된다(대판83도1330).

타인의 사무처리에서 '사무'는 공무이든 사무이든, 계속적 사무이든 일회적 사무이든 관계없다. 또한 반드시 법률적 사무일 필요가 없으며, 사실상의 사무라도 무방하다. 예컨대 예금통장에서 일정액의 금전의 인출을 의뢰받은 자의 예금인출행위도 타인의 사무에 해당한다(대판72도297). 또한 도급에 의한 일의 완성 또는 준위임에 의한 사무도 본죄의 사무가 된다. 여기서 말하는 사무가 반드시 재산상의 사무가 아니어도 된다는 견해가 지배적이지만, 배임죄가 재산죄인 이상 재산상의 사무에 국한한다고 해석하는 것이 타당하다. 판례도 "배임죄에 있어서 타인의 사무를 처리하는 자란 타인의 재산관리에 관한 사무의 전부 또는 일부를 대행하는 경우와 타인의 재산보전에 협력하는 경우를 말한다"고 하여 같은 입장을 취하고 있다(대판86도2490). 따라서 의사가 환자를 부적절하게 치료하여 재산상의 손실을 입힌 경우와 변호사가 형사사건을 부적절하게 수행하여 피고인에게 막대한 재산적 손실을 초래한 경우 등은 배임죄에서 말하는 사무에 해당하지 않는다. 반면에 집달관, 등기공무원, 민사소송을 위임받은 변호사 등은 타인의 재산적 이익에 본질적으로 연결되는 재산상의 사무를 처리하는 자에 당연히 속한다. 또한 판례는 계주(대판86도1744), 채권담보를 위하여 물건을 양도담보한 채무자(대판86도1829), 채권담보를 위하여 부동산에 가등기를 해둔 가등기권자(대판96도2069), 심지어 소유권이전등기에 필요한 서류를 임치하고 있는 자(대판73도181)도 타인의 사무를 처리하는 자로 하고 있다. 한편 양도담보권자는 종래 타인의 사무를 처리하는 자로 보아 배임죄의 성립을 인정해 오다가(대판82도1151), 그후 판례를 변경하여 타인의 사무를 처리하는 자로 볼 수 없다고 판시하고 있다(대판85도1493). 또한 모든 계약에는 상대방의 재산상의 이익을 보호해야 할 신의칙상의 의무가 있다고 볼 수 있지만, 이러한 의무는 계약관계의 본질적인 의무가 아니므로 단순히 계약을 이행하여야 할 일반적인 의무는 본죄의 타인의 사무에 해당하지 않는다. 단순한 채무불이행과 배임행위는 구별되어야 한다.

배신설에 의하여 타인의 사무를 처리하는 자를 해석할 때에는 사무처리를 하는 자가 반드시 일정한 법적 권한이 있을 것이 요구되지 않는다. 따라서 본죄에서 말하는 타인의 사무처리가 되기 위해서는 사무처리자에게 적어도 독립성과 책임 및 일정한 판단의 자유 및 결정의 자유가 있을 때에만 배임죄가 성립된다고 해석하여야 한다.

본죄의 행위는 임무에 위배하는 행위(배임행위)를 함으로써 재산상의 이익을 취득하여 본인에게 손해를 가하는 것이다. 따라서 배임행위와 재산상의 이익의 취득과 본인에 대한 손해의 발생을 나누어 고찰하기로 한다. 배임행위란 배신설에 의하면 사무처리에 있어서 요구되는 신임관계를 위배하는 행위를 말한다. 구체적으로 어떠한 행위가 배임행위인가를 처리하여야 할 사무의 종류, 성질, 내용, 행위 당시의 구체적 상황 등을 종합적으로 판단하여 그 사무처리자로서 통상 하여야 할 사무의 범위를 일탈하였는지를 신의성실의 원칙에 비추어 판단하여야 한다. 따라서 부동산을 경락받은 자가 경락허가결정이 확정된 후에 원소유자에게 경락 포기를 약속하고도 이를 지키지 않고 소유권을 취득하거나(대판69도46), 환매조건부로 대물변제한 부동산을 환매기일이 지난 후에 채권자가 이를 처분한 것만으로는 배임행위가 있다고 볼 수 없다(대판82도2945).

배임행위는 그것이 권한의 남용이든 법률상의 의무위반이든 불문하며 법률행위뿐만 아니라 사실행위도 포함한다. 또한 반드시 작위에 한하지 않고 부작위에 의해서도 가능하다. 배임행위와 관련하여 소위 모험거래가 배임행위에 해당하는가의 문제가 있다. 모험거래란 일종의 투기적 성격을 지닌 것으로서, 그 사무의 처리가 본인에게 이익 또는 손해를 가져올 것인가에 대한 전망이 매우 불확실한 경우를 말한다. 모험거래를 할 수 있는 권한이 본인과의 관계에서 약속되어 있는 경우나 또는 거래관행상 통상적으로 허용되어 있는 모험거래는 당연히 배임행위가 되지 않는다. 그러나 모험거래가 전혀 금지되어 있거나 통상의 거래관행을 벗어난 모험거래는 배임행위가 될 수 있다. 또한 본인의 추정적 승낙이 있다고 인정될 때에도 배임행위가 되지 않는다. 주식회사의 대표이사가 투기적 사업을 하는 경우가 여기에 해당한다(대판83도1986).

배임행위로 인하여 재산상의 이익을 취득하거나 제3자로 하여금 취득하게 할 것을 요건으로 한다. 따라서 본인에게 손해를 가하였더라도 재산상의 이익을 취득한 사실이 없으면 배임죄는 성립되지 않는다(대판81도2601). 여기서 재산상의 이익이란 적극적 이익이든 소극적 이익이든 간에 모든 종류의 재산적 가치의 증가를 의미한다. 재산적 가치의 증가이므로 사회적 지위의 상승이나 신분상의 이익은 원칙적으로 재산적 이익이 아니라고 보아야 한다.

또한 배임행위로 인하여 본인에게 손해가 발생함으로써 성립된다. 배임행위와 재산상의 손해의 발생 사이에는 인과관계가 있어야 한다. 여기서 재산상의 손해란 총체적으로 보아 본인의 재산상태를 악화시키는 것, 즉 본인의 전체재산가치의 감소를 의미한다(대판80도2934). 적극적 손해이든 소극적 손해이든 불문한다. 손해가 사후에 회복되었다고 하여도 배임죄의 성립에 영향을 주는 것은 아니다(대판94도3297). 그러나 행위자가 고의로 배임행위를 하였는데 재산상의 손해가 발생하지 않았다고 해서 바로 무죄가 되는 것은 아니며, 이 경우에는 배임죄의 미수가 성립된다.

재산상의 손해의 발생은 재산상의 실제 손해를 발생시킨 경우뿐만 아니라 실해 발생의 위험을 초래한 경우도 포함한다(대판72도1355; 대판90도1702). 예컨대 타인의 정기예금증서에 멋대로 질권을 설정하는 것은 법률상 무효이지만 실제상 본인에게 실해가 발생할 위험을 초래하였으므로 재산상 손해를 가한 것으로 본다(대판74도1635). 이른바 불량대출도 일정한 융자와 상환으로 상당액의 채권을 취득하는 것이지만 채권의 회수가 불확실하므로 실해발생의 위험이 초래되었으므로 재산상 손해를 가한 것으로 본다(대판79도2637).

주관적 구성요건요소로는 고의 이외에 불법영득(이득)의사도 필요하다는 것이 통설 및 판례의 태도이다. 여기서 고의란 객관적 구성요건요소에 대한 인식과 의사이므로 배임죄의 고의는 행위자가 타인의 사무를 처리하는 자라는 인식, 자기의 행위가 임무위배행위라는 점, 재산상의 이익을 취득한다는 점, 그리고 배임행위로 본인에게 재산상의 손해를 가한다는 점에 대한 인식과 의사가 있어야 한다. 물론 미필적 고의로도 충분하다.

배임죄도 초과 주관적 요소로 불법영득(이득)의사가 있어야 함은 물론이다. 판례도 마찬가지의 입장을 지속적으로 견지하고 있다(대판96도163). 따라서 배임행위에 대한 인식과 손해를 가하는 데 대한 인식이 있더라도 본인의 이익을 위한다는 의사에 의해서 행해진 경우에는 불법영득의 의사가 없으므로 배임죄가 되지 않는다.

기타 배임죄의 성립여부에 대하여 검토해보면, 먼저 이중저당의 경우 이중매매와는 달리 저당권은 얼마든지 중첩적으로 설정 가능하므로 민법상으로는 항상 유효하다. 그러나 민법상 유효 여부와는 관계없이 이 경우 을은 갑의 행위로 인하여 재산상의 손해를 입을 수 있으므로, 이중저당의 경우 저당권설정자인 갑의 행위가 사기죄가 된다는 견해도 있었지만 현재에는 배임죄가 성립된다는 데 대체로 일치하고 있다. 이 경우 논점은 저당권설정자인 갑이 타인의 사무를 처리하는 자인가라는 점이다. 이 경우 갑은 을의 저당권설정등기에 협력할 의무가 있으므로 갑은 타인인 을의 사무를 처리하는 자임과 동시에 그 의무를 위배한 점이 인정되고 그로 인하여 사실상 을에게 손해를 발생케 하였으므로 배임죄가 된다고 볼 수 있다.

　부동산의 이중매매의 경우에 매도인은 계약금만 수령한 단계에서는 언제든지 계약을 해제할 수 있으므로, 아직 타인의 사무를 처리하는 자가 아니므로 배임죄가 성립할 여지가 없다. 그러나 매도인이 중도금을 수령한 이후에는 계약을 함부로 해제할 수도 없고, 또한 그때부터 매수인에 대하여 등기이전에 협력해야 할 의무가 존재하므로 타인의 사무를 처리하는 자가 된다. 따라서 중도금 또는 잔금을 수령한 후에는 배임죄가 성립한다. 판례도 광범위하게 배임죄의 성립을 인정하고 있다. 이중으로 매매한 경우뿐만 아니라 그 부동산에 대하여 가등기를 설정하거나(대판81도3146) 전세권등기를 경료한 경우까지 배임죄의 성립을 인정하고 있다(대판69도1001).

　동산의 이중매매는 예컨대 갑(甲)이 을(乙)에게 동산을 매각하기로 하고 중도금 또는 잔금을 수령한 후 현실의 인도 또는 간이인도를 하기 전에 다시 병(丙)에게 이중으로 매각하여 그 물건을 인도한 경우를 말한다. 이 경우 병(丙)은 완전한 소유권을 취득하므로 갑(甲)은 을(乙)에게 위 동산을 인도하여야 할 임무에 위배하였으므로 배임죄가 성립한다. 점유개정의 경우나 반환청구권의 양도에 의한 인도의 경우에는 매도인은 선매수인에 대한 관계에서 타인의 사무를 처리하는 자가 아니라 타인의 재물을 보관하는 지위에 있으므로 배임죄가 아니라 횡령죄가 성립한다.

　횡령죄와 배임죄는 신임관계를 위배한다는 점에서는 그 성질을 같이하며, 다만 그 객체의 성질에 의해서 구별될 뿐이다. 횡령죄는 재물죄이고 배임죄는 이득죄이다. 따라서 양죄의 관계는 횡령죄가 배임죄에 대하여 특별관계에 있다고 볼 수 있다. 횡령죄가 성립하면 법조경합의 특별관계에 의하여 배임죄는 성립되지 않는다.

　배임행위와 기망수단을 사용하여 이루어진 경우에, 예컨대 보험회사의 보험설계사가 피보험자에 관한 사실에 대하여 회사를 기망하고 보험계약을 체결하게 하여 피보험자에게 이익을 취득하게 한 경우에 사기죄만 성립한다는 견해와 배임죄가 성립한다는 견해 등이 있으나 사기죄와 배임죄의 상상적 경합으로 보는 것이 타당하다.

　　장물이란 재산범죄에 의해 영득한 재물을 말한다. 배임죄에 의해 취득된 것은 재산상의 이익일 뿐 재물은 배임행위에 제공된 재물에 지나지 않으므로, 이를 취득하더라도 장물취득죄가 성립되지는 않는다.

제3항　업무상 배임죄

　　본죄(형법 제356조)는 업무상의 임무에 위배하여 재산상의 이익을 취득하거나 제3자로 하여금 취득하게 하고 이로 인하여 본인에게 손해를 가함으로써 성립되는 범죄이다. 타인의 사무를 처리하는 것이 업무로 되어 있기 때문에 책임이 가중되는 가중적 구성요건이다. 본죄도 업무상 횡령죄와 마찬가지로 타인의 사무를 처리하는 신분과 업무자라는 신분, 즉 이중적 신분을 요건으로 하는 부진정신분범이다.

제4항　배임수증재죄

1. 배임수재죄

　　본죄(형법 제357조)는 타인의 사무를 처리하는 자가 그 임무에 관하여 부정한 청탁을 받고 재물이나 재산상의 이익을 취득함으로써 성립되는 범죄이다. 그 보호법익은 거래의 청렴성이다. 본죄는 공무원 아닌 사인이 공무원의 수뢰와 같은 행위를 하는 경우를 처벌하기 위한 규정이라 볼 수 있다. 즉, 형법 제129조(수뢰죄)에 상응하는 규정이다.

　　범죄주체는 배임죄와 마찬가지로 타인의 사무를 처리하는 자이다. 본죄는 타인의 사무를 처리하는 자가 그 임무에 관하여 부정한 청탁을 받을 것을 요건으로 한다. 여기서 '그 임무에 관하여'란 타인의 사무를 처리하는 자가 위탁받은 본래의 사무뿐만 아니라 그것과 밀접한 관계가 있는 사무도 포함한다. 또한 '부정한 청탁'이라는 의미는 배임이 되는 내용의 부정한 청탁만을 말하는 것이 아니라, 사회상규 또는 신의성실의 원칙에 반하는 것을 내용으로 하는 청탁이기만 하면 부정한 청탁이 된다.[35] 그러나 사무를 처리함에 있어서 권한 내에서 편의를 보아달라고 부탁하거나 선처를 바란다는 내용의 부탁만으로는 부정한 청탁이라고 보기 어렵다(대판85도465).

---

35) "부정한 청탁을 판단할 때에는 청탁의 내용과 이에 관련하여 공여한 재물의 액수·형식, 이 죄의 보호법익인 거래의 청렴성 등을 종합적으로 고찰하여야 한다"(대판2004도491).

행위는 재물 또는 재산상의 이익을 취득하는 것이다. 재물의 취득을 포함하는 점에서 배임죄와 다르다. 재물 또는 재산상의 이익의 취득은 부정한 청탁과 관련된 것이어야 함은 물론이다. 뇌물죄와 달리 재물 또는 재산상의 이익을 단순히 요구 또는 약속한 것만으로는 본죄가 성립되지 아니하며, 반드시 현실적으로 취득하여야 한다. 본인에게 손해가 발생하였는가의 여부는 본죄의 성립에 영향이 없다. 부정한 청탁이라는 요건이 있기 때문에 그것만으로도 본죄는 성립되기에 충분하기 때문이다.

2. 배임증재죄

본죄(형법 제357조)는 타인의 사무를 처리하는 자에게 그 임무에 관하여 부정한 청탁을 하고 재물 또는 재산상의 이익을 공여함으로써 성립되는 범죄이다. 공무원범죄의 증뢰죄에 상응하는 규정이다. 배임수재죄와 대향적·필요적 공범관계에 있다. 증뢰죄와 달리 재물 또는 이익의 공여를 약속 또는 공여의 의사표시를 한 것만으로는 성립되지 아니하며, 반드시 현실적인 공여가 있어야 성립한다.

본죄에 있어서도 '부정한 청탁'이란 청탁이 사회상규와 신의성실의 원칙에 반하는 것을 말하고, 이를 판단함에 있어서는 청탁의 내용과 이에 관련하여 공여한 재물의 액수, 형식, 이 죄의 보호법익인 거래의 청렴성 등을 종합적으로 고찰하여야 한다(대판95도2930).

재물 또는 재산상의 이익을 타인의 사무를 처리하는 자는 물론 제3자에게 공여하여도 무방하다(2016. 5. 29.의 개정으로 제3자에게 공여한 때에도 배임증재죄가 성립한다).

제 5 항 미수범 처벌 등

본죄(형법 제359조)는 동 제355조 내지 동 제357조의 미수범은 처벌한다. 전 3조의 죄에는 10년 이하의 자격정지를 병과할 수 있다(형법 제358조). 동 제328조(친족간의 범행)와 동 제346조(동력)의 규정은 본장의 죄에 준용한다(형법 제361조).

제8절 장물의 죄

제1항 의 의

장물(臟物)의 죄란 장물을 취득, 양도, 운반, 보관하거나 또는 이러한 행위를 알선하는 것을 내용으로 하는 범죄이다. '장물'이란 재산범죄에 의하여 영득된 재물을 의미한다. 따라서 장물죄는 재산범죄를 전제로 한다. 장물의 원인된 범죄 또는 범인을 본범이라 한다. 본죄는 재물을 범죄의 객체로 하므로 재산범적 성격을 가지는 것은 분명하지만, 범죄의 특성상 다른 성격도 함께 가지고 있다. 즉 장물죄는 본범과의 관련에서 본범의 (범죄)행위를 조장하고, 비호하고, 은닉하고, 증거를 인멸하는 역할을 하는 점에 특징이 있다.

본죄의 보호법익은 재산권이다. 장물죄가 범인비호적, 사후방조범적 성격이 있다 하더라도 장물죄의 보호법익은 장물 자체가 재산범죄로 인하여 취득한 재물이므로 순수한 재산권으로 이해하여야 한다. 보호정도는 위험범이다.

장물죄의 본질에 대한 추구권설은 본범의 피해자가 점유를 상실한 재물에 대하여 사법상의 추구권을 회복하는 것을 곤란하게 만드는 것이라는 견해이다. 이에 의하면 본범에 의해 행해진 위법한 점유상태에 대한 피해자의 원상회복을 곤란하게 하거나 불가능하게 하는 점에 장물죄의 본질이 있다고 보는 견해이다. 우리나라의 다수설 및 판례(대판74도2804)의 입장이다.

유지설은 본범에 의하여 위법하게 성립된 재산상태를 유지, 존속시키는 것을 장물죄의 본질이라 보는 견해이다. 독일의 통설과 판례의 입장이다. 이 설은 형법 독자의 입장에서 위법한 재산상태의 유지라는 기준을 제시한다는 점에 특징이 있다. 이 설은 사법상의 추구권이 없는 경우에도 장물성을 인정할 수 있기 때문에 불법원인급여 등의 경우 또는 장물과 환금된 금전이나 대체장물도 장물성을 인정할 수 있다.

공범설은 장물죄의 본질을 본범에 의하여 얻은 이익에 관여하는 것이라고 보는 견해이다. 즉, 장물죄는 본범의 범죄적 이익에 관여하는 간접영득죄로 이해한다. 이 설은 본범의 가벌적 이익에 관여한다는 의미에서 이익관여설 등으로 불리기도 한다. 이 설에 의하면 장물에 매각한 대금이나, 가공에 의하여 본범이 소유권을 취득한 물건에 대해서도 장물죄를 인정해야 한다는 비판이 제기된다.

결합설은 장물죄의 본질을 피해자의 반환청구권의 행사를 곤란하게 한다는 점과 위법상태의 유지라는 점을 결합하여 파악하자는 입장이다. 추구권설을 기본으로 하고 추구권설의 결함을 유지설에 의해 보충하자는 취지이다. 현재 우리나라의 유력설이 되어가고 있다.

장물이란 재산범죄에 의해서 취득 또는 영득된 재물을 의미한다. 장물은 재물에 한정되며 재산상의 이익이나 권리는 장물이 될 수 없다(대판70도2589). 그렇지만 권리가 화체된 문서는 장물이 될 수 있다. 동산은 물론 부동산도 포함되며, 반드시 경제적 가치를 가질 필요가 없다. 다만 부동산은 그 성질상 장물운반죄 등의 객체로는 될수 없다. 관리할 수 있는 동력에 관해서는 장물의 죄에서 형법 제346조를 준용하는 규정이 없기 때문에 재물성을 부정하는 견해도 있지만, 형법 제346조를 주의규정으로 해석하는 한 재물성을 긍정할 수 있다.

장물은 재산범죄에 의하여 영득한 것이어야 한다. 비록 형법은 장물의 개념에 대하여 규정을 하고 있지 않지만 장물죄 자체가 재산죄인 이상 본범을 재산범죄로 제한하여야 한다. 특별형법에서 규정하고 있는 재산범죄도 장물죄의 본범이 될 수 있다. 따라서 재산범죄가 아닌 범죄, 예컨대 매음이나 도박으로 취득한 금전, 사체나 유골, 수뢰죄에 의해 취득한 뇌물, 수렵법에 위반하여 포획한 조수 등은 장물이 될수 없다. 장물죄의 본범이 될 수 있는 재산범죄로는 절도, 강도, 사기, 공갈, 횡령 등을 들 수 있다. 손괴죄는 재물의 취득이 수반되지 않는 범죄이므로 장물죄의 본범이될 수 없다. 배임죄도 그 객체가 재산상의 이익이므로 본범이 될 수 없다. 그러나 장물죄 자체는 장물죄의 본범이 될 수 있다. 장물죄에 의하여 얻게 된 재물을 연쇄장물이라 부른다. 장물은 재산범죄에 의하여 영득된 재물이므로 재산범죄의 수단으로 사용된 재물은 장물이 될 수 없다. 판례는 배임행위에 제공된 물건을 이와 같은 이유로 장물성을 부정한다(대판81도618).

본죄의 행위는 범죄의 성립요건을 모두 갖출 필요는 없다. 구성요건에 해당하고 위법하기만 하면 되고, 책임 있을 필요는 없다. 물론 기타의 가벌조건이나 소추조건을 갖출 필요도 없다. 따라서 본범이 형사미성년자인 경우, 친족상도예가 적용되는 경우, 공소시효가 완성된 경우 등에도 장물죄는 성립될 수 있다. 또한 장물성을 인정하기 위해서는 본범의 범행이 장물죄의 성립 이전에 종결되어야 한다. 본범이 기수가 되어야 장물죄의 성립이 가능하다. 본범의 범행이 미수상태, 즉 종료되기 이전에는 본범의 공범은 될 수 있지만 장물죄는 성립하지 않는다.

　　장물은 재산범죄에 의하여 영득된 재물 자체 또는 그것과 동일성이 있다고 인정
되는 것이어야 한다. 원형을 변경하여 어느 정도의 변형이 있어도 동일성이 있으면
장물이 될 수 있다. 예컨대 금괴를 변형하여 귀금속으로 만든 경우, 자동차의 부품을
떼어내어 다른 자동차에 끼운 경우 등은 동일성이 인정되므로 장물성을 잃지 않는
다. 그러나 장물과 교환된 금전이나 물건 등의 대체장물은 장물이 아니다. 그러나 대
체장물의 취득의 원인이 재산죄에 해당하면 이 경우에는 당연히 장물이 된다. 예컨
대 절취한 예금통장으로 인출한 금전은 사기죄에 의하여 영득한 재물이기 때문에 장
물이다.

제 2 항   장물취득·양도·운반·보관·알선죄

　　장물죄는 타인이 불법영득한 재물에 관하여 성립하는 범죄이므로 자기의 범죄에
의하여 영득한 재물의 처분은 불가벌적 사후행위가 되어 장물죄가 되지 않는다. 또
한 본범과 공동정범의 관계에 있는 자도 장물죄의 주체가 될 수 없다. 하지만 본범의
교사자나 방조자는 본범을 스스로 실행하는 자가 아니므로 장물죄의 주체가 될 수
있다. 예컨대 절도의 교사자가 피교사자로부터 도품(盜品)을 매수하였을 때에는 절도
교사죄와 장물취득죄의 실체적 경합이 된다.

　　행위객체는 장물이다. 장물이란 재산범죄에 의하여 영득된 재물이다.

　　(범죄)행위는 장물을 취득, 양도, 운반, 보관 또는 이를 알선하는 것이다. '취득'이
란 소유권에 기한 사실상의 처분권을 취득하는 것이다. 유상이든 무상이든 관계없다.
따라서 장물의 사용대차는 장물취득죄가 되지 않고 장물보관죄가 될 여지는 있다.
취득은 본범으로부터 직접 취득함을 요하지 않고 선의의 제3자를 통하여 장물인 정
을 알면서 취득하여도 장물취득죄가 성립한다.

　　'양도'란 장물을 취득한 자가 이를 제3자에게 수여하는 것이다. 단순한 양도의
의사표시만으로는 불충분하고, 장물을 현실적으로 이전하여야 양도가 된다. 행위자가
입수한 재물이 장물인 것을 알고서 제3자에게 넘겨주기만 하면 양도죄가 성립한다.

　　'운반'이란 장물의 소재를 장소적으로 이전하는 것을 의미한다. 운반의 방법이나
유상, 무상을 불문하며, 본범으로부터 직접 운반을 부탁받았을 필요도 없다. 장물을
취득한 자가 장물을 운반하는 행위나 본범이 스스로 장물을 운반하는 경우는 불가벌
적 사후행위로서 별도의 장물운반죄를 구성하지 않는다.

'보관'이란 위탁을 받고 타인을 위하여 장물을 자기의 점유 하에 두는 것을 의미한다. 유상, 무상을 불문하며, 보관의 방법도 불문한다. 보관을 위탁한 자가 누구인지도 중요하지 않다. 장물을 취득한 자가 이를 보관하면 불가벌적 사후행위에 해당하지만, 장물인 정을 모르고 취득한 자가 그 정을 알고 난 후에 보관하는 행위는 장물보관죄를 구성한다.

'알선'이란 장물의 취득, 양도, 운반 또는 보관을 매개 또는 주선하는 것을 의미한다. 유상, 무상을 불문하며, 알선자 자신의 명의로 행하든 대리인의 명의로 행하든 상관없다. 알선죄의 경우 문제가 되는 것은 어느 때에 기수가 되는 가이다. 알선행위만 있으면 기수가 된다는 견해와 알선행위에 의해 계약이 성립하거나 처분행위의 완결이 되어야 기수가 된다는 견해가 대립되고 있다. 법조문의 표현상 전설前說이 타당하다. 다수설과 판례도 같은 입장이다.

주관적 구성요건요소로는 고의범이므로 모든 객관적 구성요소에 대한 고의가 있어야 하며 특히 장물인 점에 대한 인식이 있어야 한다.

제 3 항 상습 장물취득·양도·운반·보관·알선죄

본죄(형법 제363조)는 상습으로 장물을 취득, 양도, 운반, 보관 또는 이를 알선하는 행위를 처벌하는 것이다. 상습자라는 신분 때문에 형벌이 가중되는 부진정신분범이다. 상습성, 취득, 양도, 운반, 보관 및 알선행위에 대해서는 이미 기술하였다.

제 4 항 업무상 과실·중과실 장물취득·양도·운반·보관·알선죄

본죄(형법 제364조)는 업무상 과실 또는 중과실로 장물을 취득, 양도, 운반, 보관 또는 이들 행위를 알선하는 것을 처벌하는 범죄이다. 재산범죄 가운데 과실범을 처벌하는 유일한 규정이며, 보통의 과실은 처벌하지 않고 업무상 과실과 중과실만을 처벌하고 있다. 본죄의 업무는 물품의 구입, 판매, 교환, 운송, 저장, 보관, 중개, 알선 등의 사무를 의미한다. 고물상, 전당포, 보석상, 창고업 등이 해당된다. 그러한 업무는 장물이 그 대상으로 될 가능성이 있기 때문에 그러한 업무에 종사하는 자는 특별히 주의를 해야 한다는 취지에서 규정된 것이다.

제 5 항   친족 간의 범행

장물죄도 재산범죄이므로 범인과 피해자와의 사이에 일정한 친족관계가 있을
때에는 형법 제328조에 따라 형이 면제되거나 피해자의 고소가 있어야 처벌할 수
있다(형법 제365조). 그런데 장물죄의 경우는 특별히 본범과의 친족관계도 고려하여
형법 제328조 제1항의 친족관계가 있으면 그 형벌을 감경 또는 면제하도록 규정하
고 있다.

제 9 절 손괴의 죄

제 1 항   의   의

  손괴의 죄는 재물에 대한 훼손행위를 내용으로 하는 범죄이다. 재물이나 문서의 효용을 해하는 것이 전형적인 경우이지만, 공익건조물이나 토지의 경계를 훼손하는 것도 포함하고 있다. 행위의 성질상 재물을 대상으로 하는 재물죄이며, 재산상의 이익은 포함하지 않는다. 이 죄는 재물을 취득하는 것이 아니라 재물의 효용을 해한다는 점에 그 특색이 있다. 이 점에서 영득죄와는 다르며, 방법이 공격적이라는 점에서 상해죄와 비슷한 모습을 보인다.

  구성요건체계는 재물·문서손괴죄(형법 제366조)를 기본적 구성요건으로, 가중적으로 공익건조물파괴죄(동 제367조)와 결과적 가중범인 손괴치사상죄(동 제368조 제2항), 행위태양이 위험한 중손괴죄(동 제368조 제1항)와 특수손괴죄(동 제369조) 등이 있다. 형법 제368조를 제외한 모든 죄의 미수범은 처벌된다(형법 제371조). 그밖에 특별구성요건으로 경계침범죄가 있다(형법 제370조).

  손괴의 죄에는 친족상도예의 규정이 준용되지 않는다. 그런데 친족상도예가 적용되지 않을 만한 다른 재산죄와 특별한 차이점을 찾기는 어려우므로 입법론적으로 검토를 요한다.

제 2 항   재물·문서손괴죄

  본죄(형법 제366조)는 타인의 재물, 문서 또는 전자기록 등 특수매체기록을 손괴 또는 은닉 기타 방법으로 그 효용을 해함으로써 성립하는 범죄이다. 보호법익은 소유권 자체가 아니라 소유권의 이용가치이다. 형법은 재물·문서손괴죄의 객체에 전자기록 등 특수매체기록을 추가하였다. 현재의 정보화사회에서 컴퓨터 등의 전자기록이 가지는 중요성을 볼 때 타당한 입법이다. 폭력행위처벌법 제2조는 2인 이상이 공동하여 본죄를 범한 때에는 그 형을 가중하고 있다.

  (범죄)행위의 객체는 타인의 재물, 문서 또는 전자기록 등 특수매체기록이다. 본죄에서 재물이란 유체물뿐만 아니라 관리할 수 있는 동력을 포함한다(제372조). 동산과 부동산을 불문하며, 동물도 본죄의 객체가 될 수 있다. 또 재물은 재산권의 목적

이 될 수 있는 한 반드시 경제적 가치나 교환가치를 가져야 하는 것도 아니다. 따라서 오래된 가족사진도 재물이 될 수 있다. 그러나 소유자가 아무런 이용가치 내지 주관적 가치도 가지지 않는 재물은 여기서 제외된다. 재물의 유지에 아무런 합리적 이익도 없는 경우에는 형법적 보호의 필요성도 없기 때문이다.

공익건조물과 공용건조물이 여기의 재물에 포함되는가 하는 문제가 있다. 공익건조물은 '파괴'의 정도까지 이르면 공익건조물파괴죄(형법 제367조)에 해당하겠지만, 그 정도에 이르지 않은 경우에도 공용서류 등 무효죄(동 제141조 제1항)에 해당할 것이므로 본죄의 객체가 되지 않는다.

여기의 문서는 형법 제141조 제1항의 서류에 해당하지 않는 모든 서류를 말한다. 공문서이든 사문서이든 상관없다. 사문서는 권리·의무에 관한 문서이든 사실증명에 관한 문서이든 모두 본죄의 객체가 된다. 편지, 도화, 유가증권 등도 포함된다. 공문서에 대해서는 사인의 소유에 들어갔을 때 비로소 본죄의 객체가 된다는 견해도 있지만, 본 조항에서 '타인'이란 국가도 포함한다고 할 수 있으므로 형법 제141조 제1항의 공용서류에 해당하지 않는 한 공문서도 본죄의 객체가 될 수 있다고 할 것이다.

'전자기록 등 특수매체기록'이란 사람의 지각에 의하여 인식될 수 없는 방식으로 작성되어 컴퓨터 등 정보처리장치에 의한 정보처리를 위하여 제공된 기록을 말하며, 전자기록뿐만 아니라 전기기록이나 광학기록도 포함된다. 객체가 되는 특수매체기록은 매체물이 담고 있는 기록 그 자체를 말하고 기록을 담고 있는 매체물을 손괴한 때에는 재물의 손괴가 된다.

재물, 문서 또는 전자기록 등 특수매체기록은 타인의 소유에 속하여야 한다. 타인이란 개인뿐만 아니라 국가, 단체 등을 포함하며, 타인의 소유란 타인의 단독소유 또는 공동소유를 의미한다. 어느 누구의 소유에도 속하지 않는 무주물은 타인의 소유가 아니다. 소유권의 귀속은 민법에 의하여 결정된다.

재물 등은 타인의 소유이면 족하고, 그것을 누가 점유하고 있는가는 문제되지 않는다. 그래서 자기소유의 부동산에 부합된 물건이라도 그것이 타인의 소유라면 본죄의 객체가 된다. 예컨대 자기 소유의 부동산에 타인이 권한 없이 경작한 농작물도 타인의 재물이므로 이를 뽑아버린 경우에는 손괴죄가 성립한다(대판70도82). 문서의 경우에도 그것이 타인의 소유이면 족하고 작성명의인은 문제되지 않는다. 따라서 타인명의의 문서도 자기의 소유에 속할 때에는 본죄의 객체가 될 수 없지만, 자기가 작성한 자기명의의 문서도 타인이 소유한 경우에는 객체가 된다. 그러므로 타인에게 교부한 자기명의의 영수증을 찢어버리거나 명의인의 부탁을 받고 타인 소유의 문서의 내용을 고친 경우에는 본죄가 성립한다.

본죄의 행위는 손괴 또는 은닉 기타의 방법으로 그 효용을 해하는 것이다. '효용을 해한다'는 것은 본래의 사용목적에 쓸 수 없게 하는 상태로 만드는 것이다. 일시적으로 이용할 수 없는 상태로 만드는 것도 효용을 해하는 것에 해당한다(대판93도2701).

'손괴(損壞)'란 재물이나 문서에 직접 유형력을 행사하여 그 이용가능성을 침해하는 것을 말한다. 재물 자체에 유형력을 행사하여야 하므로 물체에 영향을 미치지 않고 단순히 재물의 기능만을 훼손하는 것은 손괴가 아니다. 예컨대 부두에 매어둔 배를 떠내려가게 하거나, 전파를 방해하여 텔레비전을 보지 못하게 하는 행위 등은 손괴라고 하기 어렵다. 그러나 손괴로 인하여 물체 자체가 소멸될 것을 요하지는 않으며, 그 물체의 원래 목적에 사용할 수 없게 하는 정도로 족하다. 예컨대 기계나 시계 등을 분해하여 쉽게 결합할 수 없도록 한 경우, 우물물을 오물로 더럽힌 경우, 타인의 금반지로 자기 금이빨을 만든 경우, 문서에 첨부된 인지를 떼어낸 경우 등은 손괴라고 할 수 있다.

'은닉(隱匿)'이란 재물, 문서 또는 전자기록 등 특수매체기록의 소재를 불분명하게 하여 그 발견을 곤란 또는 불가능하게 하는 것을 말한다. 은닉은 물건의 상태에 영향을 주지 않는다는 점에서 손괴와 구별된다. 재물 또는 문서의 점유가 행위자에게 이전될 필요는 없다. 그러므로 피해자가 점유하는 장소에 숨겨서 이를 찾지 못하게 한 때에도 은닉이 된다. 재물 또는 문서를 은닉한 경우에 본죄 외에 절도죄나 횡령죄에 해당될 수 있다. 불법영득의사의 존재유무에 따라 결정될 것이다.

손괴 또는 은닉 이외의 방법으로 재물, 문서 또는 전자기록 등 특수매체기록의 효용을 해하는 일체의 행위를 말한다. 사실상 또는 감정상 그 물건을 본래의 용도에 사용할 수 없게 하는 경우가 이에 해당한다. 예컨대 벽에 걸린 그림에 '불길'이라는 글자를 써서 감정상 그 그림을 걸어 둘 수 없게 하거나, 음식 그릇에 방뇨하여 다시 사용할 수 없게 한 경우, 양어장의 잉어를 양어장 밖으로 유출시킨 경우, 문서의 내용을 변경하지 않고 연서자 중의 인명의 서명을 말소하고 다른 자의 서명을 부가한 경우 등이 여기에 해당한다.

본죄는 고의범이다. 따라서 주관적 구성요건요소로 고의는 소유자의 의사에 반하여 타인의 재물, 문서 또는 전자기록 등 특수매체기록의 이용가치의 전부 또는 일부를 침해한다는 인식과 의사이다. 미필적 고의로도 족하다. 영득의 의사나 이득의 의사는 요하지 않는다. 고의범이므로 과실에 의한 손괴는 처벌받지 않는다.

제 3 항   공익건조물파괴죄

본죄(형법 제367조)의 객체는 공익에 공하는 건조물이다. '건조물'이란 가옥 기타 이에 유사한 건축물로서 지붕이 있고 장벽 또는 기둥에 의하여 지지되고 토지에 정착하여 적어도 그 내부에 사람이 출입할 수 있는 것을 말한다. 그러므로 제방, 교량, 철도, 전주, 분묘 등은 건조물이 아니다. 그러나 이상의 건조물의 요건만 갖추면 되고 완성된 건축물일 것을 요하지는 않는다. 건조물은 공익에 공하는 것이어야 한다. 공익에 공하는 건조물은 일반인이 접근하기 쉬우므로 그만큼 파괴의 위험성이 크다는 것이 본죄의 가중처벌의 이유이다. 그러므로 공익건조물 중에서도 일반인의 접근이 쉽게 가능한 것만이 본죄의 객체가 된다. 건조물이 국가나 공공단체의 소유일 것을 요하지는 않는다. 사인의 소유, 특히 자기의 소유이더라도 공익에 공하는 한 본죄의 객체가 될 수 있다. 단, 공무소에서 사용되는 건조물은 형법 제141조의 적용을 받으므로 여기에서 제외된다.

(범죄)행위는 파괴하는 것이다. '파괴'란 건조물의 중요부분을 손괴하여 그 전부 또는 일부를 용도에 따라 사용할 수 없게 하는 것이다. 파괴는 물질적 훼손이라는 점에서 손괴와 같지만 그 정도에서 차이가 있다. 따라서 공익건조물을 파괴의 정도에 이르지 않고 손괴했을 때에는 그것이 타인 소유일 경우 재물손괴죄에 해당하게 된다. 파괴의 방법은 묻지 않는다. 단, 방화에 의한 경우에는 공익건조물방화죄(제165조), 일수의 방법에 의한 경우에는 공익건조물일수죄(제178조)에 해당되므로 본죄가 성립하지 않는다.

제 4 항   가중적 구성요건

1. 중손괴죄·손괴치사상죄

본죄(형법 제368조)는 재물(문서)손괴죄와 공익건조물파괴죄의 결과적 가중범이다. 동조 제1항은 생명·신체에 대한 위험이 발생한 경우이다. 위험이란 구체적 위험을 의미한다. 단, 생명·신체에 대한 위험이 발생한 경우이다. 여기서의 위험이란 구체적

위험을 의미한다. 단, 생명·신체에 대한 위험이 상해의 결과로 나타난 때에는 동조
제1항이 아니라 제2항에 해당된다.

제2항은 사상(死傷)의 결과가 발생한 경우이다. 재물손괴죄나 공익건조물파괴죄
가 기수인가 미수인가는 이를 묻지 않는다. 결과적 가중범의 일반원리에 따라 손괴
행위 또는 파괴행위와 발생한 결과 사이에는 인과관계가 있어야 하고, 결과는 예견
가능성이 있어야 한다.

2. 특수손괴죄

본죄(형법 제369조)는 재물손괴죄와 공익건조물파괴죄에 대한 행위의 방법으로 인
한 가중적 구성요건이다. 즉, 단체 또는 다중의 위력을 보이거나 위험한 물건을 휴대
하여 위의 죄를 범한 때에 본죄가 성립한다. 폭력행위처벌법 제2조는 본조에 규정된
방법으로 재물손괴죄(형법 제366조)를 범한 경우를 가중처벌하고 있다.

제 5 항   경계침범죄

본죄(형법 제371조)는 토지의 경계를 불분명하게 함으로써 토지에 관한 권리관계
의 안정을 해하는 행위를 내용으로 하는 범죄이다. 토지에 관한 권리관계의 안정을
확보하는 것은 사회질서를 유지하는 것이기도 하지만, 주로 사권의 보호를 위한 것
이므로 손괴죄의 일종으로 규정하고 있는 것이다.

보호법익에 대해서는 부동산의 소유권이라는 견해도 있지만, 통설은 토지에 대
한 권리범위의 명확성이라고 보고 있다.

행위객체는 토지의 경계이다. 경계표를 손괴·이동 또는 제거하는 것은 토지의
경계를 인식불능케 하는 행위의 예시에 지나지 않는다. 그러므로 경계표 자체는 본
죄의 행위객체가 아니다. 토지의 경계란 소유권 등의 권리의 장소적 한계를 나타내
는 지표를 말한다. 사법상의 것이든 공법상의 것이든 상관없다. 그러므로 시·군·
읍·면 등의 경계도 본조의 경계에 해당한다. 경계는 자연적인 것, 예컨대 자연목이
나 유수와 같은 것이라도 상관없다. 또 경계가 권한 있는 기관에 의한 것이든 사인
간의 계약에 의한 것이든 또는 관습상 인정되는 것이든 문제되지 않는다. 경계가 실
체법상의 권리와 일치할 것도 요하지 않는다. 실체법상의 권리와 일치하지 않아도
사실상 존재하는 경계는 여기에 포함된다. 따라서 현존하는 경계를 손괴하고 정당하
다고 생각하는 경계를 만들어도 본죄에 해당한다.

　(범죄)행위는 경계표를 손괴·이동 또는 제거하거나 기타 방법으로 경계를 인식 불능하게 하는 것이다. '경계표'란 토지의 경계를 확정하기 위하여 만들어진 표식·공작물·입목 등의 물건을 말한다. 인위적인 것뿐만 아니라 자연적인 것도 포함한다. '손괴'란 경계표를 물리적으로 훼손하는 것이고, 제거는 원래 설치되어 있던 장소에서 취거하는 것이다. '이동'은 경계표를 원래의 장소에서 다른 곳으로 옮기는 것을 말한다. 기타의 방법에는, 예컨대 경계표를 매몰하거나, 경계를 흐르는 유수의 방향을 바꾸어 놓거나 타인의 토지에 무단히 주택을 건설하는 것 등이 해당된다. 그러나 그것은 경계표의 손괴·이동·제거에 준하여 경계를 인식하지 못하도록 하는 방법이어야 한다. 따라서 단순히 경계를 표시한 도면을 파기하거나 경계표의 위치가 잘못되었다고 주장하는 것만으로는 경계를 인식불능하게 한 경우라고 할 수 없다.

　본죄는 미수범을 벌하지 않으므로 경계표의 손괴·이동 등의 행위가 있었다 하더라도 경계가 인식불가능할 정도에 이르지 않는 한 처벌되지 않는다. 그러나 경계의 인식불능이란 절대적인 인식의 불가능을 의미하는 것은 아니다. 사실상 인식이 곤란할 정도이면 족하다. 그러므로 정확한 측량에 의해 다시 경계를 인식할 수 있다 하더라도 본죄의 성립에는 영향이 없다. 또 경계 전부에 대한 인식불능을 요하는 것도 아니다.

　주관적 구성요건요소인 고의는 경계표의 손괴·이동·제거 등의 방법으로 경계를 인식불능하게 한다는 인식 및 의사이다. 정당한 경계가 아니라고 생각한 것은 본죄의 고의에 영향을 미치지 못한다. 경계를 인식불능하게 할 의사 없이 단순히 손괴의 의사로 행위한 때에는 재물손괴죄(형법 제366조)만 성립한다.

　불법영득의 의사는 필요하지 않다. 그러나 영득의 의사를 가지고 행위한 경우에도 본죄의 성립을 인정해야 한다. 부동산에 대한 절도는 인정되지 않기 때문이다.

제10절 권리행사를 방해하는 죄

제1항 의 의

권리행사를 방해하는 죄란 타인의 점유 또는 권리의 목적이 된 자기의 물건에 대한 타인의 권리행사를 방해하거나 강제집행을 면할 목적으로 채권자를 해하는 것을 내용으로 하는 범죄이다. 형법은 자기의 물건이지만 공무소로부터 보관명령을 받거나 공무소의 명으로 타인이 간수하는 경우에 이를 손괴·은닉 기타의 방법으로 그 효용을 해한 때에는 공무상 보관물무효죄(형법 제142조)에 해당하게 하고, 소유권 이외의 재산권을 보호하는 규정으로 제37장의 권리행사방해죄를 두고 있다.

본죄의 구성요건체계는 세 가지 기본적 구성요건이 있다. 권리행사방해죄(동 제323조)와 점유강취죄·준점유강취죄(동 제325조), 강제집행면탈죄(동 제327조)가 있다. 점유강취죄에는 결과적 가중범에 의한 가중적 구성요건으로 중권리행사방해죄(동 제326조)가 있다. 권리행사방해죄에는 친족상도예가 적용되고(동 제328조) 점유강취죄·준점유강취죄는 미수범을 처벌(동 제325조 제3항)한다.

보호법익은 소유권이 아니고 제한물권이나 채권이다. 권리행사방해죄(동 제323조)의 보호법익은 용익권, 담보권 또는 채권이며, 점유강취죄(동 제325조)의 경우에는 자유권과 제한물권이다. 강제집행면탈죄의 보호법익은 채권자의 채권이다. 강제집행권 자체가 보호법익인 것은 아니다.

본죄에서의 몇 가지 문제점이 있는데, 먼저 형량상의 문제이다. 권리행사방해죄(동 제323조)는 타인의 점유 또는 권리의 목적이 된 자기의 물건을 취거·은닉 또는 손괴하는 행위를 벌함으로써 자기 물건에 대한 절도와 손괴를 함께 벌하고 있다. 그 결과 자기의 물건을 손괴한 경우가 타인의 물건을 손괴한 경우(손괴죄)보다 더 무겁게 벌을 받게 된다. 그러므로 손괴의 경우를 벌하지 않거나 아니면 적어도 절취의 경우와는 구별하여 규정할 것이 필요하다 하겠다.

또한 점유강취죄에 있어서 타인 점유의 자기물건에 대한 강취는 벌하는 반면에 편취·갈취는 벌하지 않는다. 그 결과 편취·갈취의 경우는 사기죄나 공갈죄에 의율할 수밖에 없게 되어 강취의 경우보다 더 중하게 벌을 받게 되는 것이다. 그러므로 이 경우에는 편취 등도 포함하여 규정할 것이 요구되는 것이다.

그리고 행위주체에 관한 것이다. 형법은 권리행사방해죄를 타인의 점유 또는 목적이 된 자기의 물건을 취거하는 때에만 인정하고, 제3자가 소유자를 위해서 이러한 행위를 한 경우는 규정하고 있지 않다. 이러한 경우도 권리행사의 방해임에는 틀림이 없으므로 본죄에 포함되어야 할 것이다.

제2항 권리행사방해죄

본죄(형법 제328조)의 행위객체는 타인의 점유 또는 권리의 목적이 된 자기의 물건 또는 전자기록 등 특수매체기록이다. '자기의 물건'이란 자기 소유의 물건을 말한다(대판85도494). 자기와 타인의 공유에 속한 물건은 자기의 물건이 아니다. 판례에 의하면 택시회사에 지입한 자동차(대판70도2591)나 타인에게 매도담보로 제공한 재물(대판4294형상470)은 타인의 소유가 아니므로 매도담보로 제공한 재물을 계속 가지고 있다가 임의로 처분하면 본죄가 아니라 배임죄가 성립하게 된다. 그러나 주식회사의 대표이사가 그의 지위에 기하여 그 직무집행행위로서 타인이 점유하는 위 회사의 물건을 취거한 경우에는 대표기관으로서의 행위라고 평가되므로, 위 회사의 물건도 권리행사방해죄에 있어서의 '자기의 물건'이라고 보아야 할 것이다(대판91도1170). 물건은 재산죄에 있어서 재물과 같은 의미이다. 동산뿐 아니라 부동산도 포함한다. 그러나 취거·은닉 등의 행위유형으로 볼 때 동산의 경우가 많을 것이다. 전자기록 등 특수매체기록은 형법에서 추가된 것이다.

'타인'이란 자기 이외의 자를 말한다. 자연인뿐만 아니라 법인이나 법인격 없는 단체를 포함한다. 여기에서의 '점유'는 현실적인 소지라는 의미에서 민법상의 그것과 다른 형법상 의미의 점유이다. 그러나 본조의 점유는 적법한 것이어야 한다. 본죄는 점유 자체나 점유의 기초가 되는 본권을 보호하기 때문에, 즉 점유를 보호법익으로 하고 있기 때문이다. 따라서 예컨대 본권을 갖지 않는 절도범의 점유는 본조의 점유에 해당하지 않는다(대판94도343). 그러나 점유가 반드시 법적 근거를 가질 것을 요하는 것은 아니다. 계약상의 근거나 유언의 효과로 인한 점유라도 상관없다. 타인의 권리의 목적이 되었다는 것은 타인의 제한물권 또는 채권의 목적이 되었다는 것을 의미한다(대판90도1958). 채권의 목적일 때에는 타인에게 점유가 없는 경우도 있을 수 있다. 따라서 정지조건부 대물변제예약이 되어 있는 물건이나 가압류되어 있는 물건도 여기에 해당한다.

　(범죄)행위는 취거·은닉 또는 손괴하여 타인의 권리행사를 방해하는 것이다. '취거'란 점유자의 의사에 반하여 점유물에 대한 점유자의 사실상의 지배를 제거하고 자기 또는 제3자의 지배 하로 옮기는 것이다. '은닉'이란 물건의 발견을 불가능 또는 어렵게 만드는 것을 말하고, '손괴'는 물건의 전부 또는 일부에 대해서 그 용익적·사용적 가치를 해하는 것을 말한다. 본죄의 행위는 취거·은닉·손괴에 제한되므로, 예를 들어 타인의 권리의 목적이 된 자기 토지를 제3자에게 매도한 뒤 소유권 이전등기를 해준 것은 본죄에는 해당되지 않는다.

　'타인의 권리행사를 방해한다는 것'은 타인의 권리행사가 방해될 수 있는 우려 있는 상태에 이르게 한다는 뜻이다. 실제로 타인의 권리행사가 방해받은 결과에 이를 필요는 없다. 즉, 본죄는 위험범이다. 본죄의 미수는 벌하지 않는다.

　본죄는 영득죄가 아니므로 불법영득의 의사와 같은 초과 구성요건요소는 필요하지 않다. 행위의 객체가 타인의 점유 또는 권리의 목적이 된 자기의 물건이라는 것과 이에 대한 취거·은닉 또는 손괴를 통하여 타인의 권리행사를 방해한다는 인식이 있으면 족하다. 미필적 고의로도 충분하다.

　본죄는 친족상도례(제328조)가 적용된다. 친족 간의 정을 고려하여 가능한 한 국가간섭을 억제하려 한 것이다. 통설은 형의 면제를 인적 처벌조각사유로 보고 있다.

제 3 항　점유강취죄·준점유강취죄

1. 점유강취죄

　점유강취죄(형법 제325조 제1항)는 폭행 또는 협박으로 타인이 점유하는 자기의 물건을 강취한 경우에 성립하는 범죄이다. 강도죄에 대응하는 범죄라고 할 수 있다. 따라서 여기에서의 폭행·협박은 강도죄의 그것과 마찬가지로 상대방의 의사를 억압할 정도에 이를 것을 요한다. 다만, 강도죄와는 달리 불법영득의 의사는 필요치 않다. 공무소의 명에 의하여 타인이 간수하는 자기 물건을 폭행·협박으로 강취한 경우에도 본죄가 성립한다. 형법 제142조는 이런 경우까지를 포괄하고 있지 못하기 때문이다. 본죄의 미수범은 처벌된다.

2. 준점유강취죄

　준점유강취죄(형법 제325조 제2항)는 타인의 점유에 속하는 자기의 물건을 취거함에 당하여 그 탈환을 항거하거나 체포를 면탈하거나 죄적을 인멸할 목적으로 폭행 또는 협박함에 의하여 성립하는 범죄이다. 준강도죄에 대응하는 범죄라고 할 수 있다. 따라서 본죄도 탈환을 항거하거나 체포를 면탈하거나 죄적을 인멸할 목적으로 폭행·협박하여야 성립하는 목적범이다. 그러나 목적의 달성 여부는 범죄성립과 관계 없다. 폭행·협박의 정도는 준강도죄의 경우와 마찬가지로 상대방의 의사를 억압할 정도에 이르러야 한다. 단, 폭행이나 협박은 취거할 때에 이루어져야 한다. 즉, 취거 행위와 시간적·장소적 접근성이 인정되어야 한다. 점유자와 폭행·협박을 받은 사람이 동일인일 필요는 없다.

본죄의 미수범은 처벌(동 제325조 제3항)된다. 본죄의 미수와 기수를 구별하는 기준에 대해서는 취거의 기수여부를 기준으로 하여야 한다는 견해와 폭행·협박의 기수여부를 기준으로 하여야 한다는 견해가 있을 수 있으나, 준강도의 경우와 마찬가지로 전자가 타당하다. 형법은 폭행의 미수를 벌하고 있지 않기 때문이다.

제 4 항 중권리행사방해죄

본죄(형법 제326조)는 점유강취죄·준점유강취죄를 범하여 사람의 생명에 위험을 발생하게 한 경우에 가중하여 처벌하는 결과적 가중범이다. 사람의 생명에 대한 위험이란 생명에 대한 구체적 위험을 의미한다. 사상의 결과가 발생한 경우는 본조에 규정되어 있지 않다. 그러므로 점유강취죄나 준점유강취죄와 함께 폭행치사상죄가 성립할 뿐이다.

제 5 항 강제집행면탈죄

본죄(형법 제327조)는 강제집행을 면할 목적으로 재산을 은닉·손괴·허위양도 또는 허위의 채무를 부담하여 채권자를 해함으로써 성립하는 범죄이다. 보호법익은 국가의 강제집행권이 발동될 상태에까지 이른 채권이다. 국가의 강제집행의 기능은 부차적으로 고려될 뿐이다.

본죄가 성립하기 위해서는 무엇보다도 우선 강제집행을 받을 객관적 상태가 존재해야 한다. 이러한 상태가 없다면 본죄는 성립할 여지가 없기 때문이다. 강제집행을 받을 객관적 상태란 민사소송에 의한 강제집행 또는 가압류·가처분 등의 집행을 당할 구체적 염려가 있는 상태를 말한다. 이와 같은 상태가 되기 위해서 채권자가 가압류·가처분을 신청하거나 민사소송을 제기할 필요는 없다. 채권확보를 위해 소송을 제기할 기세를 보이기만 하면 강제집행을 받을 객관적 상태는 존재한다고 보아야 한다. 이것은 판례의 입장이기도 하다. 예컨대 피해자가 치료비 청구를 하면서 관계기관에 진정을 하고 있다면 강제집행을 받을 우려가 있는 객관적 사정이 있다고 보아야 한다(대판78도2370).

본죄는 채권자의 채권을 보호하려는 데에 그 취지가 있으므로 민사소송상의 강제집행에 한정해서 보아야 할 것이다. 채무자가 본죄의 주체가 될 수 있음은 당연하다. 문제는 채무자 이외에 제3자가 본죄의 주체가 될 수 있느냐에 있다. 채무자 이외의 제3자는 공범의 형식으로 처벌될 뿐 본죄의 주체가 될 수 없다는 견해도 있지만, 통설은 채무자에 한하지 않고 제3자도 본죄의 주체가 될 수 있다고 본다. 따라서 채무자의 법정대리인이나 법인의 기관 또는 대리인은 물론 기타의 제3자도 본죄의 주체가 될 수 있다.

행위객체는 재산이다. 재산이란 재물과 권리를 포함하며 동산·부동산을 불문한다. 단, 그 재산은 강제집행의 대상이 될 수 있는 것이어야 한다.

(범죄)행위는 재산을 은닉·손괴·허위양도 또는 허위의 채무를 부담하여 채권자를 해하는 것이다. 재산을 은닉한다는 것은 재산의 발견을 불가능하게 하거나 곤란하게 하는 것을 말한다. 재산의 소재를 불명하게 하는 것뿐 아니라 소유관계를 파악하기 어렵게 하는 것도 은닉에 포함된다. 손괴는 재물의 물리적 훼손을 포함하여 그 가치를 감소하게 하는 일체의 행위를 의미한다. 또 허위양도는 실제재산의 양도가 없음에도 불구하고 양도한 것으로 가장하여 재산의 명의를 변경하는 것이다. 예컨대 가옥대장상의 소유명의의 변경, 임차권명의의 제3자에의 이전, 허위채무담보를 위한 부동산소유권이전등기 등이 여기에 해당한다. 그러나 양도가 진실된 것이면 그것이 채권자를 해하였다 하더라도 본죄는 성립하지 않는다. 허위의 채무를 부담한다는 것은 채무가 없음에도 불구하고 채무를 부담한 것처럼 가장하는 것을 말한다. 진실한 채무를 부담했을 경우는 물론 본죄는 성립하지 않는다.

행위를 통하여 채권자를 해할 때 본죄는 성립한다. 채권자를 해한다는 것은 채권자에게 현실적으로 해가 발생하였다는 것을 의미하지는 않는다. 단지 그럴 위험이 있는 것으로 족하다. 이러한 의미에서 본죄는 위험범이다. 채권자를 해하였는지의 여부는 행위시를 기준으로 구체적으로 판단한다. 그리하여 이상의 행위를 하였다 하더라도 채무자에게 집행을 확보할 수 있는 충분한 재산이 있다면 채권자를 해하였다고 할 수 없지만 약간의 잉여재산이 있다는 것만으로는 본죄의 성립을 부정할 수 없다.

본죄는 고의범이므로 행위자는 강제집행을 받을 객관적 상태에서 재산을 은닉·손괴·허위양도 또는 허위의 채무를 부담하여 채권자를 해한다는 고의가 있어야 한다. 이는 미필적 고의로도 족하다.

본죄는 이러한 고의 외에 강제집행을 면한다는 목적이 있어야 하는 목적범이다. 그러나 목적범의 일반원리에 따라 이러한 목적의 달성 여부는 범죄의 성립에 영향을 주지 않는다.

판례색인

사항색인

공저자 약력

문희태

충남대학교 법과대학 공법학과 졸업
동 대학원 법학과 석사학위 취득
동 대학원 법학과 박사학위 취득
Osaka University 대학원 법학연구과 연구생 수료
Osaka University 대학원 법학연구과 박사 취득
한국형사법학회, 한국비교형사법학회, 한국법학회, 한국소년정책학회 이사
중앙경찰학교 외래교수 역임
경찰공무원시험 출제위원
전 유원대학교 경찰소방행정학부 교수
현 중원대학교 경찰행정학과 교수

김동련

건국대학교 대학원(법학석사)
건국대학교 대학원(법학박사)
건국대학교, 한국해양대학교, 한림성심대학교 등 출강
법제처 국민법제관
한국입법정책학회 총무이사, 한국토지공법학회 이사
전 서울디지털대학교 초빙교수
전 명지전문대학 겸임교수
현 신안산대학교 경호경찰행정과 교수

경찰형법

초판발행	2024년 2월 25일
지은이	문희태·김동련
펴낸이	안종만·안상준
편 집	이승현
기획/마케팅	김한유
표지디자인	Benstory
제 작	우인도·고철민
펴낸곳	(주) **박영사**
	서울특별시 금천구 가산디지털2로 53, 210호(가산동, 한라시그마밸리)
	등록 1959. 3. 11. 제300-1959-1호(倫)
전 화	02)733-6771
f a x	02)736-4818
e-mail	pys@pybook.co.kr
homepage	www.pybook.co.kr
ISBN	979-11-303-4703-5 93360

copyright©문희태·김동련, 2024, Printed in Korea

정 가   27,000원